3116 | ALFA | KLASİK | 47

MİMARLIK ÜZERİNE

VITRUVIUS

İÖ yaklaşık 90 ila 20 yılları arasında yaşamıştır. Ailesi aslen Formiae kökenlidir, ancak kendisi Roma'da yaşamış ve çalışmalarını Roma'da sürdürmüştür. Gençliğinde mimarlık eğitimi almış ve mesleki anlamda Iulius Caesar ile Augustus dönemlerinde faal olmuştur. Gerek bilgi, beceri ve donanımı gerekse ahlaklı tutumu ve dürüst karakteri sayesinde kısa zamanda Iulius Caesar'ın gözüne girmiş, böylece devlet yöneticilerinin hizmetinde çalışmaya başlamıştır. Bu süreçte özellikle ağır savaş aletleri tasarlama konusunda uzmanlaşmıştır. Bu uzmanlığı sayesinde daha sonra Augustus'un hizmetine girmiş ve ömür boyu maaşa bağlanma şansına erişmiştir. Çalışmalarını mimarinin pratik yönlerine olduğu kadar teorik yönlerine de yoğunlaştırmış ve kendi zamanına değin mimarlık ve mühendislik konusunda Yunanca yazılmış ne kadar eser varsa hepsini özümsemiş, tecrübesiyle harmanladığı bütün bu bilgi birikimini ve donanımını *De Architectura* (*Mimarlık Üzerine*) adını verip imparator Augustus'un şahsına adadığı tek bir eserde ölümsüzleştirmiştir.

PROF. DR. ÇİĞDEM DÜRÜŞKEN

İstanbul Üniversitesi, Edebiyat Fakültesi, Eskiçağ Dilleri ve Kültürleri Bölümü, Latin Dili ve Edebiyatı Anabilim Dalında öğretim üyesidir. 1987 yılında "Seneca'nın *De Providentia*'sında Tanrı ve İnsan" başlıklı teziyle yüksek lisansını, 1990 yılında ise "Quintilianus'ta Çocuk ve Yetişkin Eğitimi ve Günümüzle Bağlantıları" başlıklı teziyle doktorasını tamamlamıştır. Aldığı bursla Perugia, Universita Italiana Per Stranieri'de İtalyanca eğitimi almıştır; 1990 yılında aynı üniversitede Latina Lingua e Cultura seminerlerine katılmıştır. Antikçağ eserlerinin özgün dillerinden çevrilerek iki dilli edisyonlar şeklinde yayımlanması amacını güden *Humanitas* dizisinin editörlüğünü yapmıştır. Seneca, Cicero, Boethius, Augustinus, Thomas Morus, Erasmus gibi önemli düşünür ve edebiyatçıların eserlerini özgün dillerinde çevirerek dilimize kazandırmıştır. *Rhetorica*, *Roma'nın Gizem Dinleri* ve *Antikçağ Felsefesi* adlı kitapları başta olmak üzere antikçağ ve ortaçağ kültürü ve felsefesi konularında gerek ulusal gerekse uluslararası nitelikte çok sayıda kitap, çeviri ve makaleye imza atmıştır.

De Architectura Libri Decem: Mimarlık Üzerine On Kitap

Yayıncı ve Genel Yayın Yönetmeni M. Faruk Bayrak
Genel Müdür Vedat Bayrak
Yayın Yönetmeni Mustafa Küpüşoğlu
Kitap Editörü Eyüp Çoraklı
Kapak Tasarımı Füsun Turcan Elmasoğlu
Sayfa Tasarımı Alfa Grafik

ISBN 978-605-171-443-1

1. Basım: Mart 2017
7. Basım: Aralık 2021

Baskı ve Cilt
Melisa Matbaacılık
Çiftehavuzlar Yolu Acar Sanayi Sitesi No: 8 Bayrampaşa-İstanbul
Tel: 0(212) 674 97 23 Faks: 0(212) 674 97 29
Sertifika no: 45099

Alfa Basım Yayım Dağıtım San. ve Tic. Ltd. Şti.
Alemdar Mahallesi Ticarethane Sokak No: 15 34410 Cağaloğlu-İstanbul
Tel: 0(212) 511 53 03 (pbx) Faks: 0(212) 519 33 00
www.alfakitap.com - info@alfakitap.com
Sertifika No: 43949

MİMARLIK ÜZERİNE

Vitruvius

Latinceden Çeviren
ÇİĞDEM DÜRÜŞKEN

ALFA

İÇİNDEKİLER

III. KİTAP
Tapınaklar, 99

IV. KİTAP
Korint, Dor ve Etrüsk Düzeni Tapınaklar, 135

V. KİTAP
Kamu Binaları, 171

VI. KİTAP
Özel Konutlar, 219

VII. KİTAP
İnce İşçilik, 257

VIII. KİTAP

Su, 293

IX. KİTAP

Güneş Saatleri ve Su Saatleri, 325

X. KİTAP

Makineler, 367

SUNUŞ

Vitruvius ve *De Architectura* Üzerine

Vitruvius'un *De Architectura* (Mimarlık Üzerine) adlı eseri, temelde Roma dönemindeki mimarlık sanatının teorisi ve pratiğiyle ilgili geniş ve toplu bilgi veren, on kitaplık bir külliyattır, ama mimarinin ilkelerine ve eğitimine evrensel yaklaşımından dolayı günümüz klasik Batı mimarlık tarihinin antikçağdan günümüze kalan tek kitabıdır. O dönemde mimarlık mühendisliği de içerdiğinden, bu anlamda mühendislik tarihinin de tek eseridir. Ayrıca eserin içindeki konuların Yunan ve Roma tapınakları, kamu binaları, hamamları, evleri, hatta bütün bu binaların dış ve iç tasarımları, duvarlarının sıvaları, kabartmaları, renk renk boyaları ve farklı desenlere sahip döşemelerinden ibaret olduğu düşünüldüğünde, bu eser hem klasik Batı arkeolojisinin hem de sanat tarihinin bu dönemle ilgili bilgi alabileceği tek külliyattır. Hatta özellikle klasik arkeoloji, bugün kullandığı bilim dilinin, üslubunun ve terminolojisinin kaynağını bu esere borçludur. Bu yüzden ortaçağ, Rönesans ve günümüze kadar gelen süreçte bu bilimlerle uğraşanların, uğraştıkları konuların tarihini bilmek istediklerinde dönüp baktıkları ve bakacakları tek başucu kitabı *De Architectura*'dır.

İÖ yaklaşık 90 ila 20 yılları arasında yaşamış olan Vitruvius mimarlık konusunda eser kaleme alan tek Romalı yazardır. İÖ 31 yılından önce tamamladığı kitabını yazarken kendi dönemine değin yazılmış ne kadar Yunanca mimarlık ve mühendislik üzerine derleme, inceleme ve yorum varsa hepsinin toplu bir bilgisini sunmakla adının gelecek nesillerce tanınacağından emindir; her ne kadar bunu bir dilek olarak sunsa da. Çünkü hem kendi bilgisine son derece güvenmektedir, hem kendisinden önce yazılmış kitapların eksikliklerini bilmektedir hem de gerek kendi döneminde gerekse gelecekte öngörebildiği kadarıyla bu alanda ne gibi temel ilkelere ihtiyaç duyulabileceğinin farkındadır. Bu eksiklikleri yetkin bilgisiyle tamamlayıp meslekten kişilerin ya da konuya meraklı araştırmacıların eline bir külliyat halinde sunarsa, adının sonsuzca yaşamaması işten bile değildir.

Evet, eserinin her bir kitabına ayrı ayrı yazdığı önsözlerden ve metnin satır aralarından anlaşıldığı kadarıyla, Vitruvius bu konuda bu şekilde düşünmekte ve hissetmektedir. Zaten kendi özel ve mesleki yaşamıyla ilgili bilgi edindiğimiz tek kaynak da bu önsözler, bu satır aralarıdır. Buralardan, onun Roma'da yaşayıp eserini Roma'da yazdığını, ana babasının geniş ufku sayesinde mimarlık eğitimi aldığını, sonra Iulius Caesar'ın ölümü (İÖ 44), Actium Savaşı (İÖ 31) ve Octavianus'un Roma'ya dirlik düzen getirmeye hazırlandığı bir dönemde faal olup sonra emekliye ayrıldığını öğreniyoruz; ayrıca gerek mesleki bilgisi gerekse ahlaki tutumu sayesinde zamanında Iulius Caesar'ın gönlünü kazandığını ve devlet yöneticilerinin hizmetinde çalıştığını, özellikle ağır savaş aletleri üzerine uzmanlaştığını ve bu sayede Octavianus'un hizmetine girip ömür boyu maaşa bağlandığını da. Yine buralardan, Octavianus'un Roma şehrini muhteşem bir mimariye kavuşturma gayretini bir mimar olarak takdirle karşıladığını ve bu konuda hem ona yardımcı olmak hem de dönemin mimarisinin gelişimine katkıda bulunmak için bu külliyatı İÖ 1. yüzyılın sonlarına doğru düzenleyip hükümdarın şahsına adadığını da öğreniyoruz;[1] hatta boylu

[1] Vitruvius eserinde sıkça *Imperator* ya da *Imperator Caesar* diyerek Gaius Octavius Thurinus'a (İmparator Augustus) hitap eder. Gaius Octavius, öz babasını İÖ 59 yılında kaybettikten sonra, büyük amcası Iulius Caesar tarafından İÖ 45 yılında evlatlık edinildi ve o tarihten itibaren de Gaius Iulius Caesar Octavianus olarak anılmaya başlandı. Vitruvius'un eserine son halini vermesi büyük olasılıkla İÖ 31 yılındaki Actium Savaşından önceydi ve Octavianus o sırada henüz Augustus unvanını almamıştı. Bu unvan ona İç Savaşlar sonrasında, İÖ 27 yılında verildi (Imperator Caesar Divi Filius Augustus). Dolayısıyla tüm kitap boyun-

boslu olmadığını, artık iyice yaşlanıp sağlığını yitirdiğini de. Bunun yanı sıra elimize fragmanlar halinde geçmiş bir yazıttan, ailesinin Formiae kökenli olduğunu, kendisinin de Formiae'da doğmuş olabileceğini biliyoruz. Ama o kadar; yazdığı kitabın ünüyle kıyaslandığında, Vitruvius'un şahsi yaşamına ilişkin bilgiler, görüldüğü üzere çok az, çok kıt.

Gerçi Vitruvius'un kendi eserinden öğrendiğimiz bir başka konu daha var ve bu konu eserin asıl konusunun yanında çok ufak bir ayrıntı gibi gözükse de, dönemin Roma toplumunda mimarlığın ve mimarların yaşadığı sıkıntıyı vurgulaması açısından sosyolojik olarak önemli; Vitruvius'un bu kitabı yazmasına, mimarlık eğitiminin konularını, ilkelerini belirlemesine yol açtığı için de değerli. Bu konu, Roma'da meslekten olmayan kişilerin kendilerini mimar olarak addedip ortalıkta at koşturmalarıyla, soygunculuğa kalkışmalarıyla, dolayısıyla mimarlık mesleğine leke sürmeleriyle ilgili. Vitruvius bu duruma fena içerlemiş durumda, çünkü bu kişilerin beceriksizliği yüzünden işverenler yaptıkları onca masrafa karşın, beklentilerine kavuşamadıkları için hayal kırıklığı yaşamakta, mimarlık mesleğine güven azalmakta ve hakiki, haysiyetli mimarlar sanatlarını gerektiği gibi yürütememektedir. Vitruvius her fırsatta bu olumsuzluğa tekrar tekrar vurgu yapmaktan ve düzeltilmesi için ara ara önerilerde bulunmaktan kendini alamaz. En büyük önerisi de, işin baştan sıkı tutulup Roma'da güçlü bir mimarlık eğitimi verilmesidir.

Vitruvius mimarlığa tam bir Romalı bakış açısıyla yaklaşır; bu yüzden onun zihnindeki her bina yalın, doğal, akılcı ve kesin ilkelere dayanan çizgiler taşır. Onun için mimarlık, inşa etme sanatıdır. İnsanlık bina inşa etmeye başladığı an medeniyete adım atmış, zamanla gelişen farklı zanaatlarla ve sanatlarla

---

ca Vitruvius, Augustus'a *Imperator* ya da *Caesar* olarak hitap ederken *Imperator* kelimesinin ilk anlamını (başkomutan, askeri önder) kastteder. Ama yine tüm kitap boyunca Octavianus'un mutlak hâkimiyetinden ve Roma şehrini özel ve kamu binalarıyla yeniden yaratma girişiminden bahsetmesi dikkate alınırsa, Vitruvius'un *Imperator* hitabının başkomutandan daha derin ve vurgulu bir anlam içerdiği görülür. Bu yüzden bu çeviride *Imperator* kelimesinin *Hükümdar* olarak çevrilmesi yeğlenmiştir.

hem kültürel hem estetik bir yaşamın hazzına varmış, bilimsel bilginin kazanımıyla da medeniyetin zirvesine ulaşıp insanlığını taçlandırmıştır. O halde böyle önemli bir adıma neden olan sanata hakkını teslim etmek gerekir. Bu da, toplumlara iyi eğitimli mimarlar yetiştirmekle ve şehirleri, ülkeleri hem işlevsellik (*utilitas*), hem sağlamlık (*firmitas*) hem de güzellik (*venustas*) açısından kusursuz yapıtlarla donatmakla mümkündür. Ama bu zor ve meşakkatli bir iştir. Bu zorluk, mimarlığın bina inşa etmekle kalmayıp güneş saatlerinin tasarımından her türlü makinenin tasarım ve kurulumuna kadar geniş bir yelpazesi olmasından ileri gelir. Dolayısıyla iyi bir mimar, hem teorik (*ratiocinatio*) hem de pratik (*fabrica*) olarak çok çeşitli bilim ve sanat dalıyla harmanlanmış bir eğitim sürecinden geçmek zorundadır. Bu eğitimin ana dalları edebiyat, aritmetik, geometri, teknik resim, müzik, astronomi, hukuk, tarih, doğa felsefesi ve ahlak felsefesidir. Bu şekliyle Vitruvius'un eğitim anlayışı, aslında özgür sanatlar olarak bilinen ve Hellenistik, ortaçağ ve Rönesans eğitimine temel olmuş özgür sanatların (*artes liberales*), yani Yunan eğitim anlayışının (*enkyklios paideia*) içine mimarlığın da dahil edilmiş şeklidir. Vitruvius, bu sanatlara, disiplinlere veya bilimlere *encyclios disciplina* demeyi tercih eder.[1]

Vitruvius'un belirlediği bu konuların toplu ve süzülmüş bilgisi, insan zihninin doğanın işleyiş mantığını kavramasını sağlayacak yegâne kaynaktır. Doğa, bir mimarın en büyük örneği ve öğretmenidir. Çünkü bu örnekte Vitruvius için mimarinin temeli olan oran ve simetrinin özü yatmaktadır. Doğadaki her şey temel unsurlar olan ateş, hava, su ve topraktan vücut bulmuş; cinsler, türler ve bunların kendine has bütün nitelikleri de bu unsurların her birine ince bir matematik hesaplamayla orantılı olarak dağıtılmasından meydana gelmiştir. İşte bir mimar doğanın bu kusursuz işçiliğini kavrarsa, bütün tasarımlarının ilk adımı olan parça-bütün ilişkisini de doğru kurmuş olacaktır. Nasıl ki doğa bedenin tüm parçaları arasında doğru orantıyı kurup bunları birbirine eklediğinden, yerli yerine oturan bu parçalar, yani baş, kol, el, bacak ve ayak, bedene simetrik bir

1 Bkz. Vitruvius, *De Architectura*, 1.1.12.

görünüm katıyorsa, işte aynı şekilde bir mimar da parça-bütün ilişkisini en baştan doğru kurduğunda, yaratacağı her yapıt bir beden kadar orantılı, simetrik ve ahenkli bir görünüm arz edecektir. Vitruvius'un bu temel mimarlık anlayışı, sonradan Leonardo da Vinci'nin oran anlayışını etkileyecek ve "Vitruvius'un İnsanı" olarak ünlenecek çizimine hayat verecektir.

Vitruvius'un böyle meselenin özüne inerek işe başlaması ve kitabındaki farklı mimari konuların hepsine bu başlangıç noktasını temel alarak yaklaşması hiç kuşkusuz eserine daha derin bir boyut katar ve *De Architectura*'nın antikçağın mimarlık felsefesi olarak da değerlendirilmesine yol açar. Vitruvius'un bu konudaki görüşleri elbette onun şahsi görüşleri değildir; arkasında dağ gibi bir Yunan felsefesi vardır ve özellikle doğayla ilgili açıklamalarında Aristoteles'in heybetini hissetmemek mümkün değildir. Vitruvius eserini tamamen Yunanca kaynaklara dayanarak yazdığına göre, Yunan mimarları vesilesiyle Yunan filozoflarından da etkilenmiş olması, hatta metninde bir dolu Yunanca kelime bulunması doğaldır. Onun asıl yeniliği, düşünür edebiyatçılar haricinde her meselenin pratik yönüne teorik yönünden daha fazla ağırlık veren Romalıların genel tavrından farklı olarak, mimarlığı felsefesiyle birlikte ele almayı tercih edişi, zamandan ve koşullardan farklı ilkeler belirleyişidir. Bundan başka, kendisinin önünde hazır bir Latince mimarlık terminolojisi olmadığından, Yunan mimari dilini Latincede kurma girişimi ve sonuçta günümüze Latince bir mimarlık ve arkeoloji terim hazinesini kazandırmış olmasıdır. Ama bu Latince kelimelerin o dönemde yerleşik dildeki anlamlarından farklı bir bağlamda kullanılması, Vitruvius'un da eserinin başlarında belirttiği üzere okuyucuyu yormamak adına kullandığı bu kelimelerle ilgili hiçbir açıklamada bulunmaması, terimlerin çevrilmesini güçleştirecek bir yapı arz eder. Özellikle mimarinin dayandığı ilkeleri açıklarken kullandığı *ordinatio, dispositio, eurythmia, symmetria, decor, distributio* terimleri Vitruvius uzmanları arasında tartışma konusu olmuş, birbirine çok yakın anlamları olan bu terimlerle yazarın tam olarak ne kastettiği ve nasıl bir ayrım yapmak istediği üzerine sayısız makale kaleme alınmıştır. Dolayısıyla bu terimlerin her biri aynı Batı dilinde bile farklı farklı kelimelerle karşılanmaya çalışılmıştır. Aslında yazarın kullandığı bu temel terimler, bir anlamda Roma hitabetinin dayandığı ilkeleri belirleyen terimlere benzemektedir.[1] Hatta Vitruvius'un herhangi bir binanın inşaatına başlamadan önce bir mimarın yapmasını öngördüğü hazırlık süreci, Romalı bir hatibin konuşma metnini hazırlarken geçirdiği süreçle de örtüşür: Romalı bir hatip halkın önüne çıkıp konuşmasını yapmadan önce, bu konuşmayı belirli bir düzene göre kurar, kelimelerini seçip sıralar, sonra yerli yerine koyup cümlelerini kurar, bu cümleler arasında herhangi bir anlam boşluğu kalıp kalmadığına, tüm metnin hemâhenk olup olmadığına bakar; ardından da kurduğu metnin konuşmanın amacına uygun düşüp düşmediğini, duruma ve koşullara aykırı olup olmadığını kontrol eder. İşte Vitruvius da benzer şekilde önce zihninde tasarladığı binanın her bir parçasını kâğıt üstünde tek tek sıralar, ölçülendirir, düzenler, sonra yerli yerine yerleştirdiği bu parçaların yapının bütünlüğüyle uyumlu olup olmadıklarına, bir araya geldiklerinde ahenkli bir yapı sergileyip sergilemediklerine, hem kendi aralarında hem de tüm yapıyla ilişkisinde ortak bir ölçüye (*modulus*) göre ölçülebilir olup olmadıklarına bakar; ardından da tasarladığı bu yapının daha önce yapılmış emsallerine ve yerleşik kurallara aykırı düşüp düşmediğini kontrol eder. İlaveten elindeki kaynakların en uygun şekilde nasıl idare edileceğini ve en etkin dağılımın nasıl gerçekleştirileceğini araştırır. Dolayısıyla Romalı yazarlara ve kullandıkları terimlere bu dönemin bakış açısıyla değil, yaşadıkları dönemin bakış açısıyla yaklaşıldığında, ne kadar farklı konulara el atmış olurlarsa olsunlar, aynı özgür sanatların eğitiminden geçtikleri için, konuları ele alış yöntemlerinin ve yürüttükleri mantık silsilesinin birbirine çok benzediği anlaşılır; kullandıkları özel terimleri de bugün bu terimlere yüklenen geniş anlamlarıyla ve tanımlarıyla değil, o günün anlayışıyla, daha yalın olarak değerlendirdikleri de görülür.

Vitruvius'un eserinin ilk edisyonu, tarih ve yer belirtilmeden, Joannes Sulpitius'un editörlüğünde, 1486 yılında Roma'da, George Herolt tarafından yayımlanmıştır. Sulpitius eserin onuncu kitabının arkasına okuyucuya hitaben, "Bunları

---

[1] Bu konuda bkz. Lucretius, *De Rerum Natura*, 1.685.

oku; çünkü yeni, önemli ve güzel şeyler öğreneceksin," diye bir not düşer ve Vitruvius'un eserinin içeriğini bir anlamda över. Bu ilk edisyonun ardından 1496 yılından başlayarak 1790 yılına kadar Vitruvius değişik zamanlarda başka başka Latince edisyonlarla karşımıza çıkar, ardından birçok Batı diline çevrilerek günümüze kadar gelir. İnceleme şansı bulduğumuz en önemli edisyonları toplu olarak irdelediğimizde iki önemli husus göze çarpmıştır: Birincisi, yazarın üslubunun genel olarak kısa, çetrefilli ve kapalı bir üslup olmasından dolayı, yorumlamalara maruz kalmasıdır. Edisyonları hazırlayanlar tarafından eserin orijinaline bazı eklemeler, çıkarmalar yapıldığı için, edisyonlar arasında yer yer ciddi farklılıklar görülür. İkincisi, bu edisyonlardaki çizimlerin hiçbiri yazarın kendi elyazmalarına eklediğini belirttiği çizimler değildir, çünkü bu orijinal çizimler kaybolmuştur. Günümüzde var olan bütün çizimler yine sonraki edisyonları hazırlayanların mantığına göre kurulmuş çizimlerdir. Dolayısıyla bunlar da edisyondan edisyona farklılık göstermekte, zaman zaman yanılgılara yol açmaktadır.

Vitruvius'un eseri, ilk 1990 yılında, M.H. Morgan'ın İngilizce çevirisinden Türkçeye aktarılmış (S. Güven (tr.). *Vitruvius. Mimarlık Üzerine On Kitap*, İstanbul: Şevket Vanlı Mimarlık Vakfı, tekrar baskı 2005), o günden bu yana da başka bir çevirisi yapılmamıştır.

Eserin kaynak dilinden bu ilk Türkçe çevirisi için yararlanılan edisyon, esas olarak "F. Krohn (ed.) (1912). *Vitruvius Pollio. De Architectura*, Teubner" künyeli edisyondur. Ama yer yer başka edisyonlarla da karşılaştırılmış ve bu edisyonlar gerekli yerlerde dipnot olarak, toplu halde de Kaynakçada verilmiştir. Dipnotlarda eserlerinden bahsedilen bütün Yunan ve Romalı yazarların kaynak dilleri için Teubner ve Loeb edisyonları temel alınmıştır. Metinde geçen teknik terimlerin açıklamaları dipnotlarda verilmiş, Yunanca kelimelerin Yunanca yazılımı korunmaya çalışılmış, özellikle dilimize yerleşmiş olan bazı ülke, yer, bölge, burç adlarının metnin akışını bozmamak için Türkçe olarak korunmasına dikkat edilmiştir.

Bu çevirinin yayımlanmasına imkân sağlayan Alfa Yayınevi Genel Yayın Yönetmeni Sn. Mustafa Küpüşoğlu'nun şahsında tüm Alfa kültür dostlarına teşekkür ederim. Bunun yanı sıra eserin mühendislik bilgisi gerektiren teknik içeriğiyle ilgili yardımlarını gördüğüm Sn. Özden Dürüşken'e, anlaşılması güç kimi terimler konusunda yardımlarını esirgemeyen Sn. Prof. Dr. A. Vedat Çelgin'e, Yunan müzik kuramıyla ilgili derin bilgisinden yararlandığım Sn. Ekin Öyken'e ve gerek metnin redaksiyonunda gerekse yayıma hazırlanmasında büyük emekleri geçen Sn. Eyüp Çoraklı'ya da teşekkür borçluyum.

Umarım bu çevirinin ardından, Vitruvius'un daha başka Latince edisyonlarının Türkçe çevirileri de sırasıyla gelir; bunların yanı sıra özellikle bir klasik filolog, bir mimar ve arkeolog dayanışmasıyla, Yunanca ve Latince klasik mimari ve arkeoloji terimlerini Türkçeye aktaran kapsamlı bir sözlük de müjdelenir!

Çiğdem Dürüşken
Ortaköy 2016

I. KİTAP

Mimarlığın Temel Bilgileri ve Şehir Planlaması[1]

---

[1] Kitap ve bölüm başlıkları Vitruvius'un sonraki edisyonlarını hazırlayanlar tarafından eklenmiştir ve tam olarak birbirini tutmaz. Bu çevirideki tüm başlıklar, yararlanılan farklı edisyonlardan tarafımızdan derlenmiştir.

Önsöz

1. Tanrısal zekân ve doğaüstü gücün seni tüm dünyanın hâkimi kılarken ey Hükümdar Caesar, yılmaz cesaretinle tüm düşmanları yerle bir ederken, kazandığın galibiyet ve zaferle yurttaşlarını ihya ederken, fethettiğin tüm uluslar senin emrine âmâdeyken, Roma halkı ve senatosu kaygılarını bertaraf edip devletin dümenini senin fikirlerine ve tasarılarına teslim ederken, doğrusu bunca meşgalen arasında olmadık bir zamanda araya girerim de senin şimşeklerini üzerime çekerim endişesiyle mimarlıkla ilgili yazılarımı ve yoğun araştırmalara dayalı açıklamalarımı yayımlamaya cüret edemedim.

2. Ama baktım ki, sen sadece toplumsal yaşamın ve siyasal düzenin tesisine önem vermekle kalmıyor, ülkemize katmış olduğun eyaletlerle hem devletimiz zenginleşip gelişsin hem de iktidarın haşmeti kamu binalarının görkemiyle daha da heybetli görünsün diye bu tür binaların tesisine de önem veriyorsun, o zaman ben de bari hiç gecikmeyeyim ve önüme çıkan ilk fırsatta mimarlıkla ilgili konularda kaleme aldığım yazılarımı senin önüne sereyim dedim. Çünkü her şeyden öte senin baban beni ilk kez bu alanda tanımıştı ve ben onun cesaretinin büyük hayranıydım. Ama tanrılar meclisi onu ölümsüzler dergâhına kabul buyurup da babanın kudretini senin ellerine teslim edince,[1] onun hatırasına olan sonsuz sadakatim senin lütfuna nail oldu. Böylece Marcus Aurelius, Publius Minidius ve Gnaeus Cornelius'la birlikte *ballista*, *scorpio* tipi mancınıklar ve bu türden ağır silahların yapım ve onarımıyla ilgili görevin başına getirildim; yine aynı kişilerle beraber maaşa bağlandım. Bu teftiş görevini bana ilk sen bahşettin; kız kardeşinin tavsiyesiyle de görevimi sürdürmemi sağladın.[2]

3. Ömrümün sonuna kadar geçim sıkıntısı yaşamayacağımın garantisi olan bu lütfun sayesinde sana borçlandım, bu yüzden ben de şahsına ithafen bu incelemeyi yazmaya başladım. Çünkü gördüm ki, sen zaten pek çok binanın imarını gerçekleştirdin ve halen de gerçekleştirmektesin; gelecekte de, muazzam başarılarının yanı sıra, genç nesillerin hafızasına kaydedilsin diye hem kamuya hem de şahsa özel binalar inşa etmeye ayrı bir özen göstereceksin. Bu yüzden ben konuyla ilgili kesin talimatlar içeren bir döküm çıkardım, belki bunlara bakıp daha önce yapmış olduğun ve yapacağın eserlerin niteliğiyle ilgili bir fikir edinebilirsin; çünkü ben bu kitaplarda bu sanatın tüm esaslarını açıklığa kavuşturdum.

1. Bölüm
Mimarın Eğitimi

1. Mimarın uzmanlığı, çok çeşitli bilim ve sanat dalının öğrenimiyle zenginleşmiş bir bilgiyi kapsar. Bu bilgi sayesinde, tüm diğer sanatların yaratımları hakkında söz söyleme yetkisi elde edilir. Bu bilgi hem pratiğe hem teoriye dayanır. Pratik, belirli bir tasarıya uygun herhangi bir malzemeden el becerisiyle bir ürün meydana getirme işini sürekli ve rutin şekilde tecrübe etmedir. Teoriyse, el becerisiyle meydana getirilmiş şeyleri aklın terazisinde tartıp ispatlayabilme ve izah edebilme kabiliyetidir.

[1] Iulius Caesar'dan söz edilmektedir.

[2] Hükümdarın öz kardeşi Octavia'dan (İÖ 63-İS 11) söz edilmektedir.

2. Bu yüzden teorik eğitim almadan sırf el becerisi kazanmak için uğraşıp didinen mimarlar, bu uğraşlarına değecek nitelikte bir etki uyandırmayı başaramamıştır; öte yandan sadece teori ve kitabi bilgiye bel bağlayanların da bir gerçekten ziyade bir hayalin peşinde koşuşturmuş oldukları açıktır. Ama her iki açıdan da donanımlı kişiler, tam donanımlı askerler gibi, hızla ve etkin şekilde hedeflerine ulaşmıştır.

3. Çünkü her konuda, ama özellikle mimarlıkta iki esas söz konusudur: Anlamlandırılan ve anlamlandıran. Anlamlandırılan, tartışmaya konu olan tasarıdır; bunu anlamlandıransa, bilimin ilkeleriyle yapılan ispattır. Bu yüzden açıkça görülüyor ki, kendisini mimar olarak addeden kimse her iki açıdan da deneyimli olmak zorundadır. Kısaca, hem doğal bir yeteneği olması icap eder hem de bilimini öğrenmeye yatkın olması. Çünkü ne öğrenim olmadan doğal yetenek ne de doğal yetenek olmadan öğrenim usta bir zanaatkâr yaratabilir. Mimarın eğitimli sayılması için de, çizimi kuvvetli olacak,[1] geometriyi iyi bilecek, geniş çaplı bir tarih bilgisi olacak, felsefecileri dikkatle dinlemiş olacak, müzik bilecek, hekimlikle bir tanışıklığı olacak, hukukçuların dilinden anlayacak, astronomiyi ve göğün mantığını iyi kavramış olacak.

4. Bunun neden böyle olması gerektiğine gelince, işte sebepleri: Mimar mürekkep yalamış olacak ki, alanındaki kitapları okuyup hafızasını güçlendirebilsin. Sonra çizim bilgisine sahip olacak ki, istediği yapının şeklini resimli taslaklarla kolayca gösterme olanağı olsun. Geometri de mimariye çok katkı sağlar, en başta da ölçekli cetvel ve pergel kullanımını öğretir ki, bu sayede özellikle binaların vaziyet planlarının çıkarılması, dik açıların, yatay ve dikey çizgilerin çekilmesi kolaylaşır. Aynı şekilde optik bilgisi sayesinde binalardaki pencereler göğün belirli cephelerinden ışık alacak şekilde düzgün oturtulur. Aritmetik sayesinde binaların toplam maliyetleri hesaplanır, ölçü birimleri geliştirilir ve simetriyle ilgili zor problemler geometrik kurallara ve yöntemlere uygun şekilde çözülür.

---

1 Teknik çizimden söz edilmektedir.

Caryatides (Bkz. Giocondo 1511)

5. Bir mimarın geniş çaplı bir tarih bilgisi de olmalıdır; çünkü mimarlar yapıtlarında süslemelere sıkça yer verir ve bunları niçin yaptıklarını soranlara meramlarını doğru dürüst açıklamaları gerekir. Örneğin bir mimar yapıtında sütun[1] yerine *Kar-*

[1] *Columna* (στύλος): Bir tapınağın ya da herhangi bir yapının saçaklığını ve çatısını desteklemek için kullanılan yapı elemanı. Tapınaklardaki sütunlar üç ana bölümden oluşur: **1.** *capitulum*: sütun başlığı; **2.** *scapus*: sütun gövdesi; **3.** *spira*: sütun kaidesi. Tapınaklardaki sütunlar, tapınak düzenine ve o düzenin gerektirdiği ölçülere göre inşa edilir ve özellikle başlık düzenlemeleriyle birbirinden ayırt edilir. Sütun düzenleri ve başlıkları şöyle sınıflanır: **1.** *Dorica*: Dor düzenindeki sütun ve sütun başlığı, içlerinde en eski ve en yalın olandır. Sütunun kaidesi yoktur, doğrudan sütun sekisine oturur, yarı dairevi yivlerle çevrilidir. Yivler, sütun tamburları üst üste konduktan sonra, genellikle sedir ağacından yapılma bir keskiyle oyulur. **2.** *Ionica*: İyon düzeni sütun, daha ince hatları olan sütun ve sütun başlığıdır. Sütunun altında bir kaidesi, başlığında da helezoni kıvrımları (*voluta*) mevcuttur. **3.** *Corinthia*: Korint düzeni sütun ve başlığı, en ince hatlara sahip olandır. Bir kaidesi ve altlığı mevcuttur; başlığı, *acanthus* bitkisinin yapraklarından esinlenilerek biçimlendirilmiştir. **4.** *Tuscanica*: Etrüsk tapınak düzenini taklit eden sütun ve başlıklardır. Hemen hemen Roma tarzı Dorik sütunları andırır. **5.** *Composita*: Karma düzende sütun ve başlığı, İyon sütununun helezonlarını ve Korint sütun başlığının *acanthus* yaprağına benzer süslemesini içerir.

yailı Kadınlar (Caryatides) adı verilen, uzun elbiseleriyle mermerden kadın heykelleri kullanmışsa ve bunların başlarının üstüne de damlalıkları, kornişleri yerleştirmişse, nedenini soranlara şu cevabı verecektir: Peloponnesos şehri olan Karyai, Yunanistan'a karşı, düşmanları Perslerle ittifak yaptı. Savaştan şanlı bir zaferle ayrılan Yunanlar da bir olup Karyailılara savaş açtı. Şehri zaptetti, erkeklerini katletti, ülkelerini yerle bir etti, kadınlarını esir aldı; üstelik soyluluklarının nişanesi uzun elbiselerini ve ziynetlerini çıkarmalarına bile izin verilmedi; zafer alayında öyle sırf tek sıra halinde sürüklensinler diye değil tabii, hakarete uğramanın ezikliği içinde esaretin ebedi örneği olarak ülkelerinin işlediği suçun bedelini ödüyorlarmış gibi görünsünler diye. İşte bu sebepten dönemin mimarları kamu binalarına bu kadınların heykellerini yük taşıyıcı unsurlar olarak yerleştirdiler ki, Karyailıların günahına biçilen o ağır ceza gelecek kuşakların da hafızasına kazınsın.[1]

Erekhtheion, Atina (İÖ 420-406)

[1] *Karyailı Kadınlar*, Yunan mimarisinde İÖ 6. yüzyıldan itibaren kullanılmaya başlanmış, Hellenistik dönemde de sıkça tekrarlanan mimari bir süsleme haline gelmiştir. Vitruvius zamanında Campus Martius'ta Agrippa Pantheonu'nun bu tür heykel sütunları vardır. Bunların en iyi bilinen örneği, akropoldeki Erekhtheoion tapınağının portikosundaki sütunlardır ve *Korai* olarak da tanınır. Vitruvius'un burada Sparta yakınındaki Karyai şehrinin 479 yılındaki bozgunu ile Karyai'ın Thebai yanında yer almasından ötürü Sparta tarafından 368/367 yılında Leuktra'da uğradığı bozgunu karıştırdığı düşünülmektedir. Bkz. Rowland (tr.) 1999: 136.

6. Aynı şekilde Spartalılar da Agesilaos'un oğlu Pausanias komutasındaki bir avuç askerle Perslerin koskoca ordusunu Plataia muharebesinde yenince, yağmalarla, ganimetlerle şanlı bir zafer alayı düzenleyip savaştan elde ettikleri hasılatla yurttaşlarının kıvancının, mertliğinin bir yadigârı, gelecek nesiller için de bir zafer abidesi olarak Pers Portiko'sunu[1] inşa etti. Buraya esirlerin heykellerini yabancı giysileri içinde, kibirleri kırılıp layığını bulmuş şekilde taşıyıcı unsurlar olarak yerleştirdiler ki, düşmanları Spartalıların cesaretinin sonuçlarından korkup tir tir titresin, Sparta halkı da bu kahramanlık abidesine bakıp göğsünü gururla kabartsın ve bağımsızlıklarını savunmaya her an hazır olsun. O tarihten itibaren de mimarların çoğu Perslerin heykellerini, baştabanların (*epistylia*) ve baştaban süslemelerinin taşıyıcı unsurları olarak kullandı ve bu ayrıntıyla yapıtlarının eşsizliğine eşsizlik kattı. İşte bunun gibi mimarlar tarafından bilinmesi gereken daha nice hikâye söz konusudur.

Pers Portikosu (Porticus Persica)
(Bkz. Perer & Rovetta (ed.) 1996: 397)

7. Felsefeyse bir mimarı yüce gönüllü kılar; dolayısıyla kibrini kırıp ılımlı, adil, güvenilir ve tok gözlü olmasını sağlar ki, bu hepsinden önemlidir; çünkü güven ve namus olmadan hiçbir iş doğru yürümez. Hasis olmamalı bir mimar, sırf kesesini dol-

[1] *Porticus* (στοά): **1.** Olumsuz hava koşullarına karşı koruma sağlaması için üstü kapalı sütun dizisi; **2.** Payelerin, sütunların taşıyıcı unsur olarak kullanıldığı üstü kapalı yürüyüş yolları, gezinti mekânı. Portikolar, bir binanın dışındaysa *peripterium*; bir holün, koridorun, salonun veya avlunun vs. içindeyse *peristylium* adını alır. Antikçağın portikoları hayli süslü, uzun ve hacimlidir.

durmaya bakmamalı; adına leke sürdürmeden itibarını titizlikle korumalı. İşte felsefe bize tam da bu değerleri öğretir.

Dahası felsefe Yunancada *physiologia* adı verilen doğabilimini de kapsar ki, derinlemesine bilinmesi gereken bir konudur bu. Çünkü doğaya ilişkin çok çeşitli mesele bu bilimin kapsamına girer; hatta suların nakil meselesi bile. Nedeni, gerek kıvrıla kıvrıla akan, gerekse düz bir zeminden hafif hafif yükselen su yollarında doğal su basıncının farklı farklı oluşudur; dolayısıyla bu basıncın neden olduğu keşmekeşi felsefenin tedrisatından geçip doğanın yasalarını öğrenmiş kişi dışında kimse çözemez. Aynı şekilde Ktesibios, Arkhimedes ve başka yazarların konuyla ilgili yazmış oldukları elkitaplarını okuyan herhangi bir kimse, bu konularda felsefecilerin tedrisatından geçmemişse, okuduğundan hiçbir şey anlayamaz.

8. Bir mimarın müzik de bilmesi gerekir ki, akustik ve matematik ilişkisini anlayabilsin; dahası *ballista*, *catapulta* ve *scorpio* tipi mancınıkların ayarlarını doğru yapabilsin. Çünkü bu makinelerin kafasında hem sağda hem solda yay delikleri bulunur, burulu kirişlerden yapılma halatlar bu deliklerden geçirilip çıkrıklarla, manivelalarla gerilir; makine ustasının kulağına tamamen aynı perdeden bir ses çalınana kadar da yerlerine oturtulup sabitlenmez. Çünkü bu gerili halatlara oturtulan kollar[1] serbest bırakıldığında her ikisi de aynı tarzda ve aynı kuvvetle çarpmalıdır. Eşit gerilime (*homotona*) sahip değillerse, silahın hedefini bulmasına mani olurlar.[2]

9. Aynı şekilde tiyatrolarda, seyirci sıralarının altındaki nişlere ses aralıklarına dayalı matematik hesaplarla yerleştirilen, Yunanların *ēkheia* dediği tunç çanaklar vardır; bunlar, müzikal uyum veya ahenk yaratmak amacıyla ses aralıkları dörtlü ve beşli oluşturacak biçimde böyle çift oktava kadar bölünüp tiyatronun çemberine yerleştirilir ki, sahnedeki aktörün sesi bu şekilde yerleştirilmiş çanaklara çarptığında onların rezonansıyla birleşip güçlenerek seyircinin kulağına daha net ve güzel gelsin. Dahası hiç kimse su orgu ve benzer diğer çalgıları müzikal seslerin ilişkilerini bilmeden yapamaz.

---

1 Ateşleme kolları (*bracchia*).

2 Bu konudaki ayrıntılar için bkz. 10. Kitap.

10. Yunanların *klimata* dedikleri iklim, hava, sağlıklı veya sağlıksız bölgeler ve su kullanımıyla alakalı olarak bir mimarın hekimlik sanatından da anlaması gerekir; çünkü bütün bu saydıklarımızı göz önünde bulundurmadan kurulan yerleşimlerin sağlıklı olması beklenemez.

Bir mimarın hukuk kaidelerinden de haberi olması gerekir, özellikle müşterek duvarları olan binalar söz konusu olduğunda, yağmur sularını akıtan olukların, kanalizasyonların ve pencerelerin sınırıyla alakalı olan zorunlu kaidelerden. Aynı şekilde mimarlardan su tesisatları ve benzer başka konularda da malumat sahibi olması beklenir ki, binalarını inşa etmeden önce tedbirlerini alıp yapı bittikten sonra ev sahiplerine ihtilafa düşecekleri bir konu bırakmamış olsunlar ve sözleşmeleri hazırlarken hem işverenin hem de işi üstlenenin haklarını gereken hassasiyetle korumuş olsunlar; çünkü sözleşme düzgün hazırlanmışsa, taraflar anlamsız bir tartışmaya girmeden birbirlerinin yükümlülüklerinden kurtulabilirler.

Astronomiye gelince; doğu, batı, güney ve kuzey yönü bunun sayesinde öğrenilir, aynı şekilde gök sistemi, gün-tün eşitliği, gündönümü ve yıldızların yörüngeleri de. Kişi tüm bu bilgilerden yoksunsa, güneş saatlerinin esasını asla anlayamaz.

11. Görüldüğü üzere mimarlık çok çeşitli uzmanlık konularıyla donatılmış ve zenginleşmiş geniş kapsamlı bir bilim dalı olduğundan, bana göre çocukluğundan itibaren bu disiplinlerin basamaklarını adım adım çıkmamış ve bu şekilde geniş bir edebi ve teknik bilgiyle beslenip mimarlığın en yüksek tapınağına ulaşmamış kimselerin kendilerini öyle bir çırpıda mimar olarak addetmeleri hakkaniyetli olmaz.

12. Belki meslekten olmayan kimseler, insan doğasının bunca malumatı hatmedip hafızasında tutabilecek olmasına hayret edecektir. Ama bütün disiplinlerin konuları bakımından birbirlerine bağlı olduğunu ve birbirleriyle bilgi alışverişinde bulunduğunu dikkate alırlarsa, bunun öyle çok da hayret verici bir iş olmadığını kolayca anlayacaklardır. Çünkü özgür sanatlar farklı azalardan oluşmuş tek bir beden gibidir. Dolayısıyla körpe yaşından itibaren çeşitli konularda eğitim almış her insan bütün kültür sahalarındaki ortak bilgiyi, bütün bilim dallarındaki ortak ilişkiyi görüp tanır, bu nedenle de hepsini daha kolay öğrenir. Priene'deki Minerva tapınağının muhteşem tasarımını gerçekleştiren eskinin mimarlarından Pytheos,[1] kaleme aldığı yorum kitaplarında bu gerçekliğe dayanarak şöyle der: Kendini tek bir mesleğe vakfedip tecrübesiyle mesleğinin zirvesine ulaşmış bir zanaatkârdan çok daha fazlasını bir mimar bütün sanat ve bilim dallarında başarabilmelidir. Ama tabii gerçekte işler öyle yürümez.

13. Çünkü bir mimarın Aristarkhos gibi bir gramerci olmasına gerek yok, olamaz da; ama hiç gramerden anlamaması da olmaz; Aristoksenos gibi bir müzisyen olması gerekmez, ama müzikten anlamaması da olmaz; Apelles gibi bir ressam olmasına gerek yok, ama hiç resim kabiliyeti olmadan da olmaz; Myron ve Polykleitos ayarında bir heykeltıraş olması gerekmez, ama yontu tekniklerini bilmeden de olmaz; aynı şekilde Hippokrates gibi bir hekim olması gerekmez, ama hekimlik konusunu bilmeden de olmaz. Diğer bütün öğretilerde de tek tek her birinin uzmanı olması gerekmez, ama bunlara cahil kalması da olmaz. Zaten bu envaiçeşit konu arasında bir insanın tek tek hepsinde mükemmelliğe ulaşması imkânsızdır, çünkü bunların teorilerini öğrenip özümsemek insanın boyunu fazlasıyla aşar.[2]

14. Kaldı ki her alanda üstün bir başarı elde edememek, sırf mimarlara özgü bir durum da değildir; hayatını tek bir sanat dalının ayrıntılarıyla haşir neşir olmaya adamış kişilerin bile hepsi mükemmelliğin zirvesine erişemez. O halde yüzyıllardır tek bir sanat dalında uzmanlaşmış kişiler arasında bile, hepsi değil de, ancak birkaçı güçbela adını duyurma başarısı elde edebilmişken, bunca sanat dalında uzman olması beklenen bir

---

[1] İÖ 4. yüzyılda yaşamış Pytheos, Athena Polias tapınağı (yak. İÖ 340) ile Halikarnassos'taki Mausoleion'un (yak. İÖ 353-351) mimarıdır.

[2] Aristarkhos: Samothrakeli ünlü gramerci ve eleştirmen (İÖ yak. 215-143); Tarentumlu Aristoksenos: Aristoteles'in öğrencisi, müzik kuramı üzerine *Harmonikōn Stoikheiōn* (*Elementa Harmonica*: Armoni Kuramının ABC'si) adlı eserin sahibi (İÖ 4. yy.); Kolophonlu ya da Koslu Apelles: Yunan'ın ünlü ressamı (İÖ yak. 480-450); Atinalı Myron: Klasik dönemin ünlü heykeltıraşı ve *Discobolus*'un (Disk Atıcısı) yaratıcısı (İÖ 5. yy.); Argoslu Polykleitos: Klasik dönemin en ünlü heykeltıraşlarından (İÖ 5. yy.); Koslu Hippokrates: Yunan tıbbının kurucusu (İÖ yak. 460-377).

mimar, nasıl olacak da hem bunların hiçbirinden geri kalmamaya çalışarak zaten başlı başına bir mucizeye ve başarıya imza atacak, hem de bütün ömrünü tek bir uğraş sahasına adamış kimseleri geçecek?

15. Dolayısıyla Pytheos'un bu konuda yanılmış olduğu aşikâr, çünkü her sanatın iki öğeden, yani eserin kendisi ve teorisinden ibaret olduğunu hesaba katmamış. Bunlardan ilki, yani eserin icrası, tek bir konuda eğitim almış kişinin işidir; ötekisi, yani teorisi, bütün eğitimli insanlar için ortaktır. Örneğin nabız ile ritim hem hekimler hem de müzisyenler için ortak bir bilgi içerir.[1] Ama bir yaranın iyileştirilmesi ya da bir hastanın bir illetten kurtarılması söz konusu olduğunda, müzisyen geri durur; çünkü bu iş hekimin asıl işidir. Buna karşılık bir çalgıyı hekim değil, müzisyen çalar; çünkü ancak bir müzisyenin kulağı melodilerin o hoş tınısına vakıftır.

16. Benzer şekilde gökbilimciler ile müzisyenler, yıldızların uyumu ile seslerin uyumu konusunda, yani kare ve üçgen açılardaki yıldızlar ile armonideki dörtlü ve beşli aralıkların uyumuyla ilgili ortak bir tartışma yürütebilir;[2] keza geometricilerle de Yunancada *logos optikos* adı verilen optik bilimiyle ilgili. Başka bütün bilim dalları için de böyle birçok şey ya da en azından teorik bağlamda her şey ortaktır. Ama el becerisiyle ya da birtakım tekniklerle inceden inceye işlenmiş eserler ortaya koymak, esasen tek bir sanat dalında eser üretmek üzere eğitilmiş kişilere düşer. O halde mimarlık için gerekli olduğu kadarıyla farklı disiplinlerin belirli bölümleriyle ve bunların teorik temelleriyle ilgili ortalama bir bilgi edinmiş kişi, elinden geleni fazlasıyla yapmış demektir; çünkü bu konularda ya da bu sanatlarda bir görüş bildirmesi ve değerlendirme yapması gerektiğinde, bocalamayacaktır.

17. Ama geometri, astronomi, müzik ve diğer disiplinlerin derin bilgisine ermek üzere doğanın yaratıcı bir yetenek, kıvrak bir zekâ ve hafıza bahşetmiş olduğu kişiler, mimarın uzmanlığının çok çok ötesine geçip matematikçi olurlar. Bu yüzden de söz konusu disiplin konularıyla ilgili kendi olumlu ya da olum-

---

1 Nabız: *Venarum rhythmo*; Ritim: *Pedum motu*.

2 Kare: İki gezegen veya ışık arasında oluşan 90 derecelik açı. Üçgen: İki gezegen veya ışık arasında oluşan 120 derecelik açı.

suz fikirlerini rahatça ortaya koyabilirler, çünkü bu disiplinlerin pek çok silahını kuşanmış durumdadırlar. Ne var ki böyle insanlar nadir bulunur; örneğin yer yer tarih sahnesine çıkmış olan Samoslu Aristarkhos, Philolaos ve Tarentumlu Arkhytas, Pergeli Apollonios, Kyreneli Eratosthenes, Arkhimedes, Syrakousailı Skopinas gibi. Bu insanlar matematik ve doğa felsefesinden yararlanıp mekanikle ve güneş saatleriyle ilgili çok sayıda buluşa imza atmış, açıklamalarda bulunmuş ve bunları gelecek kuşaklara miras bırakmıştır.

18. O halde doğal yeteneğe bağlı böyle zihinler öyle rastgele her millete de değil, ancak birkaç kişiye nasip olduğundan, mimarlık mesleğiyse bütün öğrenim dallarında deneyimli olmayı gerektirdiğinden, insan aklıysa bunca deniz derya konu arasında beklenenin tersine bu bilimlerin en üst bilgisini değil de, ancak ortalama bilgisini edinmeye izin verdiğinden ey Caesar, hem şahsından hem de bu kitaplarımı okuyacak olanlardan tek ricam, edebiyat sanatının kurallarına aykırı en ufak bir açıklamam olmuşsa, mazur görülmemdir. Çünkü ben bu kitapları üstün bir filozof, belagat sahibi bir hatip ya da sanatının tüm inceliklerine hâkim bir edebiyatçı olarak değil, genel kültürün pınarlarından içmiş bir mimar olarak kaleme almaya çalıştım. Ama sanatımın derin anlamı ve içeriğindeki esaslara gelince, bu kitaplarımla sadece müteahhitlere değil, konunun tüm uzmanlarına hiç kuşkusuz son derece güvenilir bir bilgi kaynağı sunmayı vaat ediyorum; umarım öyle de olur.

2. Bölüm
Mimarlığın İlkeleri

1. Mimarlık, Yunanca *taksis* adı verilen düzenleme (*ordinatio*), yine Yunanların *diathesis* dedikleri tasarım (*dispositio*); ahenk (*eurythmia*), simetri (*symmetria*), uygunluk (*decor*) ve Yunanca *oikonomia* adı verilen dağıtımdan (*distributio*) meydana gelir.[1]

---

[1] Bu terimlerle ilgili çevirinin Sunuş kısmına bakınız.

2. Düzenleme (*ordinatio*), bir yapının ayrı ayrı her elemanını doğru orantılama ve yapının toplam ebatıyla simetrik olarak kıyaslamadır. Bu işlem, Yunancada *posotēs* adı verilen niceliğe dayanır. Nicelikten kasıt,[1] bir yapıyı oluşturan elemanlar arasından standart bir ölçü seçimi (*modulus*)[2] ve bu ölçüye göre elemanların tek tek bileşenlerinden başlayarak tüm yapının düzgün kurulumudur.

Tasarım (*dispositio*), ayrıntıların yerine yerleştirilmesi ve oluşan kompozisyonda yapının niteliğine uygun, estetik bir ifade kazanmasıdır. Yunancada *ideai* adı verilen tasarım biçimleri şunlardır:[3] *Ichnographia* (vaziyet planı), *orthographia* (ön cephe çizimi), *scaenographia* (perspektif çizim). *Ichnographia*, pergel ve cetvelin doğru kullanımını gerektirir, bunun sayesinde inşaat alanlarının yer seviyesinde çizilmiş planları elde edilir.[4] *Orthographia*, ön cephenin dik olarak çizilmiş temsili ve yapılacak eserin hatlarını gösteren hafifçe renklendirilmiş resmidir. *Scaenographia*, ön cephenin ve geriye doğru kayan yan cephelerin gölgelendirilmiş siluetidir; bu çizimde bütün çizgiler kaybolunan noktada (*centrum*) birleştirilir.[5] Bu üçü, tahayyül ve yaratıcılığın ürünüdür. Tahayyül, bir tasarıyı beğeniye hitap edecek şekilde hayata geçirmek için gayret, emek ve meşakkat gerektiren tam bir dikkat yoğunlaşmasıdır. Yaratıcılıksa çetrefil problemlerin üstesinden gelme, kıvrak bir zekâyla mantığa uygun yepyeni bir şey ortaya koymadır. İşte bütün bunlar tasarımın anahatlarıdır.

3. Ahenk (*eurythmia*), yapı elemanlarının bir araya gelmesiyle oluşan güzel biçim, insicamlı görünüştür. Yapı elemanla-

---

1 Aslında boyut ve boyutlandırmadan söz edilmektedir.

2 *Modulus*: Genel anlamıyla, bir yapının bölümleri arasındaki orantıyı sağlamak için kullanılan ölçü birimi.

3 Günümüz ifadesiyle izdüşümden, yani izdüşüm düzlemi üzerinde bazı geometri kurallarına uyularak bir cismin gösterilmesinden söz edilmektedir. Vitruvius'un buradaki amacı, bu üç çizimle bir binanın kâğıt üstünde canlandırılmasını ya da görüntülenmesini sağlamaktır. Bunlar o dönemin proje çizimleridir.

4 Bir inşaat alanında yer alacak tüm varlıkların gösterildiği haritalar.

5 Perspektif çizimde, insanın gözünden uzaklaşan ve uzaklaştıkça birleşmiş gibi görünen çizgiler, kaybolunan doğrular; bu doğruların birleşmiş gibi göründüğü noktaya, kaybolunan nokta (kaçma noktası) denir.

rının yüksekliği genişliğine, eni boyuna uyduğunda ve her şeyin ebatı yapının toplam ebatına denk düştüğünde bu ahenk oluşur.[1]

4. Aynı şekilde simetri de yapı elemanlarının kendi aralarındaki uyumlu birlikteliği, ayrı ayrı parçalar arasından sabit ölçü olarak belirlenmiş herhangi bir parça ile şemanın bütünü arasındaki doğru ilişkidir. Nasıl ki bir insanın vücudunda ön kol, ayak, avuç, parmak ve daha küçük diğer azalar arasındaki simetrik ilişki ahenkli bir yapı arz ediyorsa, işte aynı şey yapıların mimarisi için de geçerlidir. Tapınaklardan işe başlarsak, bunlardaki simetri ölçüsü ya sütunların çapından, ya üçüzyivden (*triglyphum*) ya da sabit bir birimden (*embates*) hareketle bulunur;[2] *ballista* tipi mancınıklarda Yunanların *peritrēton* dedikleri delikten, bir gemide *dipēkhyaia* dedikleri ıskarmozlar arasındaki mesafeden bulunur;[3] aynı şekilde diğer bütün yapılarda da bu ölçü kendi bileşenlerinden bulunur.[4]

5. Uygunluk, yerleşik kaideler doğrultusunda emsaline göre tasarlanmış bir yapının kusursuz görünüşüdür. Bu, Yunanca *thematismos* denilen bir usulü, bir alışkanlığı veya doğayı örnek alarak gerçekleştirilir. Mesela Yıldırımların Yaratıcısı Iupiter'e, Göğe, Güneş'e ve Ay'a adanan tapınaklar üstü açık, yani çatısız inşa edildiğinde usulüne uygun olmuş olur; çünkü söz konusu tanrıların imgelerini ve alametlerini, ancak bulutsuz ve berrak bir gökyüzünde karşımızdaymış gibi görürüz. Minerva, Mars ve Hercules'in tapınaklarınaysa Dor düzeni uygun düşer; çünkü yiğitliklerinden ötürü bu ilahlara süssüz tapınaklar yaraşır. Venus, Flora, Proserpina ve Pınarların Perileri için Korint düzeninde dikilen tapınakların uygun nitelikler

---

1 Vitruvius'un *eurythmia* (εὐρυθμία) terimiyle dile getirmek istediği anlam, "oran, orantı"dır; çünkü Yunanca bir kelime olan εὐρυθμία (εὖ+ῥυθμός) doğru ölçü ya da orana işaret etmektedir. Vitruvius, *proportio*, *eurythmia* ve *symmetria* kelimelerini sıklıkla "oran, orantı" anlamını kastederek kullanmaktadır. Bu konuda ayrıntılı bilgi için bkz. Perrault (tr.) 1684: 28.

2 Vitruvius burada *modulus*un Yunancası *embatēs* (ἐμβάτης) kelimesini kullanmaktadır.

3 Kürek takmak için kayık ve sandalın yan kenarına dikine yerleştirilmiş ağaç çubuk arasındaki açıklıktan söz ediliyor.

4 Parça-bütün ilişkisinden ve standart ölçünün yapının hangi elemanlarından seçilebileceğinden söz edilmektedir.

taşıyacağı aşikârdır; çünkü narin yapılarından ötürü bu ilahlar için, daha ince hatlarda, çiçeklerle, yapraklarla ve helezoni kıvrımlarla süslü şekilde inşa edilmiş yapılar doğal olarak daha yerinde bir görünüm arz eder. Iuno'ya, Diana'ya, tanrı Liber'e ve bunların benzeri olan başka ilahlara İyon düzeni tapınaklar dikilecek olursa, bu tür tapınakların yapısı bir yandan Dor düzeninin sertliğiyle, diğer yandan Korint düzeninin inceliğiyle harmanlanmış olduğundan, söz konusu ilahların bulunduğu ara konumu da korumuş olur.

6. Benzer şekilde muhteşem iç mekânlara sahip binalar, kendilerine uygun ve şık girişlerle donatıldıklarında alışkanlığa uygun olmuş olur. Çünkü iç mekânlar şık dokunuşlara sahip olduğu halde, girişler sıradan ve çirkinse, bu uygun olmaz. Benzer şekilde Dor tarzı baştabanların kornişlerine dişler yontulursa ya da İyon tarzı sütunların yastık biçimli başlıklarına üçüzyivler uygulanırsa, farklı tarz bir yapının karakteristik özellikleri farklı tarz bir yapıya aktarılmış olacağından, öteden beri olagelen düzene aykırı bu görünüş gözü rahatsız edecektir.

7. Önce bütün tapınaklar için, sonra da özellikle birçok hastayı şifalı güçleriyle tedavi ettiğine inanılan tanrı Asklepios ve Salus tapınakları için sağlık koşullarına uygun bölgeler seçildiğinde ve kutsal alanların kurulması için seçilmiş mahallerde[1] su kaynakları bulunmasına dikkat edildiğinde de doğaya uygun hareket edilmiş olur. Çünkü hasta bedenler sağlıksız yerlerden sağlıklı yerlere geçtiklerinde ve şifalı kaynaklardan gelen suları kullanıp tedavi olduklarında daha çabuk iyileşecektir. Bunun sonucunda sırf tapınağı için doğru bir yer seçildiğinden, tanrıya duyulan saygı da artacak ve tapımı yaygılaşacaktır.

Dahası yatak odalarının ve kütüphanelerin doğudan, hamamların ve kışlık odaların batıdan ışık alması sağlandığında da doğaya uygun davranılmış olacaktır; bir de resim galerilerinin ve bu tür sabit ışık gerektiren başka mekânların kuzeyden ışık alması sağlandığında; çünkü göğün bu cephesi Güneş'in yörüngesinden dolayı ne aydınlıktır ne de karanlık; aksine ışık gün boyu hiç değişmeden aynı kalır.

---

1 *Fanum*: Rahiplerce kutsanmış herhangi bir mahal.

8. Dağıtım (*distributio*),[1] kaynakların ve inşaat alanlarının doğru yönetimi, inşaat giderlerinin titiz ve hesaplı şekilde dengelenmesidir. En başta bu iş bir mimarın asla bulamayacağı ya da ancak yüksek bir fiyata bulabileceği malzemeleri talep etmemesiyle mümkün olur. Örneğin ocak kumu, ocak taşı, köknar, ladin ya da mermer öyle her yerde bol bulunmaz, çünkü hepsi başka başka yerlerin ürünüdür, nakliyeleri de zor ve masraflıdır. Ocak kumunun bulunmadığı yerde nehirlerin ya da denizlerin getirdiği yıkanmış kumları kullanmak gerekir; köknarın veya ladinlerin kıtlığını servi, kavak, karaağaç ve çam kullanarak telafi etmek ve başka sıkıntıları da benzer şekillerde halletmek gerekir.

9. Dağıtımın ikinci ayağı, ailelerin kullanımına ayrı, çok zenginine ayrı, hatiplik makamındaki kimselere ayrı tipte binalar planlamakla gerçekleşir. Çünkü şehir evlerinin başka tür bir mimari gerektirdiği açıktır, arazilerinden ürünlerin aktığı çiftlik evlerininse apayrı; sermayedarların evi bambaşkadır, kutlu mutlu bir yaşamı olanların bambaşka. Fikirleriyle devletin dümenini tutan iktidar sahiplerineyse ihtiyaçları doğrultusunda evler düzenlenecektir. Kısacası binaların dağılımı şahsa özel olmak zorundadır.

3. Bölüm
Mimarlığın Bölümleri

1. Mimarlık üç bölüme ayrılır: Bina inşası, güneş saatlerinin yapımı ve makine kurulumu. Bina inşası da kendi içinde iki-

[1] Vitruvius, Yunanca *oikonomia* terimini, Latince *distributio* terimiyle karşılar. *Oikonomia*nın Yunancadaki anlamı, "hane yönetimi, ev idaresi; tutumluluk, idare, iktisat, eknonomi"dir. Latince *distributio* kelimesinin anlamıysa, "bölme, bölüştürme, paylaştırma, taksim, dağıtım, dağıtma, dağılım, tevzi"dir. Vitruvius bu kelimeyi bütün bu anlamları içerecek şekilde geniş bir bağlamda kullanmıştır. Ama özellikle *distributio* kelimesini tercih etmiş olmasından anlaşılacağı gibi, bu terimden asıl kasıt, kaynakları belirli oranlarda pay etme ya da en etkin şekilde dağılımını sağlamadır.

ye ayrılır: İlki şehir surlarının ve kamu alanlarına halkın ortak kullanacağı yapıların yerleştirilmesi, ikincisi özel konutların yapımıdır. Kamu yapıları da üç gruba ayrılır: Bunlardan ilki savunmayla, ikincisi dinle, üçüncüsü de hizmetle ilgilidir. Savunmayla ilgili olan, düşman saldırılarına her an karşı koyabilecek yapıda duvarlar, kuleler ve kapıların tasarımını kapsar; dinle ilgili olan, ölümsüz tanrılara adanmış kutsal alanların ve tapınakların planlanmasını içerir; hizmetle ilgili olansa halkın kullanımına yönelik ortak mekânların tasarımıyla ilgilidir, örneğin limanlar, pazar yerleri, revaklar, hamamlar, tiyatrolar, üstü kapalı yürüyüş yolları (*inambulationes*) ve benzer amaçlarla kamu alanlarına kurulacak diğer yapılar.

2. Bu yapılar sağlamlık, işlevsellik ve güzellik ilkesine uygun olmak zorundadır. Sağlamlık, temeller sert bir zemine[1] iyice oturtulduğunda ve mevcut kaynaklardan hasislik edilmeden, makul miktarda malzeme seçildiğinde gerçekleşmiş olur; işlevsellik, mekân düzenlemeleri kusursuz ve kullanıma bir engel teşkil etmeyecek şekilde yapıldığında, her bina kendi tarzına bire bir uygun konuma yerleştirildiğinde gerçekleşir; güzellikse binanın görünümü hoş ve şık olduğunda, elemanlarının oranları doğru simetri hesaplarına sahip olduğunda elde edilir.

4. Bölüm
Şehirler İçin Sağlığa Uygun Yerlerin Seçimi

1. Müstahkem şehirlerin inşasında şu hususlar esastır: En başta sağlık koşullarına en uygun bölgenin seçimi. Bu bölge yüksek bir yerde olacaktır; ne sisi ne buzu olacaktır; iklimi de ne sıcak ne soğuk, ılıman olacaktır; dahası mümkünse bataklıklı havalilerden kaçınılacaktır, çünkü güneş doğarken sabah meltemleri şehre estiğinde, buna aniden bastıran sisler eklendiğinde, bu sislere bir de bataklıkta yaşayan canlıların zehirli

---

[1] Kayalık bir zemine.

soluğu karışıp rüzgârlarla şehir sakinlerinin bedenlerine üflendiğinde o yeri hastalıklı kılacaktır.

Sonra şehir deniz kıyısında olup güneye ya da batıya bakıyorsa, bu hiç sağlıklı olmaz; çünkü yazın güneyin havası daha güneş doğarken ısınır, öğlenleyin ateş gibi olur; batıya bakan konumsa güneş doğduktan sonra ısınmaya başlar, öğlenleyin sıcak olur, akşamleyin kaynar.

2. İşte bu sıcak ve soğuk değişimleri, böyle yerlerde yaşayan insanların bünyesine zarar verir. Aynı durum eşyalarda da gözlemlenebilir. Hiç kimse üstü kapalı şarap mahzenlerinin güneyden ya da batıdan ışık almasını istemez mesela, kuzeyden ışık alsın ister; çünkü bu yön hiçbir zaman söz konusu ısı değişimlerine maruz kalmaz, ısısı her zaman sabittir, değişmez. Ambarlar da öyledir; cephesi güneşe bakan ambarlarda ürün çabuk bozulur, güneş almayan bir yerde muhafaza edilmeyen balıklar, meyveler de uzun süre dayanmaz.

3. Çünkü kesin kuraldır, ısı ne zaman şeylerin direncini kırsa, alev alev buharıyla doğal nemlerini emip yok etse, onları ayrıştırır, ateşiyle yumuşatıp pörsütür. Bunu demirde bile görebiliriz; çünkü demirin yapısı sert olsa da, ocaklarda yanan ateşin harıyla kızdırıldığında öyle yumuşar ki, işlendiğinde her türlü şekle kolayca girer; ama öyle yumuşak ve hâlâ sıcakken soğuk suya daldırıldığında tekrar soğur, sertleşir ve eski halini alır.

4. Bunun böyle olduğunu, sadece hastalıklı yerlerde değil, sağlıklı yerlerde bile bütün bünyelerin yazın sıcağında cansızlaşmasından, kışınsa en hastalıklı bölgelerin bile serin havanın verdiği dirençle daha sağlıklı hale gelmesinden de anlayabiliriz. Aynı şekilde soğuk ülkelerden sıcak ülkelere gidenler, dayanamaz, mahvolurlar; oysa sıcak yerlerden kuzeyin soğuk ülkelerine gidenler, bu değişimden etkilenmedikleri gibi daha da güçlenirler.

5. İşte bu yüzden şehirleri kurarken insanların sıcak rüzgârların hışmına uğrayabilecekleri yerlerden sakınmamız gerektiği aşikâr. Çünkü bütün bedenler, Yunanların *stoikheia* dedikleri temel unsurlardan, yani ateş, su, toprak ve havadan müteşekkildir; dahası türlerine göre dünyadaki tüm canlıların nitelikleri bu unsurların doğal ölçüdeki karışımlarıyla şekillenir.

6. Bu yüzden herhangi bir bedende ateş unsuru diğer unsurlardan fazla olduğunda, şiddetiyle geri kalanları eritip tüketir. Bu olumsuzluk, belirli iklim bölgelerindeki sıcak havanın söz konusu bedenin açık gözeneklerine, doğal ısısına uygun karışımının kaldırabileceğinden fazlasını yüklemesinden ileri gelir. Aynı şekilde bedenin damarlarına çok fazla nem girerse ve dengelerini bozarsa, bu sıvı yüzünden saflıkları bozulan öteki unsurlar da çözülür ve karışımın niteliği kaybolur. Bu olumsuzluk bir de bedene esen nemli rüzgârların ve meltemlerin üşütücü etkisinden kaynaklanır. Aynı şekilde bedenin doğal kıvamındaki hava ya da toprak miktarının çoğalıp azalması da öteki unsurları zayıflatır; toprağın artışı aşırı beslenmeyle, havanın artışıysa atmosfer basıncıyla alakalıdır.

7. Ama bütün bunları mantık süzgecinden geçirerek daha dikkatlice anlamak isteyen olursa, kuşların, balıkların ve kara hayvanlarının doğasına bakıp dikkatlice bir düşünsün; yaradılışlarındaki farklılıkları kesin görecektir. Çünkü kuşların doğasındaki karışım farklı, balıklarınki daha farklı, karada yaşayanlarınki çok daha farklıdır. Kuşlarda toprak unsuru daha az bulunur; nem de azdır, ateş makul orandadır, havaysa çok fazladır; böyle daha hafif unsurlardan oluşmalarına bağlı olarak da basınca rahatça karşı koyup havada süzülebilirler. Balıklarsa, suda yaşamaya müsait doğaları ateş, çok miktarda hava ve toprak unsuru içerirken çok az miktarda su içerdiğinden, bedenlerinde bu su miktarının diğer unsurlardan daha az olmasına bağlı olarak suda daha kolay hayatta kalırlar; ama karaya vurdukları anda suyla birlikte canlarını da yitirirler. Kara hayvanlarıysa hava ve ateş unsurlarından müteşekkil olup çok az toprak ve çok fazla su içerdiklerinden, su unsurunun fazla olması sebebiyle suda uzun süre hayatta kalamazlar.

8. O halde bütün bunlar bizim açıkladığımız gibiyse, canlıların bedenlerinin bu unsurlardan meydana geldiğine aklımız da yatıyorsa ve bu bedenlerin bazı unsurların fazlalığından, bazılarının azlığından yitip tükendiğini düşünüyorsak, o zaman en ılıman iklime sahip bölgeleri seçmeye azami dikkat göstermek zorunda olduğumuzdan şüphe edemeyiz; çünkü şehirlerin kurulumunda sağlık her şeyden önce gelmelidir.

9. Bu yüzden ısrarla şu eski yönteme başvurmak gerekir diyorum: Atalarımız şehirler ya da yerleşik karargâhlar kuracakları zaman o yörelerde otlayan koyunları kurban edip karaciğerlerini incelerlerdi. Eğer ilk kurbanların ciğerleri solgun ve bozuksa, bu tahribatın hastalıktan mı, yoksa kötü besinden mi kaynaklandığını merak edip başka koyunları da kurban ederlerdi. Ancak böyle birçok denemenin ardından ve suyun, yemin ciğerleri sağlam ve zinde kıldığına iyice kani olduktan sonra orada istihkâmlarını kurarlardı; yok hâlâ hasta ciğerler bulmaya devam ediyorlarsa, o zaman o yörelerdeki su ve besin kaynağının aynı şekilde insanları da hasta edeceği sonucuna varıp oradan ayrılırlar ve her açıdan sağlıklı bölgeler bulana kadar yer değiştirirlerdi.

İtalya'nın Piacenza eyaletinde, Gossolengo yakınlarında 1877 yılında bulunan, Etrüsk kehanet sanatının örneği bir koyun karaciğeri tasviri

10. Bunun böyle olduğunu, yani bir toprağın sağlıklı niteliklere sahip olup olmamasının yeminden, yiyeceğinden anlaşılacağını, Girit'in iki şehri Gnosus ile Gortyna arasından akan Pothereus nehri civarındaki arazilere bakarak da anlayabiliriz:[1] Bu nehrin sağında, solunda sürüler otlar, ama Gnosus'a yakın

[1] Gnosus: Girit'in baş şehri Knossos; Gortyna: Girit'te önemli bir şehir; Pothereus: Girit'te bir nehir.

tarafta otlayanlarda dalak varken, öteki tarafta, yani Gortyna yakınlarında otlayanlarda dalak olduğu şüphelidir. Konuyu bizzat araştıran hekimler bu yakada, sürülerin geviş getirdiğinde dalaklarının küçülmesine neden olan bir ot keşfettiler. Bu otu topladılar ve halen dalak hastaları için ilaç niyetine kullanıyorlar. Hatta Giritliler de bu ota "dalaksız" (*asplenon*) diyorlar. Buradan da anlaşılıyor ki, bir yerin doğaca sağlıksız ya da sağlıklı niteliklere sahip olduğunu yiyeceğinden, suyundan çıkarabiliriz.

11. Aynı şekilde müstahkem şehirler denizin yakınlarındaki bataklıklara kurulacaksa, cepheleri kuzey ya da kuzeydoğu yönüne bakıyorsa ve o bataklıklar da sahil şeridinden daha yukarılardaysa, bunların buralara kurulmalarında bir sakınca yoktur. Çünkü kanallar açılırsa bataklık sularının kıyıya akacağı bir mecra oluşur, fırtınalarla deniz kabardığında da dalga dalga yükselip bataklıklara taşar ve acı içeriğiyle bataklıkta yaşayan canlıların üremelerini önler; yüksek yerlerden yüzerek sahile yaklaşacak olanlarsa, alışık olmadıkları tuzlu su yüzünden canlarından olur. Bunun bir örneği Altinum, Ravenna ve Aquileia'yı çevreleyen Galya bataklıkları olabilir ya da böyle bataklıklara yakın yerlerdeki başka özerk şehirler.[1] Bu şehirler tam da saydığım nedenlerden dolayı fevkalade sağlıklıdır.

12. Ama durgun bataklıklara sahip, ne nehirlerle ne kanallarla denize çıkış yolu olmayan yerler, mesela Pomptinus'taki gibi bataklıklar, durgun oldukları için kokuşur ve bulundukları yörelere ağır ve hastalık taşıyıcı buharlar yayar.[2] Örneğin Diomedes'in Troya'dan dönerken kurduğu ya da bazı yazarların Rodoslu Elpias tarafından kurulmuş olduğunu belirttiği Apulia'daki eski Salpia şehri böyle bir yerde bulunuyordu. Yıllar yılı sırf bu sebepten hastalık derdi çeken sakinleri, sonunda resmi

---

[1] *Municipium*: Roma vatandaşlığı hakkına (çoğunlukla oy verme hakkına da) sahip, genellikle İtalya'da yerleşik şehirler. En büyük özellikleri, kendi yasalarıyla yönetilmeleridir. Bu yüzden hür ya da özerk şehir olarak adlandırılırlar; Altinum: İtalya'nın kuzeyinde, Venedik yakınlarında, Silis nehri ağzında yer alan bir şehir; Ravenna: Gallia Cispadana'da yer alan bir şehir (günümüzde de aynı adı korumaktadır); Aquileia: Yukarı İtalya'da II. Kartaca Savaşından sonra Romalılar tarafından kurulan bir şehir.

[2] Pomptinus: Latium'da, Pometica yakınında, geniş bataklıklara sahip bir bölge (günümüzde Agro Pontino); Pomptinae Paludes: Pomptinus bataklıkları.

bir dilekçeyle Marcus Hostilius'a başvurdu ve ondan şehirlerini yeniden kurabilecekleri daha uygun bir yer araştırıp bulmasını talep etti. O da hiç oyalanmadı, derhal akıllıca bir araştırmaya girişip sağlıklı bir bölgede denize yakın bir arazi satın aldı. Senato ve Roma halkından da şehrin buraya aktarılması için izin istedi. Ardından surları dikti, toprağı parsellere ayırdı ve her bir parselin mülkiyetini bir *sestertius* karşılığında vatandaşlara sattı.[1] Bu işleri hallettikten sonra da gölü denize açtı ve şehre gölden bir liman yaptı. Böylece eski şehirlerinden dört mil öteye taşınan Salpia halkı şimdi sağlıklı bir ortamda yaşam sürmekte.[2]

5. Bölüm
Surlar ve Kulelerin İnşası

1. Kurulacak şehrin sağlığını işte bu esaslara göre garanti altına alıp şehir sakinlerini besleyecek yeterli besin kaynakları bulunan, güvenli yollara ya da şehre kolayca ulaşım sağlamaya elverişli nehirlere veya limanlarla denizden nakil imkânına sahip bölgeler seçildikten sonra, sıra kulelerin ve surların temellerini atmaya gelir ki, bu iş şu şekilde yapılmalıdır: Sert zemin bulunabiliyorsa, sert zemine kadar kazılsın. Sert zemindeki kazı da yapının büyüklüğünün gerektirdiği ölçüde, toprağın üstüne inşa edilecek duvarların genişliğinden çok daha geniş olsun ve burası olabildiğince sağlam malzemeyle doldurulsun.[3]

2. Kuleler de surların dış cephesinde, öne doğru çıkık yapılmalı ki, düşman hücum etmek için sura yaklaşmak istediğinde, açık kanatlarına kulelerin sağından solundan atılan mızraklarla yaralansın.[4] Surlara hücum edilmesini kolaylaştıracak bir giri-

---

1 *Sestertius*: 2.5 *as* ya da bir *denarius*un dörtte biri değerinde gümüş sikke.

2 Vitruvius'ta Salpia olarak geçen Salapia (Salapinus, Salpi), Apuleia'nın en önemli şehirlerindendir. Adriyatik sahillerinde yerleşik bu şehir, suları tuzlu bir gölle denizden ayrılır. Eski zamanlarda bu göl Salapina Palus (Salapia bataklığı) olarak bilinirdi.

3 Çok sağlam taşlarla.

4 Virtuvius'un bu cümlesi tartışmalıdır, çünkü bu cümlenin "kulelerin sağında ve solundaki açık kanatlardan atılan oklarla yaralansın" şek-

şin olmamasına da azami dikkat göstermek gerektiği açık; bu surlar sarp yerlerin etrafında olmalı ve kapılara giden yollar doğrudan doğruya değil de, sol taraftan ulaşacak şekilde tasarlanmalı. Çünkü bu şekilde yapıldığında, yaklaşmakta olan düşmanın kalkanla korunmayan sağ kanadı duvara çok yakın olacaktır. Öte yandan şehirler ne kare şeklinde ne de bariz köşeleri olacak şekilde kurulmalı, aksine daire şeklinde olmalı ki, düşman her taraftan görülebilsin. Bariz köşeleri olan şehirleri savunmak zordur, çünkü köşeler vatandaşı değil, düşmanı korur.

3. Duvarın kalınlığıysa, üstünde yürürken karşılaşan silahlı askerlerin birbirinin geçişine mani olmayacağı ölçüde olmalı diye düşünüyorum. Sonra bu kalınlıktaki aralığa[1] alazlanmış zeytin odunundan yapılma bağlayıcı kirişler mümkün olduğunca sık aralıklarla döşenmeli ki, metal kenet görevi gören bu kirişlerle duvarın her iki yüzü birbirine bağlanıp ömür boyu dayanıklı kalsın. Çünkü bu malzeme ne çürür, ne havadan etkilenir ne de zamanla hasara uğrar, hatta toprağa gömülse, suya batsa bile bozulmadan hep işlevini sürdürür. Bu yüzden sadece şehir surları değil, genel olarak bütün altyapılar ve bu surlar kadar kalın olması gereken başka bütün duvarlar birbirine bu şekilde kenetlendiğinde öyle çabuk bozulmaz.

4. Kulelerin araları da bir ok atımı mesafeden daha uzun olmamalı ki, herhangi bir kule kuşatıldığı anda sağındaki ve solundaki kulelerden *scorpio* tipi mancınıkların ya da başka tür aletlerin attığı silahlarla düşman püskürtülebilsin. Dahası kulelerin iç kısmındaki duvar da kulelerin genişliğince bölümlere ayrılmalı ki, kulelerin iç taraflarına ahşap iskeleler yerleştirilebilsin. Ama bu iskeleler çivilenip sabitlenmesin; çünkü düşman duvarın herhangi bir yerini kuşatacak olursa, savunmacılar bu iskeleleri söküp ayıracak ve bu işi ne kadar hızlı yaparlarsa düşmanın kafa üstü çakılmayı göze almadıkça kulelerin ve surun geri kalanına nüfuz etmesini engellemiş olacaklardır.

---

linde de çevrilebileceği belirtilmiştir. Yukarıdaki çeviri, Marinius (ed.), 1836: 40, n.3'teki yoruma göre yapılmıştır. Bunun böyle olduğu, cümlenin ortalarına doğru "Yaklaşmakta olan düşmanın kalkanla korunmaya sağ kanadı duvara çok yakın olacaktır," ifadesinden de anlaşılacaktır.

[1] İki duvar arasındaki açıklığa.

Kulenin iç duvar bölmesi ve iskelesi
(Bkz. Giocondo 1511)

5. Kuleler ya yuvarlak ya da çokgen şekilde inşa edilmelidir. Çünkü savaş makineleri kare duvarlarını hızla paralar, koçbaşları (*aries*)[1] vura vura duvarı köşelerinden ayırır; ama yuvarlak kuleler söz konusu olduğunda koçbaşı sadece kama gibi duvarın merkezine baskı yapacağından ona bir zararı dokunmaz. Surların ve kulelerin tahkimatı, istinat duvarları ve dolgu şevlerle (*agger*)[2] birleştirilirse, daha güvenli olur;[3] çünkü ne koçbaşları, ne kazılan tüneller ne de başka tür savaş makineleri bunları tahrip etmeyi başarabilir.

1 *Aries*: Ön tarafı bir koçun başını andıran ve kuşatma altındaki şehirlerin surlarını, kapılarını yıkmak için kullanılan direk. Ayrıntılı bilgi için bkz. 10. Kitap.

2 Siper şevi, toprak set. Vitruvius burada istinat duvarlarıyla birlikte yapılan toprak setlerden (*agger murorum*) bahsediyor.

3 İleri savunma hattı oluşturarak düşmanı engelleyecekleri için.

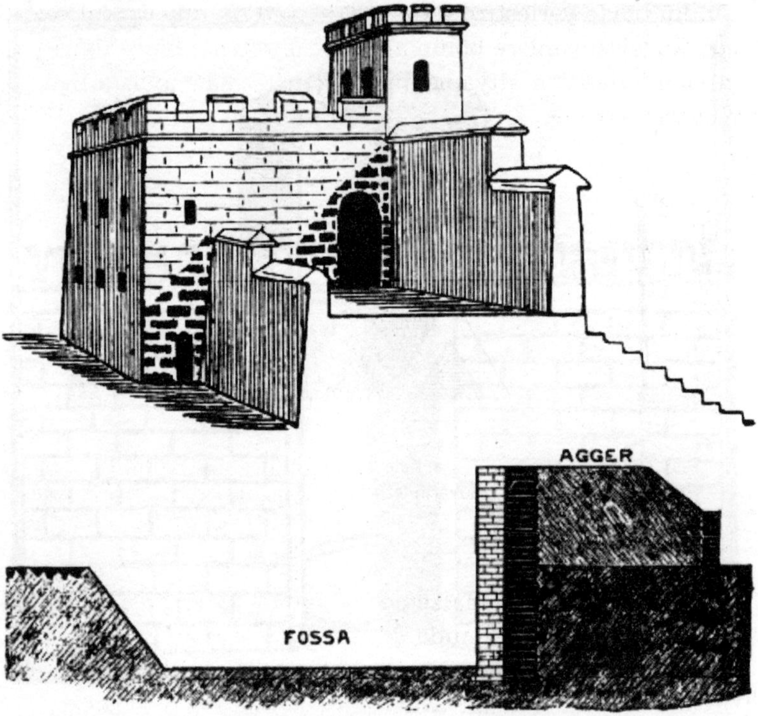

Bkz. Harris (ed.) 1977: 19-20

6. Ama dolgu şev düzeni her yere uygulanmamalı, sadece kuşatma altındaki surlara istihkâm dışındaki yüksek bir yerden düz ayak giriş sağlayacak yerlere. İşte bu tür yerlerde önce olabildiğince geniş ve derin hendekler kazılmalı, sonra duvarın temeli hendek yatağının içine iyice gömülmeli ve toprak yapıyı kolayca taşıyacak kadar kalın olmalı.

7. Altyapının içinde bir temel daha kurulmalı, içeriden diğer duvarın temeliyle aralarında çok geniş bir mesafe kalacak şekilde; öyle ki bir piyade taburunun setin üstünde saf tutup savunma konumunu alabileceği kadar geniş bir mesafe.

Temeller birbirlerine bu ölçüdeki bir mesafeyle kurulduktan sonra, aralarına dış ve iç duvarın temellerini birbirine bağlayacak başka taşıyıcı duvarlar yapılmalı ve bunlar bir testerenin dişlerini andıracak şekilde zigzak zigzak yerleştirilmelidir.

Çünkü böyle yerleştirildiklerinde, toprağın o koca kütlesi küçük küçük birimlere bölünmüş olacağından, olanca ağırlığıyla yüklenip duvarın altyapısının kamburlaşmasına asla izin vermeyecektir.

Testere dişleri

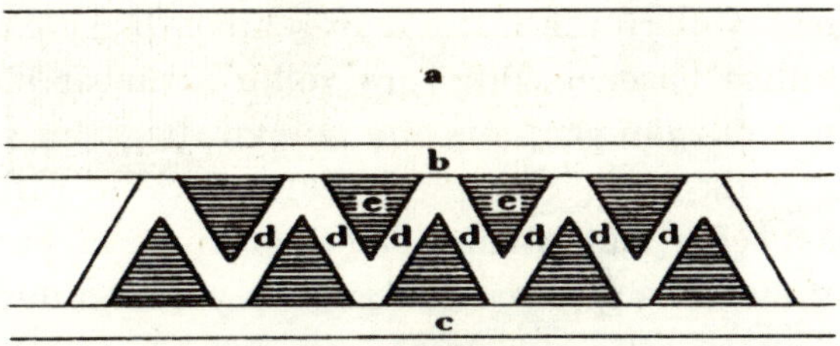

a. Kale hendeği; **b.** Dış duvarın temeli; **c.** İç duvarın temeli; **d.** Taşıyıcı duvarlar; **e.** Toprak dolgu (Bkz. Migotto (tr.) 1990: 573)

8. Surların hangi malzemeden yapılacağına ya da kaplanacağına gelince; bu konuda önceden net bir şey söyleyemeyiz, çünkü istediğimiz türden malzemeleri her yerde bulamayabiliriz. Ama kesme taşlar, volkanik oluşumlu taş, ocak taşı, pişmiş veya pişmemiş tuğla bulduğumuz yerde, bunları kullanmalıyız. Çünkü kireç ve kum yerine geçebilecek bol miktarda yumuşak asfalta (*liquidum bitumen*)[1] sahip olan ve duvarlarını pişmiş tuğladan inşa eden Babil kadar olmasa da, her bölgenin ya da her yerin öyle önemli özellikleri ve aynı türden kendine has üstünlükleri olabilir ki, bu malzemeleri kullanarak hiç hasara uğramadan sonsuza dek sağlam kalacak surlara sahip olunabilir.

[1] Romalılar, özellikle de Tacitus ve Plinius, *bitumen* (asfalt) kelimesiyle bir çeşit mineral zift ya da yağı kasteder. Bunun Yunanca karşılığı *asphaltos*tur (ἄσφαλτος). Özellikle Ölü Deniz'den getirilip bir tür çimento yerine kullanılırdı. Vitruvius burada *liquidum bitumen*in kireç yerine kullanıldığını ve bu harçla yapılan sur duvarlarının çok dayanıklı olduğunu vurguluyor. Bkz. Speight 2014.

6. Bölüm
Rüzgârlar ve Şehir Planlaması

1. Şehirler surlarla çevrilip tahkim edildikten sonra, sıra surların içindeki arsaların taksimine, ana caddeler ile ara yolların yönlerini iklime uygun şekilde düzenlemeye gelir. Eğer akıllıca hareket edilip ara yolların rüzgâr alması önlenirse, bu iş düzgün yapılmış olur; çünkü rüzgârlar soğuk eserse rahatsızlık verir, sıcak eserse halsiz bırakır, rutubetli olursa da hasta eder. Bu nedenle açıkça görülüyor ki, bu sıkıntıyı bertaraf etmemiz ve birçok şehrin hep yaşadığı durumun bizim de başımıza gelmesini önlememiz gerekir. Örneğin Lesbos adasındaki Mytilena şehri muhteşem ve çok zevkli bir mimariyle inşa edilmiştir, ama konumu sakattır. Bu şehirde güney rüzgârı estiğinde insanlar hasta olur, kuzeybatı rüzgârı estiğinde öksürür; kuzey rüzgârı estiğinde sağlıklarına yeniden kavuşsalar da bu kez yakıcı soğuktan ne ara sokaklarda ne de ana caddelerde durabilirler.[1]

2. Rüzgâr, düzensiz yer değiştirme hareketleriyle esen bir hava dalgasıdır. Bunun böyle olduğu, tunçtan yapılma rüzgâr cihazlarına[2] (*aeolipila*) bakarak da anlaşılabilir; hatta doğaya dair böyle deha ürünü buluşlarla gökyüzünün esrarengiz yasaları hakkındaki gerçekler de gün yüzüne çıkarılabilir. Bu tunçtan rüzgâr toplarının içi oyuktur, minicik bir de delikleri vardır. Buradan su doldurulur ve ateşe oturtulur. İyice ısınmadan da buhar çıkarmazlar. Ama kaynamaya başladıkları anda o hışımla ateşe üfürüverirler. İşte bu basit ve çok kısa süreli gözlemden gökyüzünün o büyük ve havsalaya sığmayan yasaları ve rüzgârların doğasıyla ilgili esasları hakkında bilgi edinebilir ve üzerine düşünebiliriz.

---

1 Güney rüzgârı: Kıble; Kuzeybatı rüzgârı: Karayel; Kuzey rüzgârı: Yıldız.

2 Aeolus: Aeolia adalarında yaşadığına inanılan, rüzgârların yönetici tanrısı. Vitruvius'un burada bahsettiği, adını Aeolus'tan alan, buharın etkisiyle dönen, küre şeklinde bir cihaz veya bir anlamda buhar makinesidir.

Hero'nun buhar makinesi; *aeolipilae*

Aeolus

3. Rüzgârların önü alındığı takdirde, sadece sağlıklı bünyeler için sağlıklı ortamlar hazırlanmakla kalmaz, tesadüfen başka olumsuzluklardan doğan hastalıklar varsa ve bunlar sağlıklı yerlerde ancak panzehirlerle tedavi edilebiliyorsa, burada[1] rüzgârların önü alındığı için çok daha kolay tedavi edilecektir.

Öte yandan demin sözünü ettiğim yerlerde zor tedavi edildiğini belirttiğim hastalıklarsa şunlardır: Boğaz iltihabı, öksürük, zatülcenp, verem, kan tükürme ve boşaltım yoluyla değil, takviyelerle tedavi edilen başka hastalıklar. Bunlar zor iyileşir, çünkü en başta soğuktan kaynaklanır; sonra hastalık yüzünden insanların direnci zaten düşmüşken, rüzgârların dalgalanmasına bağlı olarak sürekli dalgalanıp duran hava da onları iyice zayıflatır, ilaveten hasta bedenlerinden hayati sıvıları çeker, kurutur.

Buna karşılık hafif ve tok hava, yani cereyanları olmayan, mütemadiyen değişip durmayan hava, bu sabit ve istikrarlı yapısına bağlı olarak böyle hastalıklardan muzdarip kişilerin azalarını takviye edip besler, yeniden sağlıklarına kavuşturur.

[1] Bizim kuracağımız şehirde.

4. Bazı otoriteler dört tane rüzgâr olduğunu söylemekle yetinmiştir: Tam doğudan esen Solanus, güneyden esen Auster, tam batıdan esen Favonius ve kuzeyden esen Septentrio. Ama bu konuda daha ciddi araştırmalar yapmış olanlar, rüzgârların sayısının sekiz olduğunu bize bildirdi. Özellikle de Kyrrhoslu Andronikos, kanıt olsun diye Atina'da mermerden sekizgen bir kule dikti[1] ve tek tek her kenarına da rüzgârların kabartma resimlerini yaptırdı, her birinin estiği yönün tam karşısına. Kulenin tam tepesine mermer bir piramit dikti, üstüne de sağ elinde tuttuğu çubuğunu öne doğru uzatmış halde, tunçtan bir Triton heykelciği yerleştirdi.[2] Bu düzeneği de rüzgâr estikçe dönecek şekilde ayarladı. Böylece Triton her rüzgâr esişinde o rüzgârın estiği yönde duralayıp ibre görevi gören çubuğunu esen rüzgârı temsil eden kabartmanın üstüne tutuyordu.

5. Buna göre Eurus rüzgârı, Solanus ile Auster'in arasına, güneydoğuya yerleştirildi; Africus da Auster ile Favonius arasına, güneybatıya; birçok kişinin Corus olarak adlandırdığı Caurus, Favonius ile Septentrio arasına yerleştirildi; Aquilo ise, Septentrio ile Solanus arasına. Bu düzeneğin rüzgârların sayılarının, adlarının ve estikleri sabit yönlerin anlaşılmasının bir yolu olduğu açıkça görülüyor.[3]

1 Kyrrhoslu (Suriye'de bir şehir) Andronikos, İÖ 2. yüzyılın sonunda Atina'da bir nevi rüzgârgülü, güneş saati olarak iş gören bir rüzgâr kulesi dikti.

2 Triton: Deniz tanrısı Neptunus ile su perisi Salacia'nın oğlu; Neptunus'un emriyle bir deniz kabuğunu üfleyip denizlerin durulmasını veya kabarmasını sağlar.

3 Solanus: Doğu rüzgârı (Gündoğusu); Auster: Güney rüzgârı (Kıble);

Mesele bu şekilde anlaşıldığına göre, şimdi iş rüzgârların yönlerini ve doğum yerlerini tespit etmek için aşağıdaki gibi bir yöntem izlemeye kalıyor.

6. Şehrin ortalarında bir yere yatay şekilde mermer bir levha yerleştirilsin[1] ya da bu yer öyle tesviye edilsin ki, hiç bu levhaya gerek kalmasın. Sonra bu yüzeyin tam merkezinin üstüne tunçtan bir güneş saati ibresi yerleştirilsin, yani Yunancada *skiothērēs* adı verilen bir *gölge avcısı*.

Öğleden önce, beşinci saat civarında bu saatin ibresinin düşürdüğü gölge alınıp noktayla işaretlenmeli. Sonra pergel ibrenin gölgesinin uzunluğuna işaret eden bu noktaya kadar açılarak merkezden bir daire çizilmeli. Aynı şekilde bu ibrenin öğleden sonra uzayan gölgesi izlenmeli ve daire çizgisine değip de öğle sonrası gölgesinin uzunluğuyla sabahki gölgenin uzunluğu eşitlenince, buraya da bir nokta koyup işaretlenmeli.

7. Bu iki noktadan pergelle X şeklinde birbirini kesen iki çizgi çizilmeli,[2] bunun kesişim noktasından ve dairenin merkezinden çemberin kenarına kadar bir çizgi çekilmeli; böylece güney ve kuzey bölgeleri tayin edilmiş olur. Sonra dairenin tüm çevresinin on altıda biri çap olarak alınıp pergelin ucu güney çizgisine, yani daireyle kesiştiği yere konmalı ve çemberin sağına ve soluna, aynı şekilde hem güney hem de kuzey dilimi işaretlenmeli. Ardından bu dört noktadan, merkezden başlayıp dairenin bir ucundan diğerine X şeklinde bir çapraz çizgi çekilmeli. Böylece dairenin çevresinin sekizde birlik dilimi Güney ve Kuzey Rüzgârlarına pay edilmiş olacaktır.[3] Diğer dilimlerse, sağa üç, sola da üç dilim olmak üzere eşit şekilde dairenin tüm çevresine pay edilmeli; böylece rüzgârları sekiz eşit dilime

---

Favonius: Batı rüzgârı (Günbatısı); Septentrio: Kuzey rüzgârı (Yıldız); Africus: Güneybatı rüzgârı (Lodos); Caurus (=Corus): Kuzeybatı rüzgârı (Karayel); Aquilo: Kuzeydoğu rüzgârı (Poyraz); Eurus: Güneydoğu rüzgârı (Keşişleme).

1 *Amussium*: Tesviye aletiyle (*amussis*) ölçülüp düzleştirilmiş, mermerden tekerlek şeklinde bir plaka ya da levha. Üzerine rüzgârların yönleri işaretlenir ve genellikle güneş saati gibi bir konutun dış duvarına asılırdı.

2 *Decussatio*: Roma sayı sisteminde on rakamını belirten X şekli ya da birbiriyle kesişen iki çizgi, çapraz işareti.

3 Sekizde birlik dilimi Güney rüzgârına, diğer sekizde birlik dilimi de Kuzey rüzgârına.

ayrılmış olarak gösteren bir taslak oluşturulmuş olacaktır. O halde açıkça görülüyor ki, ana caddelerin ve ara sokakların yönünü her iki rüzgâr dilimi arasındaki açılara göre belirlemek zorundayız.

8. Çünkü bu yöntemle ve bu bölümlemeyle hem evler hem de mahalleler rüzgârların rahatsız edici etkisinden azat olacaktır. Yoksa ana caddeler rüzgârların estiği yönle kafa kafaya gelecek şekilde tasarlanacak olursa, göğün engin boşluklarından gelen o kesintisiz esinti sokak aralarına hapsolup çok daha hışımla oraya buraya saldıracaktır. İşte bu nedenlerden ötürü mahallelerin yönünü rüzgârların estiği yönlerin tersi istikametine çevirmek zorundayız ki, rüzgârlar tam apartmanların köşelerine gelirken kırılsın, geriye püskürüp dağılsın gitsin.

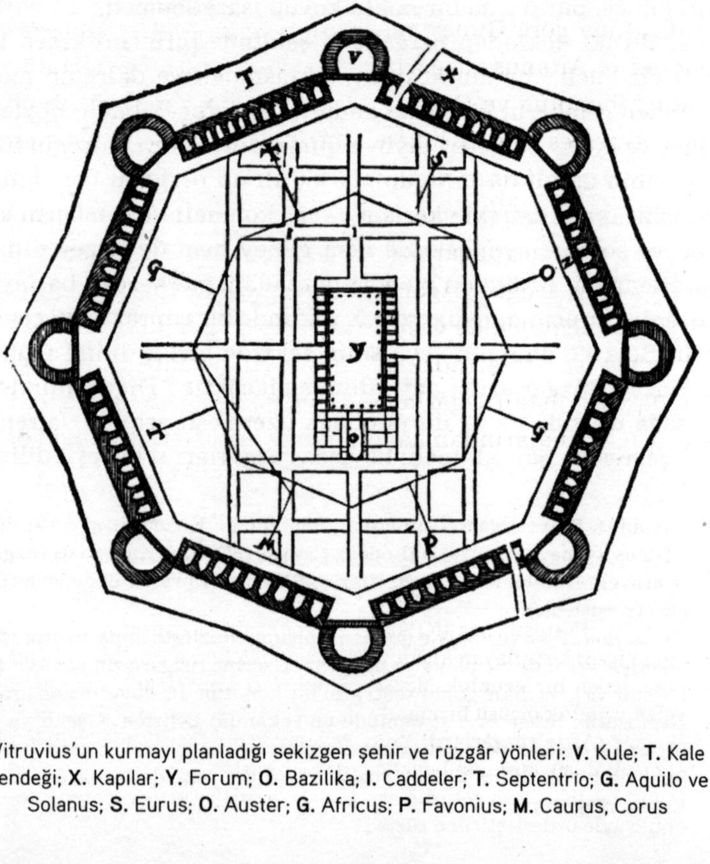

Vitruvius'un kurmayı planladığı sekizgen şehir ve rüzgâr yönleri: **V.** Kule; **T.** Kale hendeği; **X.** Kapılar; **Y.** Forum; **O.** Bazilika; **I.** Caddeler; **T.** Septentrio; **G.** Aquilo ve Solanus; **S.** Eurus; **O.** Auster; **G.** Africus; **P.** Favonius; **M.** Caurus, Corus

9. Belki kafalarında bir dolu rüzgâr ismi olan kimseler, bizim burada sadece sekiz rüzgârdan bahsetmemizi tuhaf karşılayacaktır. Ama güneşin yörüngesinden, güneş saati ibresinin gün-tün eşitliğinde düşürdüğü gölgelerden ve göğün eğiminden yola çıkılarak dünyanın çevresinin 252.000 *stadium* olduğunu, bunun da 31.500.000 adım ettiğini Kyreneli Eratosthenes'in matematik hesaplarla ve geometrik yöntemlerle keşfettiğini düşünecek olurlarsa, ayrıca bir rüzgârın tuttuğu varsayılan sekizde birlik dilimin 3.937.500 adım olduğunu da hesaba katacak olurlarsa, o zaman tek bir rüzgârın bu kadar büyük bir mekânda ileri geri dolanıp dururken çeşitli yoğunlukta esintiler de yaratabileceğini düşünüp bunda hiçbir tuhaflık olmadığını göreceklerdir.[1]

10. Buna göre Güney rüzgârının sağında ve solunda Leuconotus ve Altanus rüzgârları eser; Güneybatı rüzgârının yanında Libonotus ve Subvesperus eser; Batı rüzgârının civarında Argestes ve belirli zamanlarda da Etesiae rüzgârı eser;[2] Kuzeybatı rüzgârının yanlarında Circias ve Corus eser; Kuzey rüzgârının her iki yanında Thracias ve Gallicus rüzgârları eser; Kuzeydoğu rüzgârının sağında ve solunda Supernas ve Caecias eser; Doğu rüzgârının civarında Carbas ve yılın belirli bir döneminde de Ornithias rüzgârı eser;[3] Eurocircias ve Volturnus ise aralarındaki Güneydoğu rüzgârının uç noktalarında eser. İşte rüzgârların yerel bölgelerden, nehirlerden, dağların fırtınalarından kaynaklanan esintilerinin böyle daha nice adı var.

---

1 Kyreneli Eratosthenes (İÖ 284-194), dünyanın çevresini ve ekseninin eğimini ilk hesaplayan kişidir; *Stadium*: 625 Roma ayağına, 125 adıma denk gelen bir uzunluk ölçüsü birimi; *Passus*: 5 Roma ayağına denk gelen uzunluk ölçüsü birimi.

2 Etesiae (Alize rüzgârları): Yılın en rutubetli ve sıcak günlerinde (Eyyâm-ı Bâhur), kırk gün boyunca esen rüzgârlar.

3 Ornithias (Kuşların getirdiği rüzgâr): Baharda esen ve göçmen kuşların dönüşüyle özdeşleştirilen rüzgâr.

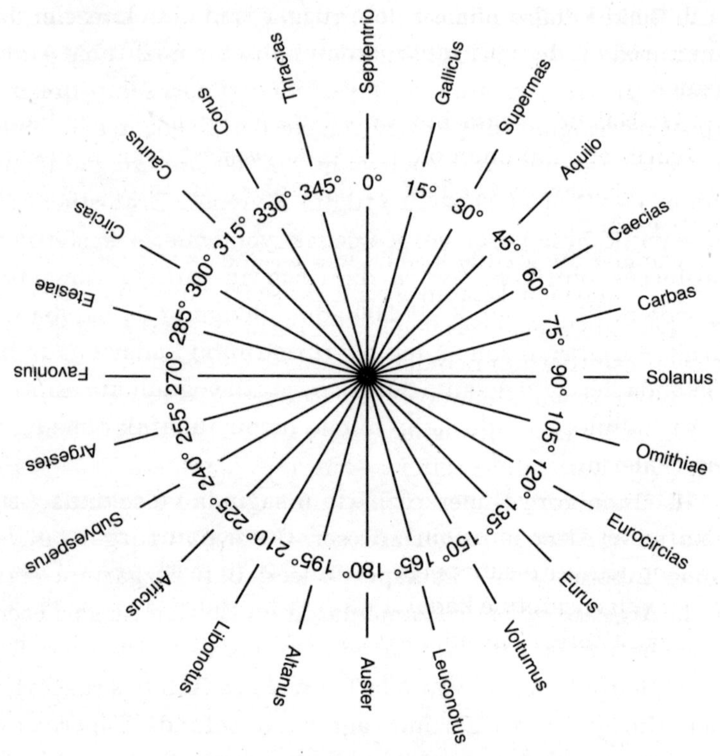

Vitruvius'un bahsettiği 24 rüzgâr

11. Bunlardan başka bir de sabah meltemleri söz konusudur. Güneş yeryüzünün altındaki bölgeden dönüp yükselirken havadaki neme çarpar[1] ve doğuşunun tüm hışmıyla bu nemi öne doğru itip saçar, böylece gün ışımadan önce esen meltemlerin doğmasına sebep olur. Güneş doğduktan sonra bile esmeye devam ettiklerinde, Güneydoğu rüzgârının (Eurus) estiği bölgeleri tutarlar, dolayısıyla hem bu sebepten hem de sabah meltemlerinden (*aurae*) doğdukları için Yunanlar tarafından haklı olarak *euros* (Güney rüzgârı) olarak adlandırılırlar. Hatta *yarın* anlamına gelen Yunanca *aurion* kelimesinin bile bu sabahın erkeninde esen meltemlerden (*aurae*) türetilmiş olduğu söylenir.

Öte yandan Eratosthenes'in dünyanın çevresini doğru hesaplamamış olabileceğini söyleyen bazı kişiler var. İster doğru

[1] Gece boyu biriken neme.

olsun, ister doğru olmasın, bu bizim rüzgâr esintilerinin doğduğu bölgelerle ilgili yaptığımız tanımların doğruluğunu etkilemez.

12. Hal böyle olsa bile,[1] bunun anlamı sadece tek tek her rüzgârın etkisini onun ölçtüğü kadar kesin bir menzilde değil de,[2] bu ölçüden daha büyük ya da daha küçük bir menzilde hissettireceğidir.

Bunları bu şekilde kısaca açıkladığımıza göre, daha kolay anlaşılmaları için kitabın sonuna iki şema, yani Yunanların deyimiyle iki *skhēma* vermeyi uygun gördüm. Bu şemalardan biri rüzgâr esintilerinin nereden doğduklarını göstermek için çizildi; diğeriyse mahallelerin ve ana caddelerin cephelerini onların estikleri yönlerin aksi istikametine çevirip de zararlı etkilerinden nasıl koruyabileceğimizi göstermek için.[3]

Düz bir yüzeyde merkez nokta A harfinin bulunduğu yer olsun, güneş saati ibresinin öğleden önceki gölgesi de B harfinin bulunduğu yer olsun; pergel A'nın olduğu merkezden B'nin olduğu gölge işaretine kadar açılsın ve bir daire çizilsin.

Sonra ibreyi önceki yerine koyup gölgenin küçülmesini ve tekrar büyümesini beklemek gerekecek, ta ki ibrenin öğleden sonraki gölgesi sabahki gölgesine eşitlenerek C harfiyle işaretlenecek dairenin çevresine değene kadar.

Daha sonra B işaretinin olduğu ve C işaretinin olduğu noktalardan pergelle X şeklinde kesişen iki çizgi çizilsin; burası D olacak; ardından çapraz çizgilerin kesişme noktası olan D'den ve merkezden[4] geçirerek dairenin çevresine kadar E ve F harfleriyle işaretlenecek bir çizgi çekilsin. Bu çizgi, güney ve kuzey bölgelerinin işareti olacak.

13. Sonra pergelle dairenin tüm çevresinin on altıda birlik kısmını alıp pergelin ucunu güney çizgisine, yani E harfinin bulunduğu dairenin çevresine koymak ve sağını, solunu işa-

---

1 Eratosthenes'in yanılmış olabileceği doğru olsa bile.

2 Erathosthenes'in hesabından çıkan ölçüdeki.

3 Vitruvius'un kaleminden çıkma çizimlerin hepsi kaybolmuştur. Ama kitabındaki ifadeleri dikkate alacak olursak, bunlara kitaplarının sonunda (3.3.13; 3.4.5; 3.5.8; 5.5.6; 8.5.3) ya da sayfaların sonunda (Önsöz 5; 5.4.1, 9) yer verdiği anlaşılır.

4 A noktasından.

retlemek gerekir; bu noktalar G ve H harfleriyle işaretlenecek. Aynı şekilde kuzey diliminde de pergelin ucunu çemberin kesişim noktasına ve F harfiyle işaretlenecek kuzey çizgisine koyup sağını, solunu I ve K harfleriyle işaretlemek gerekir. Sonra da merkezden,[1] G'den K'ya, H'den I'ya çizgiler çekmek gerekir. Böylece G ile H arasındaki mesafe, Güney rüzgârı Auster ile güney bölgesinin bulunduğu dilimi teşkil edecek; aynı şekilde I ile K arasındaki mesafe de Kuzey rüzgârı Septentrio'nun dilimini. Kalan dilimler de sağda üç kısım, solda üç kısım olmak üzere eşit olarak bölünmeli; doğuya doğru olanlar L ve M harfleriyle işaretlenenlerdir, batıya doğru olanlar da N ve O harfleriyle işaretlenenler. Şimdi de M'den O'ya, L'den N'ye birbiriyle kesişen çizgiler çekilmelidir. İşte bu şekilde dairenin çevresinde sekiz rüzgâr için sekiz eşit dilim olmuş olacaktır.

Bu şema bu şekilde çizildikten sonra, tam güneyden başlayarak sekizgenin her bir açısını şöyle işaretleyeceğiz: Güneydoğu rüzgârı Eurus ile Güney rüzgârı Auster arasındaki açıda G harfi olacak; Auster ile Güneybatı rüzgârı Africus arasında H harfi; Africus ile Batı rüzgârı Favonius arasında N harfi; Favonius ile Kuzeybatı rüzgârı Caurus arasında O harfi; Caurus ile Kuzey rüzgârı Septentrio arasında K harfi; Septentrio ile Kuzeydoğu rüzgârı Aquilo arasında I harfi; Aquilo ile Doğu rüzgârı Solanus arasında L harfi; Solanus ile Eurus arasında da M harfi olacak. Bu işlemler bittikten sonra, ibre bu sekizgenin açıları arasına konacak ve böylece ara yolların yönleri buna göre ayarlanacak.

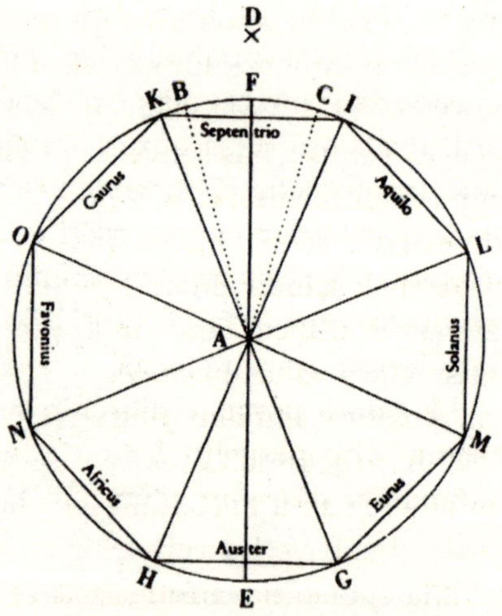

Vitruvius'un bahsettiği rüzgârları ve yönlerini gösteren şema (Bkz. Giocondo 1511.)

[1] A noktasından.

7. Bölüm
Tapınak Alanlarının Seçimi

1. Ara sokakları bu şekilde ayırıp ana caddeleri kurduktan sonra, sıra tapınaklar, *forum* ve diğer kamu mekânları için şehir sakinlerinin konforuna ve ortak kullanımına uygun alanların seçilmesine gelir.

Şehir deniz kıyısında olacaksa, *forum*un inşa edileceği alan için limanın hemen yanında bir yer seçilmelidir; şehir içerlekse, o zaman *forum* şehrin merkezinde olacaktır.

Tapınaklara gelince; şehrin yüce koruyucuları olarak görülen tanrıların, yani Iupiter'in, Iuno'nun ve Minerva'nın tapınakları için şehrin büyük bir bölümünün görülebildiği en tepe yerdeki alanlar seçilmelidir. Mercurius'un tapınağıysa ya *forum*da ya da Isis ve Serapis'in tapınakları gibi ticaret merkezinde olmalıdır. Apollo'nun ve tanrı Liber'in tapınakları, tiyatronun yanında; Hercules'in tapınağı, spor alanlarına ve amfitiyatrolara sahip olmayan şehirlerde yarış meydanında; Mars'ın tapınağıysa şehrin dışında, ama talim alanı içinde; aynı şekilde Venus tapınağı da ana kapıda yer almalıdır. Bu hususla ilgili, Etrüsk falcılarının sanatlarını anlatan kitaplarda bile şöyle yazar:[1] Venus, Vulcanus ve Mars'ın tapınaklarının sur dışında kurulacak olmasının nedeni, Venus'a has şehvetin şehirdeki gençleri ve evli kadınları ağına düşürmemesi için, Vulcanus'un gücünü dualarla ve kurban törenleriyle şehrin dışına çağırıp binaları yangın tehlikesinden kurtarmak içindir; Mars'a gelince, bu tanrıya şehir dışında bir tapınak dikilince, tanrının kudreti vatandaşlar arasında silahlı çatışmalara yol açmayacaktır, aksine düşmanlara karşı bir kalkan oluşturacağından şehri savaş tehlikesinden koruyacaktır.

2. Aynı şekilde Ceres'in tapınağı da şehrin dışında, insanların adak sunma haricinde gitmek zorunda kalmayacakları bir yerde olmalı ve bu yere dini ve ahlaki değerlerin gerektirdiği şekilde sadakatle, iffetle hizmet edilmelidir. Diğer tanrıların tapınakları için de tapım geleneklerine uygun mekânlar tahsis edilmelidir.

---

1 Vitruvius, burada *haruspex*lerden (hayvanların bağırsaklarına bakarak geleceği yorumlayan falcılar) söz etmektedir.

Bu tapınakların mimarisi ve oran hesaplarıyla ilgili esaslarıysa, üçüncü ve dördüncü kitaplarda bu konuya tekrar geri dönüp anlatacağım. Çünkü düşündüm de, önce ikinci kitapta binaların inşa edileceği malzeme teminini, bu malzemelerin niteliklerini ve ne tür bir işleve sahip olduklarını açıklamak, sonra da binaların ölçülerine, düzenlemelerine ve her birinin kendine özgü simetrik yapısına girerek bunları bundan sonraki kitaplarda tek tek ele almak daha doğru olacak.

II. KİTAP

İnşaatın Başlangıcı ve İnşaat Malzemeleri

Önsöz

1. İskender'in dünyanın hâkimi olduğu dönemde, fikirlerine ve yeteneğine sonsuz güven besleyen mimar Dinokrates, kraliyetin hamiliğini kazanmak adına orduya katılmak için Makedonya'dan ayrıldı. Kralın huzuruna rahatça çıkabilsin diye de memleketindeki akrabalarından, dostlarından yüksek askeri görevlilere ve saray mensuplarına hitaben yazılmış tavsiye mektuplarını yanında getirdi. Görevliler tarafından nazik bir şekilde karşılandıktan sonra, onlardan kendisini bir an önce kralın huzuruna çıkarmalarını rica etti. Ricasının yerine getirileceğine dair vaatte bulunulmasına rağmen, görevliler doğru anı kovaladıklarından ağır davrandılar. Dinokrates de kendisini oyaladıklarını düşünüp kendi işini kendi halletmeye karar verdi. Ne de olsa cüsseli, yakışıklı, hoş ve son derece saygın duruşu olan bir adamdı. O da zaten bu doğa vergisi niteliklerinden emin olduğundan, kaldığı hana gidip soyundu döküldü, tüm vücuduna yağlar süründü, başına kavak yapraklarından bir taç taktı, sol omzuna bir aslan postu attı, sağ eline de bir değnek alıp kralın yargıçlık görevini icra ettiği mahkemenin yolunu tuttu.

2. Tuhaf kılığıyla herkesi kendisine döndürmüştü ki, kral da onu fark etti. Merakını gizlemeyip yanına gelebilmesi için görevlilerine yol vermelerini emretti ve onun kim olduğunu öğrenmek istedi. O da, "Adım Dinokrates" dedi ve şöyle devam etti: "Yanında kralın şanına yaraşır fikirler, tasarımlar getiren Makedonyalı bir mimarım. Mesela Athos Dağını bir erkek heykeli şeklinde tasarladım, sol eline surlarıyla birlikte devasa bir şehir, sağ eline de o dağdaki bütün nehir sularını alabilecek bir çanak resmettim, sular buradan denize dökülebilsin diye."[1]

3. İskender bu tasarımın altında yatan fikri beğendi ve derhal o havalide şehrin buğday ihtiyacını karşılayabilecek tarlalar olup olmadığını araştırdı. Ama buğdayın sadece deniz yoluyla ikmal edilebileceğini öğrenince, Dinokrates'e şöyle dedi: "Tasarımının yaratıcılığını takdir ettim ve beğendim. Ama görüyorum ki, orada koloni kurmaya kalkacak biri, bu kararının çok ceremesini çekecek. Çünkü yeni doğmuş bir bebek, dadısının sütü olmadan nasıl beslenemez ve ilerleyen hayatın basamaklarını çıkamazsa, işte aynı şekilde tarım arazileri olmayan, onların ürünlerini surların içine ulaştıramayan şehir

[1] Günümüzde Aynoroz yarımadası ve en yüksek noktası olan Athos Dağından söz edilmektedir. Tarıma elverişli olmadığından, yerleşim yeri olması da imkânsızdır. Bu nedenle Dinokrates'in bu projesi İskender tarafından reddedilir.

büyüyemez, bol besin kaynağı olmadan nüfusunu artıramaz, erzak tedarik edemezse halkını yaşatamaz. Bu nedenle tasarımının ne kadar tavsiye edilebilir olduğunu görüyorsam, o yerin de o kadar tavsiye edilemez olduğunu görüyorum. Yine de hizmetlerinden yararlanmak için senden yanımda kalmanı istiyorum.

4. O andan itibaren Dinokrates kralın yanından hiç ayrılmadı, peşi sıra Mısır'a kadar gitti. İskender Mısır'da doğaca korunaklı limanı, mükemmel ticaret merkezini, ülkeyi baştan sona saran buğday tarlalarını, o heybetli Nil nehrinin büyük yararlarını görünce Dinokrates'e kendi ismiyle anılacak olan İskenderiye şehrini kurmasını emretti. İşte yakışıklılığı ve saygın duruşuyla kralın takdirini kazanan Dinokrates, o üstün şöhrete bu şekilde erişti. Bana gelince, ey Yüce Hükümdar, doğa bana böyle bir boy bahşetmedi, yaşlılığım yüzümün şeklini şemalini bozdu, hastalığım iflahımı kesti. Kısaca bu tür üstünlüklerden tamamen yoksun olduğuma göre, umarım ben de bilgim ve yazılarım sayesinde senin takdirini kazanırım.

5. İlk kitapta mimarlık mesleğini ve bu sanatın kapsamını, surlar ve surların içindeki arsaların taksimini ayrıntılarıyla kaleme aldığıma göre, sırada tapınaklar, kamu binaları ile özel konutlar olması gerekirdi ki, bunların hangi oranlarda ve simetrilerde olacaklarını açıklayayım. Ama öncelikle malzeme kaynaklarından, yani taşları, odunları temin edip binalar inşa ettiğimiz kaynaklardan söz etmeden hiç bunlara girmeyeyim dedim; bir de bu malzemelerin kullanımları sırasında ne tür özellikler sergilediklerinden ve hangi doğal elementlerin karışımından ibaret olduklarından. Ama doğayla ilgili bu meselelere de hiç değinmeden, ben ilkin yapı tekniklerinin doğmasına ve bu tekniklerin keşfedilmesine yol açan ilklerden bahsedeceğim ve bu konuda eskilerin doğaya yaklaşım tarzının izinden gideceğim, özellikle de hazırladıkları elkitaplarında medeniyetin kökenlerine ve hummalı araştırmaların ürünü olan keşiflere yer veren yazarların; yani kısacası meseleyi onlardan öğrenmiş olduğum şekliyle ortaya sereceğim.

1. Bölüm
İlk İnsanların Yaşamı ve Medeniyete Geçiş

1. İnsanlar eskiden şartlar gereği vahşi hayvanlar gibi ormanlarda, mağaralarda, korularda dünyaya gelir, doğanın sağladığı besinlerle karınlarını doyurarak hayatlarını sürdürürdü. İşte o dönemlerde bir yerlerde birbiriyle dip dibe büyümüş ağaçlar fırtınalarla, rüzgârlarla sallanıp dalları birbirine sürtününce alev aldı. Civarda yaşayanlar azgın alevlerden dehşete düşüp çareyi kaçmakta buldu. Ortalık yatıştıktan sonra olay yerinin yakınına gelenler, sıcak ateşin yanında vücutlarının çok rahatladığını fark edince, bir yandan odunlar atıp ateşi diri tutmaya çalışırken, başkalarını da oraya getirip işaretlerle ateşin kendilerine nasıl iyi geldiğini anlatmaya çalıştılar. İnsanlar bu şekilde bir araya gelip de nefeslerinden başka başka sesler çıkınca,[1] günlük yaşantıları içinde de ağızlarından rastgele çıkan kelimeler oluşturmaya başladılar, sonra bu kelimelerle ortak olarak kullandıkları şeyleri işaret ede ede gün geldi tesadüfen konuşmaya başladılar ve bu şekilde aralarında ortak bir dil geliştirdiler.

2. Böylece ateşin keşfi insanlar arasında ilk toplantıyı, müzakereyi ve ortak yaşamı başlatınca, doğaları gereği tüm öteki canlılardan farklı olarak başı önde değil de, yukarıya dönük şekilde yürüme, göğün ve yıldızların ihtişamını seyretme, ayrıca istediği her şeyi elleriyle, parmaklarıyla tutabilme ayrıcalığına sahip artık daha fazla insan bir araya gelince, bu bir araya gelişlerin sonucunda kimileri yapraklardan barınaklar yapmaya, kimileri dağların altında mağaralar kazmaya başladı; kimileri de kırlangıçların yuvalarını ve bu yuvaları yapma tekniklerini taklit edip balçıktan, çalı çırpıdan başlarını sokabilecekleri sığınaklar oluşturdu. Sonra birbirlerinin barınaklarını gözleyip fikirlerine yeni fikirler katarak gitgide daha iyi tipte kulübeler inşa ettiler.

3. İnsanlar taklide ve öğrenmeye doğuştan yatkın olduğundan, her gün yeni bir şey keşfetmenin gururuyla birbirlerine yaptıkları evleri gösterip durdular ve bu şekilde zekâlarını

---

1 Bkz. Krohn (ed.) 1912.

birbirleriyle yarıştırıp zamanla daha iyi bakış açıları edindiler. İlkin çatallı direkler dikip arasını ince dallarla örerek dört bir yanını balçıktan duvarlarla örttüler. Bazıları çamur keseklerini kurutarak duvar yaptı, bunları odunlarla çatıp yağmurdan, sıcaktan korumak için üzerlerini sazlarla, yapraklarla kapladı. Ancak kışın fırtınalar koptuğunda bu damlar yağmura karşı duramayınca, bu kez kalıplanmış balçıkla sıvanmış saçaklar yaptı, damlara eğim verip yağmur sularını aşağı akıttı.

İlk kulübeler
(Bkz. Viollet-le-Duc 1875: fig. 2.)

4. Bu evlerin başlangıçtan itibaren benim demin bahsettiğim şekilde yapıldığını, yabancı milletlerin günümüzde bile hâlâ aynı malzemelerden inşa ettikleri evlerine bakarak da anlayabiliriz; tıpkı Galya'da, İspanya'da, Lusitania'da ve Aquitania'daki gibi damları ince meşe tahtalarla[1] ya da sazla, samanla kaplı evlere.

Pontus'taki Kolkhis halkı gür ormanlara sahip olduğundan,[2] ağaç kütüklerini olduğu gibi sağlı sollu dümdüz yere yatırır, aralarında ağacın boyu kadar bir mesafe bırakıp uç kısımlarına enlemesine bir çift

Bkz. Perrault (tr.) 1684: pl. 5.

1 Padavra.
2 Pontus: Karadeniz; Kolkhis (Colchis): Karadeniz'in güneyinde yer alan bir Asya eyaleti.

daha kütük koyar ve evin iç mekânını bu şekilde çevreler. Sonra bunların üzerine dört taraftan ağaç direklerini birer birer yerleştirerek köşelerinden birbirine bağlar, böylece en alttan tepeye dimdik ağaçtan duvarlar örüp yüksek kuleler inşa etmiş olur. Malzeme kalın olduğundan, aralarda kalan boşlukları da yongalarla, balçıklarla doldurup tıkar. Çatılarını da, yine kirişleri enlemesine uzatıp boylarını uçlarından azalta azalta çıkar ve dört taraftan piramit şeklinde tepede birleştirir; sonra da bunları dalla, yaprakla, balçıkla kaplayıp böylece kulelerini en kaba biçimiyle piramit bir çatıyla kapatmış olur.

5. Ovalık yerlerde yaşam süren Frigyalılarsa, öyle gür ormanları bulunmadığından, dolayısıyla ağaçtan, odundan yoksun olduklarından, kendilerine doğal tepecikler seçer; bunların ortalarını oyup çukurlaştırır, geçitler kazıp yerin elverdiği ölçüde mekânını genişletir. Sırıkları üstte birbirine çatıp konik bir mesken oluşturur; bunu sazla, dalla, yaprakla kaplayıp yüzeyine kalıp kalıp toprak yığar; böylece kışın çok sıcak, yazın da çok serin tutan bir mesken tekniğine imza atar.

Bkz. Perrault (tr.) 1684: pl. 5.

Başka halklar da, başka başka yerlerde işte bunların tıpatıp aynısı ya da benzeri tekniklerle evlerini kurarlar. Bazıları bataklık sazlarından çatıları olan kulübeler kurar kendine. Marsilya'da kiremitsiz, saman ve toprak karışımından oluşmuş çatılar görebiliriz mesela. Atina'nın Areiopagos'undaki balçıktan çatısı olan yapı eskilerden günümüze kalmış bir örnektir. Aynı şekilde Capitolium'daki Romulus'un kulübesi ve Kale'deki saman çatılı mabetler de bize eskinin âdetlerini çağrıştırabilir ve bu konuda birer örnek teşkil edebilir.

6. İşte bu tek tek örneklerden eskilerin icat ettiği yapı tekniklerinin bizim anlattığımız şekilde geliştiğini anlayabilir ve üzerine düşünebiliriz.

Öte yandan insanoğlu her geçen gün elini inşa işine daha yatkın hale getirdikçe, yeteneklerini tüm maharetiyle sergileyip kazandığı tecrübeyle işinde ustalaştıkça daha azimli hale geldiği gibi, bu uğraşa dört elle sarılanların da zanaatkâr[1] olarak anılmasını sağladı.

Düzen en başından böyle kurulduğundan, doğa insana diğer canlılar gibi sadece duyular armağan etmekle kalmayıp zihnini düşünce ve irade yetisiyle de donattığından, tüm diğer canlıları da onun hâkimiyetine tabi kıldığından, kendine evler kurmakla başlayan insanoğlu adım adım başka sanatlara, bilimlere doğru ilerledi, vahşi ve kaba yaşamından sıyrılıp medeniyetin ince ruhuna yelken açtı.

7. Ardından çeşit çeşit sanatın doğuşuyla birlikte kendine güveni artıp ileriye daha yüksek ideallerle baktıkça, artık sadece kulübeler değil, temelleri olan, tuğla ya da taş duvarlı, ahşap ya da kiremit çatılı evler inşa etmeye başladı. Sonra da uğraş sahasında yaptığı gözlemlere dayanarak gelişigüzel ve kesinliği olmayan fikirlerden simetrinin sabit kurallarına geçti. İnşaat için gerekli malzemelerin doğa tarafından cömertçe yaratıldığını,[2] bunların tüm kaynaklarının onun tarafından hazır edilmiş olduğunu anladıktan sonra da hepsini ince ince besleyip geliştirdi, hüneriyle çoğalttı ve estetik hazlarla yaşamın zarafetine zarafet kattı.

Bu yüzden şimdi elimden geldiğince hangi malzemelerin inşaata uygun olduğunu, bunların hangi niteliklere ve üstünlüklere sahip olduğunu anlatacağım.

8. Ama bu konunun en başta anlatılması gerektiğini düşünüp bu kitabın sırası hakkında biri bir şey demek isterse, hata yaptığımı zannetmesin diye şöyle bir açıklama getireyim: Mimarlıkla ilgili külliyatımı yazmaya koyulduğumda, ilkin birinci kitapta mimarlığın hangi uzmanlıklarla, sanatlarla donatılmış olduğunu açıklamaya, bölümlerini ana hatlarıyla tarif etmeye ve hangi nedenlere bağlı olarak doğduğunu anlatmaya karar verdim. Böylece bir mimardan beklenen donanımı orada

1 Marangoz.

2 Vitruvius, *materia* (malzeme) kelimesiyle odun ya da kereste (genel olarak ahşap), pişmiş veya pişmemiş tuğla (kerpiç), kireç ve kumu ifade eder.

anlattım. O halde ilk kitapta bu sanatın işlevini ele aldım, bu kitapta da doğal malzemeleri ve bunların pratikteki işlevlerini ele alacağım. Çünkü bu kitap mimarlığın kökenini değil, binaların kökenlerini konu ediniyor; ne şekilde beslenip geliştiklerini, nasıl adım adım ilerleyip şu anki vaziyetlerine eriştiklerini. **9.** O halde bu kitabın sırası da, yeri de doğru.

Neyse artık amaçladığım işe geri dönüp binaların imarı için hangi malzemelerin uygun olduğunu, bunların doğa tarafından nasıl meydana getirildiklerini ve hangi temel unsurların ne oranda karışımından müteşekkil olduklarını gözden geçireceğim ki, okuyucular için karanlık bir nokta kalmasın, her şey apaçık olsun. Çünkü bu unsurların bileşimi olmaksızın herhangi bir madde, herhangi bir cisim, herhangi bir şey ne varolabilir ne de düşüncemize konu olabilir; eğer doğa olaylarındaki içkin nedenler bunların nasıl ve neden böyle olduklarını ince bir muhakemeyle kanıtlamıyor olsa, doğa bile doğa düşünürlerinin öğretilerinde geçerli açıklamaların olmasına izin vermez.

2. Bölüm
Varlığın Temel Unsurları

1. İlkin Thales her şeyin temel unsurunun su olduğunu düşündü. Yazılarındaki gizemden ötürü Yunanların *Skoteinos* (Karanlık) lakabıyla andığı Efesli Herakleitos bunun ateş olduğunu düşündü. Demokritos ve takipçisi Epikuros için temel unsur atomlardı; bizimkiler bunları *parçalanamaz cisimler* (*insecabilia corpora*) olarak adlandırdı, içlerinden bazıları da *bölünemezler* (*individua*) olarak. Pythagorasçılar su ve ateşe, hava ve toprağı da ilave etti. Demokritos bu öğelere böyle kesin bir ad vermedi, onlardan sadece *bölünemez cisimler* (*individua corpora*) olarak söz etti, buna rağmen aynı temel unsurları kastettiği açıkça görülür; çünkü bunlar tek başlarına ele alındıklarında, ne zarara uğrayabilirler, ne çözülebilirler ne de bölünebilirler, tam tersi ebediyen kendi kendilerine bütünlüklerini korumayı sürdürürler.

2. Bu yüzden her şeyin bu temel unsurların bileşimiyle birbirine kaynaşıp vücut bulduğu, bu unsurların doğa tarafından sayısız türden varlığa paylaştırıldığı açıkça anlaşıldığına göre, ben de bu unsurların çeşitli ve farklı işlevlerini, binalarda ne türden özellikler sergilediklerini açıklamalıyım diye düşündüm; çünkü bunlar anlaşıldığında, bina inşa etmek isteyen kişi hataya düşmeden binasında kullanabileceği en uygun malzemeleri hazırlayabilecektir.

3. Bölüm
Tuğla[1]

1. O halde tuğlalardan (*later*) işe başlayıp bunların hangi cins topraktan kalıplanması gerektiğinden söz edeceğim: Bunların kumlu, çakıllı kilden,[2] hatta ince kumdan bile kalıplanmaması gerekir, çünkü bu malzemelerden hazırlanırlarsa her şeyden öte çok ağır olurlar, sonra da duvarda yağmuru yediklerinde ufalanıp dağılırlar. Malzeme kaba olduğu için, saman da bunlara bağlanamaz. Bu nedenle tuğlalar beyaz killi topraktan,[3] kırmızı kilden ya da iri taneli kumdan hazırlanmalıdır. Bu cins topraklar kıvamlı olduklarından, dayanıklı da olurlar; yapıya ağırlık vermez, kolayca yapışırlar.[4]

---

1 Vitruvius burada *later* kelimesiyle pişmemiş tuğlayı (*later crudus*), yani kalıplara dökülüp güneşte kurutulmuş saman ve balçık karışımı ilkel tuğlayı (kerpiç) kasteder. Pişmiş tuğla için de *testa* kelimesini kullanır. Romalılarsa genellikle pişmiş tuğlaya *cocti* ya da *coctiles* der. Roma tuğlaları çok uzun ve geniş olur. Ufak bir harç havuzunda malzemelerin ayakla ezilip karıştırılmasıyla elde edilir. Kil, önce suyla karıştırılır ve içine sertleştirici malzeme olarak saman, kuru ot, hububat kabukları vb ilave edilir. Bu şekilde hazırlanan harç, önceden hazırlanmış kalıplara konur ve kurumaya bırakılır. Özel fırınlarda pişirilmiş tuğlalardaysa sertleştirici malzeme kumdur; çünkü ateş samanı, otu vb yakar. Çeviride *later* kelimesi genellikle *tuğla*, zaman zaman da *pişmemiş tuğla* olarak karşılanmıştır.

2 Vitruvius'ta kil, üç terimle ifade olunur: **a.** *creta*: tuğla yapmak için ya da kaplamalarda kullanılan kil; **b.** *argilla*: kılla karışık kil; **c.** *lutum*: çamur, balçık.

3 Arıkil, kaolin.

4 Vitruvius bu topraklardan bahsederken, bunlardan yapılma tuğlaları da ima etmektedir.

2. Tuğlaları bahar ve sonbahar aylarında kalıplamak gerekir ki, düzgün kurusunlar.[1] Yaz ortasında hazırlanan tuğlalar kusurlu olur, çünkü güneş tuğlanın dışını vaktinden önce yakıp kavurunca, kuruymuş gibi durur, oysa içi henüz kurumamıştır; tam kurumaya yüz tuttuğu anda da büzülür ve evvelce kurumuş kısımlar çatlar. Böyle çatlak çatlak olunca da, dayanıksız olur. En iyi tuğlalar, iki yıl öncesinde kalıba dökülmüş olanlardır; çünkü ancak bu süre zarfında iyice kururlar. Yeni kalıplanmış ve henüz tam kurumamış tuğlalarla duvar örüldüğünde, üzerine sıva çekilip de bu sıva orada öyle katışıp kaldığında, tuğlalar kuruyup yerine otururken sıvayla aynı yüksekliği tutturamaz; büzülüp yerlerinden oynadıkları anda da sıvayla birleşme yerlerinden ayrılırlar. Dolayısıyla sıva da incecik olduğu için kendi kendine tutunamayacağından duvardan ayrılır, kopup parçalanır. Duvarlar da düzgün oturmayınca, bozulur. İşte tam da bu nedenle Utica halkı duvarlarının yapımında ancak iyice kurumuş ve beş yıl önceden kalıplanmış tuğlaları kullanır, hem de bir yetkiliye onaylatıp gerekli belgeyi aldıktan sonra.

3. Üç cins tuğla vardır. İlki, Yunancada *Lydia tuğlası* (Lydium) olarak adlandırılan, bizim halkımızın da kullandığı bir buçuk ayak uzunluğunda, bir ayak genişliğindeki tuğladır.[2] Yunanlar binalarını diğer iki cins tuğlayla örer; bunlardan birine *pentadōron* (beş karış), diğerine *tetradōron* (dört karış) denir.[3] Yunanlar elin ayasına *dōron* der; çünkü Yunancada *dōron* "armağan sunma" anlamına gelir; armağanlarsa daima *avuç içinde* sunulur.[4] Dolayısıyla her yüzeyi beş karış olan tuğlaya *pentadōron*, dört karış olan tuğlaya da *tedradōron* denir;[5] kamu binalarında *pentadōron*, özel konutlardaysa *tetradōron* tuğlalar kullanılır.[6]

---

1 Frontinus'a göre tuğlanın kalıplanması için en iyi dönem Nisan-Kasım arasıdır. Bkz. Rowland (tr.) 1999: 179.

2 Lydia'ya özgü olduğundan bu adla anılan Lydia tuğlası (Lydium), yaklaşık 45 cm uzunluğunda, 30 cm genişliğindedir.

3 *Pentadōron*: 37 cm^2; *tetradōron*: 30 cm^2.

4 Yunancada *dōron*, uzunluk ölçüsü birimi (karış) olarak kullanılır.

5 Beş karış kare, dört karış kare.

6 *Pentadōron* tuğlalar, büyük ve geniş binaların ve şehir surlarının inşasında kullanılırlar. Büyük oldukları için de yapının kısa sürede tamamlanmasını sağlarlar.

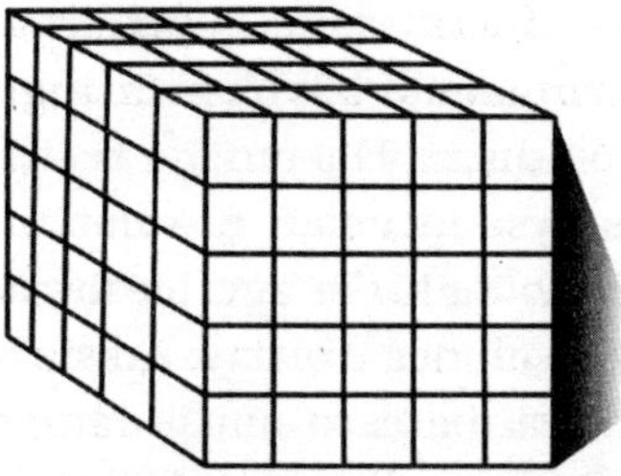

Pentadoron

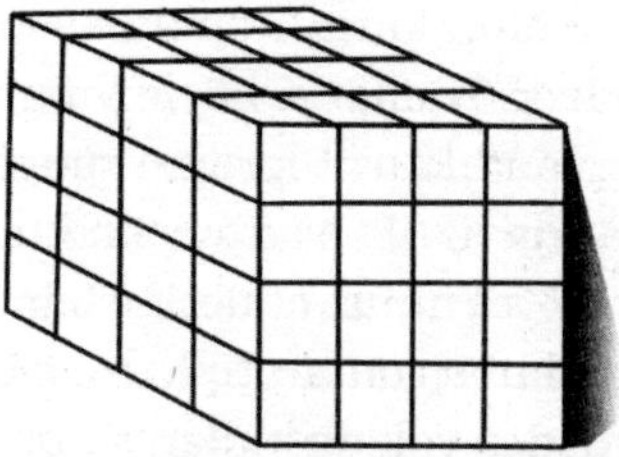

Tetradoron

4. Bu tuğlaların yanı sıra yarım tuğlalar da imal edilir. Duvar örülürken bir tarafına bir sıra normal büyüklükte tuğla, diğer tarafına bir sıra yarım tuğla konur. Tuğlalar bu şekilde her iki tarafta da bir hizada döşenirken, duvar değişimli olarak örülmüş yüzleriyle birbirine bağlanır.[1] Tuğlaların orta kısımları derzlerin üzerine yerleşince, duvarın sağlam olmasını sağladığı gibi, her iki cephesine hiç de fena olmayan bir görünüm kazandırır.

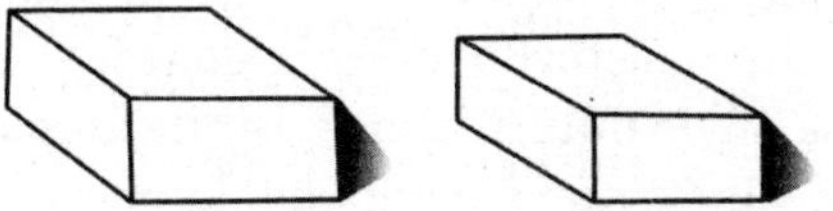

Beş karış kare ve dört karış kare uzunluğundaki tuğlalardan yapılan yarım tuğlalar

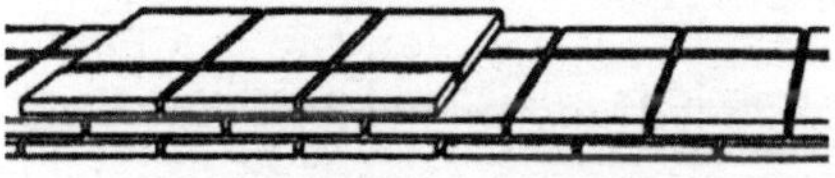

Normal büyüklükte tuğlalar ve yarım tuğlalarla örülmüş duvardan bir kesit (Bkz. Giocondo 1511.)

Bkz. Rowland (tr.) 1999: 181.

Uzak İspanya'da Maxilua ve Calentum adında iki şehir vardır, Asya'da da Pitane adlı bir şehir;[2] buralardaki tuğlalar kalıba

[1] Duvarın bir tarafında bir sıra normal büyüklükte tuğla, onun üstünde yarım tuğla; diğer tarafında da bir sıra yarım tuğla, onun üstünde normal büyüklükte tuğla olacak şekilde.

[2] İspanya (Hispania) Roma döneminde ikiye ayrılmıştır. Hispania citerior (sonraları Tarraconensis) ve Hispania ulterior (sonradan Lusitania ve

dökülüp kurutulduktan sonra, suya atıldıklarında suyun üstünde yüzer. Bunların böyle yüzebilmesinin sebebi büyük ihtimalle kalıplandıkları toprağın süngerimsi oluşudur. Dolayısıyla bu tuğlalar da hafif ve gözenekli bir yapıda olduklarından, dokularına rutubetin nüfuz etmesine izin vermezler. Ne kadar ağır olurlarsa olsunlar, su onları tıpkı bir sünger taşı gibi doğal olarak kaldırır. Bu yüzden çok da kullanışlı olurlar, çünkü yapılara ağırlık vermezler ve fırtınanın, yağmurun hışmına uğrasalar da zarar görmezler.

4. Bölüm
Kum

1. Kırma taşlardan yapılma duvarlarda (*caementiciae structurae*) ilk işimiz, hazırlanacak harca uygun, içeriğine toprak karışmamış kum bulmaktır.[1] Ocak kumu (*harenae fossiciae*) çeşitleri şunlardır: Kara, gri, açık ve koyu kırmızı.[2] Bu kumların en kalitelisi, avucunuza alıp ovuşturduğunuzda gıcırdayan kumdur; toprak karışmış olsa böyle pütürü olmaz. Bir de kumu beyaz bir kumaşa alın, sonra silkeleyin ya da dökün; kumaş lekelenmemişse ya da kumaşta toz, toprak kalmamışsa, bu kum harca uygun demektir.

Baetica). Söz konusu şehirler Baetica'dadır; Pitane: Aeolis'te bir şehir (günümüzde Çandarlı).

1 Latincede *caementum* kelimesi, ocaktan geldiği şekilde kullanılan, işlenmemiş taş (ocak taşı, kaba, küçük taş, kırma taş ya da moloz taş) anlamına gelir. Bunun karşıtı, düzgün, kare veya dikdörtgen kesme taş, yontma taş, işlenmiş taş veya çaplanmış taş anlamına gelen *quadratum saxum*dur. *Caementum*la örülen duvarların yapımında kireç harcı kullanılır. Kireç harcı, esasen kireç ve kumdan oluşur ve bu tür harç için kullanılacak kumun çok kaliteli olması gerekir. *Caementum* kelimesi, çimento kelimesinin Batı dillerindeki (İng. *cement*; İtal. *cemento* vb) etimolojik kökeninde yer almasına rağmen, Latincedeki anlamı ve kullanıldığı alanlar farklıdır.

2 Vitruvius, ocak kumundan (*harenae fossiciae*) hem süngerimsi volkanik tozu (Roma yakınlarındaki Alba Tepelerinden elde edilen ve Puteoli volkanik tüfünden elde edilen harçlarda kullanılan) hem de bunun benzeri volkanik malzemeleri kastetmektedir. Bkz. Brandon, Hohlfelder, vd. 2014: 15.

2. Ama kazıp kum çıkarılabilecek ocaklar yoksa, o zaman dere yataklarından, çakıllardan ya da hatta deniz kenarlarından kum elemek gerekir. Yalnız bu tür kumların duvarlara şöyle zararları da olur: Bir kere zor kurur,[1] bu yüzden duvar sürekli yüklemeyi kaldırmaz, ara ara dinlendirmek gerekir; ikincisi tonozları taşımaz. Hatta deniz kumunun bir diğer kusuru da, karıştığı harçla yapılmış duvarlar sıvandığında, tuzunu dışarı kusup yüzeyi lekelemesidir.

3. Buna karşılık ocak kumları, ama sadece ocaktan yeni çıkarılmış olanları taş duvarlarda çabuk kurur, sıvalar tutunur, tonozlar taşınır. Çünkü böyle kumlar ocaktan çıkarıldıktan sonra uzun süre serilip bekletilirse, güneşe, aya, ayaza maruz kalıp çözünür, topraklaşır. Duvar harcına karıştırdığınızda, moloz taşları bağlayamaz; taşlar düşer, duvarın taşıyamadığı ağırlıklar da kayar.

Gerçi ocaktan yeni çıkarılmış kum bile taş duvarlarda sergilediği onca marifete rağmen, sıva işinde o kadar da iyi değildir; çünkü zengin içeriğinden ötürü kireç ve saman bu kumla karıştırıldığında, karışımın yoğunluğundan sıvanın kururken çatlamasına neden olur.[2] Buna karşılık nehir kumu ince olduğundan perdah vurmada kullanılan malalarla (*liaculum*) sürülüp tava geldikçe, sıva kaplamalarda Signia harcı gibi mukavemet kazanır.[3]

Pompeii'de bulunan ve *liaculum*la (bir tür mala) duvarları perdahlamakta olan bir işçiyi betimleyen yukarıdaki resim, günümüzde kayıptır (Bkz. Meyer 2010: 33)

---

1 Bu tip kumlarla yapılmış harç.

2 Kimyasal tepkimeden söz edilmektedir.

3 Adını eski bir Latium şehri olan Signia'dan alan ve kaba kum, kiremit tozu ve kireç karışımından ibaret olan Signia harcından (bir nevi Ho-

5. Bölüm
Kireç

1. Kum teminiyle ilgili meseleler bu şekilde açıklığa kavuşturulduktan sonra, şimdi dikkatimizi kirece yöneltip onun kireçtaşından[1] ya da volkanik oluşumlu bir taştan nasıl pişirilip elde edileceğine bakalım. Sıkı ve sert dokulu taşlardan yapılan kireç, taş yapılarda;[2] gözenekli taşlardan yapılan kireçse sıvada iyi durur. Kireci söndürdükten sonra, ocak kumu kullanılacaksa, harç için üç ölçü kuma bir ölçü kireç dökülüp karıştırılsın; nehir ya da deniz kumu kullanılacaksa, iki ölçü kuma bir ölçü kireç katılıp karıştırılsın. Çünkü harcın kıvamı için bunlar en uygun ölçülerdir. Hatta nehir ya da deniz kumu kullanıldığında, üç ölçü de dövülüp elenmiş pişmiş tuğla kırığı ilave edilecek olursa, harç tam da kullanıma uygun kıvama gelmiş olacaktır.

2. Kirecin, su ve kumu iyice emdikten sonra taş yapıyı daha sağlam kılmasının sebebi, taşların da[3] diğer cisimler gibi dört temel unsurdan meydana gelmiş olmasıdır. İçinde daha fazla hava olan taşlar yumuşak olur; daha fazla su olanlar nemden ötürü esnek, daha fazla toprağı olanlar sert, daha fazla ateş olanlarsa kırılgan olur. Bu yüzden bu taşlar pişirilmeden sadece dövülüp toz haline getirildikten ve kumla karıştırıldıktan sonra duvar harcına katılırsa, katılaşmaz ve malzemeyi bağlamaz. Ama taşlar fırına verilip de ateşin kuvvetli ısısına maruz kalınca, hem doğal sertliklerini kaybedeceklerinden hem de dirençleri sönüp tükeneceğinden, geriye açık gözenekleri ve boşluklarıyla kalakalacaktır.

3. Taşın dokusundaki nem ve hava böyle buharlaşıp sönünce ve içinde sadece kuvve halindeki ısısı kalınca, suya batırıldığı

---

rasan harcı) söz edilmektedir. Signia, kiremitlerinin kalitesiyle ünlüdür ve Plinius tarafından da bu özelliğiyle övülür (Plinius, *Naturalis Historia*, 35.46). Signia harcı suya dayanıklılığıyla bilinir. Bu yüzden kaplamalarda ve özellikle zemin döşemelerde bu harçtan çokça yararlanılır. Vitruvius burada bu kıvamdaki bir sıvanın, günümüzün deyişiyle beton gibi sert olacağını belirtmek istiyor.

1 *Saxum album* (beyaz taş): Kireçtaşı.

2 Günümüz deyimiyle, betonarme yapılarda.

3 Genelde bütün taşlar, ama burada özellikle kireçtaşlarından bahsedilmektedir. Bkz. Brandon, Hohlfelder, vd. 2014: 16.

takdirde, su daha taşın ateşini hissetmeden nem çoktan taşın açık gözeneklerine girmiş olacağından, fokurdamaya başlar; soğumasıyla birlikte de ısı tekrar kirecin dokusundan atılır. Dolayısıyla taşların fırına verildikleri zamanki ağırlığı ile fırından çıkarıldıklarındaki ağırlığı birbirini tutmaz; tartıldıklarında kütlesinin değişmediği, ama nemin buharlaşmasıyla birlikte ağırlığının yaklaşık üçte birini kaybettiği görülür. Böylece gözenekleri açılıp dokusu seyrekleştiğinden kumlu karışımı hemen emer. Bu iki malzeme böyle kaynaşıp kurumaya başladığında, moloz taşlarla bağlanır ve duvarların dayanıklı olmasını sağlar.

6. Bölüm
Puteoli Volkanik Tozu[1]

1. Bir de doğal yapısından ötürü takdire şayan sonuçlar doğuran bir çeşit toz var. Baiae yöresinde ve Vezüv yanardağı çevresindeki illerin topraklarında oluşur. Bu toz, kireç ve moloz taşla (*calce et caemento*) karıştırılınca her tür yapıyı dayanıklı kılmakla kalmaz, denizde kurulacak iskeleler bile onun sayesinde suyun altına sağlam oturur.[2] Bu tozun buralarda bulunmasının nedeni büyük ihtimalle, bu dağların altında hem kaynar sıcaklıkta topraklar hem de bir sürü sıcak su kaynağının olmasıdır; eğer diplerde kükürt, şap veya asfaltla (*bitumen*)[3] tutuşmuş koca koca ateşler bulunmasa, böyle olmazdı. Bu yüzden derinlerdeki bu ateşler ve bunlardan çıkan alevlerin buharı, yerin damarlarına nüfuz edip ısısıyla toprağın yumuşamasına neden olduğu gibi, orada oluşan tüfün (*tofus*)[4] de süngerimsi ve rutubetsiz hale

---

1 Puteoli: Campania kıyısında, Baiae yakınlarında, içmeleriyle ünlü bir şehir; *Puteolanus pulvis*: Puteoli'nin volkanik külü, tozu. Vitruvius buna bazen *pulvis* (toz), bazen *cinis* (kül) der.

2 Suyun altına sağlam oturmasını sağlar.

3 *Bitumen*: Keskin bir koku, alev ve koyu duman çıkararak yanan, karbon ve hidrojen bakımından çok zengin doğal yakıt maddelerinin genel adı, yer sakızı, bitüm; asfalt.

4 Yanardağların püskürttüğü kül, kum ve lav parçacıklarından oluşan, çoğunlukla açık renkli, hafif gözenekli bir tür çökelti taşı.

gelmesine yol açar. İşte böyle benzer şekilde, yani ateşin yoğun ısısıyla oluşmuş bu üç içerik,[1] beraberce bir karışımda buluşunca ve aniden suyla[2] temas edince, tek bir kütle oluşturacak şekilde birbiriyle kaynaşır ve nemle sertleşip hızla katılaşır, dolayısıyla artık onları çözmeye ne dalgaların ne de suyun gücü yeter.

2. Bu bölgelerde kavurucu ateşlerin olduğunu, Cumaelılara ait Baiae şehrindeki dağlarda terleme odaları olarak oyulmuş yerlerin mevcudiyetinden de anlayabiliriz. İçlerinde, dipten yükselen sıcak buhar, şiddetli ateşiyle toprağı deler ve içinden sızarak bu bölgelerde terleme odaları için çok uygun bir ortam oluşturarak yüzeye çıkar. Bir de eski zamanlarda Vezüv yanardağının altının ateşlerle dolup taştığından, bunlardan yükselen alevlerin civardaki kırsal alanları dertop ettiğinden söz edilir. Bu yüzden şimdi sünger taşı ya da Pompeii ponza taşı dediğimiz taş, belli ki başka cins bir taşın yanmasıyla şu anki özgün halini almış.

3. Ama bu yöreden çıkarılan bu tip bir sünger taşına her yerde rastlanmaz; sadece Etna dağı civarında ve Yunanların *Katakekaumenē* (Kavruk Toprak) dediği Mysia'daki tepelerde ya da benzer doğal özelliklere sahip başka yerlerde.

O halde böyle yerlerde kaynar su kaynakları ve dağların oyuklarında sıcak buharlar varsa ve eski kaynaklarda tam da bu mıntıkanın kırsal alanlara saçılan ateşlerle dolup taşmış olduğu anlatılıyorsa, o zaman açıkça görülüyor ki, buradaki tüf ve toprak yoğun ateş yüzünden neminden olmuş, tıpkı kirecin[3] ocakta neminden olması gibi.

4. Öyleyse birbirine benzemeyen, ayrı cinsten[4] içerikler[5] ateşe maruz kalıp da aynı şartlara indirgenince, henüz daha sıcak ve suya aç haldeyken aniden suyla doyurulursa, her birinin içindeki kuvve halindeki ısıyla fokurdamaya başlar; sıkıca birbirlerine bağlanıp tek bir kütle halinde hızla katılaşırlar.

Geriye hâlâ cevaplanması gereken bir soru kalabilir, o da Etruria'da da bir sürü ılıca varken, neden oradan da su altın-

---

1 Kireç, yanmış moloz taş ve tüf.

2 Denizde kurulacak yapılarda kullanılacak harçtan bahsedildiği için, burada deniz suyu kastedilmektedir. Bkz. Brandon, Hohlfelder, vd. 2014: 17.

3 Kireçtaşının.

4 Heterojen.

5 Kireç, volkanik kül ve tüf.

daki yapıları aynı şekilde güçlendirecek bu cins bir tozun çıkmadığıdır. En iyisi bu tür sorular daha sorulmadan, ben hemen bunun nasıl olduğunu açıklayayım.

5. Her yerde, her bölgede aynı cins toprak, aynı tip taş oluşmaz. Bazı yerler topraklıdır, bazıları iri kumlu ya da çakıllıdır;[1] bazı yerlerdeyse malzeme kumludur.[2] Kısacası tıpkı dünyadaki çeşitli bölgelerin farklı ve muhtelif cinste özellikleri olması gibi, toprağın da farklı ve muhtelif cinste özellikleri vardır. Şu husus da çok dikkat çekici olabilir: Apenin dağlarının İtalya ve Etruria bölgelerini çevrelediği yerde neredeyse adım başı bir kum ocağına rastlanırken, Apenin'in diğer tarafında, Adriyatik denizi boyunca uzanan kısmında bir tanesine bile rastlanmaz; hatta Akhaia'da, Asya'da ve deniz aşırı herhangi bir yerde lafı bile geçmez. Demek ki bir dolu sıcak su kaynağının fokur fokur kaynadığı yerlerin hepsinde aynı verimli şartların oluşması mümkün değildir; çünkü şeyler insanın keyfine göre değil, doğanın iradesine göre, sanki rastgele dağıtılmış gibi oluşur.

6. Bu yüzden dağları topraktan çok kayaç türevi bir cevherden oluşmuş bölgelerde ateşin ısısı bu taşın damarlarına nüfuz ederek onu yakar; yumuşak ve ince kısmını kavurur, sert kısmına dokunmaz. Bunun sonucunda tıpkı Campania'daki gibi yanmış toprak kül halini alırken, Etruria'da da yanmış taş, cürufa (*carbunculus*) dönüşür.[3] Her ikisi de taş yapılarda[4] müthiş malzemelerdir; ama biri karada inşa edilecek yapılar için değerli özellikler taşır, diğeri denize kurulacak iskeleler için. Bu malzemenin bir özelliği de tüften daha yumuşak, topraktan daha sert olmasıdır; ayrıca dipten gelen yoğun ısıyla yanmış olduğundan, bazı yerlerde bir cins kumun oluşmasına da neden olur; bu kuma koyu kırmızı kum (*carbunculus*) denir.[5]

---

1 Alüvyonlu.

2 Volkanik kumdan söz edilmektedir.

3 Buradaki *carbunculus*un sözlük anlamı, küçük kömür ve bir çeşit kumtaşıdır. Vitruvius'un bu terimi tartışma konusu olmuştur. Kimileri bunu kömür veya yumuşak kumtaşı, kimileri de linyit olarak çevirmiş; kimileri de kuru, süngerimsi, siyah volkanik kül olarak tanımlamıştır. Bkz. Brandon, Hohlfelder, vd. 2014: 19.

4 Beton yapılarda.

5 Vitruvius'a göre, *carbunculus* diğer kumların (yani ocak kumu, deniz ve nehir kumu) içinde en kaliteli olanıdır. Bkz. Aldrich 1818: 80.

7. Bölüm
Taş Ocakları ve Taşlar[1]

1. Böylece kireci, kumu da anlatmış oldum; kaç çeşit olduklarını ve ne gibi üstünlükler taşıdıklarını. Şimdi sıra geldi taş ocaklarını açıklamaya: Bu ocaklardan inşaat için iri taşlar ve moloz taşlar çıkarılır ve kullanıma hazır hale getirilir. Bu taşların farklı tipte ve birbirine benzemeyen özellikler içerdiği görülür. Çünkü bazıları yumuşak yapıdadır, mesela Roma şehri civarındaki Saxa Rubra'daki,[2] Pallia'daki, Fidenae'daki[3] ve Albania'dakiler gibi; bazıları görece serttir, mesela Tibur'daki, Amiternum'daki, Soracte'deki veya bu tip başka taş ocaklarındaki gibi; bazılarıysa çok serttir, mesela sert kireçtaşı gibi. Daha niceleri var böyle, mesela Campania'dan çıkarılan kırmızı ve kara tüf gibi; Umbria'dan, Picenum'dan ve Venetia'dan çıkarılan ve hatta dişli bir testereyle odun keser gibi kesilebilen beyaz tüf gibi.

2. Bütün yumuşak yapıdaki taşların özelliği, ocaklardan çıkarıldıktan sonra kolayca işlenebilmesidir. Kapalı yerlerde korunurlarsa, işlevlerini hakkıyla yerine getirirler, ama açıkta tutulurlarsa ve havaya maruz kalırlarsa dondan, kırağıdan etkilenip dağılır, ufalanırlar. Aynı şekilde deniz kıyısında da tuzlu suyla yenip dağılırlar, denizin gelgitlerine de karşı koyamazlar. Ama Tibur taşı[4] ve benzer yapıdaki taşlar, hem ağır yüklerin hem de kötü hava koşullarının vereceği tüm zararlara mukavemet gösterirler; bir tek ateş karşısında savunmasızdırlar, çünkü ateşle temas ettikleri anda çatlayıp ayrılırlar. Bunun nedeni doğal yapılarında çok az nem olması, buna karşılık çok fazla toprak olmaması, ama fazlasıyla hava ve ateş olmasıdır. Bu yüzden hem içlerinde böyle çok az nem ve toprak olduğun-

---

1 Vitruvius'a göre taşlar genel olarak iki çeşittir: doğal ve yapay. Doğal olanlar, taş ocaklarından çıkarılan taşlardır. Bunlar, kireç elde etmek için ya da bina duvarlarının inşası için çok işlevseldir. Yapay taşlarsa, kesme taşlar (işlenmiş ya da çaplanmış taşlar) ve tuğlalardır.

2 Saxa Rubra: Roma ile Veii arasında, Cremera nehri kıyılarında yer alan ve taş ocakları bulunan bir bölge (Grottarossa).

3 Fidenae: Tiber nehrinin kıyılarında yer alan çok eski bir Latium şehri (Castel Giubileo).

4 Tibur taşı, yani traverten.

dan hem de ateş bütün kuvvetiyle itip havayı dışarı çıkardığından, ardından da derinlere nüfuz ederek taşların damarlarındaki boşluklara dolup harladığından, onları kendi bileşenlerinin sıcaklığında birer akkora dönüştürür.

3. Tarquinii halkının topraklarında da çok sayıda taş ocağı bulunur; bunlara Anicius taş ocakları denir.[1] Bu ocağın taşlarının rengi Alba Dağındaki taşlara benzer.[2] Başlıca işlikleri, Volsinii gölü civarında ve Statonia vilayetinde bulunur.[3] Bu taşların özellikleri anlatmakla bitmez; çünkü ne dondurucu soğuk ne de maruz kalabilecekleri ateş onlara zarar verebilir, bu yüzden çok dayanıklı olurlar ve uzun yıllar da öyle kalırlar. Nedeni, doğal bileşimlerinde çok az hava ve ateş, makul ölçüde nem ve çok fazla toprak bulunmasıdır. Bu tok dokuları sayesinde kaskatı olduklarından, ne kötü havalardan ne de şiddetli ateşten zarar görürler.

4. Bu en iyi şekilde Ferentum şehri civarında, bu ocaklardan çıkarılan taşlarla yapılmış anıt mezarlarda görülebilir.[4] Çünkü bu yapılar hem mükemmel bir işçiliğin eseri devasa heykellere, küçük küçük heykelciklere, ince ince işlenmiş çiçeklerden ve *acanthus* bitkisinin[5] yapraklarından oluşan kabartmalara sahiptir; çok eski olmalarına rağmen, hepsi yeni yapılmış gibi görünmektedir. Dahası metal işçileri tuncu eritmek için bu ocaklardan gelen taşlardan kalıplar imal ederlerse, tunç döküm işinde çok faydasını görürler. Bu taş ocakları şehrimize[6] yakın olsaydı da, keşke bütün binalarımız bu işliklerden gelen taşlarla inşa edilmiş olsaydı, ne güzel olurdu!

5. Ancak tam bitişiğimizde oldukları için mecburen Saxa Rubra ve Pallia'daki ocaklardan ya da şehrimizin yakınlarında-

---

1 Tarquinii: Etruria'nın çok eski ve önemli bir şehri.

2 Albanus Mons'taki (Alba Dağı) taş ocaklarından çıkarılan taşlara; *Lapis Albanus* (*saxum Albanum*): Kahverengi ya da gri volkanik tüf.

3 Volsinii gölü: Bolsena gölü; Statonia: Güney Etruria'da, asmaları ve taş ocaklarıyla ünlü yöre.

4 Ferentum (Forentum): Apulia'da küçük bir şehir.

5 Özellikle *acanthus mollis* (ayı pençesi): Yapraklarının ana hatlarıyla Korint sütun başlığının süslemesine hayat veren bitki; bkz. Vergilius, *Eclogae*, 3.45; 4.20; *Georgica*, 4.123; *Aeneis*, 1, 649; *acanthus*la ilgili olarak ayrıca bkz. Demiriz 1984: 19-24.

6 Roma'ya.

ki başka ocaklardan gelen taşları kullanıyoruz. Bu yüzden kusursuz iş çıkarmak istiyorsak, şöyle bir hazırlık yapacağız: Bir inşaata karar vermişsek, işe başlamadan iki yıl önce bu taşları ocaktan getirtelim, hem de kışın değil, yazın. Sonra açık havaya serip bekletelim. Kötü havalardan etkilenip hasar görenleri, binanın temelinde kullanalım. Kalanlar, yani hasar görmeyenler, doğanın sınavını geçmiş oldukları için, yapının toprak üstünde kalan bölümleri için sağlam bir malzeme oluşturacaktır. Sadece ocak taşları için de değil, duvarlarımızda moloz taş kullanacaksak, onun için de bu önlemi alalım.

8. Bölüm
Duvar Örme Teknikleri

1. Duvar örme tekniklerimiz şunlar: Günümüzde herkesin uyguladığı Ağ örgüsü (*reticulatum*) tekniği ve Düzensiz örgü (*incertum*) denen eski teknik. Ağ örgüsü duvar, diğerine göre daha güzel, ama yapılışı çatlaklar oluşturmaya müsait; çünkü duvarın her tarafında taş yatakları ve derzler eğreti durmakta. Oysa Düzensiz örgüde moloz taşlar birbirinin üstüne binip iyice oturduğundan, bu tip duvar diğeri kadar güzel görünmese de çok daha sağlam olur.[1]

2. Ama bu iki duvarı da çok küçük taşlarla örmek gerekir;[2] böylece duvar, kireç ve kum karışımı harca iyice doyar ve uzun yıllar dağılmaz. Çünkü bu taşlar yumuşak ve gözenekli olduklarından, harcın nemini emip iyice kurutur, ama kireci ve kumu bol olursa, duvar nemini koruyacağından, mukavemetini öyle kolay kolay kaybetmez, aksine bu malzemelerle iyice bağlanır. Aksi halde moloz taşların gözenekli dokusu harcın nemini emer

---

1 Vitruvius, *opus reticulatum* stili duvarda birbirinin üstüne binen yatay ya da dikey derzler olmadığı için, verev şekilde çatlaklar oluşabileceğini vurguluyor. *Opus incertum*, boyutları birbirinden farklı taşlardan yapıldığı için düzensiz örgü ya da rustik örgü olarak adlandırılır. Diğerine göre daha kaba görünümlüdür.

2 Cephe kaplama taşları.

emmez kireç kumdan ayrılır, çözülür ve artık taşlar da bir daha bunlara yapışmaz; dolayısıyla zamanla duvarlar birer enkaza dönüşür.

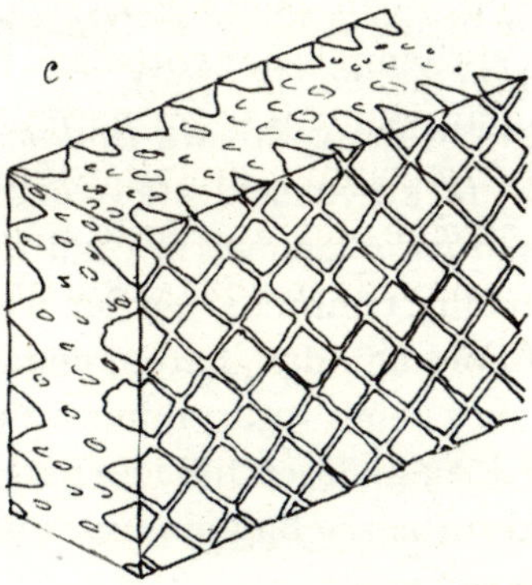

Reticulatum

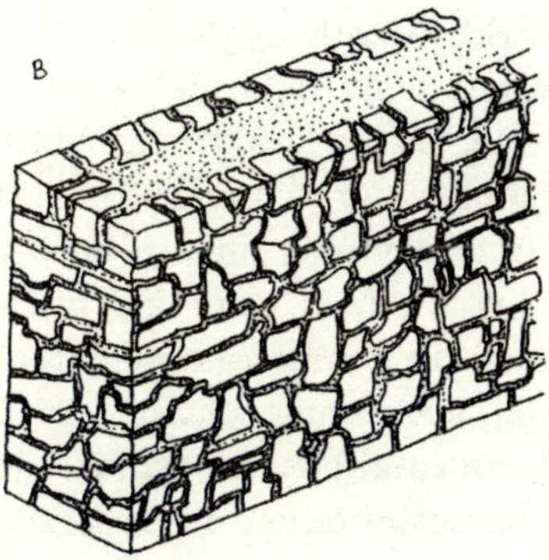

Incertum

---

3. Şehrimizin civarındaki anıt mezarlarda bu durumu görmek mümkün. Bunlar mermerden ya da çaplı taşlardan inşa edilmiş, ama duvar cephelerinin arası moloz harcıyla doldurulmuş. Zamanla harç etkisini yitirmiş, çünkü moloz taşların gözenekli yapısı bunu emip iyice kurutmuş. Malzeme çökünce, duvarlar da bağlantı noktalarından ayrıldığından, şimdi bu anıtlar yıkılmakta, dağılmakta.

4. Bu yüzden böyle bir felaketle karşılaşmak istemiyorsak, duvarların cephelerinin arasını boş bırakıp içine kırmızı çaplı taştan ya da pişmiş tuğladan veya tüften iki ayak kalınlığında sıra sıra duvar öreceğiz, sonra satıhları demir kenetlerle, kurşunla birbirine bağlayacağız. Böyle malzemeyi yığarak değil de, düzgün döşeyerek elde edeceğimiz duvar da, hiç hasarsız yıllara meydan okuyacak. Çünkü taş yatakları derzler, birbirinin üstüne binip kenetlerle bağlanacağından, yapı kamburlaşmayacak, satıhlarsa birbirlerine sıkıca kenetlenmiş olacaklarından, yıkılmaları mümkün olmayacaktır.

5. Yunanların duvar örme tekniklerini bu yüzden hiç yabana atmamak gerekir, çünkü onlar duvarlarını yumuşak moloz taş harcıyla giydirmez. Kesme taş kullanmadıkları her durumda, volkanik ya da herhangi bir sert taşı sıra sıra düzgün şekilde döşerler ve adeta tuğla duvar örüyormuş gibi bu taşları kat kat dizerken her katta taşların yönünü değiştirerek derzleri birbirine bağlarlar. Böylece duvarlarına yıllara meydana okuyabilecek nitelikte bir üstünlük katarlar. Bu duvarları yaparken iki farklı teknik uygularlar. Bunların birine *isodomum* (simetrik örgü) denir, diğerine *pseudisodomum* (asimetrik örgü).[1]

6. Bütün sıraları eşit yükseklikte örülmüş duvara *isodomus* (simetrik örgü duvar) denir, sıraları farklı yükseklikte ve uzunlukta örülmüş duvara da *pseudisodomus* (asimetrik örgü duvar). Bu duvarların ikisi de sağlam olur; çünkü her şeyden önce taşların kendisi sıkı ve katı dokulu olduğundan, harcın nemini içip kurutamaz, aksine çok uzun süre nemli tutar; ikincisi taşların yatakları en başından düz ve düzgün döşendiği için harcın çökmesini önler, duvar boyunca kesintisizce bağlanmış oldukları için de uzun yıllar yerlerinden oynamaz.

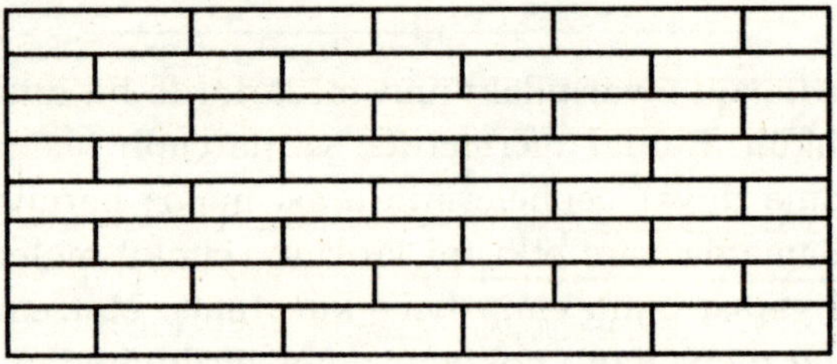

Isodomos (opus isodomum)

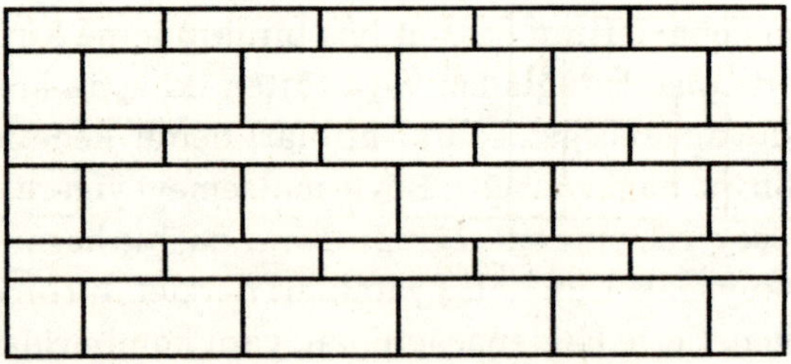

Pseudisodomos (opus pseudisodomum)

---

[1] *Isodomos* (muntazam örülmüş ya da simetrik örgü): Duvardaki tuğla ya da taş sıraları (katları) bir kalınlıkta yapılan duvar örme tekniği (taşların yüksekliği aynıdır, uzunlukları farklı olabilir); *Pseudisodomos*: Nispetsiz ya da orantısız örgü; asimetrik örgü (taşların uzunluğu ve yüksekliği farklıdır).

7. Bir başka teknik daha var, Yunanlar buna *emplekton* (örgülü duvar) diyor ve bizim köylülerimiz de bunu uyguluyor.[1] Bu tip duvarların cepheleri giydiriliyor, kalan taşlarsa doğal haliyle cephelerin arasına yerleştirilip yatay, düşey derzlerle birbirine bağlanıyor. Ama bizim kalfalarımız aceleciliklerinden,[2] taşları üst üste koyup sırf cepheleri halletmeye bakıyor, cephelerin arasına da harcı, molozu öylesine tıkıştırıyor. Böylece aynı duvarda üç kesit oluşmuş oluyor; iki cephe ve bir ara dolgu.

Yunanlar böyle yapmaz. Onlar taşları düz yerleştirip her iki taştan birini de duvarın kalınlığınca uzunlamasına koyarlar. Arayı da öyle tıkıştırmaz, aksine duvarların cephelerden içe doğru kesintisiz ve aynı kalınlıkta olmasına dikkat ederler. Dahası aralara tek tek taşlar koyarlar, böyle tüm duvar boyunca. Uçları her iki cephede de görünen bu taşlara *diatonoi* (bağ taşları) derler. Bu taşlar, duvarları birbirine sıkıca bağlayıp mukavemetini artırırlar.

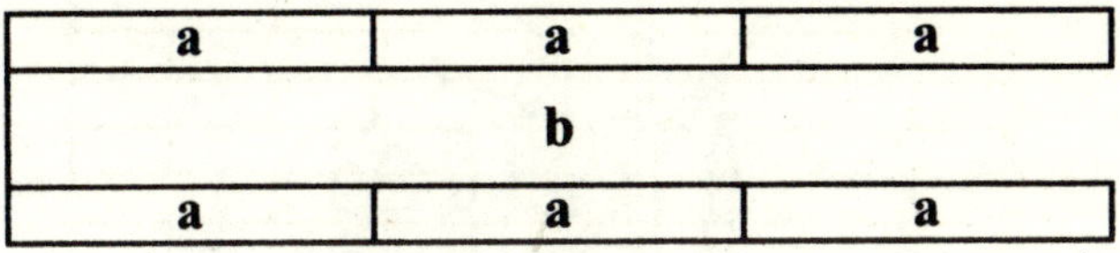

Emplekton, opus implectum (Roma tarzı)

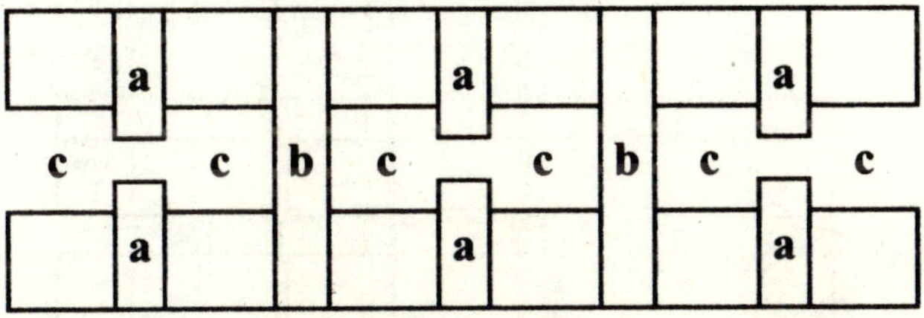

Emplekton (Yunan tarzı)

1 Bu duvar örgüsü, aslında üç duvarın birbiriyle birleştirilmesi sonucunda oluşur. Her iki cephe, düzgün yerleştirilmiş taşlardan ya da tuğlalardan oluşur; iki cephe arasına da moloz taşlardan dolgu yapılır (*fartura*). İki dış duvarı birbirine bağlamak ve bu şekilde sağlam ve kalıcı kılmak için aralara tüm duvar boyunca büyük ve geniş taş bloklar ya da tuğlalar yerleştirilir. Bkz. Smith (ed.) 1890: 869.

2 İşi bir an önce bitirmek için.

Emplekton

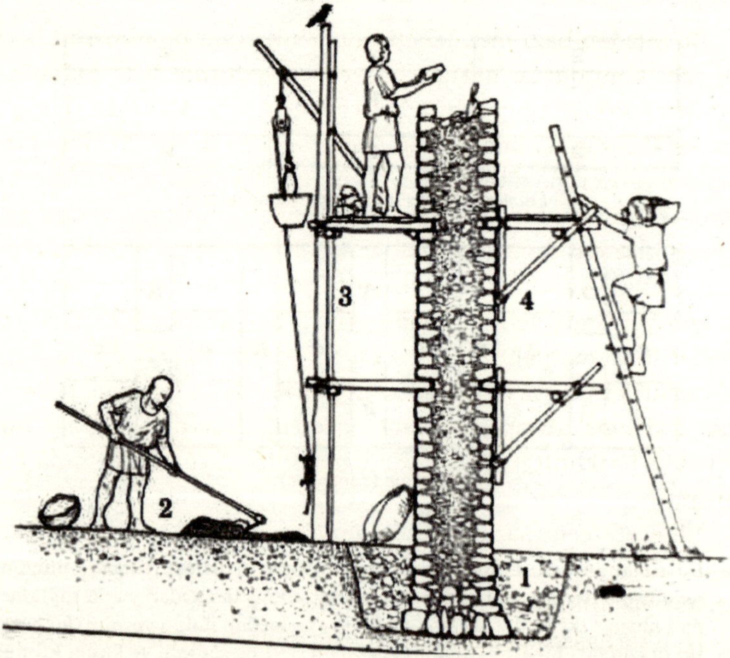

Romalıların *emplekton* tarzı duvar örme tekniğini gösteren bir ayrıntı

8. İşte bu bilgileri dikkate alarak kendi duvar tekniğini seçmek isteyen kişi, duvarın kalıcılığını sağlama yöntemini de elde etmiş olacaktır. Yumuşak moloz taştan duvarlar, bütün o ince ve zarif görünümlerine rağmen zamana yenik düşüp yıkılmaktan kurtulamazlar. Bu yüzdendir ki müşterek duvarlar için bilirkişiler atandığında, bu kişiler bu tür moloz taştan yapılma duvarların kaça mal olduklarına bakarak kıymet biçmezler; ilk sözleşmelerinde geçen rakamı tespit edip her geçen yıl için[1] bu rakamın seksende birini çıkarır, kalan miktarın duvarların rayiç bedeli olarak belirlenmesine karar verirler ve böylece aslında bu duvarların seksen yıldan daha fazla dayanmayacağını da belirtmiş olurlar.

9. Oysa tuğla duvarlar söz konusu olduğunda, ayakta kaldıkları sürece maliyetlerinde hiç böyle bir oynama olmaz, vaktiyle ne kadar paraya mal olmuşlarsa, hep o değerden işlem görürler.

Bu yüzden bazı memleketlerde hem kamu binalarının hem de özel konutların, hatta kraliyet saraylarının bile tuğladan yapılmış olduğunu görebiliriz. Örneğin başta Atina'da Hymettus ve Pentele dağına bakan surlar olmak üzere, Patrae'daki Iupiter ve Hercules tapınağının tuğla işi kutsal odaları (her ne kadar tapınağın etrafı taş işi baştabanlar ve sütunlarla çevrelenmiş olsa da), sonra İtalya'da, Arretium şehrindeki o muhteşem işçilikle yapılmış eski bir sur, Tralles'teki Attalas hanedanı için yapılmış ve her zaman şehrin başrahibi makamındaki kişilerin ikametgâhı olarak ayrılan konut. Sparta'da da bazı duvarlardaki tuğlaya nakşedilmiş birkaç resim yerinden kesilip çıkarılmış, ahşap çerçevelere geçirilip Varro ve Murena'nın belediye başkanlığı makamını donatsınlar diye Comitium'a getirilmiş.

10. Kroisos'un sarayı da tuğladan yapılmış; Sardes halkı burayı İhtiyarlar Meclisine huzurevi olarak tahsis etmiş, vatandaşları yaşlılıklarını huzur içinde geçirsinler diye.

Halikarnassos'ta da, dünyanın en kudretli kralı Mausolos'un sarayı, her yanı Proconnesus mermeriyle[2] donatılmış olmasına

---

1 Duvarların ayakta kaldığı süre zarfında.

2 Proconnesus: Şarap ve mermeriyle ünlü bir Marmara adası.

rağmen, tuğla işi duvarlara sahip. Bunlar bugün bile mucizevi şekilde ayakta kalmışlar, üstüne üstlük alçı kaplamaları da cam gibi parlak dedirtecek cinsten, hâlâ ışıl ışıl. Elbette bu kral bu duvarları para bulamadığı için böyle yaptırmadı; tüm Karya'nın hâkimi olduğundan, vergilerden elde ettiği muazzam bir servet içinde yüzüyordu.

11. Ama onun imar konusundaki keskin zekâsı ve becerisi asıl şu hikâyeden anlaşılabilir: Mausolos Mylasa'da doğduğu halde, Halikarnassos'un doğal olarak tahkim edilmiş bir yer, elverişli bir ticaret merkezi ve kullanışlı bir liman olduğunu anlayınca, sarayını buraya kurdu.[1] Halikarnassos'un doğası bir tiyatronun kavisini andırır. Bu yüzden en alt kısma, limanın yanına *forum* inşa edildi; yukarı, kavisin ortalarına doğru, yani bir tiyatronun basamaklarının arasındaki yatay geçide denk gelecek noktaya çok geniş bir meydan yapıldı, bu meydanın ortasına da *Mausoleion* inşa edildi; öyle muhteşem bir işçilikle yapıldı ki bu, adını Dünyanın Yedi Harikası arasına yazdırdı.[2] Kavisin tepesinde, tam ortada Mars tapınağı yer alır, Leokhares'in usta elinden çıkma mermer ve ahşap karışımı (*akrolithon*)[3] devasa heykeliyle birlikte; bazılarına göre bu heykel sahiden Leokhares'in eseridir, ama bazılarına göre Timotheos'un. Tepenin en sağındaysa, Venus ve Mercurius'un tapınağı bulunur; Salmacis pınarının hemen yanında.[4]

---

1 Mylasa: Milas; Halikarnassos: Bodrum.

2 Kral Mausolos için karısı Artemisia tarafından Halikarnassos'ta yaptırılan İyon düzenindeki anıt mezar; Dünyanın Yedi Harikası (Antik Dünyanın yedi harikası): Sidonlu Antipater'in İÖ 4. yüzyıla tarihlenen *Peri tōn Hepta Thematōn* adlı eserinde geçen, İS 2. yüzyılda da son şeklini alan Yedi Harika, Keops piramidi, Babil'in asma bahçeleri, Zeus heykeli (Olympia), İskenderiye feneri, Kral Mausolos'un mezarı (Halikarnassos) ve Artemis tapınağından (Efes) oluşmaktadır.

3 *Akrolithon*: Elleri ve ayakları mermerden, diğer kısımları ahşaptan heykel.

4 Karya'daki Salmacis pınarı. Suyundan içenleri kadınsı hale getirdiğine inanılır.

Halikarnassos şehir planı

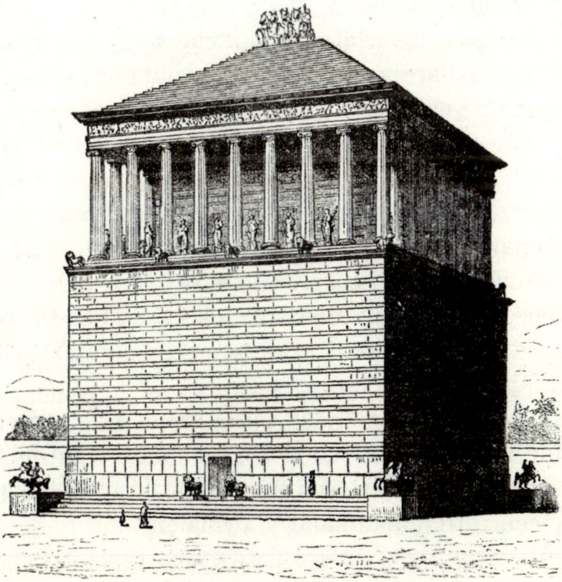

Mausoleion (Bkz. Peck 1898)

12. Ama yanlış bir kanaat sonucu, bu pınarın, suyundan içenleri cinsel bir sapkınlığa düşürdüğüne inanılır. Yalan bir dedikodunun eseri olan bu kanaatin dünyanın dört bir yanına nasıl yayıldığını burada açıklamamda bir mahsur yok. Çünkü insanların bu su yüzünden kadınsı ve iffetsiz olduğu dedikoduları doğru olamaz; aksine pınarın suyu dupduru, tadı da muhteşem. Gerçek şu ki, Melas ile Arevanias, Argos ve Troizen'den buraya gelip bir koloni kurduktan sonra, barbar Karyalıları ve Lelegleri kovmuş. Bunlar da dağlara kaçıp güçlerini birleştirmiş, ardı ardına baskınlar yapıp oranın eşkıyası kesilmişler ve sonuçta Yunanları fena halde soyup soğana çevirmişler. Neden sonra kolonide yaşayanlardan biri para kazanmak için suları bereketli diye pınarın yanına ne ararsanız bulabileceğiniz[1] bir dükkân açmış ve işletmesiyle de o barbarları cezbetmeyi bilmiş. Onlar da teker teker aşağıya inmeye başlamışlar, böylece Yunanlarla kaynaşıp kabalıklarından ve vahşiliklerinden soyunmuşlar, kendi rızalarıyla da Yunanların alışkanlıklarını, halim selimliğini benimsemişler.

Bu yüzden bu su haklı ününü, barbarların ruhlarını o yüzkarası illetin yol açtığı zaafla değil, medeniyetin albenisiyle yumuşatarak elde etmiştir.

13. Neyse, şehrin surlarını açıklamaya koyulmuştum, şimdi sıra geldi geri kalan ne var ne yoksa açıklamaya: Sağ kanatta Venus tapınağı yer alıyor demiştim, bir de az önce bahsettiğim şu pınar; işte aynı şekilde sol kanatta da kraliyet sarayı yer alıyor. Kral Mausolos kendisi tasarlayıp yaptırmış bu sarayı. Çünkü saraydan sağa doğru bakınca *forum*, liman ve surların en ucu tamamen görülmekte, sol tarafta da en altta surların aşağısına gizlenmiş bir liman var; kimse içinde neler olup bittiğini göremesin, bilemesin diye. Bir tek kralın kendisi oturduğu yerden oradaki kürekçilere, askerlere emir vermekteydi; emrin mahiyetini hiç kimseye sezdirmeden.

14. Mausolos'un ölümünden sonra karısı Artemisia tahta çıkınca, Karya'daki bütün şehirlerin bir kadın tarafından yönetilmesine fena halde içerleyen Rodoslular krallığı ele geçirmek için tam teçhizatlı donanmalarıyla yola çıktılar.

---

[1] Bol mal stoğu olan.

Artemisia durumdan haberdar olunca, gizli kürekçileri ve saldırıya hazır denizcileriyle donanmasının söz konusu limana saklanmasını, halkın geri kalanının da surların tepesinde vaziyet almasını emretti. Rodoslular tam teçhizatlı gemileriyle büyük limana demirlediklerinde, Artemisia surların üzerindeki halkına donanmayı alkışlamalarını ve şehri teslim edeceklerine dair söz vermelerini emretti. Rodoslular böylece gemilerini başsız bırakıp surların içine girince, Artemisia hemen denize açılan kanalla donanmasını küçük limandan çıkarttı ve büyük limana getirtti. Askerlerini gemiden karaya çıkarıp Rodosluların terk edilmiş donanmasını limandan açığa çektirdi. Saklanacak bir yerleri kalmayan Rodoslular, etrafları kuşatılmış halde öyle ortalıkta kalakalıp *forum*da toptan katledildiler.

15. Böylece Artemisia Rodosluların gemilerine kendi askerlerini ve kürekçilerini yerleştirip Rodos'a doğru yola çıktı. Rodoslular defne dallarıyla süslenmiş gemilerinin yanaştığını görünce, adamlarının zaferle geri döndüğünü sanıp düşmanları içeri buyur ettiler. Artemisia bu şekilde Rodos'u ele geçirip liderlerini öldürdükten sonra, Rodos şehrine kazandığı zaferin nişanesi olarak bir andaç dikti; yani biri Rodosluları, diğeri kendisini temsil eden iki bronz heykel yaptırdı ve kendi heykelini Rodos şehrine köle damgası vurur şekilde tasvir etti. Rodoslular, böyle yadigârların bir kere dikildikten sonra kaldırılmasının caiz olmadığını söyleyen dini inançları yüzünden elleri kolları bağlandığı için, sonraki bir zamanda heykelin bulunduğu yeri bir binayla çevrelediler, kimse görmesin diye de Yunan usulünce örttüler ve kutsal alan (*abaton*)[1] olarak anılmasını emrettiler.[2]

16. O halde bu kadar güçlü krallar bile tuğladan duvarlara sahip yapılara hiç ses çıkarmıyorsa, üstelik gerek vergilerle gerekse ganimetlerle bunları sadece moloz taşlarla ya da kesme taşlarla değil, mermerden bile yaptıracak imkânları varken, düşünüyorum da bizim tuğla işi örülmüş binalara hiç dudak bükmeye hakkımız yok; tabii çatıları düzgün yapılmışsa.

---

1 *Abaton* (ἄβατον): Girişin yasak olduğu kutsal alan.

2 Çeviri yorumu için bkz. Elmes 1826: 7; Gwilt (tr.) 1826: 50.

Buna rağmen Roma halkına neden şehirlerinde bu tür binalar yapmalarına izin verilmediğini açıklayacağım ve bu yasağın nedenlerini, niçinlerini anlatmadan da geçmeyeceğim.

17. İmar yasası, kamu alanları için bir buçuk ayaktan daha kalın duvara izin vermez; diğer duvarlar da[1] mekânı daraltmamak adına aynı kalınlıkta yapılır. Ne var ki tuğla duvar, iki veya üç tuğla kalınlığında olmadıkça bir kattan fazlasını taşıyamazken, bir buçuk ayak kalınlığındaki bir tuğla duvar bunu hiç taşıyamaz. Ama şehrimizin şu anki önemi ve her an artmakta olan nüfusu dikkate alındığında, çok daha fazla sayıda konuta ihtiyaç duyduğu açıktır. Dolayısıyla tek katlı binalar bu kadar kalabalığı şehirde barındırmaya yetmeyeceğinden, çareyi mecburen yüksek binalar yapmakta arayacağız.

O halde taş ayaklar üzerine yükselen, pişmiş tuğla duvarları olan (*testacea structura*), moloz taşlardan yapılma müşterek duvarlara sahip ve üst katlarında ahşap döşemelerle birbirine bağlanmış yan yana ve ayrı ayrı odaları bulunan binalar, günlük hayatta çok kullanışlı olacaktır. Şehir içinde böyle çok işlevsel ve kat kat göğe yükselen binalar çoğaldıkça, Roma halkı da kendisine rahatlıkla mükemmel konutlar bulacaktır.

18. İşte şehir içinde pişmemiş tuğladan yapılma duvarlara (*latericius paries*) izin verilmeme sebebi, yani bunun mekân darlığının mecburi bir sonucu olduğu böylece açıklanmış oldu. Ama bir şekilde şehir dışında böyle duvarlar yapılacaksa, şu tür bir uygulamaya gidilmeli: Duvarların tepesine, çatı kiremitlerinin hemen altına, yaklaşık bir buçuk ayak yüksekliğinde pişmiş tuğladan bir kaplama yapılsın ve korniş gibi dışarıya çıkıntılı olsun.[2] Bu yolla bu tip duvarların her zaman başına gelebilecek hasarlar önlenebilecektir. Çünkü çatı kiremitleri kırıldığında ya da rüzgârla aşağı uçtuğunda, yağmur sularının içeriye girebileceği noktalarda bu pişmiş tuğla zırh, pişmemiş tuğladan yapılma duvarların zarar görmesine izin vermez; tam tersine korniş gibi çıkıntısı, yağmuru duvar sathının dışına akıtır ve böylece pişmemiş tuğladan yapılan duvarların yekpare kalmasını sağlar.

---

[1] İç mekânlardaki.

[2] Vitruvius burada, olumsuz hava şartlarına karşı duvarları örtmek için yapılan açık duvar üstü kaplamasından (harpuşta, duvar semeresi, çatı parapeti) söz etmektedir (*testacea lorica*: pişmiş tuğladan yapılma zırh).

19. Ama pişmiş tuğlayı kendi başına ele aldığımızda, kimse bunun bu tür kaplamalar için en iyi malzeme mi, yoksa kötü bir malzeme mi olduğunu öyle hemen söyleyemez. Çatıya yerleştirildikten ve kötü hava şartlarına ve zamana maruz bırakıldıktan sonra, hâlâ sağlamsa, ancak o zaman iyi olduğu söylenir; çünkü kaliteli bir kilden yapılmamışsa veya yeterince pişmemişse, çatıda buza, kırağıya maruz kaldığında kusurlarını da açığa çıkarır. Çatılarda bu tür sıkıntılara karşı duramayan tuğlalar, duvarlardaki yükleri taşıyacak kadar sağlam olamaz. İşte eskimiş çatı kiremitlerinden yapılma pişmiş tuğlayla örülen duvarların sağlam olma olasılığının daha fazla olmasının nedeni de budur.

20. Bağdadi duvara gelince,[1] keşke hiç icat edilmemiş olsaydı diyorum. Ne kadar zaman ve mekândan tasarruf sağlıyorsa, bir o kadar da büyük ve toplu felakete yol açıyor; çünkü çıra gibi her an tutuşmaya müsait. Bu yüzden bence en iyisi, bağdadi duvarlarla tasarruf edeceğiz diye tehlike içinde yaşamaktansa, pahalı da olsa pişmiş tuğla duvarlara yatırım yapmak. Dahası bu tür duvarları sıvamaya kalktığınızda, çıtaların dikine ve enine yerleştiriliş şeklinden ötürü içten çatlamalara neden oluyor. Çünkü astarı vurduğunuz anda, nemi içip şişiyor, kururken çekiyor, çekip büzüldükçe de katı sıvayı yarıyor. Ama ya zaman ya da para sıkıntısı yüzünden veya alttan desteği olmayan açıklıklardaki bölme duvarlar için bu tür bir tekniğe başvurulacaksa, şöyle yapılacak: Her şeyden önce temeli alttan yüksek tutulacak ki, duvar taşa, kaldırıma değmesin.[2] Çünkü buralara gömülürse, zamanla çürür, sonra oturur, öne bel verir ve sıva kaplı satıhları paralar.

İşte böylece duvarlar konusunu, bu duvarların yapımında kullanılan farklı cins malzemelerin hazırlanışını, bunların ne gibi yararları ve zararları olduğunu elimden geldiğince açıklamış bulunuyorum. Şimdi doğanın gösterdiği yoldan gidip ahşap yapıları,[3] bunların malzemelerini ve zamana karşı dirençli olabilmeleri için ne şekilde hazırlanmaları gerektiğini anlatacağım.

---

[1] Vitruvius burada, günümüzde hem bağdadi hem de hımışa (dolma tekniği) benzer teknikte örülen duvarlardan söz etmektedir (*opus craticium*).

[2] Döşemelerin ya da kaldırımların altındaki kırma taşlara vb.

[3] Döşeme ve tavan.

9. Bölüm
Kerestelik Ağaçlar

1. Kerestelik ağaçlar sonbahar başından Batı rüzgârının esmeye başladığı zamana kadar kesilmelidir.[1] Çünkü baharda bütün ağaçlar döllenir ve tüm doğal güçlerini yapraklarına ve yılda bir verdikleri yemişlerine aktarır. Bu yüzden mevsim gereği içleri boş ve şişkin olduğundan, gevşek dokuları onları zayıf ve cılız kılar, tıpkı kadınların vücutları gibi. Çünkü kadınlar da gebe kaldıklarında, bebekleri doğana kadar vücutları eskisi kadar sıkı olmaz. Bu nedenle gebe köle kadınlar satılığa çıkarıldıklarında sağlıklı bir görünüm arz etmezler, çünkü vücutlarında gelişmekte olan cenin yiyeceğin tüm özünü kendisini beslemek için alır ve doğacağı ana yaklaşıp güçlendikçe içinden çıkacağı vücudun sıkılığını azalttıkça azaltır. Bebeğin doğmasıyla birlikte, doğurduğu varlıktan ayrılan beden artık serbesttir ve o başka varlığın büyümek için kendisinden aldığı besini, boşalan ve açılan damarlarıyla bu kez kendi içine çeker; bu usareyi emdikçe de daha gürbüz olur ve eski doğal gücüne yeniden kavuşur.

2. İşte aynı şekilde sonbahar mevsiminde meyvelerin olgunlaşmasıyla birlikte yapraklar solmaya başlarken, ağaçlar da kökleriyle topraktan besinlerini alarak kendilerini toparlar ve önceki kuvvetlerine yeniden kavuşurlar. Kış mevsiminin soğuk havası da, yukarıda söz ettiğimiz zaman zarfında dokularını iyice sıkılaştırıp pekiştirir. İşte bu yüzden kerestelik ağaç demin dediğimiz zamanda kesilirse, mevsiminde kesilmiş olur.

3. Bir ağacı keserken gövdesinin ta özüne kadar girmek ve özünden akan özsuyuyla kurumaya bırakmak gerekir. Bu şekilde damarlarındaki artık su, öz odunundan dışarı akacağından, hem özsuyunun içeride çürümesi hem de odunun kalitesinin bozulması önlenmiş olacaktır. Ağaç hiç sızıntısı kalmayana dek kuruyunca kesilir ve en iyi bu şekilde kullanıma hazır olur.

4. Bunun doğru bir yöntem olduğunu budanmış ağaçlara[2]

---

1 Favonius (Batı rüzgârı) baharda esmeye başlar.

2 Budanmış ağaçlar (*arbusti*) derken, fundalar ve bağlarda asmaların arasına dikilen karaağaç gibi ağaçlar ya da meyve ağaçları kastedilmektedir.

bakarak da anlayabiliriz. Çünkü bunlar mevsiminde dibinden delinip budandıklarında, özlerinde ne kadar lüzumsuz ve zehirli su varsa hepsini bu deliklerden dışarı akıtırlar; böylece kururlarken de dayanıklılık kazanırlar. Ama bu sıvıların ağaçtan dışarı çıkacak bir delikleri olmazsa, içeride ağdalaşıp çürümeye başlarlar, ağaçta oyuklar oluşturup bozarlar. Bu yüzden ağaçlar dimdik ve canlıyken kuruduklarında yaşlanmıyorlarsa, hiç kuşkusuz kereste elde etmek için devrildiklerinde ve bu tavsiyelere uyulduğunda binalarda da uzun yıllar dayanacak üstün niteliklere sahip olabileceklerdir.

5. Ağaçların birbirinden çok farklı ve değişik özellikleri vardır. Örneğin meşe,[1] karaağaç, kavak,[2] servi,[3] köknar[4] ve benzerleri, özellikle binalar için en uygun ağaçlardır. Ne meşe köknarla bir olabilir ne servi karaağaçla; ne de bunlar gibi başka ağaçlar da başka ağaçlarla doğaca aynı özelliklere sahiptir. Çünkü tek tek her ağaç kendi cinsine özgü unsurlardan müteşekkildir, dolayısıyla her cinsin yapılardaki kullanımı da farklı farklı özellikler içerir.

6. İlk olarak köknar ağacını ele alırsak; bu ağaç çok fazla hava ve ateş, buna karşın çok az nem ve toprak içerdiğinden, yani doğa tarafından daha hafif özelliklerle donatılmış olduğundan, ağır bir ağaç değildir. Doğal olarak tok bir içeriği olduğu için de, yük altında öyle kolay eğilmez, bu yüzden döşemelerde düzgün durur. Ne var ki görece fazla ısıya sahip olduğu için küf yapar ve bu küfü besler, sonunda da bozulur. Dahası içindeki havanın neden olduğu gözenekli dokusu yüzünden çok

---

1 Kayıngillerden, üç yüz kadar türü arasında yaz kış yapraklarını dökmeyenleri de bulunan, kerestesi dayanıklı bir orman ağacı (*quercus*).

2 Söğütgillerden, sulak bölgelerde yetişen, boyu bazı türlerinde 30-40 metreye değin çıkan, kerestesinden yararlanılan uzun boylu bir ağaç (*populus*); Akkavak: Söğütgillerden, yapraklarının altı beyaz olan bir tür kavak, akçakavak, Hollanda kavağı (*populus alba*); Karakavak: Yüksekliği 35 metre kadar olabilen, kabuğu koyu renkli bir tür kavak (*populus nigra*).

3 Servigillerden, kışın yapraklarını dökmeyen, 25 metre boyunda, ince, uzun, piramit biçiminde, çok koyu yeşil yapraklı bir ağaç, andız (*cupressus sempenvirens*).

4 Köknar (*abies*): Çamgillerden, yüksek bölgelerde yetişen, iğne yaprakları kısa, yassı olan, reçineli ve kozalaklı bir orman ağacı; *abies supernas*: yayla köknarı; *abies infernas*: ova köknarı.

kolay tutuşur, çünkü bu gözeneklerden ateş alıp kendiliğinden alev alev yanmaya başlar.

7. Öte yandan kesilmeden önce bu ağacın toprağa en yakın olan kısmı, bu yakınlığından ötürü kökleriyle suyu emdiği için budaksız ve ıslaktır. Ama ağacın daha üst kısmı, içindeki yoğun ısıya bağlı olarak yukarılara doğru dallanıp budaklanır; bu kısım yaklaşık yirmi ayak yüksekliğinde kesilince ve baltayla yontulunca, budaklarının sertliği yüzünden budak odunu adını alır. En alt kısmıysa kesilip ağacın öz odunundan ayrıldıktan sonra dört parçaya bölünür ve marangozluk işleri için hazırlanır; buna saf odun denir.

8. Buna karşılık meşe ağacı temel unsurlardan en çok, hatta fazlasıyla toprağa doygun olduğundan, ama çok az su, hava ve ateş içerdiğinden, altyapılarda kullanıldığında ve toprağa gömüldüğünde uzun ömürlü olur. Neme maruz kaldığında, dokusu gevşek ve gözenekli olmadığından, bu sıkı yapısına bağlı olarak suyu içine çekemez; tam tersi nemden kaçar, direnç gösterir ve eğrilmeye başlar; bunun sonucunda da hangi tür yapıda kullanılırsa kullanılsın çatlaklara neden olur.

9. Ama kış meşesi[1] bütün temel unsurların makul miktarda karışımından ibaret olduğundan, binalar için son derece faydalı özelliklere sahiptir. Buna rağmen nemli bir yere konulduğunda suyu gözeneklerinden ta içine kadar çeker ve bu yoğun nem onun havasını ve ısısını yok ettiğinden, çürür.

Anadolu meşesi[2] ve kayın ağacı[3] eşit miktarda su, ateş ve toprak, çok yüksek miktarda da hava içerdiğinden, bu gevşek dokusuyla nemi ta içine kadar çeker ve çabucak çürür.

Akkavak ve karakavak, aynı şekilde söğüt, ıhlamur ve hayıt,[4] bol miktarda ateş ve havaya sahip olup makul miktarda

---

1 İtalyan meşesi olarak da adlandırılan, tanrı Iupiter için kutsal sayılan, palamutları yenebilen cinsten en uzun meşe türü; (*aesculus*; *quercus aesculus*).

2 Türkiye ya da Anadolu meşesi olarak adlandırılan bir meşe türü (*cerrus*).

3 Kayıngillerin örnek bitkisi olan, 30-40 metre boyunda, 2 metre çapında, kışın yapraklarını döken, kerestesi beyaz ve değerli olan bir orman ağacı (*fagus*).

4 Mine çiçeğigillerden, Akdeniz çevresinde yetişen, mavi, beyaz veya menekşe renginde çiçekler açan, 1-2 metre boyunda bir ağaççık (*vitex agnus castus*).

nem, ama çok az toprak içerdiklerinden, dolayısıyla hafif bir dokuları olduğundan, bunların kullanım açısından da son derece sağlam oldukları aşikârdır. Karışımlarında toprak bulunmasına rağmen sert olmazlar; gevşek dokuları yüzünden de renkleri beyazdır ve oymacılığa çok elverişli bir yapı sergilerler.

10. Dere kenarlarında yetişen ve pek de kullanışlı bir malzeme sayılmayan kızılağaçsa[1] aslında kendine özgü mükemmel özelliklere sahiptir. Çünkü çok fazla miktarda hava ve ateş, biraz toprak ve çok az da nem içerir. Bu nedenle bataklık arazilerde inşa edilecek binaların temelinin altına birbirine bitişik şekilde çakılan kızılağaçtan kazıklar, gövdelerinde eksik olan suyu emerek sonsuza dek bozulmadan kalırlar; hatta devasa ağırlıkta duvarları taşıyıp hasara uğratmadan korurlar. Sonuçta toprağın üstündeyken kısa bir süre bile dayanamayan bu malzeme, neme doyunca uzun ömürlü olur. Bunu en iyi Ravenna'da gözlemleyebiliriz; çünkü oradaki bütün yapıların, yani gerek kamu binaları gerekse özel konutların temellerinin altında bu ağaçtan yapılma kazıklar vardır.

11. Karaağaç[2] ve dişbudaksa[3] çok fazla miktarda nem, çok az miktarda hava ve ateş, makul miktarda da toprak içeren bir karışımdan ibarettir. İnşaatlarda kullanılmak üzere hazırlanırken kolay ele gelir; hem yoğun neminden ötürü sert değildir hem de çabucak eğrilir. Ama zamanla kuruduğunda ya da araziye serilip içindeki özsuyun akmasına ve ölmesine izin verildiğinde gitgide sertleşir; böylece bu tok yapısıyla hem geçmelerde hem de birleşme yerlerinde kullanılan tahta çiviler için çok sağlam bir malzeme olur.

12. Gürgen[4] ağacı da çok az miktarda ateş ve toprak karışımına, ama çok fazla miktarda hava ve nemden oluşan bir dokuya sahip olduğundan, kolay kırılmaz, tam tersine işlemeye son

---

[1] Gürgengillerden, dişi çiçekleri küçük ve sarımtırak, erkek çiçekleri püskül biçiminde olan, kerestesi kolay işlenebilir bir ağaç, kızılsöğüt (*alnus*).

[2] Karaağaçgillerin örnek bitkisi olan, kerestesi değerli bir ağaç, narven (*ulmus*).

[3] Zeytingillerden, kerestesi sert ve değerli bir ağaç, demircik (*fraxinus excelsior*).

[4] Gürgengillerden, kerestesi değerli bir ağaç, karagürgen (*carpinus betulus*).

derece müsaittir. Yunanların ona *zygia* adını vermesinin nedeni, yük hayvanlarının boyunduruğunu bu ağacın odunundan imal etmeleridir, zaten bu yüzden de boyunduruğa *zygon* derler.[1]

Servi ve çam[2] da aynı şekilde harikulâde bir malzemedir. Bol miktarda nemden ve bütün diğer unsurların eşit miktarda karışımından ibaret olmasına, neme doygunluğu yüzünden yapılarda bel vermeye müsait olmasına rağmen, yine de onları uzun yıllar hasarsız korur; çünkü gövdesinin özüne işlemiş sıvının acı bir tadı vardır ve bu kekreklik içinin çürümesine engel olduğu gibi, zararlı haşaratın içerilere girmesine de izin vermez. İşte bu yüzden bu cins kerestelerden inşa edilmiş yapılar uzun ömürlü olur.

13. Sedir[3] ve ardıç[4] ağaçları da benzer özelliklere ve yararlara sahiptir, ancak ne hikmetse servi ve çam ağacındaki reçine yerine, sedir ağacı sedir yağı adı verilen bir yağ üretir. Bu yağı nereye sürerseniz, mesela kitaplara sürerseniz,[5] kurt yeniklerinden kurtarmış ve çürümelerini engellemiş olursunuz. Bu ağacın yaprakları servininkileri andırır, ama odununun damarları düzdür. Uzun ömürlü olduğundan, Efes'teki Diana tapınağındaki Diana heykeli, yine bu tapınağın veya bu tür başka büyük tapınakların tavan panelleri bu ağaçtan yapılmıştır. Sedir ağaçları en çok Girit, Afrika ve Suriye'nin bazı yörelerinde yetişir.

14. Ama Po nehri kıyılarında ve Adriyatik sahilleri boyunca uzanan illerde yaşayanlar dışında pek bilinmeyen melezçam (*larix*),[6] özsuyunun çok acı olmasından ötürü sadece

---

1 *Zygia* (ζῦγία): Boyunduruk imalatında kullanılan ağaç, odun. Aslında Yunancada *zygia*, akçaağaçtır (tam olarak ova akçaağacı *acer campestre*). Vitruvius burada bu kelimeyi *carpinus* (gürgen) yerine kullanmaktadır; bu yüzden söz konusu ağaç tartışmalıdır. *Zygon*, *zygos* (ζῦγόν, ζυγός): (yük hayvanları için) boyunduruk.

2 Çamgillerin örnek bitkisi olan, dört mevsim yeşil kalabilen, iğne yapraklı, yurdumuzda birçok türü yetişen bir orman ağacı (*pinus*).

3 Kozalaklılardan, çiçekleri sarı veya açık yeşil renkli, boyu 40 metre kadar olabilen ve kerestesi yapı işlerinde kullanılan bir orman ağacı, dağ servisi (*cedrus*).

4 Servigillerden, güzel kokulu yapraklarını kışın da dökmeyen, yuvarlak kara yemişleri ilaç olarak kullanılan bir ağaççık (*iuniperus*).

5 Papirüs rulolarına.

6 Günümüzde karaçam olarak adlandırılır, ama karaçam Latincede *pinus nigra*dır. Bkz. Evelyn 1786: 310.

çürümekten ve haşarattan korumakla kalmaz, bir taşın kireç ocağına atılıp tutuşması gibi, başka cins odunlarla beraber tutuşturulmadıkça ne yanan ateşten alev alır ne de kendi kendine tutuşur. Hatta böyle bir durumda bile alev almaz, kömür de olmaz; ancak neden sonra yavaş yavaş tükenir. Bunun nedeni, temel unsurları arasında çok az miktarda ateş ve havaya sahip olduğu halde nem ve toprakla sımsıkı sarılı, katı bir içeriğe sahip olması, dolayısıyla ateşin nüfuz edebileceği gözenekleri bulunmayışıdır; tam tersine ateşin hücumuna mukavemet ederek kendisini öyle çabucak yiyip bitirmesine izin vermez. Ayrıca ağır olduğu için suda yüzdürülmez, ancak gemilere ya da köknar odunundan yapılmış mavnalara yüklenerek taşınır.

15. Melezçam kerestesinin nasıl keşfedildiğiyse ayrıca bilinmesi gereken bir konudur: Yüce Caesar Alplerin yakınında ordusunu konuşlandırınca, çevredeki illere kendisine erzak temin etmelerini emretti. Orada Larignum adında bir kalekent vardı. Bu kalekentin o zamanki sakinleri doğal olarak korunaklı kalelerine güvenip emre itaat etmek istemedi. Bunun üzerine komutan da askerlerine hareket emri verdi. Kale kapısının önünde bu ağaçtan yapılma yatay kirişlerin tıpkı ölülerin yakıldığı odun yığını gibi değişimli olarak birbirine bağlanmasıyla oluşmuş, yanına yaklaşanları üstten kazıklarla, taşlarla püskürtebilmek için de yüksekçe inşa edilmiş bir kule vardı. Ne var ki sonradan kaledekilerin bu kazıklardan başka silahları olmadığı, bu kazıkların da ağırlıkları yüzünden surlardan öyle çok uzağa atılamadığı anlaşılınca, askerlere istihkâma yaklaşıp birbirine sıkıca bağladıkları çalı demetlerini ve tutuşturdukları meşaleleri atmaları emredildi. Askerler de derhal bir yığınak oluşturdu.

16. Alevler ahşap kulenin etrafındaki çalıları tutuşturup da göğe yükselince, topyekûn çökmüş bir heyulayla karşılacaklarını sandılar. Ama ateşler kendi kendilerine yanıp sönünce ve ortalık durulup da kule hiç hasarsız tekrardan görününce Caesar hayret içinde bu kez istihkâmın etrafına atılan silahların menzili dışında bir siper çekilmesini emretti. Kale halkı bundan korkup teslim olunca, onlara ateşin hiç dokunmadığı bu odunları nereden buldukları soruldu. Onlar da o yörede bolca bulunan bu ağaçları gösterdiler. O kalenin adı Larignum olduğu için, bu ağaçlara da *larix* (melezçam) adı verildi.

Melezçam günümüzde Po'dan Ravenna'ya nakledilir; Fanum kolonisinde, Pisaurum ve Ancona'da ve o bölgedeki diğer illerde de bulunur. Bu ağacın tomruklarını Roma'ya getirtmenin bir yolu olsaydı, binalar için son derece kullanışlı bir malzeme elde edilmiş olurdu. Her yere olmasa da, en azından yüksek katlı binalardaki saçakların etrafına bu ağaçtan yapılma paneller yerleştirilmiş olsaydı, binalar yangınların yayılma riskinden de kurtulmuş olurdu; çünkü bunlar öyle alevlerden, yanan kömürlerden ateş almaz, kendiliğinden de tutuşmaz.

17. Öte yandan bu ağaçların yaprakları, çam ağacının yapraklarına benzer; kerestelerinin boyu uzun olur ve marangozluk işlerinde en az köknarın saf odunu kadar işe yarar. Akışkan bir reçinesi vardır, Attika balı rengindedir ve veremlilere ilaç niyetine verilir.

Böylece kerestelik ağaçları tek tek açıklamış oldum; bu ağaçların doğa tarafından hangi karakteristik özelliklerle donatılmış olduklarını ve hangi ortamlarda yetiştiklerini. Şimdi sıra geldi Roma'da yayla köknarı olarak bilinen ağacın kerestesinin neden böyle düşük kalitede olduğunu, ova köknarı kerestesininse neden binaların ömrünü uzatmada mükemmel katkılar sağladığını anlatmaya. Ayrıca bu bağlamda bu ağaçların yetiştikleri yerlere has özelliklerden kaynaklanan kusurlarını ve üstünlüklerini de açıklayacağım ki, konuya ilgi duyanlar için mesele daha da anlaşılır olsun.

10. Bölüm
Yayla ve Ova Köknarı

1. Apenin dağlarının etekleri, Tyrrhenia denizinden başlayarak Alplere ve Etruria'nın sınırlarına kadar uzanır. Dağın zirveleriyse bir kavis çizer ve bu kavisin ortalarında Adriyatik denizinin kıyılarını teğet geçerek Sicilya boğazına kadar uzanır ve güzergâhını tamamlar. Bu yüzden kavisin Etruria ve Campania bölgelerine bakan en yakın yamacı, güneşli bir iklimin özelliklerine sahiptir; çünkü gün boyu kesintisiz güneş ışınlarına maruzdur. Öteki taraf, yani Adriyatik denizine meyleden tarafsa, kuzeye baktığından kara ve kasvetli gölgelerle örtülüdür. Bu yüzden bu tarafta yetişen ağaçlar yoğun nemi emdiklerinden devasa boyutlara ulaştıkları gibi, damarları da nemle dolup şişer ve bol suyla gerim gerim gerilir. Kesilip biçilince ve doğal besininden olunca, kururken damarları hâlâ sertliğini koruyor olsa da, gözeneklerinden ötürü çukurlaşıp içleri geçmeye başlar; dolayısıyla binalarda uzun ömürlü olamazlar.

2. Buna karşılık güneşe bakan yerlerde büyüyen ağaçlar, gözenekli damarlara sahip olmadıklarından, sularını çekip kuruduklarında sertleşirler; çünkü güneş sadece toprağın nemini yalayıp yutmakla kalmaz, ağaçların da nemini alır. Bu yüzden güneşli bölgelerin ağaçları damarlarının sıkılığından dolayı kaskatı olduklarından, nemin yarattığı gevşek dokuya sahip değildirler. Kerestelik olarak biçildiklerinde, uzun yıllar dayanacak çok işlevsel özellikler sergilerler. Dolayısıyla güneşli yerlerden getirilen ova köknarları, gölgeli yerlerden getirilen yayla köknarlarından daha kalitelidir.

3. Böylece müteahhitler konuya yabancı kalmasın diye elimden geldiği kadarıyla düşüne taşına binaların yapımı için elzem olan malzemeleri, bunların doğal yapısında varolduğu gözlemlenen temel unsurların miktarını ve tek tek her birinin sahip olduğu iyi ya da kötü yanları açıklamış bulunuyorum. Bu incelemedeki tavsiyelerimize uyarak hareket edebilen herkes, kendi yapılarında kullanacağı malzemeleri seçerken daha ihtiyatlı olacaktır.

Konuya dair temel bilgiler bu şekilde verildiğine göre, bundan sonraki kitaplarda bizzat binalarla ilgili bilgiler verilecektir. O halde sırasıyla gidersem, bir sonraki kitapta ölümsüz tanrıların tapınaklarını, bu tapınakların simetrilerini, oranlarını kaleme alacağım.

III. KİTAP

Tapınaklar

Önsöz

1. Delfili Apollo, Pythia'nın dilinden insanların en bilgesinin Sokrates olduğunu kehanet etti. Çünkü derler ki Sokrates basireti ve engin bilgisiyle insanların gönüllerinde pencereler, açıklıklar olması gerektiğini söylemiş; duygularını saklamasınlar, gözler önüne sersinler diye. Keşke doğa da Sokrates'le aynı fikirde olsaydı da insanların gönlünü böyle açık pencerelerle donatsaydı! Çünkü öyle olsaydı, sadece insan ruhunun iyiliğini, kötülüğünü görmekle kalmaz, yalan yanlış değerlendirmelerde bulunmadan eğitimli ve bilgili insana hak ettiği müstesna ve ebedi değeri teslim etmiş olurduk.

Ama mademki düzen bizim isteğimize göre değil de, doğanın iradesine göre kurulmuş, o zaman doğal yetenekler yürekte böyle gizli kaldığı müddetçe, sanatçıların derinlere saklı bilgilerini doğru değerlendirmek insanın harcı değil.

Sanatçı istediği kadar ben yetenekliyim desin, eğer çok parası yoksa, atölye geçmişiyle adını duyuramamışsa, hatta insanların gönlünü çelecek bir belagati de yoksa, verdiği emeği karşılayacak bir itibar elde etmesi imkânsız olduğundan, sahip olduğunu iddia ettiği yeteneğine kimseyi inandıramayacaktır.

2. Bunu en iyi eski dönemin heykeltıraşlarından, ressamlarından anlayabiliriz; çünkü aralarında ancak yüksek bir konum elde edip adını duyuran ve himaye altına alınıp tavsiye edilenler geleceğin hafızasında kalıcı bir yer edinmiştir, örneğin Myron, Polykleitos, Phidias, Lysippos ve benzer şekilde sanatıyla ünlenmiş diğerleri. Onlar bu ünü elde etmişlerse, eserlerini büyük devletler, krallar veya toplumun kaymak tabakası namına ürettikleri için elde etmişlerdir. Ne var ki en az bu ünlü sanatçılar kadar çalışkan, yetenekli, usta olup en az onlar kadar mükemmel eser yaratmış olanlar, sırf bu eserleri daha düşük gelirli vatandaşlara yaptıkları için hafızalarda öyle yer edinememiştir. Oysa ne çalışma azimleri eksikti bunların ne de sanatsal yetenekleri, sırf şansları yaver gitmedi; örneğin Atinalı Teleas, Korintli Khion, Phokaialı Myager, Efesli Pharax, Byzantionlu Boedas ve bunlar gibi daha niceleri.

Ressamlar da öyle, örneğin Thasoslu Aristomenes, Polykles ve Efesli Andron, Manisalı Theo ve benzerleri, ne azimden, ne sanat aşkından ne de ustalıktan yoksundu; ama ya aileden fakirdi, ya şans yüzlerine gülmedi ya da giriştikleri hırs mücadelesinde rakiplerinin üstünlüğü, onların öne çıkmasına mani oldu.

3. Gerçi tanınır olmamanın sanatsal yeteneği gölgelemesine şaşırmamak lazım. Ne var ki doğru kararların genelde üç beş hoş sohbet hatırına sahte beğenilere dönüşmesine de kızmamak elde değil.

Bu yüzden Sokrates'in dediği gibi algılarımız, düşüncelerimiz ve bilgilerimiz bilim dallarıyla gelişip açık ve şeffaf hale gelmiş olsaydı, ne hatır gönlün ne de dalkavukluğun bir önemi kalırdı. Bunun yerine doğru düzgün çalışıp uzmanlık bilgisinin en üst seviyesine ulaşmış insana işler kendiliğinden gelirdi. Ama bütün bunlar bizim istediğimiz gibi açık ve seçik şekilde göze görünmediğinden ve eğitimsiz insanın eğitimli insandan daha fazla el üstünde tutulduğunu gözlemlediğimden, ben de cahillerle ihtiras mücadelesine girmektense, mesleğimizin bilgisini bu kitapları yayımlayarak göstermeyi yeğledim.

4. İşte bu nedenle de, Ulu Hükümdarım, ilk kitabımda şahsın adına mimarlık sanatını, sahip olduğu üstünlükleri ve bir mimarın hangi disiplinlerde eğitim alması gerektiğini açıkladım; ilaveten yine bir mimarın neden bu disiplinlerde uzman olması gerektiğine dair gerekçelerimi sundum ve mimarlık sanatının temel konularını bölümlere ayırıp içeriklerini tanımladım. Ardından bu işin ilk ve temel bilgisi olduğu için, şehirlerin kurulumunda sağlığa uygun yerlerin nasıl seçileceğini bilimsel ilkelere dayanarak açıkladım, rüzgârların sayısını ve her birinin estiği yönü geometrik şemalarla gösterdim, ayrıca şehirlerde ana caddelerin ve ara sokakların nasıl düzgün şekilde planlanacağını anlattım ve bu şekilde ilk kitabı sonlandırdım. İkinci kitapta da inşaat malzemelerini, bu malzemelerin yapılar için ne gibi faydaları olduğunu ve doğa tarafından hangi karakteristik özelliklerle donatılmış olduklarını inceledim. Şimdi bu üçüncü kitapta ölümsüz tanrıların tapınaklarından söz edeceğim ve gerektiği gibi bütün ayrıntılarıyla kaleme alıp aktaracağım.

1. Bölüm
Simetrinin Kökeni ve Tapınak Mimarisine Uyarlanışı

1. Tapınakların tasarımı simetriye dayanır, bu yüzden mimarlar simetri mantığını çok iyi kavramalıdır. Simetri, orantıdan çıkar; Yunancada buna *analogia* denir. Orantı, bütün yapı elemanlarının ve tüm yapının standart bir ölçüye göre birbirine uygunluğudur; işte bu uygunluk simetriyi doğurur. Çünkü bir tapınağın simetrisi, orantısı olmadan, muntazam bir tasarımı olması imkânsızdır; yani mevzun bir insanın bedenindeki gibi yapı elemanları arasında da bire bir ilişki olmadıkça.[1]

[1] Vitruvius ve antikçağ mimarları simetriden, iki farklı ya da zıt parçanın birbirine denk veya eşit olmasını anlamaz. Mesela bir gözün diğerinden daha büyük ya da küçük olması bize göre asimetriktir. Ama eskilere göre asimetri, bir sütun başlığının o sütun için tespit edilen yerleşik kurallardan daha geniş olması ya da bir kornişin daha uzun olmasıdır; yani yapı elemanlarının ve tüm yapının muntazam olmamasıdır. Simetriyse bunun tam tersidir. Simetri, ortak bir ölçüye göre ölçülebilen iki nicelik arasındaki düzgün ilişkidir. Dolayısıyla ortak bir ölçüsü olmayan iki nicelik, simetrik değildir. Ayrıntılı bilgi için bkz. Hon & Goldstein 2008: 90, 132.

2. Çünkü doğa insanın bedenini öyle tasarlamıştır ki, yüzü çenesinden alnının üstüne, yani tam saç hizasına kadar onda bir oranındadır;[1] avuç, bilekten orta parmağın ucuna kadar aynı orandadır; başı çenesinden ta tepesine kadar sekizde bir oranındadır ve ense bitimiyle birlikte[2] göğsün üstünden saçların tam dibine kadar altıda bir oranındadır; göğsün ortasından başın tepesine kadar da dörtte bir oranındadır. Yüzün kendi uzunluğuna gelince; çenenin dibinden burun deliklerinin dibine kadar üçte bir oranındadır; burun da burun deliklerinin dibinden kaşların arasındaki çizgiye kadar aynı orandadır; bu çizgiden alın da dahil olmak üzere saç köklerine kadar yine üçte bir oranındadır. Ayağın uzunluğuysa, vücut uzunluğunun altıda birini teşkil eder; ön kol dörtte birini, göğüs genişliği de dörtte birini. Diğer azaların da bu şekilde kendilerine özgü simetrik oranları vardır ve eserlerini bu oranları gözeterek yaratan eski dönemin ünlü ressamları ve heykeltıraşları büyük ve sonsuz övgüler kazanmıştır.

3. İşte aynı şekilde tapınakların elemanlarının tek tek her parçası arasında yapının toplam ölçüsüne tam tamına uygun düşen oranlar olmalıdır.

Yine insan vücudunun merkezi, doğal olarak göbek deliğidir. Elleri, ayakları iki yana açık halde sırt üstü yatmış bir insanın göbek deliğini merkez alıp pergeli buraya yerleştirirsek ve bu noktadan çepeçevre bir daire çizersek, onun tüm el ve ayak parmakları bu dairenin çevresine değecektir. Hatta bu vücutta bu şekilde bir daire şekli çıktığı gibi, bir kare şekli de çıkacaktır. Çünkü ayak tabanlarından başın tam tepesine kadar olan mesafeyi ölçersek ve bu ölçüyü iki yana açık elleri arasındaki mesafeyle karşılaştırırsak, genişliğin uzunluğa eşit olduğunu anlarız; tıpkı tam kare olan düz yüzeylerde olduğu gibi.

---

1 Tüm bedenin.

2 Ense ve omuzla birlikte.

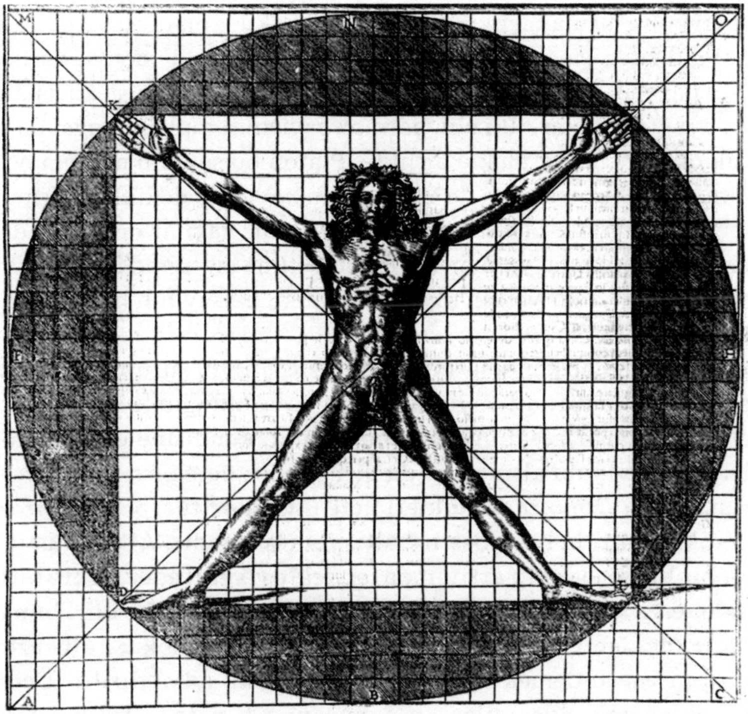

Bkz. Cesariano (tr.) 1521.

4. O halde doğa insan bedenini, azaları ile tüm biçimi arasında orantılı bir ilişki olacak şekilde tasarlamışsa, demek ki eskiler de yapıların mimarisinde tek tek her elemanın bütün yapının şemasına tam tamına uygun düşmesini isterken haklı bir gerekçeye dayandılar. Bu yüzden bütün yapılardaki mimari düzenleri bize aktarırken,[1] özellikle sevabıyla günahıyla sonsuza dek yaşayacak mimari eserler olan tanrı tapınaklarının düzenlerini aktarmaya ayrı bir özen gösterdiler.

5. Aynı şekilde bütün yapılar için zorunlu olduğu açıkça anlaşılan ölçü düzenini de yine insan vücudunun azalarından hareketle geliştirdiler; parmak, avuç (karış), ayak ve ön kol (arşın) gibi.[2] Sonra da bunları, Yunanların *teleion* dedikleri yetkin

1 Ölçü düzeninden söz edilmektedir.

2 Parmak (*digitus*) = 1/16 ayak (*pes*) = 18.5 mm (kabaca bir parmak kalınlığı)

sayıyı oluşturmak için bölüştürdüler. Eskiler on (*decem*) olarak adlandırılan sayıyı, yetkin sayı kabul ettiler; bu sayıya da iki elin parmak sayısından ulaştılar; parmaklardan karışı, karıştan da ayağı buldular.[1] İki elin parmak sayısının toplamı doğal olarak on sayısını vermekle birlikte, Platon bu sayının mükemmel olmasının bir nedenini de Yunanların *monades* dedikleri birimlerin toplamının on etmesine bağlar.[2] Ama sayılar on bir ya da on iki olduğunda, yani on sayısının üstüne çıktığında, diğer bir ona gelene kadar yetkin sayılmaz; çünkü bu sayının bileşenleri, tek hanelidir.[3]

6. Matematikçilerse farklı bir görüş ileri sürüp altı (*sex*) olarak adlandırılan sayının yetkin sayı olduğunu söylediler; çünkü onların hesabına göre bu sayının kendisine eşit bölenleri vardır;[4] yani altının altıda biri, birdir; üçte biri, ikidir; yarısı, üçtür. *Dimoiros* dedikleri üçte ikisi, dörttür; *pentamoiros* dedikleri altıda beşi, beştir;[5] altı, yetkin sayıdır. Altının üstüne bir birim eklenip arttığında, *ephektos* (yedi) eder.[6] Üçte biri eklenerek elde edilen sekiz, altı artı altının üçte biridir, buna *epitritos* denir.[7] Yarısı eklenerek elde edilen dokuz, altı artı altının yarısı demektir ve *hēmiolios* olarak adlandırılır. Üçte iki eklenerek elde edilen on, tam sayı artı üçte ikisidir, buna da *epidimoiros* derler. Altıya beş eklenerek elde edilen on bir sayısında altının altıda beşi bulunur ve buna *epipemptos* denir; iki tam sayıdan oluşan on iki sayısınıysa *diplasios* olarak adlandırırlar.[8]

Karış (*palmus*) = 1/4 ayak (*pes*) = 74 mm (bir avuç, bir avucun genişliği, 4 parmak, *palmus minor* = 74 mm, *palmus maior* = 222 mm)

Ayak (*pes*) = 1 *pes* = 29,6 mm (Geç Roma Cumhuriyeti döneminde 29,6 mm, İmparatorluk döneminde 29,4 mm)

Arşın (*cubitus*) = 1+1/2 *pes* = 444 mm (ön kol: dirsekten orta parmağın ucuna kadarki uzunluk).

1 4 parmak bir karış eder, 4 karış da bir ayak.

2 Yani ilk dört birimin birbiriyle toplanmasına: 1+2+3+4=10.

3 On sayısının altındaki ilk dört sayıdan söz edilmektedir.

4 Kendinden önceki bölenlerinin toplamına eşit sayı; 6 sayısı, 1, 2 ve 3 ile bölünebilir ve bunlar toplandıklarında 6 eder (1+2+3=6).

5 *Quintarius numerus*: altıda beş.

6 ἔφεκτος: 1+1/6= 7; 6+1=7.

7 ἐπιτριτος: 6+6/3=8

8 6+1 (1+1/6)=7 (*ephektos*); 6+6/3=8 (*epitritos*); 6+6/2=9 (*hemiolios*);

7. Matematikçilerin altı sayısını yetkin sayı olarak kabul etmelerinin bir nedeni de, insan ayağının, insan boyunun altıda biri olmasıydı. Bunun yanı sıra bir arşının altı karış ve yirmi dört parmak ettiğini anlamışlardı. Zaten anlaşıldığı kadarıyla Yunan şehir devletleri de bir arşının altı karış olmasından hareketle, para birimi olarak kullandıkları drahmiyi (*drachma*), bizdeki para birimi *as* gibi, altı bronz sikkeye ayırmışlar ve buna *obolos* demişler. Sonra bir arşındaki yirmi dört parmağa karşılık gelecek şekilde, drahmiyi de yirmi dört çeyrek *obolos*a bölmüşler;[1] bu para birimine de bazı şehir devletleri *dikhalkon*, bazıları *trikhalkon* demekte.

8. Bizim atalarımızsa başlangıçta on sayısını (*decem*) yetkin sayı kabul edip *denarius*u on bronz *as* olarak ayarladılar[2] ve bu para bu ayarla günümüze kadar aynı adla geldi. *Denarius*un dörtte biri olan *sestertius*u da iki buçuk *as* olarak ayarlayıp ona iki buçuk anlamına gelen bu adı (*sestertius*) verdiler. Ama sonradan on ve altı sayısının her ikisinin de yetkin sayı olduğunu anlayıp bu iki sayıyı topladılar ve tek bir sayı elde ettiler, çıkan on altı sayısını da en yetkin sayı kıldılar. Bu sayının bulunmasında ayak ölçüsünün büyük rolü oldu; çünkü arşından iki karış çıkınca, geriye dört karışlık ayak kalır; bir karışsa dört parmaktır. Dolayısıyla bir ayak on altı parmak eder, aynı şekilde bir *denarius* da on altı *as* eder.

9. O halde bu sayının insanın parmaklarının sayısından yola çıkılarak bulunmuş olduğu ve ayrı ayrı her azası ile vücudun tüm biçimi arasında standart olarak seçilen birime göre simetrik bir ilişki olduğu konusunda hemfikirsek, o zaman bize sadece ölümsüz tanrılar için tapınaklar kurarken yapıların elemanlarını hem ayrı ayrı parçalarının hem de tümünün oran ve simetri ilkeleri doğrultusunda hemâhenk olacak şekilde düzenlemiş olan sanatçılara saygı duymak düşer.

6+4=10 (*epidimoiros*); 6+5=11 (*epipemptos*); 6+6=12 (*diplasios*).

1 1 drahmi (*drachma*) = 6 *obolos* veya yirmi dört çeyrek *obolos*.

2 *Denarius*, Yunanların drahmisine eşit olan onluk Roma sikkesidir. Adının kökeni, *decem* (on) kelimesinden türeyen *deni* (onar, on kez, onluk) kelimesine dayanır. *Denarius* kelimesi başlangıçta, *a denis assibus* (on *as*tan) ifadesinden türetilmiştir; *as* ise, önceleri bronz, sonraları bakır olarak kullanılan madeni paradır.

2. Bölüm
Tapınak Biçimleri

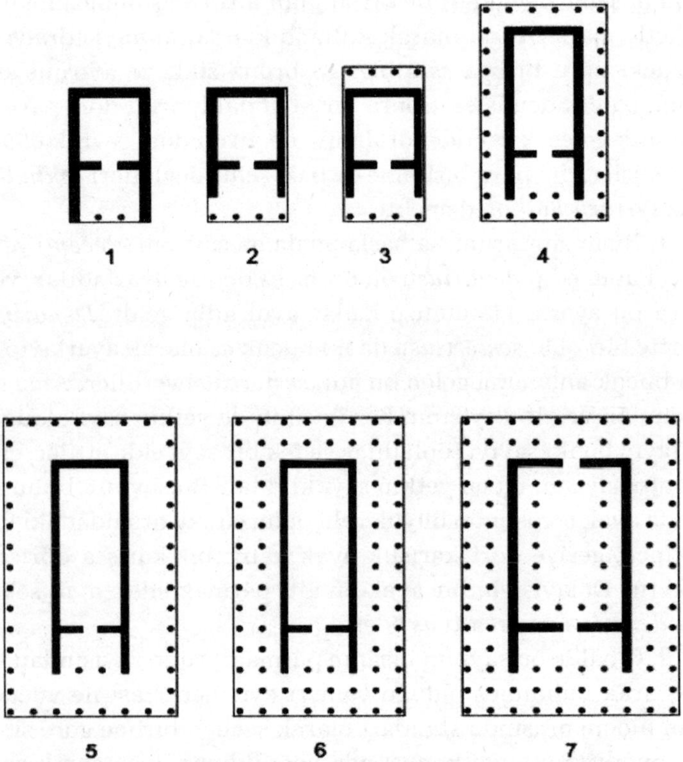

Vitruvius'a göre tapınakların biçimsel olarak sınıflandırılmasında, sütun sayıları ve bu sütunların yerleştiriliş biçimleri dikkate alınır. Tapınakların 7 biçimi vardır ve şu şekilde adlandırılır: 1. *In antis*; 2. *Prostylos*; 3. *Amphiprostylos*; 4. *Peripteros*; 5. *Pseudodipteros*; 6. *Dipteros*; 7. *Hypaethros*.

1. Tapınaklara gelince, genel görünüşlerini belirleyen bazı temel biçimler söz konusudur: İlki Yunancada *Naos en parastasin* olarak adlandırılan *In antis* tapınaktır; diğerleri *Prostylos*, *Amphiprostylos*, *Peripteros*, *Pseudodipteros*, *Dipteros* ve *Hypaethros* olarak adlandırılır. Bu biçimleri şu şekilde tanımlayabiliriz:

2. Bir tapınak, önde, kutsal odasını (*cella*)[1] çepeçevre saran duvarların sonunda çıkıntılara (*parietum antae*); ortada, bu çıkıntılar arasında yer alan iki sütuna; üstte de, bu kitapta daha sonra tarif edeceğimiz oranlara uygun şekilde oturtulmuş bir alınlığa (*fastigium*) sahip olduğunda, *In antis* tapınak olur.[2] Bunun bir örneği Tres Fortunae (Üç Şans) tapınağında görülebilir; bu üç tapınaktan Collis Kapısı'na (Collina Porta) en yakın olanında.[3]

---

1 Tapınağın içini.

2 *Antae*, bir eşiğin (*limen*) iki yanındaki veya bir evin ya da tapınağın köşelerindeki kare ayaklar, sütunlar, dikmeler anlamına gelir. Arkeoloji ve mimariyle ilgili sözlüklerde genellikle tapınakla alakalı olarak, kutsal odayı (*cella*) saran duvarların bitimlerinin kalınlaştırılmasıyla oluşturulmuş, iki yandaki bitişik sütun veya duvar, ayak, duvar ayağı, duvar çıkıntısı, mahmuzu, uzantısı ya da bitimi olarak geçer ve bu iki duvar çıkıntısı arasında, aynı hizada iki sütun bulunursa, meydana gelen tapınağa *Aedes in antis* (ναος ἐν παραστασιν) adı verilir (Curl & Wilson 2015: 103-104). Vitruvius, *antae* terimini Yunanca *parastades* yerine kullanır. *Parastas* (παραστάς) kelimesinin ilk anlamı, "yanda ya da kenarda duran herhangi bir şey"dir. Bu kelimenin çoğulu olan *parastades* (παραστάδες), "kapı kasası, çerçeveleri (söveleri, dikmeleri)" anlamına gelir. Kelime, buradan hareketle, bir evin ya da tapınağın önündeki duvar bitimlerini örten çıkıntılı duvarlar anlamını kazanmıştır. Bu duvarlar, tapınağın düzenini belirleyen sütunların şekli ve bezemeleriyle alakalı değildir. Vitruvius, ilerleyen satırlarda *in antis* tarzı tapınağın alınlığının ölçüleriyle ilgili bilgi verir (3.5.12), bir de 4.4.1'de *anta*ların sütunlar kadar kalın olması gerektiğini söyler; bunun dışında tasarımlarıyla ilgili başka herhangi bir açıklama yapmaz; yani bunların kare mi, dörtgen mi, yoksa gömme mi olup olmadığını belirtmez. Örnek olarak gösterdiği Collina Porta'daki tapınak modeli de günümüze kalmamıştır. Ancak sonraki arkeolojik buluntulardan *anta*lar hakkında bir fikir edinilmiş ve yorumlu tanımlara gidilmiştir. Nonius, *anta*ya "kare sütun" denildiğini söyler (*antae = quadrae columnae*); *Conributions to Latin Lexicography*'de türetiminden (an+ta veya -to) hareketle *antae* kelimesinin anlamı öne ya da ileriye çıkık ya da çıkıntılı sütun, mahmuz duvar olarak verilir (Nettleship 2010: 212). Bu çeviride, Yunanca etimolojisi korunarak çıkıntılı duvar şeklinde çevrilmiştir.

3 Tres Fortunae: Şans tanrıçasına adanan, Roma'nın yedi tepesinden biri olan Quirinalis Collis'te yer alan üç tapınak (tam olarak bu tepenin yanında bulunan Collina Porta'nın hemen içindedir).

Sonraki edisyonlara dayanılarak çizilmiş *antae* örnekleri (Bkz. Harris 1977: 33)

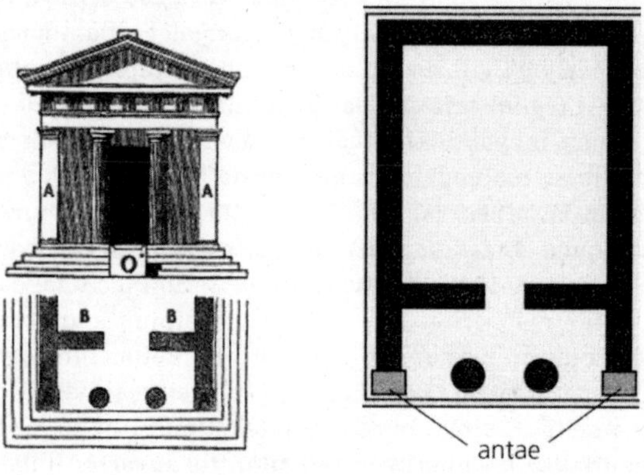

A. *Antae*; B. *Cella* (*naos*): Kutsal oda (Bkz. Smith (ed.) 1890.)

3. *Prostylos* (önü sütunlu) tapınak, *In antis* tarzı tapınaktaki tüm ayrıntılara sahiptir; yalnız bu tapınakta çıkıntılı duvarların (*antae*) önünde iki köşe sütun yer alır, biri sağ, biri sol dönemecinde. Bunların üstünde de *In antis* tapınağın baştabanına benzer şekilde bir baştaban bulunur.[1] Bu tapınağın bir örneği Tiber adasındaki Iupiter ve Faunus tapınağıdır.[2]

---

1 Latince metnin bu bölümündeki kapalı üslup, Vitruvius edisyonlarındaki çizimlerde ve Batı dillerine yapılan çevirilerde *Prostylos* tapınağın önünde yer alan sütun sayısıyla ve baştabanıyla ilgili bir karmaşa yaratmıştır. Ancak metinden anlaşıldığı kadarıyla, bu tapınak *an Intis* tarzı tapınaktaki tüm ayrıntılara sahip olduğuna göre, çıkıntılı duvarların (*antae*) arasındaki iki sütuna zaten sahiptir; buna ilaveten çıkıntılı duvarların (*antae*) önünde, yani tam karşısında iki sütun daha yer almaktadır.

2 Faunus tapınağı: Tanrı Pan'la özdeşleştirilen, ziraatin ve çobanların

4. *Amphiprostylos* (önü ve arkası sütunlu) tapınak, her açıdan *Prostylos* tapınağına benzer; ilaveten, ön cephesindeki sütunların ve alınlığın aynısı arka cephesinde de bulunur.[1]

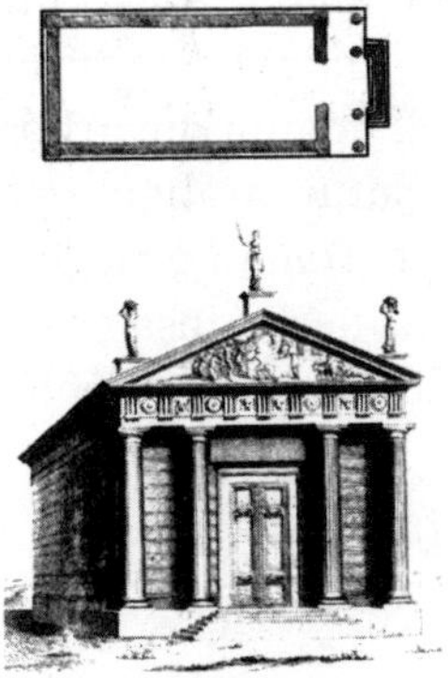

Prostylos

Amphiprostylos

5. *Peripteros* (dışı tek sıra sütunla çevrili) tapınak, önde ve arkada altışar sütunu, köşe sütunlar da dahil olmak üzere yanlarında on bir sütunu bulunan tapınaktır.

Bu sütunlar, kutsal odayı çevreleyen duvarlar ile dıştaki sütun dizisi arasında, sütun aralığının (*intercolumnatio*) genişliğine eşit bir alan bırakılacak şekilde yerleştirilmelidir ki, tapınağın kutsal odasının etrafında bir yürüyüş yolu (*ambulatio*) olsun;[2] tıpkı Hermodoros'un Metellus Portikosu'nda yaptığı Iupiter Stator tapınağında ve Mucius tarafından inşa edilen, arka cephe-

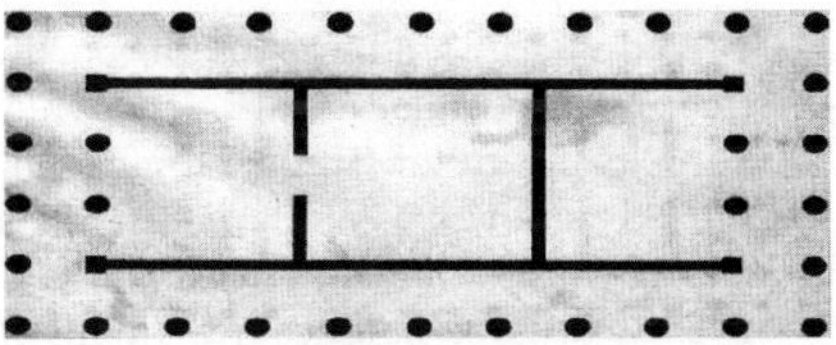

Peripteros

koruyucu tanrısı olarak görülen Faunus'a adanan ve tanrının yabanıl karakterinden ötürü şehirden uzakta Tiber nehri üzerindeki adaya dikilen tapınaktır. Bkz. Ovidius, *Fasti*, 2.193-194; Platner 1929: 205-206.

1 Vitruvius *posticum* ve *pronaus* (*pronaos*) terimlerini genellikle geniş anlamda tapınağın arka ve ön cephesi olarak kullanır.

2 *Intercolumnatio*: İki sütun arasındaki mesafe veya boşluk, sütun aralığı; *Ambulatio*: Yürüyüş; yürüyüş veya gezinti yolu.

sinde sütun dizisi bulunmayan Marius'un Onur ve Kahramanlık tapınağında olduğu gibi.[1]

6. *Pseudodipteros* (iç sıra sütunları olmayan)[2] tapınaksa, önde ve arkada sekizer, köşe sütunlar da dahil olmak üzere her iki yanında on beş sütun olacak şekilde konumlanır. Ama kutsal odanın duvarları ön ve arka cephenin ortasındaki dört sütunun tam karşısında olmalıdır. Böylece kutsal odanın duvarları ile dış sütun dizisinin arasındaki alan, iki sütun aralığına ve artı tek bir sütunun alt çapına eşit olacaktır. Bunun örneğine Roma'da rastlanmaz, ama Manisa'da Hermogenes'in inşa ettiği Diana tapınağı ile Alabanda'da Menesthes'in inşa ettiği Apollo tapınağı bu tarzdır.[3]

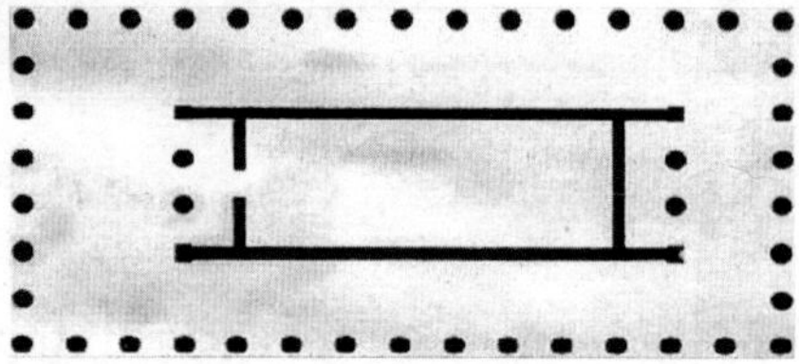

Pseudodipteros

7. *Dipteros* (çift sıra sütunlu) tapınaksa ön ve arka portikosunda sekiz sütuna sahiptir, ama tapınak binasının etrafında

---

1 Metellus Portikosu: Q. Caecilius Metellus Macedonicus tarafından İÖ 147 yılında inşa edilmiştir. Bu portiko, Circus Flaminius ile Marcellus tiyatrosu arasında yer alır. Vitruvius'a göre, mimarı Salamisli Hermodoros olan Iupiter Stator tapınağı burada bulunur. Augustus, Metellus Portikosunu İÖ 14 yılında yeniden inşa etmiştir. Honos et Virtus (Onur ve Kahramanlık) tapınağıysa mimar C. Marius tarafından inşa edilmiştir.

2 *Pseudodipteros* kelimesinin anlamı, eksik ya da noksan *dipteros* veya "*dipteros* taklidi"dir. Bu terimle, *dipteros* tapınağındaki çift sıra sütunların iç sırasının olmadığı ya da yapılmadığı, buna rağmen adeta *dipteros* tapınak gibi çift sıra sütunlu olarak göründüğü ima edilir. Çünkü bu tapınaklarda, tek sıra sütunlar ile *cella* duvarları arasındaki mesafe, *dipteros* tapınağının dış sütun sırasının mesafesi kadardır.

3 Hermogenes, Manisa'daki Diana tapınağı (Artemis Leukophryne) ile Teos'taki Dionysos (Pater Liber) tapınağının mimarıdır. Apollo tapınağıysa, Hermogenes'in öğrencisi olduğu düşünülen Menesthes'in zengin bir Karya şehri olan Alabanda'da, İÖ 2. yüzyılda inşa ettirdiği tapınaktır.

çift sıra sütun bulunur, tıpkı Khersiphron tarafından inşa edilen Dor düzendeki Quirinus tapınağı ve Efes'teki İyon düzenindeki Diana tapınağı gibi.[1]

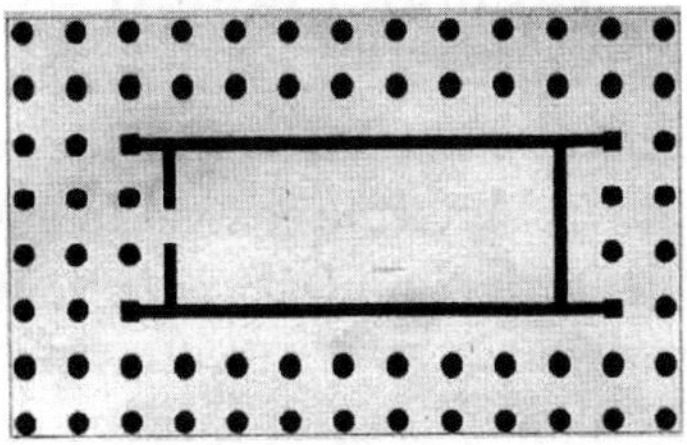

Dipteros

8. *Hypaethros* (çatısız) tapınak,[2] ön ve arka cephesinde on sütuna sahiptir, geri kalanı *Dipteros* tapınağının bütün ayrıntılarını içerir. Ama bunun iç kısmında uzun, çift sütun dizisi yer alır; bu sütunlar tıpkı sütunlu avlulardaki sütun dizilerinde olduğu gibi çepeçevre bir yürüyüş yolu yaratarak kutsal odanın duvarlarından belirli bir mesafeyle ayrılmıştır. Ortadaki mekânın üstü açıktır, çatısı yoktur. Kutsal odanın her iki ucunda, biri ön cephede, diğeri arka cephede bulunan kanatlı kapılarla (*valva*) tapınağa girilir. Bunun örneğine Roma'da rastlanmaz, ama Atina'da, Olymposlu'nun tapınağı bunun sekiz sütunlu bir örneğidir.[3]

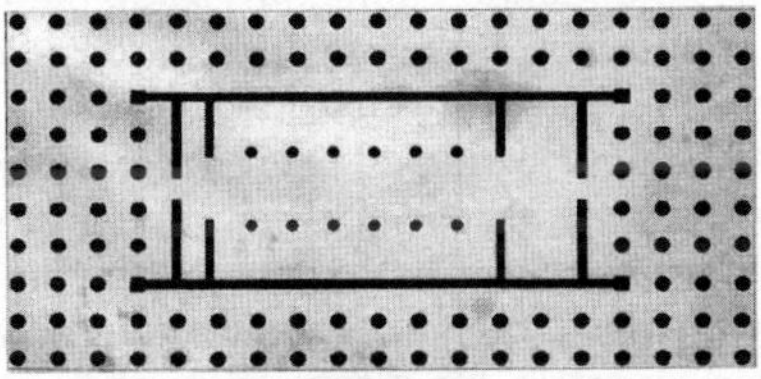

Hypaethros

1 İÖ 6. yüzyılın mimarlarından Khersiphron'un inşa ettiği Efes'teki Artemis tapınağından söz edilmektedir.

2 Yunan tapınaklarının ilk örnekleri, kapıdan ışık alırdı. Sonradan orta kısımlarındaki *hypaithron* (ὑπαιθρον) adı verilen açıklıktan ışık almaya başladı. Bu tür tapınaklar da adlarını bu açıklıktan alıp *hypaithros* (ὑπαιθρος) olarak anıldı.

3 Olymposlu Zeus'un tapınağı (Ναός του Ολυμπίου Διός).

3. Bölüm
Sütun Aralığına Göre Tapınak Planları[1]

1. Beş tür tapınak vardır ve şu şekilde adlandırılır: *Pyknostylos*, yani sütunları birbirine çok yakın olan;[2] *Systylos*, yani sütun aralığı az daha açık olan; *Diastylos*, yani sütun aralığı biraz daha açık olan; *Araiostylos*, yani sütun aralığı olması gerektiğinden daha geniş olan; *Eustylos*, yani sütun aralıkları makul ölçülerde tasarlanan.

2. Buna göre *Pyknostylos*, sütun aralığına 1.5 sütun çapının sığabileceği tapınaktır;[3] örneğin Divus Iulius tapınağı, Caesar Forumu'ndaki Venus tapınağı ve varsa bu şekilde planlanmış başka tapınaklar.[4]

Aynı şekilde *Systylos,* sütun aralığına 2 sütun çapının sığabileceği ve sütun kaidelerinin taban genişliği, iki taban arasındaki mesafeye eşit olan tapınaktır; örneğin taş tiyatronun yanındaki Fortuna Equestris tapınağında ve aynı oranlarda planlanmış diğer tapınaklarda olduğu gibi.[5]

---

1 Vitruvius bir önceki bölümde tapınakları sahip oldukları sütun sayılarına göre sınıflandırmıştır; bu bölümdeyse tapınakları yan yana duran iki sütun arasındaki boşluğa göre, başka deyişle sütun dizilişlerine göre sınıflandırır. Sütunlar arasındaki boşluk ya da sütun aralığıyla (*intercolumnatio*), iki sütunun eksenden eksene uzaklığı kastedilir ve sütun gövdesinin alt kısmı ölçülerek hesaplanır. Sütun aralığı, sütun çapının katları olarak belirtilir: Örneğin 2 çap dendiğinde, yan yana duran iki sütunun eksenleri arasında, bir sütun çapının 2 katı açıklık olduğu anlaşılır.

2 Sütun aralıkları çok dar olan.

3 Sütunlar arasında bir buçuk sütun çapı açıklık bulunan.

4 Divus Iulius (Tanrısal Caesar) tapınağı, İÖ 36-29 yılları arasında inşa edilmiştir ve Roma *forumu*nda yer alır; Venus Genetrix tapınağıysa Iulius Caesar Forumu'nda yer alır ve İÖ 46 yılında Caesar tarafından Venus'a adanmıştır.

5 Fortuna Equestris tapınağı, Q. Fulvius Flaccus tarafından İspanya seferi sırasında, İÖ 180 yılında Şans tanrıçasına adanmış, Pompeii tiyatrosunun yanında bulunan, sütun aralıkları sütun çapının iki katına eşit olan bir tapınak örneğidir.

Pyknostylos

Systylos

3. Bu iki tarz tapınağın pratik açıdan olumsuz bir yanı vardır. Şöyle ki, ev hanımları şükür dualarını etmek üzere tapınağın merdivenlerini çıkarken, sütunların arasından kol kola geçemezler, ancak tek sıra halinde geçmek zorundadırlar. Ayrıca sütunların bu kadar bitişik oluşu yüzünden kapılar görünmez olur, heykeller karanlıkta kalır. Dahası yer dar olduğu için tapınağın etrafında rahat yürünmez.

4. *Diastylos* tarzı tasarımsa, sütunlar arasına bir sütun çapının üç katına eşit mesafe sığdırılabildiğinde oluşur; tıpkı Apollo ve Diana tapınaklarında olduğu gibi. Ama bu düzenlemenin de şöyle bir kusuru var: Sütunlar arasındaki mesafe geniş olduğu için baştabanlar kırılır.

5. *Araiostylos* tapınaklarda da baştabanların taştan ya da mermerden yapılmaması gerekir, bunun yerine yekpare ahşap kiriş döşenmelidir. Ayrıca bu tip tapınak binaları havaleli, basık ve geniş görünür; alınlıkları da Etrüsk işi pişmiş toprak heykeller ya da altın varaklı tunçtan heykellerle süslüdür; örneğin

Circus Maximus'taki Ceres Tapınağı ile Pompeius'un Hercules tapınağı böyledir, keza Capitolium'daki tapınak da.[1]

6. Artık *Eustylos* tapınak sistemine geçebiliriz: İşlevsellik, görünüm ve dayanıklılık açısından muntazam bir tasarım olduğu için en çok tercih edilen tapınaktır. Bunun sütun aralarındaki boşluğu, bir sütun çapının iki çeyrek katına eşit olmalı, hem öndeki hem arkadaki orta sütun aralıklarıysa bir sütun çapının üç katına eşit olmalıdır. Bu şekilde inşa edildiğinde, hem binanın tasarımı etkileyici bir görünüm arz edecek, hem girişler serbest olacak hem de kutsal odanın etrafında muazzam bir yürüyüş yolu meydana gelmiş olacaktır.

Diastylos

Eustylos

7. Bu hesabı şu şekilde hayata geçirebiliriz: Tapınağın kurulacağı mekânın ön cephesini, eğer tapınak dört sütunlu olacaksa, basamaklar (*crepidines*) ve kaidelerin (*spirae*) çıkıntıları (*proiecturae*)[2] hariç, on bir buçuk birime ayırın; altı sütunlu

1 Iupiter Capitolinus tapınağı.

2 Yandaki çıkıntıları.

olacaksa, on sekiz birime; sekiz sütunlu olacaksa, yirmi dört buçuk birime. Sonra ister dört sütunlu, ister altı sütunlu, isterse sekiz sütunlu olsun, bu birimlerden birini modül (*modulus*) olarak alın. Sütunların çapı, bir modüle eşit olacaktır.[1] Buna göre, ortadakiler hariç her bir sütun aralığı iki çeyrek modül, hem ön hem arka cephedeki orta sütunların aralıklarıysa üç modül olacaktır. Sütunların kendisiyse dokuz buçuk modül yüksekliğinde olacaktır. İşte bu tür bir bölümlemeyle, hem sütun aralıklarının hem de sütun yüksekliklerinin orantısı düzgün kurulmuş olacaktır.

8. Roma'da bu tarz bir örneğimiz hiç yok, ama Asya'da, Teos şehrinde tanrı Liber'e adanmış altı sütunlu bir tapınak bu tarzdadır.

Bu orantı sistemini Hermogenes kurdu. Hermoneges ayrıca altı sütunlu, yani *Pseudodipteros* (iç sıra sütunları olmayan) tapınak düzenini de ilk bulan kişiydi. Şöyle ki, *Dipteros* (çift sıra sütunlu) tapınağın simetrisine özgü otuz dört sütunluk iç sırayı çıkardı ve böylece hem paradan hem de işçilikten tasarruf etti. Orta alanda da, yürüyüş için kutsal odayı çepeçevre saran çok geniş bir mekân elde etmiş oldu, hem de tapınağın dış görünüşünde hiçbir şeyi eksiltmeden; tam tersine böyle bir düzenlemeyle zaten fazlalık olan sütunların[2] yok olduğuna dair bir izlenim uyandırmadan yapının tüm heybetini korudu.

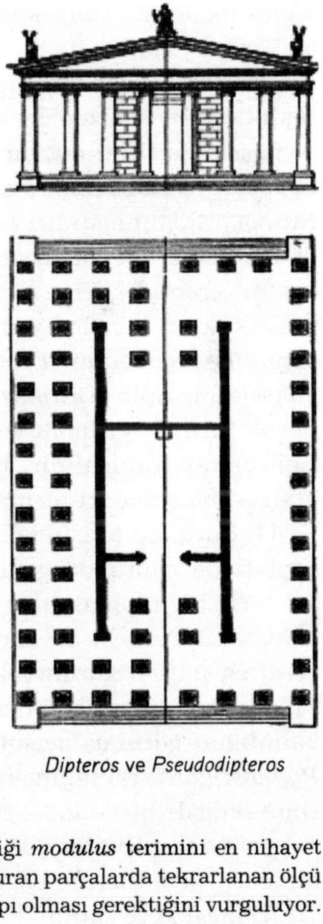

Dipteros ve *Pseudodipteros*

[1] Vitruvius daha önce birkaç kez yinelediği *modulus* terimini en nihayet açıklığa kavuşturuyor ve bir yapıyı oluşturan parçalarda tekrarlanan ölçü biriminin (modül: sabit ölçü) bir sütun çapı olması gerektiğini vurguluyor.

[2] Algılanamayan ya da gözle görülmeyen.

9. Sütunları kutsal odanın etrafına bu şekilde çepeçevre yerleştirip yan duvarıyla sütun dizileri arasında bir revak (*pteroma*) oluşturma fikrinden kasıt, aslında sütunlar arasındaki boşlukların yaratacağı derinlik hissiyle tapınağa daha etkili bir hava kazandırmaktı. Bir sebebi de, beklenmedik bir anda sağanak yağmur bastırırsa ve kalabalıkları içeride tutmak gerekirse, onlar için tapınakta kutsal odanın etrafında bekleyebilecekleri geniş bir alan yaratmaktı. İşte bütün bunları *Pseudodipteros* planlı tapınaklarda görmek mümkündür. Bu yüzden Hermogenes'in keskin bir zekâ ve çok büyük bir ustalık ürünü yapıtlara imza attığı ve ardından gelecek nesillere bu disiplinin temel ilkelerini kana kana içebilecekleri kaynaklar bıraktığı açıkça görülmektedir.

10. *Araiostylos* tarzı tapınaklardaki sütunlar, çapları yüksekliklerinin sekizde birine eşit olacak şekilde yapılmalıdır. Aynı şekilde *Diastylos* tarzı bir tapınakta, bir sütunun yüksekliği sekiz buçuk birime ayrılmalı ve bunlardan biri, bir sütunun çapı olarak alınmalıdır. *Systylos* tarzı bir tapınakta, yükseklik dokuz buçuk birime ayrılmalıdır; bunlardan biri, bir sütunun çapını verecektir. Yine aynı şekilde *Pyknosytlos* tarzı tapınakta yükseklik on birime ayrılmalı ve bunlardan biri, bir sütunun çapını belirlemelidir. *Eustylos* tarzı tapınaktaysa, bir sütunun yüksekliği, tıpkı *Systylos* tarzı tapınakta olduğu gibi, dokuz buçuk birime ayrılmalı ve bunlardan biri sütun gövdesinin alt çapı olarak alınmalıdır. İşte sütunların arasındaki mesafenin orantısı bu standart birime göre böyle kurulacaktır.

11. Sütunlar arasındaki mesafe arttıkça, sütun gövdelerinin çapları da o oranda genişlemelidir. Çünkü mesela *Araiostylos* tarzı bir tapınakta sütunların çapları sütun yüksekliğinin dokuzda birine ya da onda birine eşit olursa, sütun çok ince ve eften püften görünecektir, çünkü sütunlar arasındaki mesafenin genişliği yüzünden buradaki hava sütun gövdelerinin kalınlığını görünüş açısından bozar ve azaltır. Buna karşılık *Pyknostylos* tarzı tapınaklarda sütunların çapları yüksekliklerinin sekizde biri olursa, sütun aralıklarının yakınlığı ve darlığı yüzünden sütunlar şişkin ve kaba görünecektir. Bu nedenle binaların kendilerine özgü simetrisini gözetmek durumundayız. Dahası köşe sütunlar da diğerlerinden çaplarının elliye bir oranında daha kalın yapılmalıdır, çünkü etraflarını saran hava sütun konturlarını kesintiye uğratır ve bakana olduklarından daha inceymiş gibi gösterir. O halde gözden kaçanı doğru bir mantıkla telafi etmek zorundayız.[1]

12. Sütunun üstündeki boyun kısmını (*hypotrachelium*)[2] inceltme işlemiyse şu şekilde yapılmalı: Sütun yüksekliği on beş ayak veya daha azsa, alt çapı altı birime ayrılsın, bu birimlerin beşi üst çapı belirlesin. Aynı şekilde sütun on beş ila yirmi beş ayak arasındaysa, alt gövdesi altı buçuk birime ayrılsın, bu birimlerden beş buçuğu sütunun üst çapı olsun. Sütunlar yirmi ayak ila otuz ayak olacaksa, alt gövde yedi birime ayrılsın, üstteki incelme bu birimlerin altısıyla yapılsın. Yüksekliği otuz ila kırk ayak arasında olacak bir sütunda, alt çap yedi buçuk birime ayrılsın, bunların altı buçuk birimi üstteki incelme ölçüsünü teşkil etsin. Kırk ila elli ayak arasında olacak sütunların sekiz birime ayrılması gerekir; üstte, başlığın hemen altındaki sütun gövdesi bu birimlerin yedisiyle inceltilir. Daha yüksek sütunlar söz konusuysa, onlar da aynı yöntemle orantılı olarak inceltilecektir.

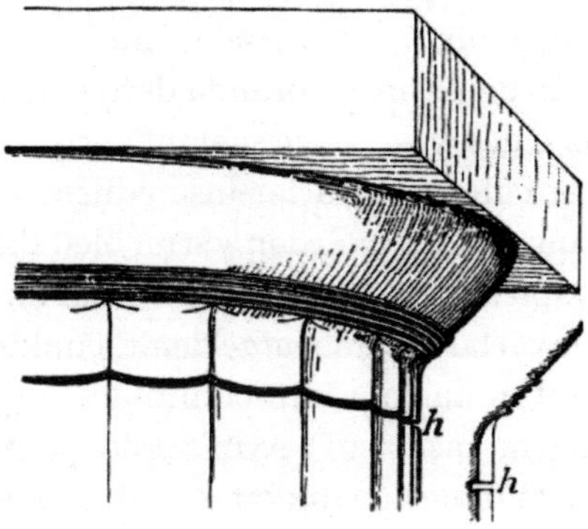

h. *hypotrachelium*

13. Ama sütunlar yükseldikçe ve mesafe büyüdükçe onlara aşağıdan bakan gözü yanıltır, bu yüzden sütunların çaplarına ilaveler yapılarak bu durumun telafisine gidilir.[3] Çünkü göz hep güzeli görmek ister, dolayısıyla biz gözden kaçanın telafisi

[1] Doğru oranlarla kurulan bir yapıda ışığın yanıltıcı etkisinden kaynaklanan göz yanılgıları önlenebilir.

[2] *Hypotrachelium* (ὑποτραχήλιον): Sütun başlığının altındaki boyun kısmı ya da sütun boğazı.

[3] Sütunların üst elemanları, gözümüzden daha uzak mesafede yer aldıklarından, onlara aşağıdan bakan bir insanı yanıltabilir.

için modüllere belirli oranlarda ilaveler yapıp göz zevkini okşamazsak, dışarıdan bakana sadece kaba ve çirkin bir manzara sunmuş oluruz.

Yunanların *entasis* dedikleri, sütunların orta kısımlarında yapılan ilavelere gelirsek, bu kitabın sonunda bu işlemin nasıl ince ve zarif şekilde yapılacağını anlatan bir şema ve orantı hesabı yer alacaktır.[1]

4. Bölüm
Tapınak İnşası: Temeller

1. Bu yapıların temelleri için sert zemine kadar kazılsın, tabii böyle bir zemin varsa; sonra bu sert zeminde de yapının boyutunun gerektirdiği oranda derine inilsin ve tüm zemin moloz taşlarla elden geldiğince sağlam kurulsun. Zeminin üzerine, sütunların tam altına duvarlar inşa edilsin ve bu duvarlar üzerlerine oturtulacak sütunlardan yarım ölçü daha kalın olsun ki, binanın altyapısı üst yapısından daha sağlam olabilsin. Zaten bu yüzden bu duvarlara *stereobatae* denir, çünkü binanın tüm yükünü taşırlar.[2] Sütun kaidelerinin çıkıntıları da altyapının bu sağlam kısmının dışına taşmasın.[3] Aynı şekilde üstte de bu duvarların aynı kalınlıkta olmasına dikkat etmeli.[4] Duvarların arasındaki boşluklar da ya kemerlerle birbirine bağlanmalı ya da toprak iyice tokmalanarak sabitleştirilmeli ki, sütunlar ayrı ayrı durabilsin.

---

1 *Entasis* (ἔντασις) = *adiectio*: Göz yanılgılarını gidermek için sütunun alt kısmından başlayıp belirli bir noktaya kadar hafifçe genişletilmesi (şişirilmesi, tümsekleştirilmesi; bombe).Vitruvius Yunanca *entasis* kelimesini *adiectio* (ekleme, ilave) şeklinde karşılamıştır. Ama Vitruvius'un bahsettiği bu şekil ve ölçü sistemi ne yazık ki elimize geçmemiştir.

2 *Stereobata* (στερεοβάτης), Vitruvius'a göre, tapınak binasının toprak üstünde kalan temeli ya da sütun dizisinin alt platformudur. Tapınak binasının sütun sekisini (*stylobata*: en üst basamak ya da sütunların ortak tabanı) kapsar. Genel olarak tapınaklar taş bir taban (*crepidoma*) üzerine inşa edilir ve istisnaları olmakla birlikte yine genel olarak bu taban üç basamaktan oluşur. En üstteki basamak, *stylobata* veya *stylobates* adını alır. Onun altındaki iki basamaksa *stereobata*dır.

3 Ortak tabandan daha enli olmamalı.

4 Kaide seviyesine kadar.

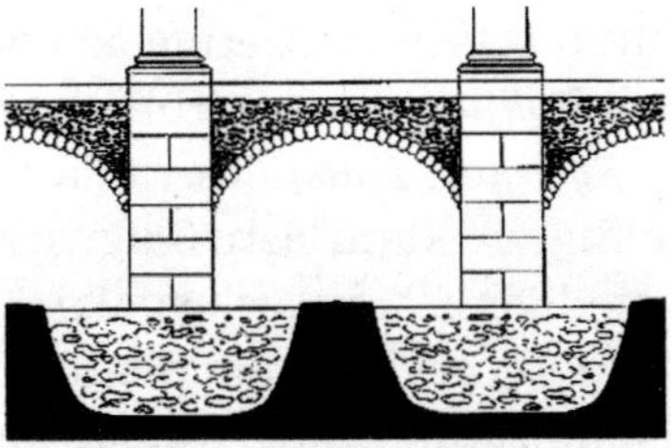

2. Zemin sert değilse, yani söz konusu yer dibe kadar gevşek bir topraktan ibaretse veya bataklıksa, o zaman burayı kazıp iyice temizleyerek boşaltın, sonra alazlanmış kızılağaç, zeytin ya da meşe kazıklar çakıp gerekli aletleri kullanarak iyice dibe gömün,[1] tıpkı köprü kazıkları gibi birbirine bitişik bitişik; kazıkların arasını da kömürle doldurun, sonra da temelleri en sağlam taşlarla doldurun.

Temeller ancak belirli bir yüksekliğe getirildikten sonra, üzerine sütun sekisi (*stylobata*) yerleştirilmelidir.[2]

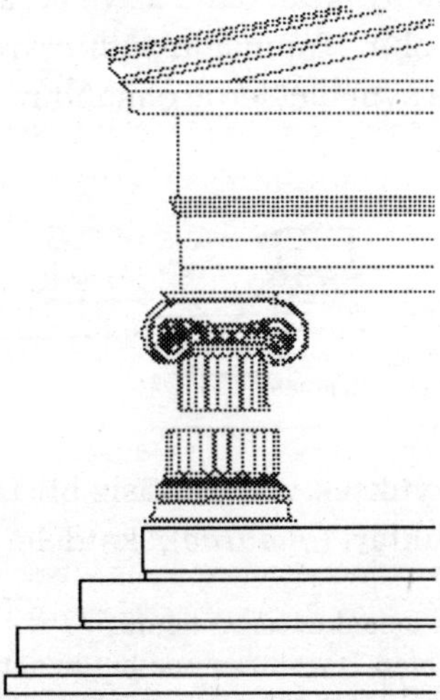

Stereobata

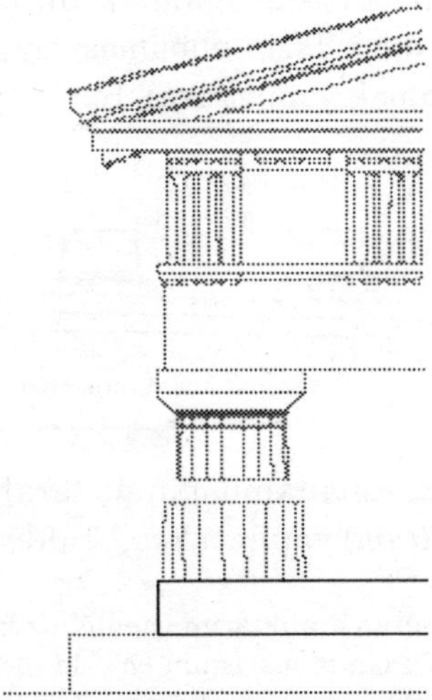

Stylobata

[1] Şahmerdanla.

[2] *Stylobata* veya *stylobates* (στυλοβάτης): Vitruvius'a göre tapınaktaki sütunların oturtulduğu platform; *stereobata*nın en üst basamağı, sütun sekisi.

3. Sütunlar, sütun sekisinin üzerine az önce anlattığım şekilde dizilmeli; yani *Pyknostylos*ta birbirine bitişik düzenin gerektirdiği şekilde; *Systylos*, *Diastylos* ya da *Eustylos*ta da yine yukarıda tarif edildiği ve kararlaştırıldığı şekilde. *Araiostylos* tapınaklardaysa istediğiniz oranları uygulamakta serbestsiniz.[1] Ama dışı tek sıra sütunla çevrili tapınaklardaki (*Peripteros*) sütunlar, önde kaç tane sütun aralığı varsa, yanlarda da bunun tam iki katı sütun aralığı olacak şekilde dizilsin; böylece tapınağın uzunluğu eninin iki katı olacaktır. Sütunların sayısını iki katına çıkarmış olanlar, belli ki hata yapmışlar; çünkü o zaman uzunluk, olması gerekenden bir sütun aralığı daha fazla olur.

4. Öndeki basamaklar her zaman tek sayı olacak şekilde yerleştirilmelidir. Böylece ilkin sağ ayağınızı atıp basamakları çıkmaya başladığınızda, tapınağın sahanlığına yine sağ ayakla basmış olursunuz. Bana göre bu basamakların yüksekliği bir ayağın altıda beşinden fazla ve dörtte üçünden az olmayacak şekilde ayarlanmalı; çünkü bu şekilde olursa çıkış yorucu olmaz. Basamakların genişliğinin de bir buçuk ayaktan daha az ve iki ayaktan daha fazla olmaması uygun olur. Tapınağın tüm çevresine basamak yapılacaksa, bunlar yine aynı ölçülerde olmalıdır.

Sütun sekisinin yerleştirilmesi

5. Ama tapınağın üç tarafına yüksek ve kesintisiz bir taban (*podium*) yapılacaksa,[2] kaide altlıkları (*quadrae*),[3] kaideler, ka-

[1] Sütun aralıklarını istediğiniz kadar açmakta serbestsiniz.

[2] Yunan mimarisinin en eski örneği olan Dor düzeninde bütün sütunlar ortak bir tabanın üzerinde yükselir. Bu tabana *podium* adı verilir; sütunların kaide altlığını, kaidesini, gövdesini, kornişini ve silmesini taşıyarak binanın etrafında kesintisizce devam eder. Oysa İyon ve Korint düzeninde her bir sütunun kendisine ait bir kaidesi vardır ve buna *spira* (σπεῖρα) adı verilir.

[3] *Quadra= plinthus*. *Quadra*nın iki anlamı vardır: **1.** İyon sütununun kaidesinin şeridi, zıhı. **2.** Kaidenin oturduğu altlık. Vitruvius burada ikinci anlamı kullanıyor.

ide gövdeleri, kornişler, silmeler, sütun kaidelerinin altındaki sütun sekisine (*stylobata*) tam tamına uyacak şekilde yapılmalıdır. Sütun sekisi de, farklı yüksekliklerde küçük tabanlar (*scamilli inpares*) kullanılarak ortasına doğru bir bombelenme meydana gelecek şekilde ayarlanmalıdır;[1] çünkü dümdüz yapılırsa, göze çukur görünür. Kitabın sonunda bu tabanların amaca uygun şekilde nasıl kullanılacağını gösteren bir şekil ve açıklama yer alacaktır.[2]

5. Bölüm
İyon Düzeni Sütunların Oranları

İyon düzeninde sütun: Kaide, başlık ve baştaban

[1] Uçlardan orta kısma doğru.

[2] Vitruvius'un *scamilli inpares* ifadesi hâlâ tartışma konusudur, çünkü kendisinin ifade ettiği çizimi gösterecek bir belge yoktur. Bu yüzden Vitruvius edisyonlarındaki bu konuya dair tüm çizimler birbirinden çok farklıdır. *Scamillum*, küçük tabure, basamak, taban, altlık vb anlamına gelir; *Oxford Latin Dictionary*'de sütun sekisinin basamağı ya da çıkıntısı olarak da geçer. *Scamillum*, *scamnum* kelimesinin küçültmesidir. *Scamnum*, yüksek bir karyolaya çıkmak için kullanılan karyola yanı taburesi veya puf; bir iskemlede vb otururken ayakların uzatılıp üzerine konduğu iki basamaklı tabure vb anlamlarına gelir. Vitruvius'un ifadelerinden anlaşılan tek şey, *scamilli* kullanarak sütun sekisine hafif bir eğim vermek ya da kavislendirmek gerektiğidir.

1. Bütün bu işlemler bittikten sonra, sütunların kaideleri (*spirae*) yerlerine yerleştirilir ve simetrik bir sonuç elde etmek için şu şekilde orantılanır: Altlık da (*plinthus*) dahil olmak üzere kaidelerin yüksekliği, sütunun yarı çapına eşit olsun, Yunanların *ekphora* dedikleri çıkıntısı da bunun yarısı olsun; böylece kaidenin eni ve boyu bir sütun çapının bir buçuk katı olacaktır.

2. Kaide Attika tarzı olacaksa,[1] üst kısmı bir sütun çapının üçte birine eşit olacak, kalanı da altlığa (*plinthus*) gidecek şekilde bölümlensin: Altlık hariç kalanı dört birime ayrılsın ve bunların dörtte biri üstteki dışbükey silmeyi (*torus*)[2] oluştursun, diğer üçü eşit şekilde bölünsün[3] ve biri alttaki dışbükey silmeyi oluştursun, diğeri zıhıyla (*quadrae*)[4] birlikte Yunanların *trokhilos* dedikleri içbükey silmeyi (*scotia*) oluştursun.[5]

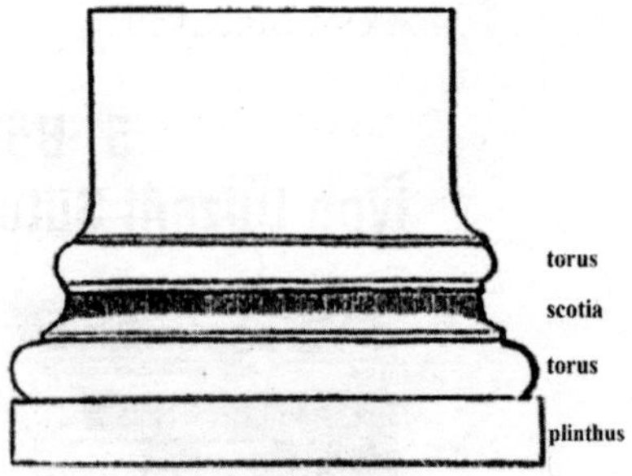

Attika tarzı kaide

3. Ama kaideler İyon düzeninde yapılacaksa, bunların orantısı şöyle kurulmalı: Kaidenin her yandan genişliği, bir sütun çapına, ilaveten sekizde üçüne eşit olsun, kaidenin ve altlığının yüksekliğiyse Attika tarzı kaideyle aynı ölçüde olsun. Altlığı

---

1 Attika tarzı, klasik mimaride ayrı bir tarz olarak kabul edilmez. Vitruvius'un tarifine göre, Attika tarzı kaide, *scotia*yla (*trokhilos*) bölümlenen iki *torus*tan oluşmaktadır. Sütun kaidesi İyon ve Korint düzenindeki tapınaklarda bulunur, Dor düzenindeki tapınaklarda bulunmaz. Etrüsk ve Roma tarzı Dor düzenindeki kaidede tek bir *torus* vardır, bazen de bir *astragalus* eklenir. İyon ve Attika tarzı kaidedeyse iki *torus* vardır: *torus superior* (üst *torus*) ve *torus inferior* (alt *torus*). Bu iki *torus*un arasında *scotia* (τρόχιλος) yer alır. Korint düzenindeki tapınaktaysa bu iki *torus*, iki *scotia*yla bölünür. Bu arada, üst *torus* genellikle yivlidir (ῥαβδωτός) ve üstünde bir *astragalus* yer alır.

2 *Torus*: Sütun kaidelerindeki dışbükey silme; yarım daire kesitli tam kaval silme; topuk.

3 İki eşit birime.

4 Attika tarzı kaidenin *torus* ile *scotia* arasındaki ince kenar şeridi, zıh, tiriz, ensiz parça.

5 İyon sütun altlığında kullanılan içbükey silme.

hariç, sütun çapının üçte birini teşkil edecek kaidenin kalanı yedi birime ayrılsın, üç birim üstteki dışbükey silmeye (*torus*) verilsin, diğer dördü eşit olarak bölünsün ve biri kordonlarıyla (*astragalus*)[1] ve üstteki küçük şeridiyle (*supercilium*)[2] birlikte üstteki içbükey silmeyi (*trochilus*) oluştursun, diğeri de alttaki içbükey silmeye (*trochilus*) kalsın. Alttaki içbükey silme, üsttekinden daha büyük görünecektir, çünkü kaidenin altlığının kenarına kadar uzanacaktır. Kordonlar, dışbükey silmelerin sekizde biri olmalıdır; kaidenin çıkıntısı da sütun çapının on altıda üçüne eşit olacaktır.

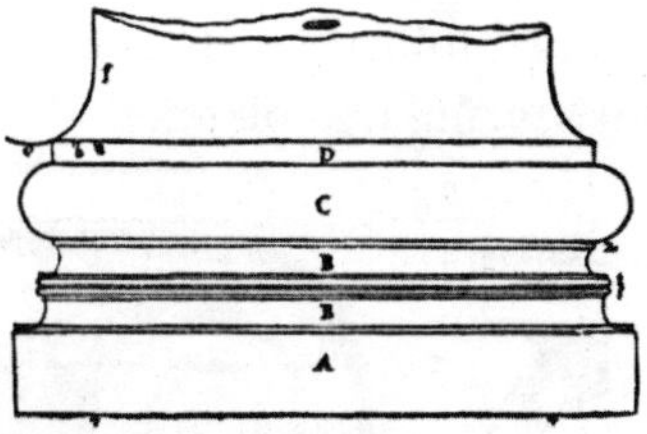

İyon sütun kaidesi: **A.** Kaide altlığı (*plinthus*); **B.** İçbükey silme (*scotia, trochilus*); **1,1:** Kordonlar (*astragali*); **C.** Dışbükey silme (*torus*); **D.** Şerit, kaş (*supercillium*).

4. Kaideler bu şekilde tamamlanıp yerlerine yerleştirildikten sonra, ön ve arka portikonun orta sütunları, kaidelerin eksenine dik olarak oturtulmalıdır; ama köşe sütunlar ve bunların bulunduğu yerden başlayarak tapınağın sağına ve soluna doğru uzanacak yan sütunlar, kutsal odanın duvarlarına bakan iç tarafları dik bir yüzeye sahip olacak şekilde, dış tarafları da yukarıda inceltme işlemlerini açıklarken bahsettiğim şekilde inceltilerek yerleştirilecek. Çünkü bu tür tapınak tasarımlarının görselliği ancak böyle bir incelmeyle tam olur.

---

1 Vitruvius'un Yunan yazarlarından ödünç alıp Latince mimari dile aktardığı *astragalus*un ilk anlamı "aşık kemiği," ikinci anlamıysa "zar"-dır. İkinci anlamı Latincedeki *talus* kelimesiyle eştir. Vitruvius eserinde *astragalus*un şekli ya da süsleriyle ilgili hiçbir bilgi vermez.

2 İyon düzenindeki bir kaidenin içbükey silmesinin (*scotia, trochilus*) üstündeki ve altındaki küçük şerit, bant.

5. Kaidelerin üzerine sütun gövdelerini diktikten sonra, sıra geldi sütun başlıklarının (*capitulum*) orantısına: Başlıklar yastık biçimli olacaksa,[1] oranlar şu şekilde tayin edilecek: Sütunun alt çapı ne kadar olacaksa, artı on sekizde biri başlık tablasının (*abacus*)[2] uzunluğu ve genişliği olsun; başlığın yüksekliğiyse, helezoni kıvrımlar da (*voluta*) dahil olmak üzere çapın yarısı olsun.[3] Helezoni kıvrımların yüzü başlık tablasının kenarından içeriye doğru bir sütun çapının on sekizde biri oranında geri çekilsin. Ardından, başlığın yüksekliği dokuz buçuk birime ayrılsın ve başlık tablasından helezoni kıvrımların dört tarafına *catheti* adı verilen dik çizgiler indirilsin. Bu dokuz buçuk birimin bir buçuğu başlık tablasının yüksekliğine ayrılsın, kalan sekiz birim helezoni kıvrımların olsun.

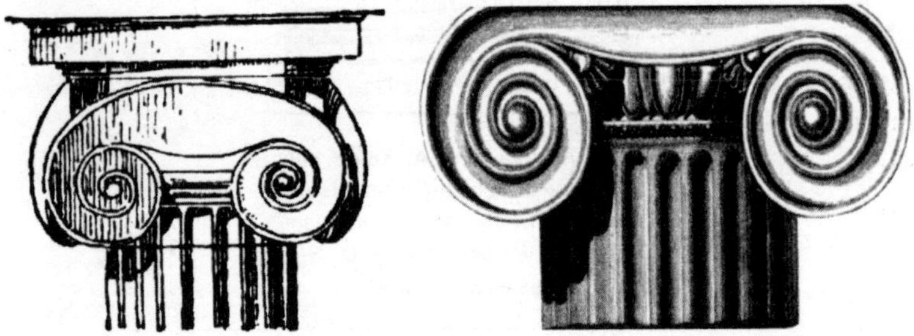

Voluta

[1] İyon düzenindeki sütun başlığından söz edilmektedir.

[2] *Abacus* (ἄβαξ; πλίνθος): Sütun başlığında başlık çanağı (*echinus*) ile baştaban arasında yer alan düz ve genellikle kare tabla, başlık tablası; bu tabla Vitruvius'ta Dor ve Etrüsk tarzı tapınaklar söz konusu olduğunda *plinthus* terimiyle karşılanır.
Echinus: İyon sütununda iki helezon arasında yer alan, genellikle yumurta-ok desenli silme (Vitruvius'ta bu ayrıntı belirtilmemiştir); Dor sütununda *abacus*un altındaki yastık biçimli, yuvarlak, dışbükey silme, çanak, sütun başlığı çanağı.

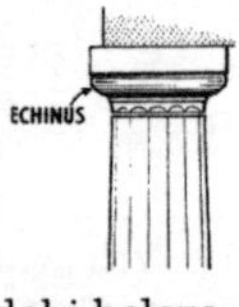

[3] *Voluta* (κάλχη): İyon düzenindeki sütun başlığının iki yanındaki helezoni kıvrım, helezon, sarmal; *Oculus*: helezoni kıvrımın gözü İyon sütun başlığında, helezoni kıvrımın yuvarlak (ya da bazen yarı yuvarlak) orta kısmı; *Axis*: helezoni kıvrımın dış kenarı; *Helix*: Korint düzeni sütun başlıklarında *abacus*un her dört köşesinin altındaki kıvrım.

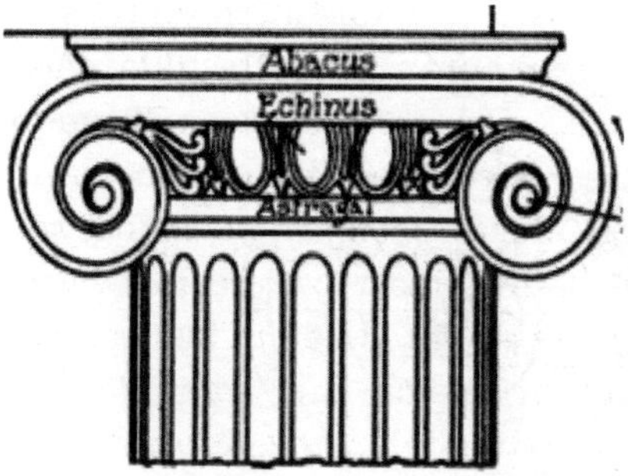

Abacus, echinus (=cymatium).

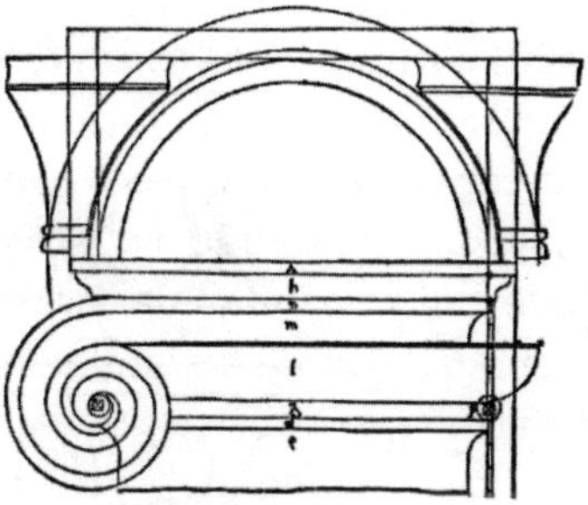

İyon sütun başlığı çizimi: **Ah**: Başlık tablası (*abacus*); **n.** Helezoni kıvrımın dış kenarları (*axes*); **m.** Kanal (*canalis*); **l.** Silme (*echinus, cymatium*)

---

6. Başlık tablasının kenarından demin indirilen çizgiden içeriye doğru bir buçuk birim mesafedeki bir noktadan başlayarak başka bir çizgi indirin. Sonra bu çizgiler başlık tablasının altına dört buçuk birim kalacak şekilde bölünsün.[1] Bu dört buçuk birim ile kalan üç buçuk birim arasındaki bölünme noktası, helezoni kıvrımın gözünün (*oculus*) merkezi olsun. Bu merkezden, sekiz birimin birine eşit çapta tam bir daire çizin. Bu, gözün çapı olsun. Bu çap, önce çizilen dik çizgiye (*cathetus*) değsin. Ardından başlık tablasının altındaki eksenin üzerinden başlayarak, her defasında gözün yarıçapı kadar azalta azalta çeyrek daireler çizin ve bu şekilde başlık tablasının tam altındaki çeyrek daireye kadar geri gelin.

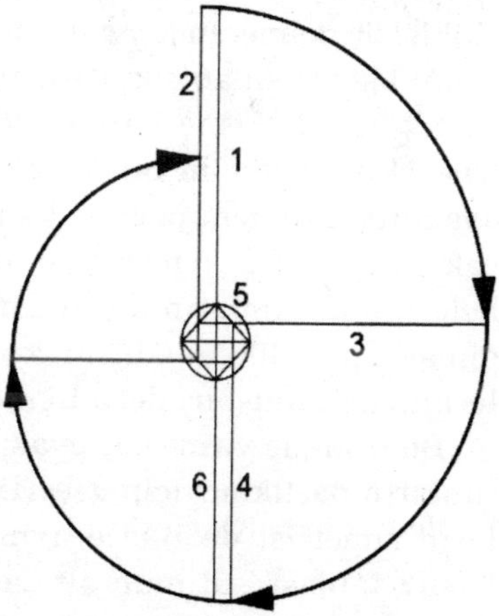

Helezoni kıvrımın çizimi:
2, 6: Dik çizgiler (*catheti*);
5. Göz (*oculus*)

---

1 Kalan sekiz birimin dört buçuğu.

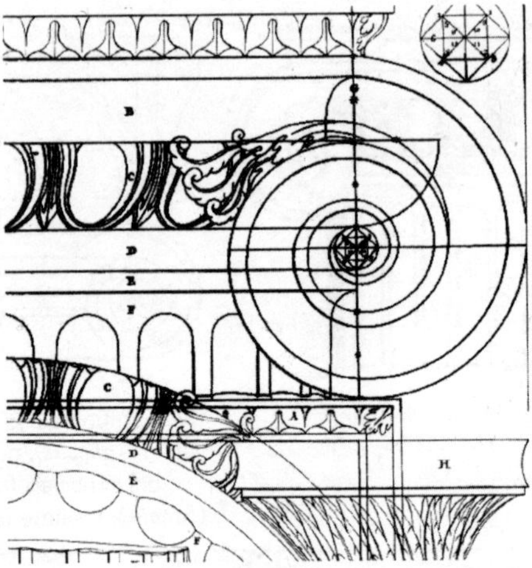

İyon sütun başlığı çiziminden bir kesit

7. Başlığın yüksekliğini de şu şekilde ayarlayın: Dokuz buçuk birimin üçünü sütun gövdesinin tam üstündeki kordonun (*astragalus*) altına verin; kalanı, başlık tablası ve kanal (*canalis*)[1] hariç, silmenin (*cymatium*) olsun.[2] Bu silmenin, başlık tablasının kenarından çıkıntısı, gözün çapına eş olsun. Yanlardaki yastık biçimli kemerlerin (*balteus*) çıkıntısı da şu şekilde belirlenecektir: Pergelin bir ayağını gözün merkezine koyun, diğer ayağını da silmenin ucuna kadar açın. Yuvarladığınızda oluşacak yarım daire, kemerin çıkıntısını teğet geçmelidir. Bu arada helezoni kıvrımların dış kenarının gözün çapından daha kalın olmamasına dikkat edilsin, kıvrımların kendileri de yüksekliklerinin on ikide biri derinliğinde oyulsun.

Bu oranlar yirmi beş ayak ya da daha az yükseklikteki sütunların başlıkları için geçerlidir. Bundan daha yüksek sütunların simetrisi de ilkece aynı şekilde kurulur, ama bunların başlık tablası, sütunun alt çapı artı dokuzda biri kadar uzun ve geniş olur; böylece daha uzun bir sütunda incelme oranı azalırken, başlığının çıkıntısı kendi simetrisine uygun oranda büyütülebilir, keza yüksekliği de orantılı olarak artırılabilir.

---

1 *Canalis*: Başlık tablasının altında yer alan ve her iki yandan kıvrılıp sütun başlığının helezoni kıvrımlarını oluşturan yapı elemanı.

2 İyonik sütunun *cymatium*u, genellikle yumurta-ok motifiyle süslüdür. Vitruvius bu konuda ayrıntı vermemektedir.

Balteus

8. Kitabın sonunda bu helezonların tasarımıyla ilgili, yani bunların pergelle nasıl düzgün şekilde döndürülüp çizilebileceğini gösteren bir şekil ve ölçek yer alacaktır.

Başlıklar tamamlandıktan sonra, bunları sütun gövdelerine dümdüz değil de, biçim birliğini dikkate alarak yerleştirin ki, sütun sekisine yapılacak ilave[1] sütunun tüm üst elemanlarında da karşılığını bulabilsin.[2] Bu baştabanların oranları şöyle tayin edilsin: Sütunlar 12 ila 15 ayak yüksekliğindeyse, baştabanın yüksekliği sütunun alt çapının yarısı olsun; 15 ila 20 ayak yüksekliğindeki sütunlarda, sütun yüksekliği on üç birime ayrılsın, bunun bir birimi baştabanın yüksekliği olsun; 20 ila 25 ayak arasındaki sütunlarda, sütun yüksekliği on iki buçuk birime ayrılsın, bunun biri baştabanın yüksekliğine verilsin; 25 ila 30 ayak arasındakilerde on iki birime ayrılsın ve bir birimi baştabanın yüksekliği olsun. Daha yüksek sütunlar söz konusu olduğunda da, baştabanların yüksekliği hep sütun yüksekliği dikkate alınarak işte bu şekilde orantılı olarak hesaplansın.

9. Çünkü gözümüz gitgide daha yukarılara baktıkça, kalın hava tabakasını öyle kolayca delip geçemez. Yüksekliğin yarattığı mesafe yüzünden görüş gücü bulanıp azalınca, yapının elemanlarını belli belirsiz boyutlarda sunar algılara. Bu yüzden birbiriyle simetrik bir ilişki içinde olan yapı elemanlarının ölçülerine hep ilaveler yapılır ki, ne kadar yüksekte olursa olsunlar ya da hatta kendileri ne kadar devasa büyüklükte olursa olsunlar, kendi boyutlarını koruyabilsinler. Dolayısıyla başlığın üstüne yerleştirilecek baştabanın alt yüzeyinin genişliği, başlığın altındaki sütunun üst çapına eşit olmalı, başta-

1 Sütun sekisine verilecek eğim.

2 Baştabanlar, sütunların yerleştirildiği sütun sekisinin eğimiyle doğru orantılı olarak yerleştirilmelidir.

banın üstünün genişliği de sütun gövdesinin alt çapına denk düşmelidir.

10. Baştabanın tepesindeki silme (*cymatium*),[1] tüm baştaban yüksekliğinin yedide biri olmalıdır; keza çıkıntısı da. Kalanı, silme hariç, on iki birime ayrılıp bunların üçü en alt kademedeki yatay şeride (*fascia*) verilmeli,[2] dördü ikinci kademedeki şeride, beşi de en üsttekine.

Aynı şekilde baştabanın üstündeki friz de (*zophorus*),[3] baştabandan dörtte bir daha alçak olmalı; heykeller işlenecekse, baştabandan dörtte bir oranda yüksek olmalı ki, kabartmalar çok daha görkemli dursun. Frizin silmesi,[4] frizin yüksekliğinin yedide biri olmalı, silmenin çıkıntısı da kendi yüksekliğine eşit olmalı.

1

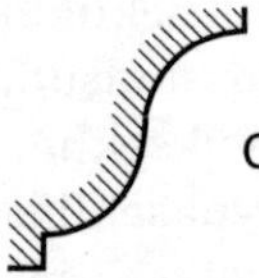

CYMA RECTA

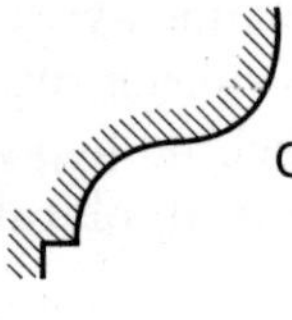

CYMA REVERSA

Cymatium: Baştabanların, kapı kasalarının, kornişlerin, diş kuşaklarının, firizlerin, üçüzyivlerin, tavanların vs silmeleri (çerçeve, pervaz, vb) için genel anlamda kullanılan terim. Vitruvius bunların şekli ya da süslemeleriyle ilgili bir ayrıntı vermez. Bu yüzden çeviride bu terim genel anlamda silme olarak karşılanmıştır. Vitruvius için *cymatium* terimi genel olarak detaylı kıvrımları, kavisleri olan ya da içbükey, dışbükey, yarım daire vb biçimli öğelere karşılık gelir (*anulus*, *quadra*, *supercilium*, *taenia*, *astragalus*, *torus* vb gibi). Bu terim (*cyma:* κῦμα; küçült. *cymatium*: κυμάτιον) iki kavisi olan dalga şeklindeki silmeler için kullanılır (zaten *cyma= unda* dalga anlamına gelir). Bunların iki biçimi vardır: *cyma recta* (doğru armudi) ve *cyma reversa* (ters armudi). *Cyma recta*, üst kenarı içbükey, alt kenarı dışbükey olan silmedir; *cyma reversa* ise üst kenarı dışbükey, alt kenarı içbükey silmedir. *Cyma* teriminin küçültmesi olan *cymatium* daha sık kullanılır. İyon sütununda *cymatium* ya da *echinus* özellikle yumurta-ok motifleriyle süslüdür (Vitruvius bunu belirtmez).

2 *Fascia*: Baştabanın üzerindeki yassı ya da yatay şeritler, kuşaklar, bantlar. (Baştabanın yatay bölümleri olan *fascia*ların her biri bir alttakine göre hafifçe öne çıkıktır). Vitruvius, İyon düzenindeki kapıların çerçevesinin yatay bölümünü de (*fascia*) *corsa* olarak adlandırır (4.6.3, 6).

3 *Zophorus* (ζωοφόρος): Saçakta baştaban ile korniş arasındaki yatay bölüm; genelde insan ve hayvan figürleriyle bezenir.

4 Frizin üstündeki.

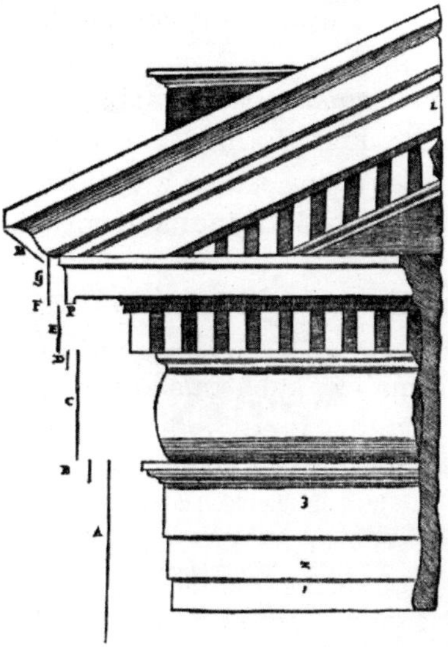

A. Baştaban (*epistylium*): **1.** İlk kademedeki şerit ya da kuşak; **2.** İkinci kademedeki şerit;
3. Üçüncü kademedeki şerit; **B.** Baştabanın silmesi (*cymatium*); **C.** Friz (*zophorus*);
D. Frizin silmesi (*cymatium*);
E. Diş şeklindeki kuşak (*denticulus*);
O. Diş şeklindeki kuşağın arasındaki yüzler, kesitler (Lat. *metopa*; Yun. *metopē*);
F. Dişlerin silmesi; **G.** Korniş (*corona*);
L. Alınlık (*fastigium*); **K.** Alınlığın üçgen yüzü (*tymphanum*); **I.** Köşe ayaklık veya süs kaidesi (*acroterium*); **H.** Yağmur oluğu (*sima*)

11. Frizin üstündeki diş şeklindeki kuşak (*denticulus*),[1] baştabanın ortadaki yassı şeridi (*fascia*) kadar yüksek, çıkıntısı da yüksekliğine eşit olmalıdır. Yunancada *metopē* adı verilen aralık öyle bölünmeli ki, bir dişin yüzü yüksekliğinin yarı genişliğinde olmalı ve her bir bölmenin oyuğu da bu yüzün üçte iki genişliğinde olmalıdır; bunun silmesiyse (*cymatium*) bu kısmın toplam yüksekliğinin altıda birini oluştursun. Silmesiyle birlikte korniş (*corona*), alınlığın üst silmesi (*sima*)[2] hariç, baştabanın ortadaki yassı şeridiyle aynı ölçüdedir; saçak kornişinin çıkıntısı ve diş kuşağıysa, hepsi birlikte frizden kornişin tepesindeki silmeye kadar aynı yükseklikte olmalıdır. Her durumda bütün çıkıntılı kısımlar (*ecphorae*),[3] çıkıntıları yüksekliklerine eşit oldukları oranda göze çok daha güzel görünürler.

1 İyonik düzendeki sütunun saçaklığında, korniş ile friz arasındaki küçük yatay blok veya silme. Vitruvius buradaki *denticulus* terimini, korniş ile frizi birleştirici eleman anlamında kullanır.

2 Virtuvius *sima*yı iki şekilde kullanır: **1.** Saçağın eğimli kısmı; **2.** Yağmur oluğu işlevi gören çatı elemanı, yatay *sima* (aslan başlarıyla süslü).

3 Örneğin sütun kaidesinin sütun gövdesinden çıkıntısı (*ecphora*) gibi.

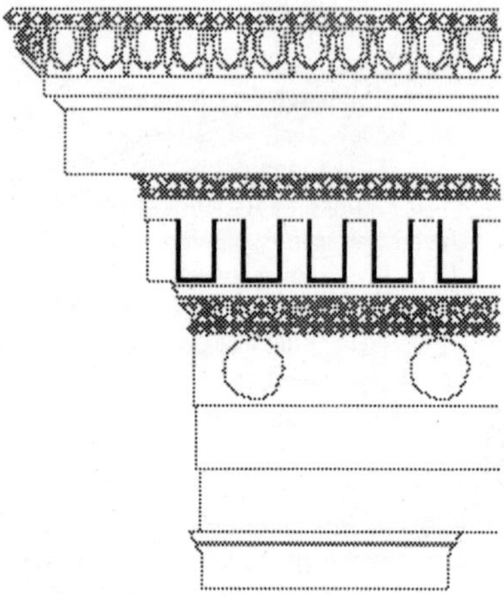

Denticulus

Priene'de Minerva Polias tapınağından İyon düzeninde sütun üst yapısı; yukarıdan aşağıya: Korniş, diş kuşağı (*denticulus*) friz, baştaban

12. Alınlıktaki (*fastigium*)[1] üçgen yüzeyin (*tympanum*)[2] yüksekliği şu şekilde ayarlanmalı: Saçak kornişinin ön yüzü, silmelerin (*cymatia*) uçlarından itibaren dokuz birime ayrılsın, bu birimlerden biri üçgen yüzeyin tepesinin orta çizgisi olsun; bu çizgi baştabanlar ve sütunların boyun kısımlarına dik gelsin. Üçgen yüzeyin üstündeki kornişler, alınlığın üst silmesi (*sima*) hariç, alttaki kornişlere denk gelecek şekilde yerleştirilmelidir; Yunanların *epaietides* dedikleri kornişlerin üstündeki yağmur olukları (*simae*)[3] kornişin yüksekliğinin sekizde biri oranında daha yüksek yapılmalıdır. Köşelerdeki ayaklıklar (*acroteria*), üçgen yüzeyin orta çizgisi kadar yüksek olmalıdır; ortadaki ayaklıksa köşelerdekinden sekizde bir oranda daha yüksek olmalıdır.[4]

---

1 *Fastigium*: Tapınakların ön yüzlerinde, çatı üçgeni ile sütunların üzerindeki kiriş arasında kalan üçgen biçimindeki bölüm.

2 *Tympanum* (τύμπανον): Alınlığın üçgen, düz yüzeyi.

3 Tapınağın alınlığının üstündeki yapı elemanı; çörten.

4 *Acroteria*nın (ἀκρωτήρια) ilk anlamı herhangi bir şeyin ucu, çıkıntısıdır. Mimaride bu terimle, heykelleri ya da başka tür süsleri taşımak üzere tapınaktaki alınlığın iki köşesine ve tam ortasındaki tepe kısmına yerleştirilen, toplam üç adet ayaklık, altlık, kaide veya heykel kürsüsü kastedilir.

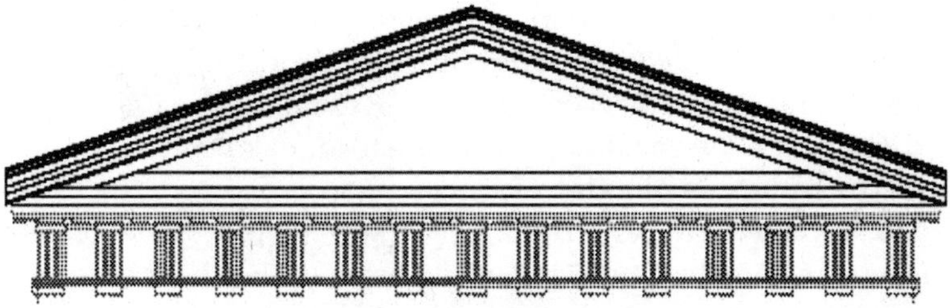

Fastigium

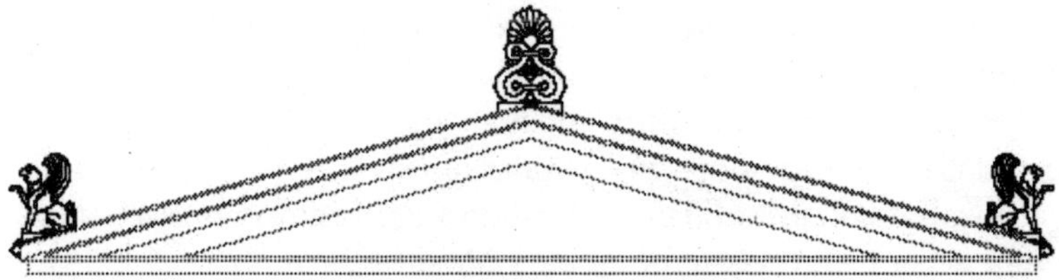

Acroteria

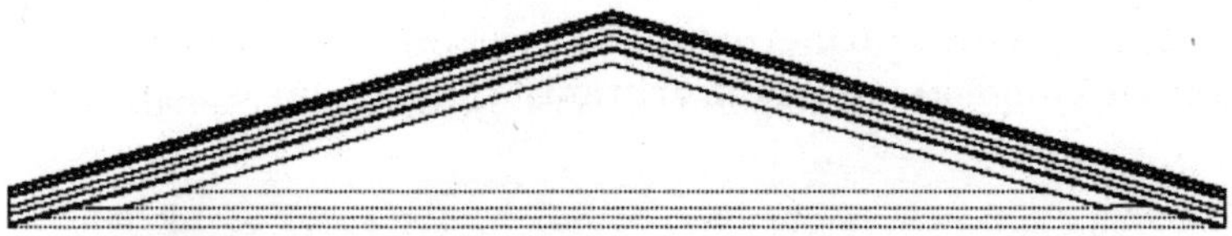

Sima, cyma

13. Sütun başlıkları üzerindeki bütün yapı elemanlarına, yani baştabanlara (*epistylia*), frizlere (*zophori*), saçak korniş-lerine (*coronae*), alınlığın üçgen yüzeylerine (*tympana*), alınlıklara (*fastigia*), köşelerdeki ve ortadaki ayaklıklara (*acroteria*) kendi yüksekliklerinin on ikide biri oranında öne doğru meyil verilmelidir; çünkü bunların önünde durup baktığımızda, gözümüzden iki çizgi çektiğimizi ve birinin binanın alt kısmına, diğerinin üst kısmına değdiğini varsayarsak, bu üst kısma değen çizgi ötekinden daha uzun olacaktır. Görüş çizgisi daha üst kısımlara doğru uzadıkça, o kısım bize arkaya doğru meylediyormuş gibi görünecektir. Ama az önce dediğim gibi, elemanlara öne doğru meyil verildiği takdirde, göze dik ve düzgün görünecektir.

14. Sütunlarda yirmi dört adet yiv (*stria*) olmalıdır ve bu yivler, bir marangoz gönyesi bir yivin oyuğuna yerleştirilip döndürüldüğünde gönyenin kolları yivlerin sağındaki ve solundaki köşelere değecek, gönyenin ucu da döndükçe yivlerin kenarlarına sürekli değecek şekilde oyulmalıdır.[1] Yivlerin genişliğiyse, şekilde görüldüğü gibi, bir sütunun karnında yapılan ilaveye eşit ölçüde olmalıdır.[2]

15. Tapınakların yanlarında, saçak kornişinin (*corona*) üstünde yer alan yağmur oluklarına (*sima*) aslan başları hakkedilmelidir; bu başların bazıları ilkin tek tek her sütunun üzerine gelecek şekilde yapılmalı, sonra geri kalanı yine her biri tek tek her çatı kiremidinin ortasına gelecek şekilde eşit aralıklarla dizilmelidir. Yalnız sütunların üst tarafındaki aslan başları, kiremitlerden gelen yağmur suyunu akıtacak olan bir oluk şeklinde delinsin, ortadakilerse oldukları gibi bırakılsın ki, kiremitlerden oluklara boşalan su, sütunların aralarından aşağı akıp da altlarından gelip geçeni ıslatmasın; buna karşılık sütunların üstündeki aslan başları ağızlarından suyu akıtırken kusuyormuş izlenimi versin.

Bu kitapta İyon düzenindeki tapınakları mümkün mertebe anlaşılır bir dille tarif ettim. Bir sonraki kitapta da Dor ve Korint düzenindeki tapınakların orantılarını açıklayacağım.

Acroteria

Sima ve aslan başı

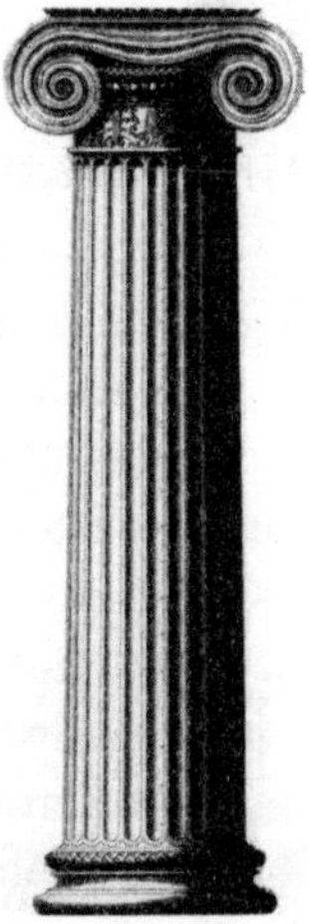

---

[1] *Stria*: Bir sütun gövdesinin çevresine eşit aralıklarla paralel ya da sarmal olarak uzunlamasına açılan oyuk. (Vitruvius'ta hem iki kanal arasındaki şerit hem de kanalın kendisi olarak geçer). Yiv, bir sütun gövdesini ince, uzun ve göze daha güzel gösterir.

[2] *Entasis* söz konusu ediliyor.

IV. KİTAP

Korint, Dor ve Etrüsk Düzeni Tapınaklar

Önsöz

1. Çoğu yazarın mimarlıkla ilgili inceleme ve yorum kitaplarını adeta oraya buraya uçuşan toz zerreleri gibi belirli bir düzene oturtmadan sırf bir giriş niteliğinde yazıp bıraktığını görünce Hükümdarım, bu kadar kapsamlı bir disiplini kusursuz bir düzen içinde külliyata dökmenin ve her bir kitapta tek tek her konunun kendine has özelliklerini ayrıntılı şekilde açıklamanın hem değerli hem de çok faydalı bir iş olacağını düşündüm.

İşte bu amaçla, ey Caesar, ilk kitapta şahsına ithafen bir mimarın görevlerini ve hangi uzmanlık sahalarında eğitim alması gerektiğini açıkladım; ikinci kitapta binaların inşası için gerekli malzemelerin elde edileceği kaynakları ele aldım; üçüncü kitaptaysa tapınak tasarımlarını, farklı düzenlerini, ne şekilde ve kaç sınıfa ayrıldıklarını ve kendi düzenlerine göre nasıl planlanacaklarını anlattım; simetrik ölçüleri bakımından çok girift detaylara sahip olan bu üç tapınak düzeninden İyon düzeninin usullerini örnek alarak bilgi verdim. Şimdi bu kitapta Dor ve Korint düzeninin yerleşik usullerinden bahsedeceğim, farklılıklarını ve karakteristik özelliklerini açıklayacağım.

1. Bölüm
Üç Sütun Düzeninin Kökeni ve Korint Sütun Başlığı[1]

1. Korint düzenindeki sütunlar, başlıkları hariç, her bakımdan İyon düzeniyle aynı simetrik yapıya sahiptir, ama Korint düzenindeki sütun başlıklarının yüksekliği, bu sütunları orantılı olarak daha uzun ve daha ince gösterir; çünkü İyon başlığının yüksekliği sütun çapının sadece üçte birini teşkil ederken, Korint başlığının yüksekliği tüm gövdesinin çapına eşittir. Do-

---

1 *Capitulum* (ἐπίκρανον, κιονόκρανον): Mimarinin gelişim aşamasında, ahşap bir gövde (sütun) üzerine oturtulan ve üstüne yerleşecek diğer yapı elemanlarını taşıyıcı geniş bir yatak oluşturan, kare, ahşap bir *abacus*tan (başlık tablası) ibaretken, mimari düzenlerin gelişimiyle birlikte, bir sütunu diğerlerinden ayırt edici niteliklere bürünmüş, en çarpıcı yapı elemanı haline gelmiştir. Üç sınıfa ayrılır: **1.** *Capitulum Doricum* (Dor sütun başlığı): Yunan tarzı Dor sütun başlığı, diğer başlıkların en yalın olanıdır. Tepede geniş, kare bir başlık tablası; onun hemen altında başlık çanağı ya da yastığı (*echinus*) ve gövdenin boynunun tam üzerinde halkalar (*anuli*) yer alır. Roma tarzı Dor sütun başlığıysa daha ayrıntılı ve çeşitlidir. Yalın bir başlık tablası yerine, kabartmalı bir *cymatium* ve frizi bulunur. **2.** *Capitulum Ionicum* (İyon sütun başlığı): Yunan tarzı İyon sütun başlığının ayırt edici iki ana özelliği vardır. İlki, Dor sütun başlığından daha küçük ve daha alçak olan başlık tablasıdır. Bu tabla, Dor düzenindeki gibi kare şeklindedir, ama dış yüzeyi kabartmalıdır. İkincisi de, ön yüzün her iki yanında yer alan ve *voluta* olarak adlandırılan helezonları veya sarmallarıdır. Bunlar, kabartmalı başlık çanağını veya silmesini aralarına alır. Roma tarzı İyon sütun başlığı, kimi zaman daha ince kabartmalara ve daha küçük helezonlara sahne olsa da, ilkece Yunan tarzı Dor sütun başlığıyla aynı özellikler içerir. **3.** *Capitulum Corinthium* (Korint sütun başlığı): Diğerlerine göre daha zengin bir görünüm arz eder. Başlık tablası, Dor ve İyon sütun başlıklarındaki gibi kare değildir, kenarlardan çukurlaştırılmış, köşeleri yok edilmiştir. Ortasında da bir çiçek (*flos*) veya benzer bir süs bulunur. Başlık tablasının altında, Vitruvius'un *helices* adını verdiği (4.1.12) küçük helezoni kıvrımları bulunur. Birer filiz ya da dal şeklinde aşağıya doğru kıvrılarak uzanan bu helezonların ikisi başlık tablasının her bir köşesinin altında birbirine kavuşur, başlığın her bir yüzünün ortasında yer alan iki filizse, burada ya birbirine değer ya da birbirine örülür. Bütün başlık belirli bir düzende yerleştirilen, özellikle *acanthus* yapraklarının ana hatlarının taklidi olan iki sıra yuvarlatılmış yapraklarla (*folia*) çevrelenmiştir.

layısıyla Korint sütunlarının çapının üçte ikisi başlıklara eklendiği için,[1] bu yükseklik artışı onların daha ince görünmesine neden olur.

2. Korint sütunlarının üstünde bulunan diğer yapı elemanları, ya Dor düzeninin simetrik oranları dikkate alınarak ya da İyon usullerine uygun olarak yerleştirilir; çünkü gerek kornişler gerekse diğer süsler için Korint düzeninin kendine özgü bir üslubu hiç olmamıştır. Dolayısıyla kornişlerdeki damlalıklar (*mutulus*) ve baştabanlardaki damlalar (*guttae*) Dor düzeninin üçüzyiv yöntemine uygun olarak düzenlenirken, diş kuşaklarının ve kornişlerin eşliğinde kabartmalarla bezeli frizler İyon düzeninin usullerine göre ayarlanır.

3. Böylece bu başlığın katılımıyla mimaride de diğer iki düzenden bir üçüncü düzen doğmuş olur. Çünkü üç düzen tapınak, yani Dor, İyon ve Korint düzenleri bu adlarını sütun tasarımlarından almıştır ve bunların arasında ilk doğan da Dor düzeni olmuştur, ta fi tarihinde. Şöyle: Hellen ile su perisi Phthia'nın oğlu Dorus, Akhaia ile tüm Peloponnesos'un hâkimiyetini ele geçirdi ve çok eski bir şehir olan Argos'taki Iuno kutsal alanında tesadüfen bu düzenin hatlarına sahip bir tapınak dikti, ardından Akhaia'nın diğer illerinde de bu tip tapınaklar inşa edildi; ama simetrinin sabit ölçüsü henüz ortalıklarda görünmüyordu.

4. Atinalılar sonradan Delfili Apollo'nun kehanetlerini dikkate alıp, tüm Yunanların da oy birliğiyle, tek batında on üç koloni kurdu. Her bir koloniye bir lider atayıp en büyük yönetim yetkisini Ksouthos ile Kreusa'nın oğlu Ion'a verdi; o ki, Apollo'nun bile benim oğlumdur dediği bir adamdı. İşte bu Ion, bütün kolonileri Asya'ya götürdü ve orada devasa büyüklükte şu şehirleri kurdu: Efes, Milet, Myus (bu şehir vaktiyle sular altında kalmış, kutsal alanları ve oy hakları İyonyalılar tarafından Miletlilere verilmişti), Priene, Samos, Teos, Kolophon, Khios, Erythrai, Phokaia, Klazomenai, Lebedos ve Melite. Bunlardan Melite şehri yurttaşlarının haddini bilmezliği yüzünden tüm diğer şehirlerin ortak rızasıyla gerçekleşen bir savaşta yok edildi; bunun yerine sonradan kral Attalos ile kraliçe Arsinoe'nin de desteğiyle İzmir şehri İyon Birliğine kabul edildi.

---

[1] Başlıkların yüksekliğine.

5. Söz konusu şehir devletleri Karyalıları ve Lelegleri yerlerinden yurtlarından ettikten sonra, dünyanın bu bölgesine liderleri Ion'un adını verip İyonya dediler ve bu bölgede ölümsüz tanrılara kutsal alanlar ayırıp tapınaklar inşa etmeye başladılar. İlk olarak tüm İyonya'nın tanrısı (Panionius) Apollo'ya, vaktiyle Akhaia'da gördükleri gibi bir tapınak dikmeye karar verdiler ve bu tapınak düzenine ilk kez Dor şehirlerinde tanık oldukları için de adına Dor tapınağı dediler.

6. Ama bu tapınağa sütun dikmek istediklerinde, ona uygun sabit bir ölçüleri olmadığından, hangi oranları kullanıp da bu sütunları hem yükleri taşımaya uygun hale getirebiliriz hem de dışarıdan güzel görünmelerini sağlayabiliriz diye düşünüp taşınırlarken, erkeğin ayak tabanını ölçüp bunu boyuyla karşılaştırdılar. Erkek ayağının, boyunun altıda biri olduğunu keşfedince, aynı orantıyı sütuna da uyguladılar ve sütun gövdesini, başlık da dahil olmak üzere taban çapının altı katına kadar yükselttiler. İşte Dor sütunu bir erkek vücudunun orantısını, sağlamlığını ve güzelliğini mimari yapılarda bu şekilde sergilemeye başladı.

7. Sonradan Diana'ya da bu tarz bir tapınak yapmaya karar verip de yeni bir düzen için farklı bir bakış açısı yakalamaya çalışırlarken, aynı taban ölçülerine dayalı oranı bu kez bir kadının ince hatlarına uyarladılar ve ilk kez çapı yüksekliğinin sekizde biri olan bir sütun yapıp bu şekilde daha uzun görünmesini sağladılar. Pabuç giydirir gibi bir kaide giydirdiler ayağına, örgü örgü dökülen saçlar gibi helezoni kıvrımlar yerleştirdiler başının sağına soluna, lüle lüle kâküller gibi bombeli silmelerle, meyve bezeli kurdelelerle süslediler yüzünü, kadınların upuzun elbiselerindeki pilileri andıran yivler indirdiler gövdesinden aşağıya. Böylece iki kıstasa dayanarak biri bir erkeğin süssüz, sade görünümünde, diğeri bir kadının zarafetinde, süslü ve mevzun sütunlar icat ettiler.

8. Ama beğenileri gitgide daha zarif, daha incelikli hale gelen, dolayısıyla daha ince oranları tercih eden sonraki nesiller, Dor sütununun yüksekliğini çapının yedi katı; İyon sütununun yüksekliğini de dokuz katı olarak belirlediler. Bu düzende bir sütunu ilk İyonyalılar yaptıkları için de ona İyon adı verildi.

9. Korint adı verilen üçüncü düzense bir genç kızın narin hatlarına sahiptir; çünkü körpecik yaşlarda genç kızların elleri kolları inceciktir, dolayısıyla süslenip püslendiklerinde daha çarpıcı bir etki yaratırlar.

Korint sütun başlığının bulunuş öyküsüyse şöyle anlatılır: Korint sakinlerinden genç bir kız, tam evlilik yaşına gelmişken hastalanıp öldü. Gömüldükten sonra dadısı, kızcağızın hayattayken çok sevdiği ufak tefek eşyasını bir sepete topladı, götürdü mezarının üstüne koydu. Öyle açık havada uzun yıllar kalsın diye de üzerine bir kiremit kapadı. Tesadüf bu ya, sepet bir *acanthus*un[1] tam köküne oturmuştu. Zamanla üstündeki ağırlık yüzünden ortası iyice ezilip büzülen *acanthus* kökü, bahara doğru yeşerdi, filizlendi. Filizler sepetin yanından uzayıp da üstteki kiremidin köşelerine takılınca kıvrılmaya, kıvrıldıkça da uçlarından helezonlar oluşturmaya başladı.

[1] *Acanthus spinosus*: Yapraklarının ana hatlarıyla Korint sütun başlığının süslemesine hayat veren bitki, Acanthus mollis, Ayı pençesi.

10. O sırada oradan mermer işçiliğindeki zarafeti ve titizliğinden ötürü Atinalıların *Katatēksitekhnos* (Kılı kırk yaran) lakabını verdikleri Kallimakhos geçiyordu ki, gözü mezara takıldı; üstündeki sepete ve çeperinde boy veren yapraklara, incecik dallara. Bu yepyeni ve çok hoş görüntüye hayran kalan Kallimakhos, bunu Korint sütunlarına uyarladı, orantısını kurdu ve o andan itibaren de Korint düzeninin mimarisinde geçerli olacak ilkeleri belirlemiş oldu.

Kallimakhos'un *acanthus* bitkisini keşfi (Bkz. Fréart 1723.)

11. Korint başlığının orantısı şu şekilde kurulmalıdır: Sütunun taban çapı ne kadarsa, tablasıyla birlikte başlığın yüksekliği de aynı ölçüde olsun. Tablanın genişliği de öyle oranlansın ki, bir köşesinden diğer köşesine çekilen çizgilerin uzunluğu, başlığın yüksekliğinin iki katı olsun; çünkü böylece başlığın her bir yüzü doğru orantılı bir görünüme kavuşacaktır. Bu yüzler, tablanın köşesinden yüzün genişliğinin dokuzda bir oranında içeriye kıvrılsın. Başlığın altı, içbükey ek yeri ile dışbükey silmesi (*apothesis*, *astragalus*) hariç, sütunun tepesiyle aynı çapta olsun. Tablanın yüksekliğiyse başlığın yüksekliğinin yedide birini teşkil etsin.

12. Tablanın yüksekliği ayarlandıktan sonra, bunun haricinde geri kalanı üç birime ayrılsın, bunlardan biri en alttaki yaprağa verilsin. İkinci yaprak bu yüksekliğin ortasını tutsun;[1] dallar da aynı yükseklikte olsun; yani yaprakların fışkırıp filizlerin yarattığı helezonları desteklemek için tablanın ta köşele-

[1] Yüksekliğin üçte ikisi ikinci yaprağa ayrılsın.

rine kadar uzanan dallar. Aralarına da daha minik helezoni filizler (*helices minores*)[1] hakkedilsin, başlık tablasındaki çiçeğin hemen altındaki başlığın ortasına. Dört yandaki çiçekler, tablanın yüksekliği oranında geniş olsun. İşte bu ölçülerle Korint sütunu tam da kendine özgü havasını bulmuş olacaktır.

Flores

Öte yandan aynı sütunların üzerine yerleştirilmiş, ama farklı adla anılan başlık düzenleri de vardır. Bunların simetrilerinin ince detaylarına, sütun düzenlerine başka bir ad veremiyoruz, ama üsluplarının Korint, İyon ve Dor sütunlarından alıntılanıp değiştirildiğini anlıyoruz; yani bu sütunların simetrilerinin yeni tip bir yontu tarzına evrilip daha detaylandırıldığını.

2. Bölüm
Sütunların Üst Yapı Elemanları ve Kökenleri

1. Sütun düzenlerinin kökenlerini, keşiflerini yukarıda anlattığıma göre, sanırım artık aynı mantıkla bunların süslemelerinden,[2] bu süslemelerin nasıl doğduğundan, hangi ilkeler,

---

[1] Helezonlar.

[2] Vitruvius sütun süslemeleri veya donatıları için genellikle *ornamentum*

hangi amaçlar doğrultusunda icat edildiğinden bahsetmem hiç de yersiz olmayacaktır.

Bütün binalarda ahşap çatı elemanları (*materiatio*) en üste oturtulur ve çeşitli adlarla anılır; çeşitli adlarla anılmakla kalmayıp uygulamada da çeşitli işlevleri yerine getirir. Ana kirişler (*trabes*) sütunların, dikmelerin, çıkıntılı duvarların (*antae*) üzerine uzunlamasına konur; bağlama kirişleri (*tigna*) ve merteklerse (*axes*) çatının kafesine. Çatının altındaki açıklık genişse, geniş yatay kirişler (*transtra*) ve payandalar (*capreoli*) konur. Açıklık normal genişlikteyse, saçaklığın ucuna kadar uzanan ana merteklerle (*cantherii*) beraber bir mahya kirişi (*columen*) yerleştirilir. Aşıklar (*templa*), ana merteklerin üzerine döşenir; onların üzerine, kiremitlerin altına da duvarları örtecek kadar öne doğru uzanan normal mertekler (*asseres*) döşenir.

2. Görüldüğü gibi her yapı elemanının kendine özgü bir yeri, bir düzeni, bir sırası vardır. İşte bu tür elemanlardan ve bu tür bir ahşap işçiliğinden yola çıkan ustalar taştan, mermerden inşa ettikleri tapınaklarda oyarak, yontarak yapılan parçalarda kendilerine bu düzenlemeleri örnek aldılar, bu buluşların izinden gitmeleri gerektiğine inandılar. Bu yüzden eski ustalar falanca yere bina dikerken önce bağlama kirişlerini iç duvarlardan dışarılara taşacak şekilde yerleştirdiler, ardından kirişlerin arasını kapadılar, üzerini de daha göz alıcı görünsün diye ince bir işçiliğin ürünü olan kornişlerle, alınlıklarla süslediler. Sonraları bu kirişlerin uçlarını taştıkları yerden kesip duvarla bir hizada olacak şekilde düzelttiler. Bu görüntü de göz zevklerine hitap etmeyince, bu kez tahtalara günümüzdeki gibi bir üçüzyiv şekli verip öne, kirişlerin kesik uçlarına çaktılar; mavi balmumuyla da boyadılar ki, kirişlerin kesik uçları kapansın ve göze çirkin görünmesin.

İşte bağlama kirişlerinin bu kapanan bölümleri, Dor tapınaklarında üçüzyiv tekniğinin, kirişlerin araları da üçüzyivlerin arasındaki panel (*metopa*)[1] tekniğinin başlangıcı oldu.

---

kelimesini kullanır ve bununla sütunun baştabanını, özellikle de friz ve kornişi kasteder.

[1] Dor sütununda iki üçüzyiv arasındaki açıklık ya da ara yüz.

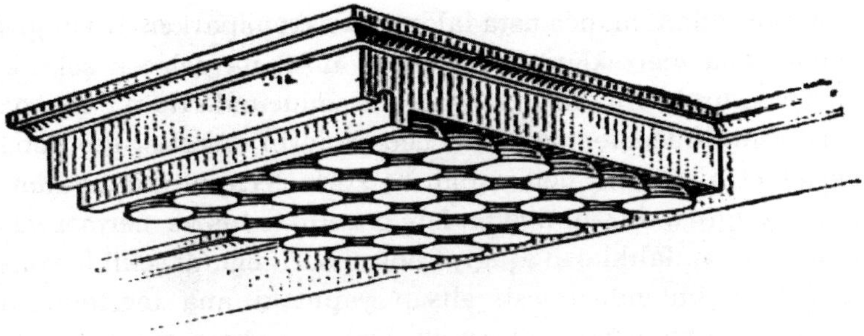

Mutulus, triglyphum

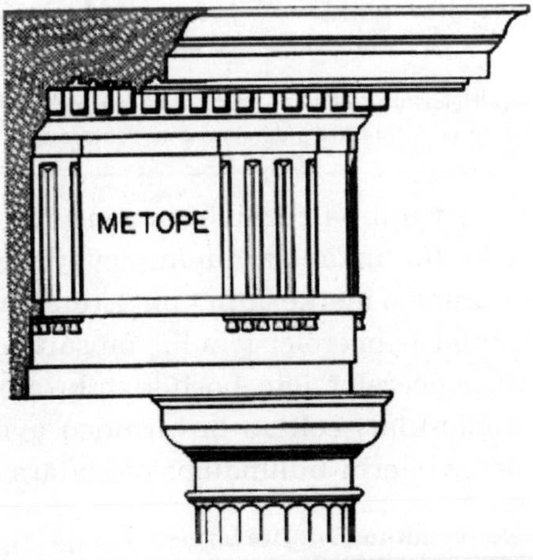

3. Sonradan falanca usta falanca binayı yaparken öne doğru uzanan ana mertekleri üçüzyivlerin hizasına gelecek şekilde uzatıp çıkıntılarını düzeltti. Bu işlem sonucunda tıpkı bağlama kirişlerinin düzenlenmesinden üçüzyivlerin doğması gibi, ana merteklerin çıkıntılı uçlarından da kornişlerin altındaki damlalık (*mutulus*) düzeni doğdu. İşte genellikle taş ve mermer yapılardaki damlalıkların aşağıya doğru hafif eğimli şekilde yontularak biçimlendirilmesi, ahşap yapıdaki ana merteklerin kopyaları olmalarından ötürüdür. Dahası yağmur suyunu akıttıkları için böyle belirli bir açıda eğimli yerleştirilmeleri de bir zorunluluktur. Kısacası Dor yapılarındaki hem üçüzyiv hem de damlalık düzeni bu tür taklitlerin eseridir.

Çatı kirişlerinin zamanla Dor düzenindeki yapılarda üçüzyivlere ve damlalıklara dönüşmesini gösteren bir çizim

4. Bazı yazarlar yanılıp üçüzyivlerin pencereleri temsil ettiğini söylemiştir ki, bu imkânsız; çünkü üçüzyivler bir binanın köşelerine ve sütunların merkezinin tam üstüne inşa edilir,[1] dolayısıyla bu kısımlar pencereler için hiç müsait yerler değildir. Mesela köşelere pencereler için boşluklar bırakılmış olsaydı, binanın köşe bağlantıları çoktan birbirinden ayrılmış olurdu. Dahası şimdi üçüzyivlerin bulunduğu noktalara pencere boş-

1 Daire şeklindeki bir sütunun dörtte birine.

lukları bırakıldığını varsayalım, o zaman bu mantıkla İyon düzeninin diş sıralarının da pencerelerin yerini alacağı aşikâr; çünkü her ikisi de, yani hem diş sıralarının hem de üçüzyivlerin arasındaki boşluklar *metopa* olarak adlandırılır. Nedeni, bağlama kirişlerinin ve ana merteklerin yuvalarına bizde güvercinlik (*cava columbaria*) denirken, Yunanların *opai* demeleri, dolayısıyla bağlama kirişlerinin arasındaki boşluğu, yani iki *opē* arasındaki boşluğu kendi dillerinde *metopē* olarak adlandırmalarıdır.

5. Dor düzeninde üçüzyiv ve damlalık tekniğinin icat edilmesine benzer şekilde İyon düzeninde de diş kuşaklarının inşasının kendine özgü bir mantığı vardır: Damlalıklar ana merteklerin uzantısının temsiliyse, diş kuşakları da normal merteklerin uzantısının taklididir. Dolayısıyla Yunan yapılarında hiç kimse diş kuşaklarını damlalıkların altına koymaz, çünkü normal merteklerin ana merteklerin altında yer alması imkânsızdır. O halde gerçeğinde ana merteklerin ve aşıkların üzerinde yer almak zorunda olan bir yapı öğesi, kopyasında bunların altında yer almışsa, yapı yanlış bir mantık üzerine kurulmuş demektir. Dahası eskiler alınlıklarda damlalıklar ya da diş kuşakları bulunmasını istemediler veya böyle bir gelenek başlatmadılar; sırf süssüz, sade kornişlere onay verdiler; çünkü ne ana mertekler ne normal mertekler alınlıkların önüne inşa edilir ne de buralardan öne doğru çıkıntı yapabilir, ancak yağmurun akmasına olanak sağlayacak şekilde aşağıya doğru hafif bir meyille yerleştirilir. Buradan da anlaşıldığı üzere eskiler gerçeğinde olması mümkün olmayan bir şeyin taklidinde olmasının geçerli bir mantığı olamayacağını düşündüler.

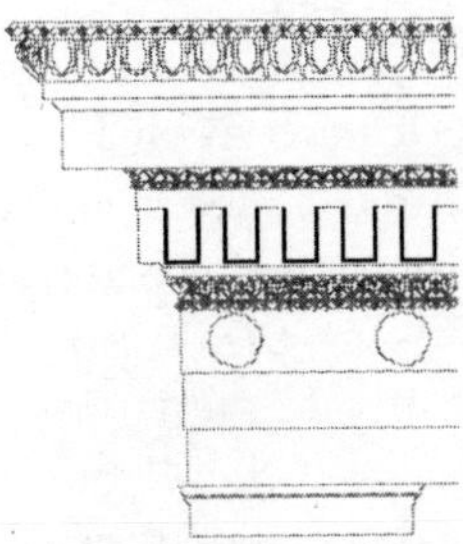

İyon düzeninde *denticulus*

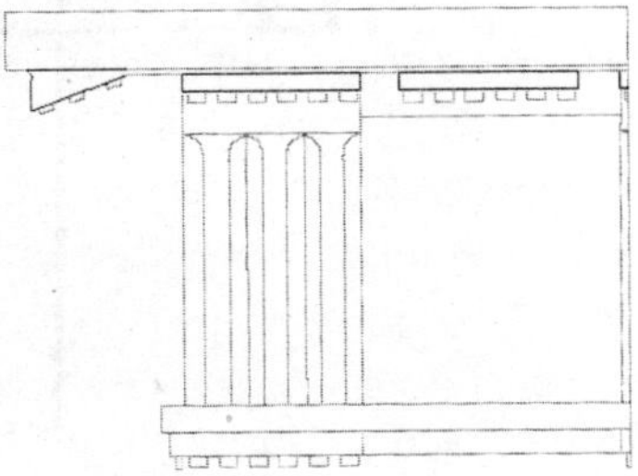

Dor düzeninde *mutulus*

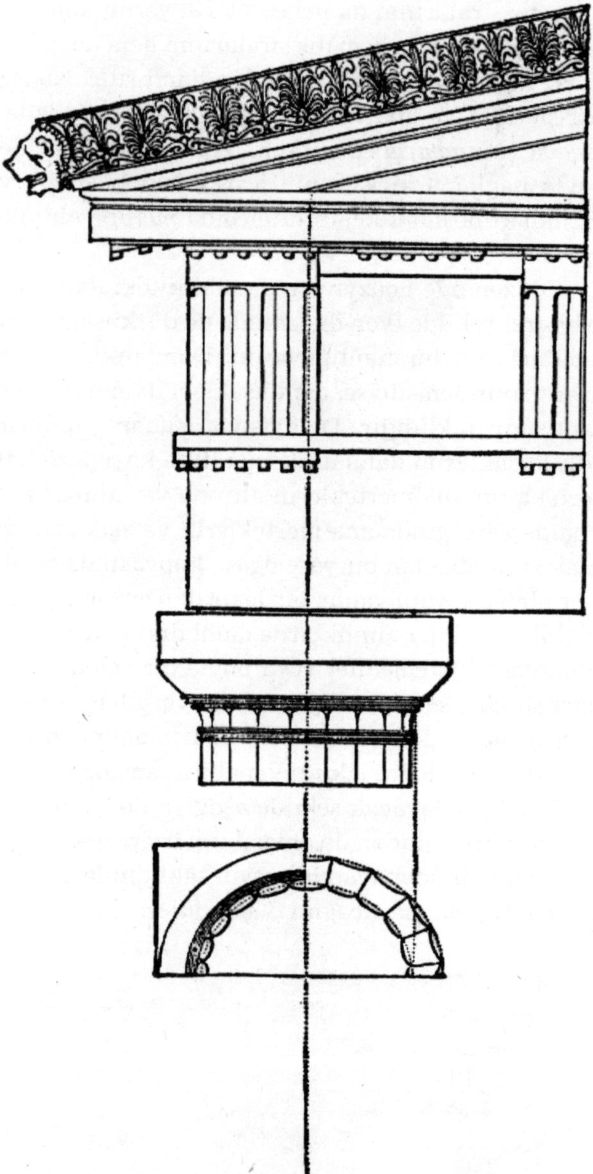

Dor sütununun üst yapı elemanları; Apollo Epicurius tapınağı, Phigaleia

Üçüzyiv ve aralıkları

Genel ayrıntılarıyla Dor sütunu

6. Çünkü her ayrıntıyı doğanın hakiki düzeninden olduğu gibi alıp binalarının mimarisine öyle uyguladılar; soruşturulduğunda, cevaplarını doğru bir mantığa oturtabilecekleri şeylere onay verdiler. Böylece bu ilk örneklerden başlayarak ayrı ayrı her mimari düzen için geçerli olacak simetriler ve orantılar tespit edip bunları bize miras olarak bıraktılar. İşte ben de onların ayak izlerini takip edip yukarıda İyon ve Korint düzeninin yerleşik usullerinden söz ettim; şimdi kısaca Dor düzeninin orantı mantığını ve bu düzenin genel görünümünü arz edeceğim.

3. Bölüm
Dor Tapınaklarının Simetrisi

1. Bazı eski mimarlar tapınakların Dor düzeninde yapılmaması gerektiğini, çünkü bu düzenin orantı mantığının kusurlu ve ahenksiz kurulduğunu ileri sürdü. Arkesios böyle düşündü mesela, Pytheos da, hatta Hermogenes bile. Aslında Hermogenes bir Dor tapınağı inşa etmek üzere mermer bir blok temin etmişti, ama fikrini değiştirip elindeki malzemeyle tanrı Liber'e İyon düzeni bir tapınak dikti; Dor tapınağı güzel görünmeyeceğinden, düzeninin ve biçiminin saygın bir ifade uyandırmayacağından değil tabii, inşası sırasında üçüzyivlerin ve kornişlerin alt yüzlerindeki panellerin (*lacunaria*) yerleşiminin sıkıntılı ve zahmetli oluşundan.

2. Çünkü üçüzyivlerin sütunların merkez eksenleriyle aynı hizada konumlanması şarttır, üçüzyivlerin arasında yer alacak gömme paneller de (*metopa*) eşit uzunlukta ve yükseklikte olmalıdır. Buna karşılık köşe sütunlardaki üçüzyivler sütunların merkezlerinin üstüne değil de, en kenarlarına yerleştirilir. Bu yüzden köşedeki üçüzyivlerin yanındaki aralar tam kare olmaz, bir üçüzyivin genişliğinin yarısı oranında daha uzun olur. Bazıları bu ara panelleri birbirine eşit kılmak istediğinden, sondaki sütun aralıklarını bir üçüzyivin genişliğinin yarısı oranında daraltır. Ama ara paneli uzatmak da, son sütun aralığını daraltmak da yanlış bir yöntemdir. Muhtemelen bu yüzden eskiler Dor düzeninin simetri mantığına sahip tapınaklar yapmaktan kaçındılar.

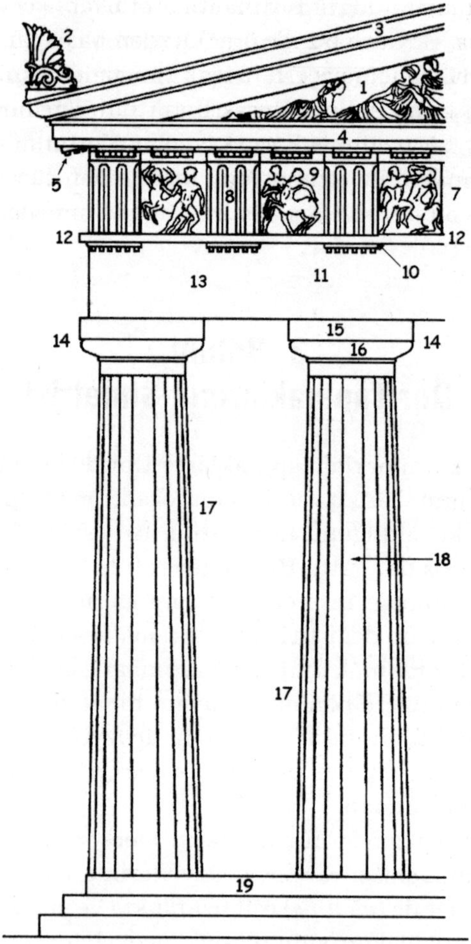

Dor düzeninin yapı elemanları: **1.** *Tympanum*; **2.** *Acroterium*; **3.** *Sima*; **4.** Korniş; **5.** Damlalıklar; **7.** Friz; **8.** Üçüzyiv; **9.** Üçüzyivler arasındaki paneller; **10.** *Regula*; **11.** *Gutta*; **12.** *Taenia*; **13.** Baştaban; **14.** Başlık; **15.** Başlık tablası; **16.** Başlık çanağı; **17.** Sütun; **18.** Yiv; **19.** Sütunların yerleştirildiği taban

3. İşte tam da yeri gelmişken büyüklerimizden edindiğimiz bilgiler çerçevesinde biz bu konuya bir açıklık getireceğiz; böylece vereceğimiz talimatları dikkate alıp böyle bir işe girişmek isteyen olursa, elinde hazır ölçüler bulunacak ve bu ölçüleri uygulayıp hatasız, kusursuz Dor tarzı tapınaklar inşa edebilecek.

Bir Dor tapınağının ön cephesi, yani sütunlarının inşa edileceği yer, eğer dört sütunlu olacaksa 27 birime, altı sütunlu olacaksa 42 birime bölünmelidir.[1] Bu birimlerden biri, Yunanların *embatēs* dedikleri modül[2] olacaktır. Modüle karar verildi mi, tüm yapı bileşenlerinin oran hesabı da kurulmuş olur.

4. Sütunların çapı iki modül, başlıklarıyla birlikte yükseklikleri on dört modül olacaktır. Başlığın yüksekliği bir modül, genişliği ikiye altıda bir modül olacaktır.

Başlığın yüksekliği üç birime ayrılsın, bunlardan biri silmesiyle birlikte başlık tablasına verilsin (*plinthus=abacus*), ikincisi halkalarıyla (*anuli*) birlikte başlık çanağına, üçüncüsü de boyun kısmına. Sütun incelmesi, üçüncü kitapta İyon düzeniyle ilgili verdiğimiz talimatlara uygun şekilde yapılsın.

Baştabanın yüksekliği üçüzyivin şeridiyle (*taenia*) ve damlalarla (*guttae*) birlikte bir modül olsun. Şerit, yedide bir modül olsun; şeridin altında, üçüzyivlerin genişliğince uzanan damlalar, üstlerindeki çıkıntılı bantlarıyla (*regula*) birlikte bir modülün altıda bir oranında sarksın. Baştabanın alt yüzünün derinliği, sütunun üstündeki boyunluğun çapıyla orantılı olsun.

Üçüzyivler ara panelleriyle birlikte baştabanın üzerine yerleştirilmeli ve bir buçuk modül yüksekliğinde, bir modül genişliğinde olmalı. Bunlar öyle tanzim edilmeli ki, hem köşelerdeki hem de ortadaki sütunların üzerinde yer alacak olanlar, bu sütunların merkez ekseninin üstüne konumlanabilsin; ayrıca her iki sütun aralığına ikişer tane, sadece ön ve arka cephedeki orta sütunların aralığına

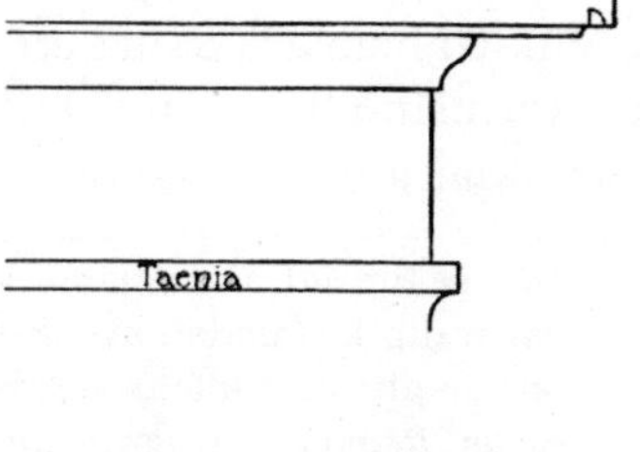

---

1 *Stylobata*dan söz edilmektedir.

2 Standart ölçü.

üçer tane yerleştirilsin. Bu şekilde ortadaki sütun aralıkları daha geniş olacağından, tanrı heykellerine ulaşacak insanlara da rahat bir geçiş olanağı sağlanmış olacaktır.[1]

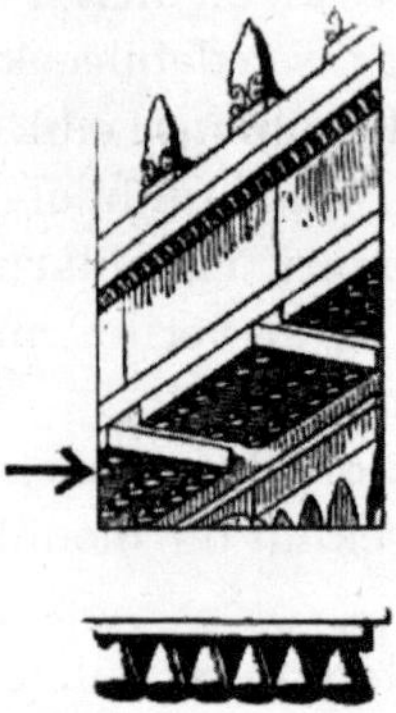

Guttae

R. *Femur*

5. Bir üçüzyivin genişliği altı birime ayrılsın; bunların beşi orta kısma verilsin, kalanı da cetvelle sağdakine ve soldakine yarı yarıya bölüştürülsün. Ortadaki bir birim *femur*u (uzun, çıkıntılı yüz) oluşturur, Yunancada buna *mēros* (uyluk) denir.[2] Bunun iki yanına, gönye ucunun açısında iki küçük kanal oyulur. Bu kanalların paralelinde, hem sağda hem solda başka "uyluklar" oluşturulur. Her iki yan kenarda da yarım modül genişliğinde iki küçük kanal içe doğru döndürülür.[3]

Üçüzyivler bu şekilde yerleştirildikten sonra, üçüzyivlerin arasındaki panellerin (*metopa*) eni boyuna eşitlenir; kenarlardaki yarım modül genişliğindeki yarı ara paneller (*semimetopia*) de frize gömülmüş olur.

İşte bu şekilde bütün ara boşluklar eşit şekilde tanzim edileceğinden hem ara panellerdeki, hem sütun aralıklarındaki hem de kornişin alt yüzünde bulunan damlalıklardaki bütün olumsuzluklar giderilmiş olur.

---

[1] *Taenia* (ταινία): Baştabanın üstündeki yassı silme; baştabanın üstünü frizin dip kısmından ayırır; *Guttae*: Her üçüzyivin altında damla gibi sarkan altı adet küçük süs; baştabanın damlalıklarının alt tarafındaki süsler; *Regula*: *Taenia*nın altında, damlaların eklendiği küçük dirtdörtgen blok.

[2] *Femur* (μηρός): Bir üçüzyivin her bir kanalının uzun, çıkıntılı yüzü.

[3] Bunlar iki zıt yönde, birbirine sırt sırta vermiş gibi görünür.

Concordia tapınağı, Agrigento, Sicilya:
Üçüzyivler (*triglyphum*) ve süssüz ara paneller (*metopae*)

6. Üçüzyivlerin başlıklarının (*capitula*) yüksekliği, bir modülün altıda birini teşkil etmelidir. Üçüzyivlerin başlıkları üzerine korniş yerleştirilmelidir, üçte iki modüllük çıkıntısıyla, altındaki Dor tarzı silmesiyle ve üstündeki diğer bir silmesiyle. Bu şekilde kornişin yüksekliği silmeleriyle birlikte yarım modül olur.

Kornişin alt yüzünde, üçüzyivlerin ve ara panellerin üzerine dik gelen yol yol düz çizgiler ve damla sıraları olmalı;[1] bunlar öyle tanzim edilmeli ki, damlalıklarda boylamasına altı damla, enlemesine üç damla göze görünsün. Üçüzyiv aralarının üçüzyivlerden daha geniş olmasından ötürü oluşacak boşluklar, herhangi bir süs yapılmadan da bırakılabilir veya buralara şimşek şeklinde kabartmalar da yapılabilir. Bir de kornişin tam çenesine *scotia* adı verilen bir kanal oyulur.[2] Tüm diğer ayrıntılar, yani alınlığın üçgen yüzü, yağmur olukları, kornişler, yukarıda İyon tapınaklarıyla ilgili verdiğim bilgiler çerçevesinde inşa edilecektir.

Bkz. Rowland (tr.) 1999: 223.

1 Damlalar ve gömmeler.

2 *Scotia*: Dor kornişinde çeyrek daire şeklinde bir oluk.

7. Bu orantı, sütun aralıkları *diastylos* tarzı olan yapılar için geçerli olacaktır. Ama sütun aralıkları *systylos* tarzı, tek bir üçüzyivi olan (*monotriglyphos*) bir yapı düşünülüyorsa,[1] o zaman tapınağın ön cephesi, dört sütunlu olacaksa on dokuz buçuk birime, altı sütunlu olacaksa yirmi dokuz buçuk birime ayrılsın. Bunların bir birimi modül olacaktır ve bu modüle göre yukarıda anlattığım şekilde bir bölümleme yapılacaktır.

8. Böylece baştabanının her bloğunun[2] üzerine iki ara yüz ve iki üçüzyiv yerleştirilmiş olur; ilaveten köşelerde yarım üçüzyivlik alan kalır, buna yarım üçüzyiv eklenir.[3] Orta bloğun üzerinde, alınlığın alt hizasında, üç üçüzyivin ve üç ara yüzün sığabileceği bir alan ayrılır, dolayısıyla ortadaki sütun aralıkları da genişlemiş olur; böylece tapınağa gelenlere daha rahat bir giriş imkânı tanınır, tanrı heykellerinin de bütün haşmetleriyle görünmesi sağlanır.

9. Sütunlarda yirmi yiv olmalı. Düz olarak bırakılacaklarsa, yirmi dik kenara sahip olacak şekilde tasarlanmalılar;[4] ama oluk oluk olacaklarsa, bu oluğun biçimi şu şekilde oluşturulacak: Bir yivin açıklığı ne genişlikte olacaksa, kenarları bu genişliğe eşit bir kare çizin; pergelin ucunu bu karenin ortasına koyup karenin açılarına değen bir daire çizin. Dairenin çeperi ile karenin kenarı arasında oluşacak kesme ne kadarsa, yiv o oranda oyularak biçimlendirilsin. Ancak bu şekilde bir Dor sütununun kendine özgü yol yol yivleri olmuş olur.

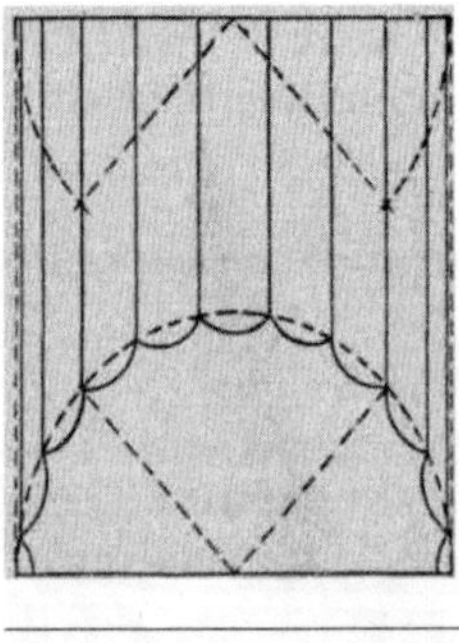

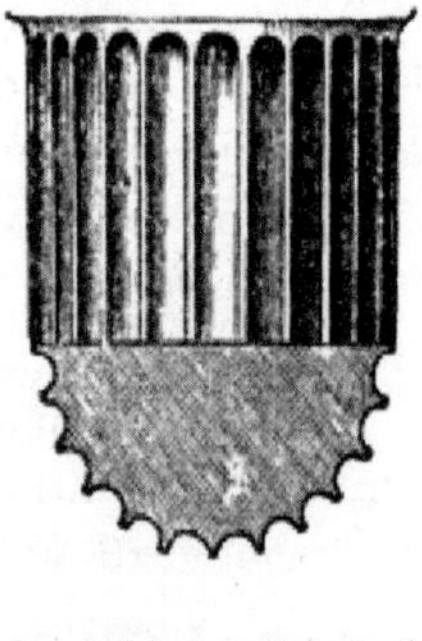

---

1 *Monotriglyphos* terimiyle, sütunları arasındaki boşlukların üzerinde tek bir üçüzyivi olan *systylos* tarzı Dor tapınağı kastedilmektedir.

2 Her sütunun üzerine ve sütun aralıklarının üzerine.

3 Yorum için bkz. Rowland (tr.) 1999: 58.

4 Yuvarlak bir sütun gövdesine çokgen bir görünüm kazandırmak maksadıyla.

10. Sütunun ortasındaki bombelenmeyi sağlayacak ilaveye gelince;[1] üçüncü kitapta İyon sütunlarıyla ilgili açıklamalarım, Dor sütunlarına da uygulanabilir.[2]

Korint, Dor ve İyon tapınaklarının simetrik yapısının dış görünümünü bu şekilde açıklığa kavuşturduğuma göre, şimdi kutsal odanın içini ve *pronaos*un (ön giriş) tasarımını anlatmam icap eder.[3]

4. Bölüm
Kutsal Oda ve Ön Girişi[4]

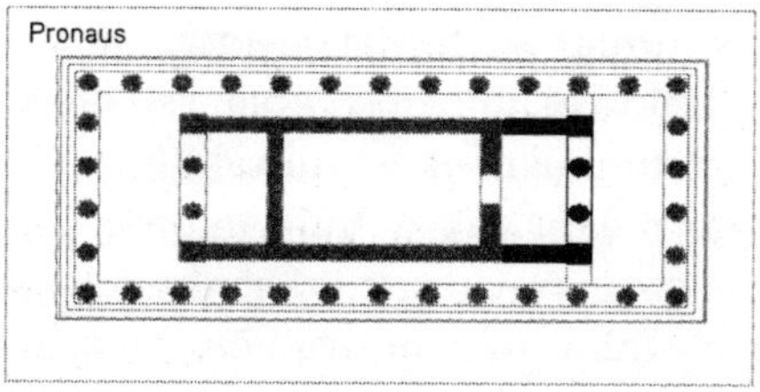

1. Tapınağın uzunluğu, genişliğinin iki katı alınarak hesap edilir. Kutsal odanın uzunluğu, duvarıyla birlikte, yani kapıların yer alacağı duvarla birlikte, genişliğinin dörtte bir fazlasıdır;[5] ön girişe (*pronaos*) ayrılan diğer üç birim, duvarların bitim noktaları olan çıkıntılı duvarları da (*antae*) içine alır ve bu çıkıntılı duvarlar sütunlar kadar kalın olmalıdır.[6] Tapına-

---

1 *Entasis*ten söz edilmektedir.

2 Vitruvius bu konuya bir açıklama getirmiyor.

3 Tapınağın kutsal odasının önünde yer alan sütunlu mekândan söz ediliyor; tapınağın arka cephesinde yer alan portikoya *posticum* veya *opisthedomos* denir, ortasına *cella* ya da *sekos* (σηκὸς) adı verilir. Vitruvius *pronaos* terimiyle, tapınağa ya da kutsal odaya giriş bölümünü kastetmektedir.

4 *Pronaos* (ön giriş): *Cella*nın önünde, *cella* duvarlarının bitiminden oluşan çıkıntılı duvarların, yani *antae*ın arasında yer alan ve *cella*ya girilen bölüm.

5 Uzunluk genişliğin iki katıdır.

6 Vitruvius burada Dor düzende bir *In antis* tapınaktan söz ediyor; bkz. 3.1.

ğın genişliği yirmi ayaktan fazla olacaksa, iki çıkıntılı duvar arasına iki sütun yerleştirilir ve bu şekilde sütun dizilerinin bulunduğu alan ile ön girişin bulunduğu alan birbirinden ayrılır. Bu çıkıntılı duvarlar ile sütunların arasındaki üç sütun-arası boşluk, mermerden ya da ahşaptan yapılma bölme duvarlarla kapatılır; kutsal odanın ön girişine açılan kapılar da bu duvarlarda yer alır.[1]

2. Tapınağın genişliği kırk ayaktan fazla olacaksa, çıkıntılı duvarların (*antae*) arasındaki sütunların hizasında, ama içeriye doğru dönük şekilde başka sütunlar yerleştirilecektir. Bu sütunlar öndekilerle aynı yükseklikte olsun, ama çapları şu oranlamayla eksiltilsin: Öndeki sütunların çapı yüksekliklerinin sekizde biriyse, içteki sütunların çapı yüksekliklerin onda biri olsun; yok eğer öndeki sütunların çapı yüksekliklerinin dokuzda ya da onda biriyse, içteki sütunlar buna orantılı olarak azaltılsın. Çünkü kapalı bir ortamda, sütunun incelmiş olması öyle pek fark edilmez. Ama normalden daha ince görünüyorlarsa, o zaman dıştaki sütunun yirmi ya da yirmi dört yivi bulunuyorsa, bunların yirmi sekiz ya da otuz iki yivi olsun. Böylece sütunun gövdesinden eksiltilen oran, yivlerin sayısını artırmakla daha az dikkat çekici hale getirilerek telafi edilmiş olacaktır; ayrıca uygulanan bu farklı yöntemle içteki sütunlar dıştakilerle aynı kalınlıkta görünecektir.

3. Böyle görünmelerinin sebebi, gözümüzün birbirine bitişik çok sayıda noktaya bakarken görüş açısının çember çember genişlemesidir.[2] Örneğin eşit kalınlıkta, ama biri yivsiz, biri yivli iki sütunun çeperi bir iple ölçülse, ip birinde yivlerin oluklarına, kenarlarına değerek sütunu saracağından, sütunlar eşit kalınlıkta olmuş olsa bile, iplerin uzunluğu aynı olmayacaktır; çünkü oyukların, kenarların çeperi ipin daha uzun görünme-

---

1 Fortuna Virilis tapınağında olduğu gibi.

2 İnsanın görüş açısına daha büyük bir resim sığar ve zihinde gerçeğinden çok daha büyük bir imge uyanır.

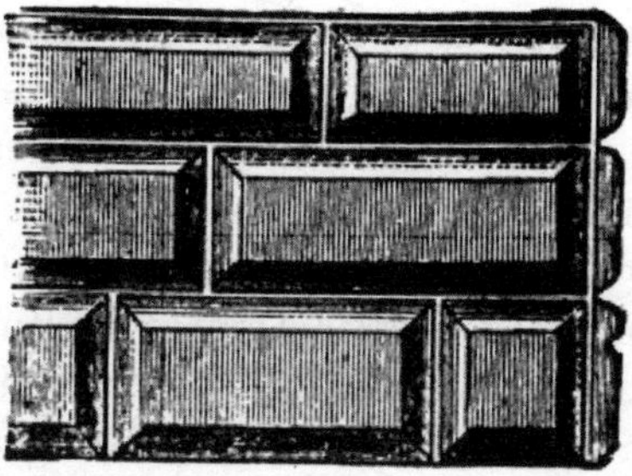

sine neden olacaktır. Hal böyleyse,[1] demek ki yiv sayısındaki ayarlamalar yardımımıza yetiştiği müddetçe, dar alanlarda ya da kapalı mekânlarda daha ince oranlara sahip sütunlar inşa etmemizin hiçbir sakıncası olmayacaktır.

4. Kutsal odanın duvarlarının kalınlığı yapının ebadıyla orantılı olmalıdır, tabii çıkıntılı duvarlar ile sütunların çapının eşit kalınlıkta olması koşuluyla. Bu duvarlar işlenmemiş taştan yapılacaksa, mümkün mertebe bu taşların en ufaklarıyla yapılsın; ama kesme taştan veya mermerden yapılacaksa, bu parçaların makul oranda ve eşit uzunlukta olması gerekir, çünkü o zaman taşların ortaları derzlerin ortalarına geleceğinden[2] duvarlar birbirine kenetlenip tüm yapının inşasının çok daha sağlam olmasını sağlayacaktır; ayrıca kesme taşların dik ve yatay derzlerin etrafında öne doğru fırlamış kenarları, bakmaya doyum olmayan, resimsi bir manzara sergileyecektir.

5. Bölüm
Tapınak Cephesinin Yönü

1. Ölümsüz tanrıların tapınaklarının bakacağı yön şu şekilde ayarlanmalı: Eğer mani olacak bir durum yoksa ve bütün yetki mimarın elindeyse, o zaman tapınağın ve kutsal odada yer alacak tanrı heykelinin gökyüzünün batı cephesine dönük olması gerekir ki, sunağa adak adamak ya da kurban kesmek için gelenler, tapınaktaki tanrı heykeline bakarken gökyüzünün doğu yönünde olabilsin; bu şekilde dualarını ederken yüzleri hem tapınağın hem de güneşin doğduğu yöne dönük olacak, tanrı heykelleri de sanki dua edenleri ve kurban kesenleri izlemek için doğudan ge-

[1] Göz yanılgısı bu şekilde giderilebiliyorsa.

[2] Duvar örülürken üst sıradaki taşlar alt sıradaki derzlerin ortasına geleceğinden.

liyormuş izlenimi uyandıracaktır. Buradan, tüm tanrı sunaklarının doğu yönünde yer alması gerektiği de anlaşılır.

2. Ama yer buna müsait değilse, o zaman tapınakların yön tasarımlarını değiştirmek ve tapınak alanlarından mümkün olan en geniş şehir manzarasının görülebileceği bir yere döndürmek gerekir. Dahası tapınaklar nehir civarında kurulacaksa, bunların nehir kenarına hâkim bir manzaraları olması gerekir, tıpkı Nil nehri civarındaki Mısır tapınaklarında olduğu gibi. Benzer şekilde eğer tanrı tapınakları şehrin işlek caddelerinin yakınlarında kurulacaksa, yoldan gelip geçenlerin hemen görebileceği ve önlerinde durup selamlarını sunabileceği bir yerde olmalıdır.

6. Bölüm
Tapınak Kapıları

1. Tapınağın kapılarına ve kapıların kasalarına (*antepagmentum*) gelince;[1] önce hangi düzende olacakları kararlaştırılır, sonra oranları belirlenir. Kapı düzenleri şöyledir: Dor, İyon ve Attika.

Dor düzenindeki kapıların oranlarını belirlerken şu hususlar dikkate alınır: Lentonun[2] üstüne yerleştirilecek olan kornişin tepesi, tapınağın kutsal odasının ön girişinde yer alacak sütunların tepesiyle aynı seviyede olmalı. Kapı açıklığı da (*lumen thyretri*) şu şekilde belirlenmeli: Tapınağın yüksekliği, yerden tavan panellerine kadar üç buçuk birime bölünür. Bu birimlerden iki buçuğu, kapı kanatlarının yüksekliğine verilir.[3] Bu da on iki birime ayrılır ve beş buçuğu kapının alt açıklığının genişliğine gider. Bu genişlik üste doğru daraltılır; eğer açıklık en az on altı ayak yüksekliğindeyse, çerçevenin[4] genişliği üçte bir oranda daraltılır; açıklık on altı ila yirmi beş ayak arasındaysa, açıklığın üst kısmı çerçevenin dörtte bir oranında; yirmi beş ila otuz ayak arasındaysa, açıklığın üst kısmı çerçevenin sekizde bir oranında daraltılır. Açıklıkların yükseklikleri arttıkça, kapının kenarlarının dik olarak planlanacağı da açıktır.[5]

2. Çerçeveler de üste doğru genişliklerinin on dörtte biri oranında daraltılır. Lentonun (*supercilium*)[6] yüksekliği, çerçevenin üst kısmının genişliğine eşit olur. Çerçevenin pervazı (*cymatium*), çerçevenin altıda birini alır; çıkıntısı da genişliğine eşit olur. Bu pervaz, bordürüyle (*astragalus*) birlikte Lesbos işi yontulur.[7] Lentonun pervazı üzerinde yer alacak kapının frizi (*hyperthyrum*), lentonun yüksekliğinde olmalıdır; bu frize Dor işi bir silme[8] ve Lesbos işi bir bordür yapılmalıdır. Bunun üstüne yerleştirilecek korniş ve silmesi süssüz olacaktır, ayrıca

---

1 *Antepagmenta*: Kapı çerçevesini oluşturan üç kiriş; kapı kasası, çerçevesi; yatay olanı, bazen *antepagmentum* ya da *supercilium* (lento) olarak adlandırılır.

2 *Antepagmentum superius*: Özellikle içeri doğru açılan kapıların lentosu.

3 Kapının yüksekliği.

4 Pervazlardan bahsediliyor.

5 Herhangi bir daraltma olmayacaktır.

6 *Supercilium* (=*antepagmentum superius*): lento.

7 *Cymatium Lesbium=cyma reversa* (ters armudi).

8 *Cymatium Doricum=cyma recta* (doğru armudi).

çıkıntısı da yüksekliğine eşit olacaktır. Çerçevenin üstünde yer alan lentonun hem sağından hem solundan kaide gibi iki çıkıntısı olacak[1] ve bunlar yandan silmeyle birleştirilecektir.

Antepagmentum (kapı çerçevesi, kasası)

3. Kapılar İyon düzeninde olacaksa, açıklığın yüksekliğinin Dor kapılarındaki gibi ayarlanması uygundur. Genişlikleriyse, yüksekliğin iki buçuk birime bölünmesiyle ve bir birimin alttaki açıklığın genişliğine verilmesiyle hesap edilir. Daraltmalarda Dor düzenindeki kurallar geçerlidir. Çerçevenin genişliği, kapı açıklığının ön yüksekliğinin on dörtte biri olur, pervazı da bu genişliğin altıda birini oluşturur. Kalanı, pervaz hariç, on iki birime bölünür; bunların üç birimi bordürüyle birlikte ilk şeride (*corsa/fascia*) verilir; dört birim ikincisine, beş birim de üçüncüsüne gider. Bu şeritler, pervazlarıyla birlikte tüm kapıyı çerçeveler.

4. Frizler (*hyperthyra*),[2] Dor kapılarının frizleriyle aynı tarzda yapılır ve aynı ebatta olur. Sağa ve sola, dirsek (*parotides*) olarak da adlandırılan konsollar (*ancones*) yontulur; bu konsollar, yaprak hariç, lentonun en alt hizasına kadar uzanır. Ön yüzleri, yan çerçevelerin genişliğinin üçte ikisine denk genişlikte olur; ama en alt kısımları, en üst kısımlarından dörtte bir oranda daha ince olmalıdır.

Kapılar, menteşe serenleri (*scapus cardinalis*) toplam açıklığın genişliğinin on ikide birini oluşturacak şekilde birleştirilir. İki seren arasındaki gömme panellere (W*tympana*) bu on iki birimin üç birimi verilir.

5. Kapı panellerinin aralarındaki kuşaklar (*impages*) şu

---

1 Konsollar, dirsekler.

2 *Hyperthyrum* (ὑπέρθυρον): Çerçevenin üstündeki yapı unsurları.

şekilde düzenlenir: Kapının yüksekliği beş birime ayrıldıktan sonra ikisi üst kısma verilir, üçü de alt kısma. Orta kuşaklar kapının ortasında yer alır, diğerleri en üste ve en alta yerleştirilir. Bir kuşağın yüksekliği, bir panelin genişliğinin üçte birini teşkil eder; silmesi de, kuşağın yüksekliğinin altıda birini oluşturur. İç serenlerin genişliği, kuşakların yarısını teşkil eder; kapıların kanatlarının birleşme noktalarındaki dik sürgü (*replum*), kuşağın üçte ikisini alır. Çerçevelerin kenarlarına bitişik serenler, kuşakların genişliğinin yarısını teşkil eder.

Öte yandan kapılar çift kanatlı olacaksa, yükseklikleri aynı kalır, ama genişliklerine tek kanat genişliği daha eklenir. Kapı dört kanatlı olacaksa, o zaman yüksekliğe ilave yapılır.[1]

6. Attika düzeni kapılar, Dor düzeni kapıların oranlarıyla inşa edilir. İlaveten çerçevelerinde, pervazların altında çepeçevre uzanan şeritleri bulunur. Bu şeritler, çerçevenin, pervazı hariç, yedide ikisini teşkil edecek şekilde tanzim edilmelidir.[2] Attika düzeni kapıya kafes yapılmaz; çift kanatlı olmaz, tek kanatlı olur ve dışarıya doğru açılır.

Replum: Kapının iki kanadı birbirine kapandığında oluşabilecek aralığı dolduran, lentodan süpürgeliğe kadar uzanan dik sürgü, sürme, çubuk, kuşak, silme vb.

İşte elimden geldiğince Dor, İyon ve Korint tapınaklarının tasarımında gözetilmesi gereken oranları, geçerli yöntemleri dikkate alarak açıklamış bulunuyorum. Şimdi Etrüsk tapınaklarının planlarından ve bunların nasıl inşa edilmesi gerektiğinden söz edeceğim.

1 Genişliği, tek kapının yüksekliği eklenerek artırılır.

2 Çerçeveler yedi birime bölünür, bu şeritlerin her biri yedide ikisini alır.

7. Bölüm
Etrüsk Düzenini Sürdüren Tapınaklar[1]

1. Tapınağın inşa edileceği alan uzunlamasına altı birime ayrıldıktan sonra, bir birim çıkarılıp kalanı genişliğe verilsin. Sonra uzunluk iki eşit birime bölünsün; içteki, kutsal odanın ebatlarına ayrılsın, diğeri sütun düzenlemesi için ön kısma kalsın.[2]

2. Genişlik de on birime ayrılsın; bunların üç birimi sağdaki, üç birimi de soldaki küçük kutsal odaya verilsin; yani yapımı düşünülüyorsa yandaki kanatlara (*ala*). Kalan dört birim, tapınağın ortasındaki kutsal odaya verilsin. Ön girişte, kutsal odaların önünde yer alacak mekân, sütun düzenlemesi için şu şekilde tasarlansın: Köşe sütunlar, duvar bitimlerindeki çıkıntılı duvarların (*antae*) karşısına yerleştirilsin. Ortadaki iki sütun, tapınağın orta kısmı ile çıkıntılı duvarlar arasında kalan duvarların karşı hizasında yer alsın. Ayrıca çıkıntılı duvarlar ile ilk sütun dizisinin arasında tam ortaya ve aynı hizada ikinci bir sütun dizisi daha yerleştirilsin.

Bu sütunların alt çapları yüksekliklerinin yedide biri, yükseklikleriyse tapınağın genişliğinin üçte biri olsun; sütunun üst çapı da alt çapın dörtte biri oranında inceltilsin.

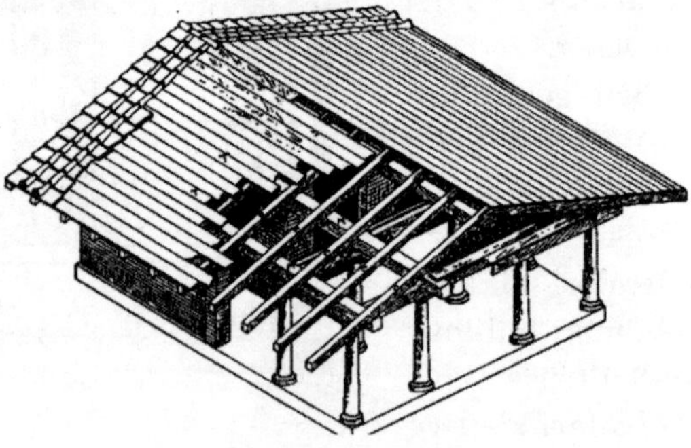

Vitruvius'a göre bir Etrüsk tapınağının kurulumu
(Bkz. Arndt (ed.) 1896-1912.)

[1] Roma'nın Tuscia düzenindeki tapınakları eski Etrüsk Düzeni tapınakların devamıdır. Vitruvius bu tarz tapınakları kendi döneminde bizzat gördüğü Etrüsk tapınaklarından hareketle açıklamaktadır.

[2] Sütunlarıyla birlikte ön cepheye.

3. Sütun kaidelerinin yüksekliği, sütunun alt çapının yarısı olsun. Kaidelerin yuvarlak altlıkları (*plinthus*), kaidenin yarı yüksekliğinde olsun; kaidenin üst dışbükey silmesi (*torus*), sütunun kaideye oturduğu oyuk silmeyle (*apophysis*)[1] birlikte kaide altlığıyla aynı yükseklikte olsun. Başlığın yüksekliği sütun çapının yarısı olsun, başlık tablasının genişliği sütunun alt çapına eşit oranda olsun. Başlığın genişliği üç birime ayrılsın, bunlardan biri tablaya, yani başlık tablasına (*plinthus=abacus*), ikincisi başlık çanağına (*echinus*), üçüncüsü de oyuk silmesiyle (*apophysis*) birlikte sütunun boyun kısmına (*hypotrachelium*) verilsin.

Apophysis (kaidede)

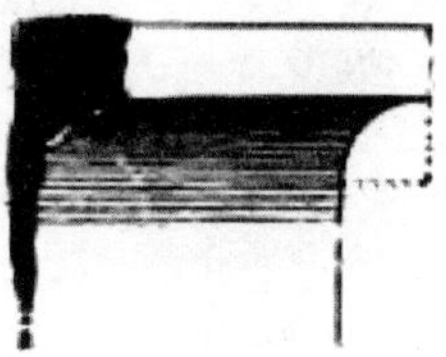

Apophysis (başlıkta)

4. Birbirine tutturulmuş ana kirişleri, sütunların üzerine, tapınağın ebatlarının gerektirdiği ölçüye uygun bir yükseklikte döşeyin. Birbirine tutturulmuş bu kirişler sütunun boyun kısmındaki üst çapına eşit bir kalınlıkta olsun, ayrıca bunlar tahta çivilerle ve kırlangıçkuyruğu geçmelerle aralarında iki parmak boşluk kalacak şekilde birleştirilsin. Çünkü birbirlerine değdiklerinde aralarında hava alacakları ya da rüzgâr esintilerini alacakları bir delik yoksa, aşırı derecede ısınırlar ve çabuk çürürler.

5. Ana kirişlerin ve duvarların üstündeki damlalıklar (*mutulus*), bir sütun yüksekliğinin dörtte biri oranında dışarıya doğru çıkıntı yapsın.[2] Bu çıkıntıların ön yüzüne koruyucu kaplamalar çakılsın; üstlerine alınlığın taştan ya da ahşaptan yapılma üçgen tablası (*tympanum*) yerleştirilsin. Alınlığın üstüne de mahya kirişi, ana mertekler ve aşıklar öyle döşensin ki, saçaklık tüm çatının üçte birini karşılasın.

[1] *Apophysis* (ἀποφυγη): Sütun gövdesinin kaideye temas ettiği yerdeki içbükey silme; ayrıca sütunun başlığıyla temas ettiği silmeye de bu ad verilir.

[2] Hem kirişlerden hem de tapınağın yan duvarlarından dışarıya.

Roma tapınaklarının en eski örneklerinden, Iupiter Capitolinus tapınağı (Bu tapınağın üç kutsal odası bulunur ve her birinin ayrı girişi vardır)

8. Bölüm
Daire Planlı Tapınaklar

1. Tapınaklar daire şeklinde de yapılır. Bunların bazıları *monopteros* olarak inşa edilir, yani sütunlarla çevrili, ama kutsal odasız; diğerleri *peripteros* (kutsal odanın etrafı sütunlarla çevrili) tapınak olarak tanımlanır.[1]

Kutsal odası olmayan tapınakların yüksek bir platformu (*tribunal*), bu platforma çıkan, tapınağın çapının üçte birine eşit bir de merdiveni bulunur. Bu sütun sekisinin üzerine, seki duvarının dış kenarları arasındaki çapa eşit yükseklikte, başlıkları ve kaideleri de dahil olmak üzere bu yüksekliğin onda birine eşit çapta sütunlar inşa edilir. Baştabanın yüksekliği, sütun çapının yarısına eşit olur. Friz ve frizin üstündeki diğer unsurlar, üçüncü kitapta simetrik oranlarla ilgili verdiğim bilgiler doğrultusunda yerleştirilir.

---

[1] *Monopteros* tapınaklarda kutsal oda yoktur, sütunlar bir daire etrafına dizilir. Bu tapınakların konik bir çatısı vardır.

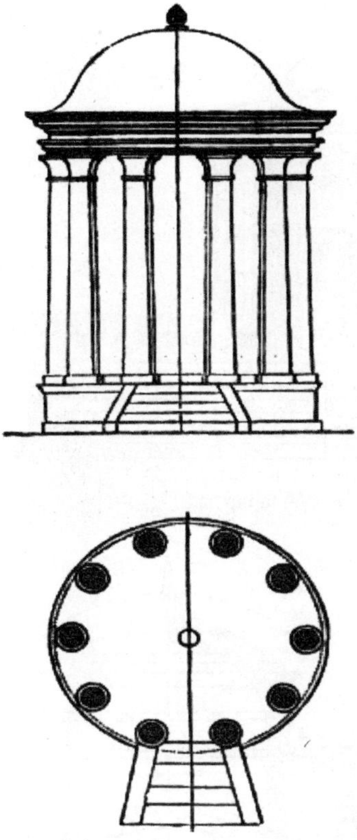

Monopteros tapınak örneği
(Bkz. Smith (ed.) 1890: 1110.)

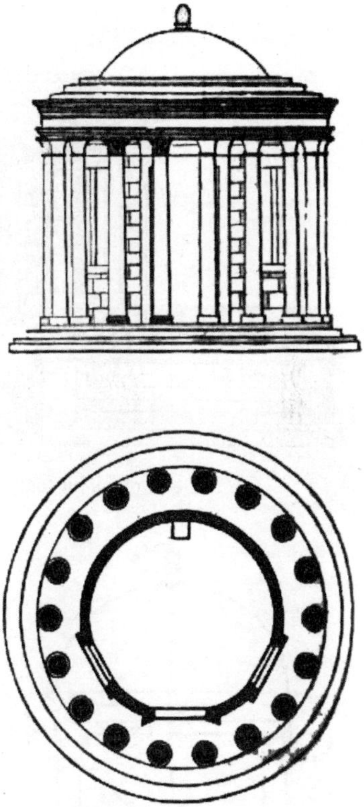

Peripteros tapınak örneği
(Bkz. Smith (ed.) 1890: 1110.)

2. Ama bu tapınak *peripteros* olarak tasarlanacaksa,[1] önce temelinden yukarıya doğru iki basamak ve bir sütun sekisi tasarlanacak. Ardından kutsal odanın duvarı, sütun sekisinin kenarından toplam çapın yaklaşık beşte biri oranında geriye çekilip öyle inşa edilecek. Duvarın ortasında da, girişi sağlayacak kapılar için bir yer ayrılacak. Duvarları ve etrafındaki yürüyüş alanı hariç kutsal odanın kendisi, sekinin üzerindeki sütunların yüksekliğine eşit olmalı. Kutsal odanın etrafını çevreleyen sütunlar da aynı simetrik oranlarla düzenlenmeli.

1 Bir sütun dizisiyle çevrelenen.

Daire planlı bir tapınak modeli (Vesta tapınağı)

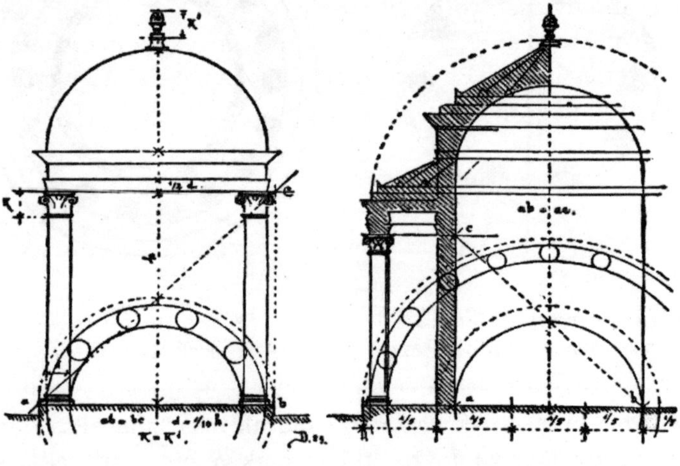

Vitruvius'a göre daire planlı tapınak modeli

3. Çatının ortası için şöyle bir oranlama yapılsın: Tüm tapınağın çapı ne kadar olacaksa, kubbenin yüksekliği, çiçek hariç, bunun yarısına eşit olsun. Çiçekse, piramit tabanı hariç, sütun başlıklarıyla aynı boyutta olsun. Diğer yapı elemanlarının da yukarıda açıklanan simetrik oranlara göre inşa edilmesi gerektiği açıktır.

4. Aynı simetrik oranlarda inşa edilen başka tapınaklar da vardır, ama bunların planları daha farklıdır. Örneğin Circus Flaminius'taki Castor Tapınağı ya da iki kutsal korunun arasında yer alan Veiovis tapınağı böyledir.[1] Diana'nın kendi kutsal korusundaki tapınağıysa bunun daha çarpıcı bir örneğidir. Bu tapınağın ön girişinin sağ ve sol kanatlarına sütunlar ilave edilmiştir. Circus'taki Castor Tapınağı gibi tapınaklar, ilk olarak Pallas Minerva onuruna Atina akropolünde ve Attika'daki Sounion'da inşa edilmiştir. Bu tapınakların birbirinden hiç farkı yoktur, oranları bire bir aynıdır; çünkü kutsal odalarının uzunluğu, diğer tapınaklarda olduğu gibi, genişliklerinin iki katıdır ve ön cephelerde görmeye alışkın olduğumuz bütün ayrıntılar, bu tapınaklarda yan taraflara aktarılmıştır.

5. Bazı mimarlar Etrüsk Düzenindeki tapınakların sütun yerleşim planlarını alıp bunları Korint ve İyon tapınak düzenlemelerine uyarlar ve ön girişteki çıkıntılı duvarların çıkıntı yaptığı noktalara, kutsal odanın duvarlarıyla aynı hizada iki sütun yerleştirirler. Böylece Etrüsk ve Yunan mimarisinin ortak mantığını vurgulamış olurlar.

6. Bazı mimarlarsa kutsal odanın duvarlarını kaldırıp bunun yerine sütun dizilerinin arasındaki boşlukları duvarla kapatırlar. Bu duvarları kaldırmakla da kutsal odaya çok daha geniş bir mekân ayırmış olurlar. Ama bu şekilde tüm diğer ayrıntılardaki simetrik oranları aynen korusalar da, yepyeni tasarıma ve yepyeni ada sahip bir tapınak, yani *pseudodipteros* tarzı bir tapınak yaratmış oldukları da aşikâr. Gerçi bu tarz tapınaklar, dini ritüellerin gereksinimlerine göre farklılaşır. Çünkü her tanrının kendine özgü bir dini ritüeli vardır, bu yüzden hepsine aynı ilkeler doğrultusunda tapınak dikmek imkânsızdır.

7. Böylece eski mimarlardan öğrendiklerim çerçevesinde tapınaklarla ilgili tüm teorileri açıkladım, düzenlerini ve simetrik oranlarını alt başlıklara ayırdım. Bunların farklı tasarımlarını ve hangi ölçütlere göre birbirlerinden ayrıldıklarını yazıya dökerek anlatmaya çalıştım. Şimdi ölümsüz tanrıların sunaklarından söz edeceğim; kurban törenlerinin gereksinimlerini karşılayan düzgün bir kuruluma sahip olabilsinler diye.

---

[1] Tapınağı Roma'da bulunan ve Iupiter'le özdeşleştirilen Etrüsk tanrısı (Vedius).

Daire planlı Delfi tapınağı (İÖ 580)

9. Bölüm
Sunaklar

1. Sunakların cephesi doğuya dönük olmalı ve duasını eden, kurbanını kesen insanlar yukarıya, tanrıya bakabilsin diye, tapınaktaki tanrı heykellerinden daima daha aşağıda yer almalıdır. Bu sunakların yükseklikleri de farklı farklı olur, çünkü her biri kendi tanrısına uygun olarak dikilir. Yüksekliklerini ayarlarken, Iupiter'in ve bütün göksel tanrıların sunaklarını mümkün olduğunca yüksek yapmaya, Vesta'ya, Toprağa, Denize adanan sunaklarınsa daha aşağıda yer almasına dikkat etmek gerekir. Bu bilgiler dikkate alınırsa, sunakların mimari tasarımları da hakkınca yerine getirilmiş olur.

İşte tapınak tasarımlarını bu kitapta bu şekilde anlattıktan sonra, bir sonraki kitapta kamu binalarının planlarıyla ilgili açıklamalara geçeceğiz.

V. KİTAP

Kamu Binaları

Önsöz

1. Yaratıcı düşüncelerini ve öğretilerini çok daha hacimli kitaplarda dile getirmiş yazarlar, ey Hükümdarım, yazılarına çok büyük ve olağanüstü bir yetkinlik kattılar. Keşke şartlar bizim çalışmalarımız için de aynı olsa ve bu öğretilerin yetkinliği, kitapların hacmini genişlettikçe çoğalsa. Ama bu sanıldığı kadar kolay bir şey değil. Çünkü mimarlık üzerine yazmak, tarih ya da şiir üzerine yazmaya benzemez. Tarih başlı başına okuyucunun ilgisini çeken bir konudur, çünkü özünde çok çeşitli ve yepyeni şeyler öğrenme umudu taşır. Şiir de melodik vezniyle, kafiyesiyle, kelimelerin zarif dizilişiyle ve seçkin karakterlerin fikirlerini mısralara döküp ifade edişiyle okuyucunun gönlünü fethederek hiç sıkmadan kitabın sonunu getirir.

2. Ama mimari eserler için böyle bir şey imkânsızdır, çünkü bu sanatın kendine özgü gereksinimlerini karşılamak için türetilmiş terimler, alışılmadık anlamlarıyla aklımızı karıştırır. Terimler böyle kendiliğinden apaçık olmadığında ve anlamları günlük dile yabancı olduğunda da, bu işin erbablarının çok dolambaçlı bir üslupla kaleme aldıkları yazılarını kısaltıp birkaç duru ifadeyle açıklayacak hale getirmezsek, sürekli tekrarlarla örülü hantal üslubun yol açtığı karmaşa, okuyucunun zihninde belirsiz fikirler doğuracaktır. Bu nedenle ben anlamı açık olmayan terimlerden ve yapı elemanlarının ölçülerinden bahsederken, hafızada kalıcı olsun diye, lafı fazla dolandırmayacağım. Böylece okuyucunun zihni bunları daha rahat kavrayabilecektir.

3. Ayrıca görüyorum ki, vatandaşlarımızın kafası zaten kamu işleriyle, şahsi işleriyle çok meşgul; kısa yazmak istememin bir sebebi de bu. Bu şekilde olursa, zaten kıt zamanı olan okuyucu belki daha kısa sürede anlar yazdıklarımı. Dahası Pythagoras ve onun takipçisi olmuş düşünürler bile öğretilerini kitaplaştırırken bir küpü kendilerine örnek almışlar; yani bir küpün 216 çizgiden ibaret olduğunu tespit edip bir eserin üç küpten fazla olmaması gerektiğini düşünmüşler.

4. Küp, bütün kenarları eşit genişlikte, yüzeyleri tam kare bir cisimdir. Yere atıldığında, hangi kenarına düşerse düşsün, dokunulmadığı sürece kımıldamadan sabit durur; tıpkı oyuncuların tavlaya attıkları zarlar gibi. Belli ki Pythagorasçılar da bu durumdan hareketle böyle bir benzetme yapmışlar; çünkü küpte tespit olunan miktarda satır düşünce ufkumuza düştü mü, artık hiç kımıldamadan hafızada öylece sabit kalır.

Keza Yunan komedi şairleri de araya koronun söylediği bir şarkı yerleştirip oyunlarını bölümlere ayırmışlar. Küp hesabına dayalı böyle bir bölümlemeyle de oyunlarına fasılalar vererek oyuncuların konuşmalarını hafifletmişler.

5. Büyüklerimizin gözettiği bu yöntemler doğa yasasına dayalı yöntemler olduğuna göre, ben de pek çok insana alışılmadık ve müphem gelen meseleler üzerine yazmak zorunda olduğumun farkında olduğuma göre, okuyucunun zihnine daha kolay nüfuz edebilmek adına bari eserimi kısa bölümler halinde yazayım dedim; çünkü bu şekilde anlaması daha kolay olacak. Bu bölümleri de belirli bir sıraya oturttum ki, insanlar aradıkları bilgiyi ayrı ayrı yerlerden toplamak zorunda kalmasın, bunun yerine ilgilendiği konuya dair açıklamaları tek bir külliyatta ve tek bir kitapta bulsun.

Buna uygun olarak, ey Caesar, üçüncü ve dördüncü kitapta tapınakların ölçülerini açıkladım, bu kitaptaysa kamu mekânlarının tasarımlarını ele alacağım. İlk olarak da *forum*un nasıl inşa edilmesi gerektiğinden söz edeceğim; çünkü hem kamu işlerinin hem de şahsi işlerin idaresi yargıçlar tarafından oradan yürütülmekte.

1. Bölüm
Forum ve Bazilika

1. Yunanlar, kare şeklinde, çok büyük ebatlarda ve çift kat revakları olan *forum*lar inşa eder ve bunları taştan ya da mermerden baştabanları olan, bitişik nizamlı sütunlarla süslerler; üste de ahşap zeminli galeriler yaparlar. İtalya'daki şehirlerde bu ölçülerde bir *forum*ın inşa edilmesi mümkün değil, çünkü atadan kalma bir âdet uyarınca bizde gladyatör gösterileri de *forum*da yapılır.

2. Bu yüzden gösteri alanının etrafını çok geniş aralıkları olan sütunlarla çevreleyin, revakların etrafına tefecilerin dükkânlarını, üstteki ahşap zemine de balkonlar yerleştirin;[1] bu şekilde bir yerleşim planı hem işlevsel olur hem de kamu hazinesine epey bir kazanç sağlar.

Ama *forum*un büyüklüğü nüfusla doğru orantılı olmalı, yani ne kullanım maksadına aykırı düşecek kadar küçük boyutta olmalı ne de yeterince insanla dolmadığında boş bir çölü andırmalı bu *forum*. Genişliğini de, uzunluğu üç birime ayırdıktan sonra bunun ikisini genişliğe vererek belirleyin. Bu şekilde hem uzunca bir biçimi olmuş olur hem de gösterilerin amacına uygun bir tasarımı.

3. Üst kattaki sütunlar, alttakilerden dörtte bir oranda daha küçük yapılmalı; çünkü alttaki sütunlara epey bir yük bineceğinden, üsttekilerden daha güçlü olmak zorundalar. Ayrıca biz kendimize gelişip büyüyen bitkilerin doğasını örnek almalıyız; örneğin köknar, servi ve çam gibi yuvarlak, düz gövdeli ağaçları. Bunların her birinin köklerine yakın kısımları hep daha kalın olur, sonra incele incele boy atıp yükselir, tepeye doğru da doğal ve orantılı şekilde daralarak büyür. O halde doğa bitkilerin bu şekilde büyümesini uygun görmüşse, o zaman bir binanın üst kısımlarının alttakilerden daha az yüksekliğe ve daha az kalınlığa sahip olacak şekilde yapılması, doğru verilmiş bir karardır.

---

[1] Seyircilerin gösterileri izlemesi için.

4. Bazilikanın[1] kurulacağı alan *forum*un bitişiğinde ve olabildiğince en sıcak cephesinde olmalıdır ki, kış aylarında iş adamları kötü hava şartlarından etkilenmeden oralarda toplanabilsin. Bazilikanın genişliği, uzunluğunun üçte birinden az, yarısından daha fazla olmamalı; tabii yerin doğası buna bir engel oluşturmadığı ve simetrisinde herhangi bir oynama yapılmasına gerek kalmadığı sürece. Ama bazilikanın kurulacağı alanın uzunluğu daha fazla olacaksa, o zaman uçlara Khalkis stili sundurmalar (*chalcidica*) yapılsın; tıpkı Iulia Aquiliana'dakiler gibi.

5. Bazilikaların sütun yüksekliğinin, yan koridorun genişliği kadar olması öngörülür. Bir koridorun genişliği, bazilikanın orta bölümünü oluşturacak alanın genişliğinin üçte birini teşkil etmelidir. Üst kattaki sütunlar, az önce belirttiğimiz gibi, alt katın sütunlarından daha küçük olsun. Üst katın sütunları ile alt katın sütunları arasına yerleştirilecek korkuluk duvarının,[2] üst kattaki sütunlardan dörtte bir oranda daha kısa olması tercih edilir; çünkü bu şekilde bazilikanın alt katındaki iş adamlarının üst katında gezinen insanlarla bir teması olmaz. Baştabanlar, frizler ve kornişler, üçüncü ve dördüncü kitapta açıklandığı gibi, sütunların orantısına göre tasarlanmalıdır.

6. Fanum şehrinin[3] Iulia kolonisinde benim planladığım ve bizzat yapımına nezaret ettiğim[4] bazilikaya benzer şekil-

---

1 *Basilica* (βασιλική): Mahkeme olarak kullanılan bina veya tacirlerin ya da iş adamlarının toplantı mekânı. Roma bazilikalarından söz eden bazı Yunan yazarları, bu binaları *stoai basilikai* ya da sadece *stoai* olarak adlandırır. Bazilikanın ilk biçimi *agora*dan ya da *forum*dan bağımsız, iş adamlarının buluştuğu bir portiko olarak veya küçük bir *agora* olarak tanımlanabilir. Vitruvius'a göre bazilika, *forum*un üstü kapalı bir bölümüdür. Daha sonraki yıllarda bazilikalar, Hıristiyan kiliselerine dönüşmüştür. Bazilikaların zemin planlarının hepsi dörtgendir. Bazilikanın ana binasının kurulacağı alan uzunsa, uçlarına adını Khalkis şehrinden alan Khalkis tarzı sundurmalar (*chalcidica*) yapılır ve yargıçlara ya da tacirlere tahsis edilir. Khalkis tarzı sundurma, çok geniş, basık ve derin sundurmadır. Kendi çatısıyla örtülüdür, payandalara dayanır ve binanın ana girişini teşkil eder.

2 *Pluteus*: Parapet, parapet duvarı, korkuluk, korkuluk duvarı, alçak duvar, çelen.

3 Fortuna mabediyle ünlü bir Umbria şehri.

4 Colonia Iulia Fanestris: İÖ 27 yılında veya daha önce Augustus tarafından kurulmuş bir koloni. Vitruvius'un bahsettiği bazilikanın kalıntılarına rastlanmamıştır.

de yapılacak bazilikalar, vakar ve güzellik bakımından ondan aşağı kalmayabilir. Bu bazilikanın oranları ve simetrik yapısı şöyle kurulmuştur: Sütunlar arasındaki orta çatı[1] 120 ayak uzunluğunda, 60 ayak genişliğindedir. Bu çatının örttüğü bölümün etrafındaki sahanlık, yani dış duvarlar ile bu bölümün sütunları arasındaki alan, 20 ayak genişliğindedir. Sütunların yüksekliği tek tiptir ve başlıkları da dahil olmak üzere 50 ayaktır, çapı da beş ayaktır. Arkalarında, 20 ayak yüksekliğinde, 2.5 ayak genişliğinde ve 1.5 ayak kalınlığında payeler vardır. Bunlar portikoların üst döşemelerinin kirişlerini tutar. Bunların üzerinde 18 ayak yüksekliğinde, iki ayak genişliğinde ve bir ayak kalınlığında başka duvara bitişik sütunlar vardır.[2] Bunlar da portikonun ana merteklerini taşıyan kirişleri ve ana çatıdan daha aşağıda bulunan portikonun çatısını destekler.

7. Duvara bitişik sütunlar (*parastaticae*) ile sütunların (*columnae*) üzerine döşenmiş kirişlerin aralarında kalan boşluklar, sütun aralıklarından içeriye ışık sızsın diye bırakılmıştır. Ana çatının örttüğü mekânda, köşedeki sütunlar da dahil olmak üzere, sağda ve solda enlemesine dört sütun vardır; yine bu sütunlarla birlikte *forum*a bitişik olan uzun tarafta sekiz sütun vardır; diğer tarafındaysa, köşe sütunlar da dahil olmak üzere, altı tane sütun yer alır; çünkü bu kısımda ortaya iki sütun yerleştirilmemiştir; bunun nedeni, bazilikanın yan duvarının ortasına yerleştirilmiş ve hem *forum*un ortasına hem de Iupiter tapınağına bakan Augustus Tapınağının ön girişinin manzarasını kapatmamaktır.

8. Augustus Tapınağındaki yargıç kürsüsünün bulunduğu platform (*tribunal*), bir yarım daire dilimini andıracak şekilde tasarlanmıştır. Yargıçların önünde duran insanların bazilikadaki iş adamlarına mani olmayacakları şekilde tasarlanmış bu dilimin ön cephe genişliği 46 ayaktır, kavisin içe doğru derinliğiyse[3] 15 ayak.

---

1 Kaplumbağa kabuğu şeklinde, kemerli çatısı olan orta hol.

2 *Parastas, parastata, parastatica* (Yun. *parastatikē*): Duvara bitişik sütun, dört köşeli sütun, çıkıntı şeklinde köşeli sütun; (makinelerde) destek, direk, kenar direği.

3 Derinliği

Sütunların üzerine iki ayak uzunluğunda çepeçevre birbirine tutturulmuş üç adet keresteden yapılma kiriş[1] yerleştirilmiştir. Bu kirişler, iç kısımdaki üçüncü sütundan itibaren, ön giriş bölümünün (*pronaos*) çıkıntı yapan kenar duvarlarına (*antae*) döner ve hem sağda hem de solda platformun kavisine bitişir.

9. Kirişlerin üzerine, sütun başlıklarının tam eksenleri üstüne, destek olarak üç ayak yüksekliğinde ve her iki tarafı dört ayak genişliğinde belirli aralıklarla ayaklar yerleştirilmiştir. Bu ayakların üzerine çepeçevre iki ayak uzunluğunda iki keresteden yapılma, dışarıya doğru eğimli kirişler[2] yerleştirilmiştir. Bunların üzerine, sütun gövdelerinin, çıkıntılı duvarların (*antae*) ve ön girişin duvarlarının eksenlerine gelecek şekilde yerleştirilmiş destekleriyle birlikte bağ kirişleri, bir yandan bazilikayı boydan boya kateden bir mahya kirişini tutar, diğer yandan bunun merkezinden tapınağın ön giriş bölümünün üzerindeki mahya kirişini tutar.

10. Böylece bir tarak gibi iki yöne uzanan çatı alınlıklarının düzeni, hem ana çatının dış tarafına hem de içteki yüksek ahşap çatıya etkileyici bir görünüm kazandırır. İlaveten, baştaban süslemelerinin, korkuluk duvarlarının ve üst kat sütunlarının uygun dağılımı, iş yükünü azalttığı gibi maliyeti de büyük ölçüde düşürür. Öte yandan ana çatıyı tutan kirişlerin altına kadar kesintisiz olarak aynı yükseklikte uzanan sütunlar, hem çok masraf yapılmış gibi gösterir hem de yapıya çok daha heybetli bir hava verir.

2. Bölüm
Senato Binası

1. Hazine, hapishane ve senato binası *forum*a bitişik olmalıdır, ama boyutları ve simetrik yapısı *forum*unkilerle doğru orantılı olacak şekilde. Her şeyden önce özellikle senato binası ilin ya da şehrin vakarına yarışır şekilde yapılmalıdır: Eğer kare şeklinde olacaksa, genişliği ne kadarsa buna yarısı ilave edilerek yüksekliğe verilsin; yok eğer boyu eninden uzun ola-

[1] Baştabanlar.

[2] Korniş ya da saçaklık görevi gören.

caksa, boy ve en toplansın ve toplamın yarısı teknetavana (*lacunarium*) kadar olan yüksekliğe verilsin.

2. Bunun yanı sıra iç duvarlar ortalarına kadar ahşap ya da sıvalı (*opus albarium*)[1] kornişlerle[2] çevrilmelidir. Bu kornişler olmazsa, birbiriyle konuşup tartışan insanların sesleri havaya yükselir ve dinleyiciler ne dediklerini anlamaz. Ama duvarlar çepeçevre kornişlerle çerçevelenirse, ses aşağı seviyelerde kalır, havaya yükselip kaybolmaz, dolayısıyla dinleyicilerin kulağına anlaşılır şekilde gelir.

3. Bölüm
Tiyatro[3]

Sahne binasına perspektif bir bakış
(Bkz. Serlio (ed.) 1569)

1 *Opus albarium* (κονίᾱμα): Kireç, sönmüş alçı ve mermer tozuyla yapılan sıva; bu tür bir harç. Mermer taklidi bir hava verdiği için yalancı mermer veya taş hamuru olarak da adlandırılır. Bkz. Malacrino 2010: 73-74.

2 Çerçeve biçimli oymalı çıkıntılarla.

3 Eski tiyatrolar, yarım daire planlı, üst üste sıraları ya da oturma yerleri olan (*cunei*) binalardır. Bu oturma sıraları seyircilerin sosyal ve siyasal konumlarına göre ayrılır. Toplumun ileri gelenleri, örneğin

1. *Forum*un inşaatı bittikten sonra, sıra ölümsüz tanrılar onuruna kutlanan bayramlardaki oyunları izlemeye gelenler için, tıpkı birinci kitapta şehirlerin inşasıyla bağlantılı olarak anlattığım sağlık kurallarına uygun olarak, mümkün mertebe sağlıklı bir tiyatro arazisi seçmeye gelir. Çünkü gösteriler esnasında insanlar eşleriyle, çocuklarıyla oturup öyle hayran hayran oyunlara dalıp gidince, bu hayranlıktan kımıldamadan duran bedenleri gözeneklerini iyice açarak esen rüzgârların ta içlerine kadar işlemesine davetiye çıkarır. Hele bu rüzgârlar bataklıklı yörelerden veya başka hastalıklı bölgelerden çıkıp gelmişse, zararlı esintilerini bu bedenlere boca ediverir. Ama tiyatronun kurulacağı yerin seçimine özen gösterdiğimiz takdirde, bu tür olumsuzluklardan da kurtulmuş oluruz.

2. Bir de tiyatronun yapılacağı yerin güney yönüne bakmamasına çok dikkat etmeliyiz. Çünkü güneş tiyatronun yuvarını doldurunca, kavisinde sıkışıp kalan hava kendine dolanacak yer bulamayacağından, gitgide ısınmaya başlar, nihayet alev

---

senatörler ve yabancı elçiler sahnenin hemen yanındaki ilk sıralara, yani *orchestra*ya oturur; onların arkasındaki on dört sıra, atlı sınıfındakilere ayrılır; diğerleri de halka. Sahne üç bölüme ayrılır: Oyunun yapısına uygun olarak sütunlar, heykeller, resimler gibi sahne dekorlarının bulunduğu yer, yani sahne (*scena*); oyuncuların soyunma yeri olan sahne arkası (*postscenium*); *pulpitum* olarak da adlandırılan ve oyuncuların oyunlarını oynadıkları ve koronun (*chorus*) prova yapmak için geldiği sahne önü (*proscenium*). Yunan tiyatrolarında *orchestra* çok geniş bir alana yaygındır ve sahne dekorunun olduğu bölümün bir parçasıdır. Burada aktörler dans eder. Sahne dekorunun olduğu yerin önü olan *proscenium,* dar ve küçüktür. Ama Roma tiyatrosunda bu bölüm senatörlere vs ayrılmıştır. Buradaki oturma yerlerinin üstüne seyircileri güneşten, yağmurdan korunmak için tente (*peplus*) gerilmiştir. Tiyatrolar uzun süre ahşaptan ve oturma sıraları olmadan hizmet vermiştir. İlk olarak Pompeius, kırk bin kişilik taştan bir tiyatro inşa ettirmiştir. Bu tiyaroya, Venus'a adadığı bir tapınak yaptırmıştır. Tiyatro öyle tasarlanmıştır ki, tiyatronun oturma yerleri bu tapınağa giden basamaklar olarak işlev görür. Tiyaro düzeniyse, gösterilere gelenler aynı zamanda tanrıçaya tapınmaya geliyormuş izlenimi verir. Bu düzen *censor*ların hışmına uğramamak için bu şekilde kurulmuştur. Sonra sırasıyla Balbus tarafından bir tiyatro inşa edilmiştir; bir başkası Marcellus onuruna inşa edilmiştir. Bu çok geniş bir tiyatrodur. Bu tiyatroya ek olarak arka tarafta ve sahnenin sonunun etrafında, geniş çift sıra portiko yer alır. Burası seyircilerin kötü havalarda sığınabilecekleri bir mekândır.

alarak yakıp kavurur ve vücudun nemini emer. İşte bu yüzden bu tür sakatlıklar içeren bölgelerden özellikle uzak durmalı, kendimize sağlıklı yerler seçmeliyiz.

3. Eğer tiyatro dağlık bir arazide kurulacaksa, temelleri kurma işi kolayca halledilir, ama şartlar gereği bir düzlükte ya da bataklık bir arazide kurulacaksa, takviyeler ve altyapılar üçüncü kitapta tapınakların temelleriyle ilgili açıklamalarıma uygun şekilde inşa edilmelidir. Temellerin üzerine yapılacak, temel duvarlarından başlayarak yükselen kat kat basamaklar (*gradationes*)[1] için taş ya da mermer malzeme kullanılmalıdır.

4. Kavisli yatay geçitlerin (*praecinctiones*)[2] tiyatronun yüksekliğiyle orantılı, ama kendi yollarının genişliğinden daha yüksek olmaması gerektiği açıktır. Çünkü daha yüksek olurlarsa, sesi yansıtıp tiyatronun üst katlarından dışarıya verirler, dolayısıyla bu geçitlerin yukarısındaki sıralarda oturanların kelimelerin sonlarını tam olarak işitememelerine sebep olurlar. Kısaca tiyatronun düzeni, en alt basamaktan en üst basamağa kadar bir çizgi çekilecek olursa, bu çizginin bu basamakların hepsinin üst kenarına ve köşelerine değebileceği şekilde olmalıdır; çünkü bu şekilde ses bir engele takılmayacaktır.

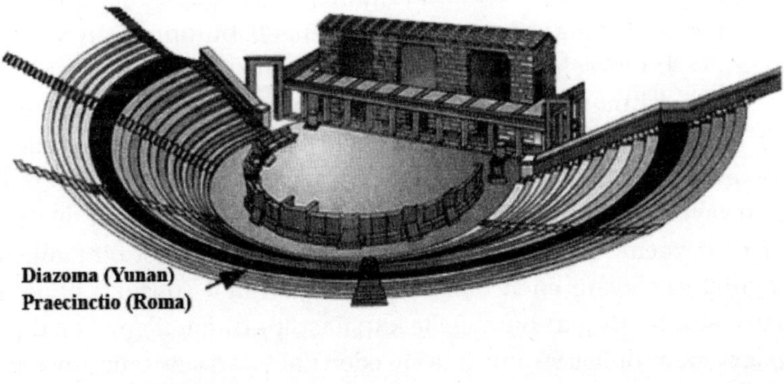

1 Oturma sıraları.

2 *Praecinctio* (διάζωμα): Tiyatronun (*cavea*) oturma sıralarının üst ve alt bölümlerini birbirinden ayıran geniş geçit, yatay geçit, koridor, sahanlık, meydan; (çoğ. *praecinctiones*).

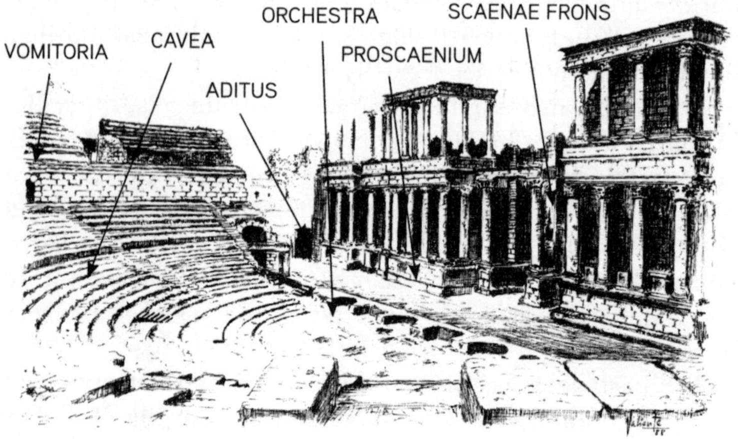

5. Girişler fazla sayıda ve çok geniş olmalı[1] ve üsttekiler ile alttakiler birbirinden bağımsız olmalıdır ve bu girişler tiyatronun her yerinde, kesintisiz ve düzgün bir hat üzerinde inşa edilmeli, dönemeçleri olmamalıdır. Çünkü bu şekilde gösteri bitip de tiyatrodan ayrılan insanlar birbirinin üstüne basıp çiğnemez, tiyatronun her yerinde kendilerine ayrı ayrı çıkış yolları bulurlar.

Çok dikkat edilmesi gereken bir husus da, tiyatronun kurulacağı yerin sesi kesmemesi, tam tersi sesi en net şekilde iletebilmesidir. Yankı oluşturacak bir engeli bulunmayan yerler seçilirse, bu mesele kolayca halledilmiş olur.

6. Ses, işitme organına çarpınca algılanan, dalga dalga yayılan bir hava akımıdır. Sonsuz sayıda daireler halinde hareket eder, tıpkı durgun suya bir taş atıldığında merkezden başlayarak gitgide yayılan ve yollarının sonuna gelene kadar da hareket düzenlerini bozacak dar bir yer ya da başka tür bir engel olmadıkça yayılmaya devam eden dalgaların oluşturduğu sonsuz sayıdaki daireler gibi. Bunlar bir engelle karşılaştıklarında, ilk oluşan dalgalar geriye döner ve onları takip eden dalgaların düzenini bozar.

7. İşte ses de aynı şekilde dairesel hareketlerle yayılır, ama sudaki daireler düz bir yüzeyde yatay olarak hareket ederken,

---

1 Oturma bölümüne ya da tiyatroya (*cavea*) girişlerden (*aditus*) söz ediliyor.

ses sadece yatay olarak ilerlemez, basamak basamak yukarı doğru da çıkar. Bu yüzden sudaki dalgaların düzeninde olduğu gibi, sesin düzeninde de, eğer ilk ses dalgası bir engelle karşılaşmamışsa, ne kendisinden sonra geleni ne de ondan sonrakileri kırar; hepsi hem en altta hem de en üstte oturan seyircilerin kulaklarına hiç yankı yapmadan ulaşır.

8. Bu yüzden doğanın izinden giden eski mimarlar tiyatroların basamak basamak yükselen sıralarını sesin[1] yükselmesiyle ilgili araştırmalarına dayanarak tasarladılar ve matematikçilerin armonik hesaplamalarından ve müzikal oranlardan yararlanarak sahnede çıkan her sesin seyircilerin kulağına daha net, daha hoş gelmesi için uğraş verdiler. Tıpkı çalgılarda, bronz levhalarla veya kemikten ses hazneleriyle (*corneis echeis*) tellerin sesinin net çıkmasının sağlanması gibi, eskiler de armoni kurallarıyla tiyatrolarda sesin gürlüğünü artırıcı yöntemler geliştirdiler.

4. Bölüm
Armoni

1. Armoni, özellikle Yunanca bilmeyenler için karışık ve zor bir müzik bilgisidir.[2] Bunu açıklamak istiyorsak Yunanca terimler kullanmak zorundayız, çünkü bu terimlerin bazılarının Latince karşılığı yoktur. Bu yüzden ben bu konuyu Aristoksenos'un eserinden alıntılarla, elimden geldiğince açık bir dille anlatacağım ve sona da onun diyagramını ekleyip ses perdelerinin yerlerini göstereceğim; böylece biraz dikkat buyurulduğu takdirde, mesele rahatça anlaşılabilecektir.[3]

---

1 Vitruvius bu bölümün belirli yerlerinde müzik kuramı ve akustikle ilgili *vox* terimini kullanarak insan sesini genel anlamda sesten ya da sedadan (*sonitus*) ayırır.

2 *Harmonica* (ἁρμονική): Müzik kuramının sesler arasındaki ilişkileri düzenleyen dalı. Bu pasaj çoğu edisyonda metni anlaşılmaz kılan bazı hususlar içerir, dolayısıyla edisyonların bu bölümü birbirinden çok farklıdır. Bu pasajın tercümesinde ve yorumlanmasında kaynak alınan edisyonlar: Marinius (ed.) 1836: 272; Philandri, vd. (ed.) 1649: 257; ayrıca bkz. Dahlhaus 1990: vii.

3 Aristoksenos: İÖ yak. 370'te doğan peripatetik filozof ve *Elementa Har-*

2. Ses, bir tondan diğerine geçip değişirken bazen tiz olur, bazen pes. Hareketi de iki türlüdür: Birinde sürekli bir etki uyandırır, diğerinde aralıklı. Sürekli ses herhangi bir perdede, herhangi bir yerde durmaz; sınırları belirgin değildir; yine de, tıpkı konuşurken *sol lux flos vox* dediğimizde olduğu gibi, ortadaki aralıklar hissedilir. İşin aslı bu durumda sesin ne başladığı yer anlaşılır ne sonlandığı yer, ama kulağımız tizden pese, pesten tize geçişini ayırt eder. Aralıklarla ilerleyen sesteyse tersi geçerlidir. Nitekim bu tür sesler değişirken belirli bir perdede, sonra bir başkasında durur ve kâh aşağı kâh yukarı tekrarlandıkça sabitlenmiyormuş gibi algılanır; tıpkı şarkı söylerken perdeden perdeye geçerek sesimizi değiştirdiğimizde olduğu gibi. Dolayısıyla sesin ezgi içindeki aralıklı hareketinde, hem başlangıç hem bitiş yeri perdelerde belirgin olarak algılanırken, bu perde aralıkları nedeniyle bu defa geçişler belirsizleşir.[1]

3. Üç çeşit makam kalıbı vardır: Yunanlar bunlardan ilkine *harmonia*,[2] ikincisine *khrōma*, üçüncüsüne de *diatonon* der. *Harmonia*, sanatkâranedir;[3] nitekim bu tarz şarkılara son derece ağır ve soylu bir hava hâkimdir. *Khrōma*, teknik inceliğiyle, sık aralığıyla tatlı bir haz verir. *Diatonon*daysa aralıkların genişliği, doğal olduğu için daha kolay algılanır. Bu üçünü birbi-

monica adlı eseriyle tanınan müzik kuramcısı. Vitruvius'un bahsettiği diyagram kayıptır.

1 *Sol lux flos vox* (güneş, ışık, çiçek, ses). Bu konuda gerekli açıklamalar için bkz. E. Öyken, *Antikçağ Müziği*, İstanbul: Alfa Yayınları.

2 Burada *harmonia* terimi geniş anlamıyla değil, Yunan-Roma müziğindeki üç makam kalıbından birinin adı olarak kullanılmıştır. Bu noktada belirtmeliyiz ki, antikçağ müziğiyle günümüz Batı müziği arasında, bu ikisini apayrı sistemler olarak tanımlamamızı gerektirecek farklar vardır. Batı müziğinin Yunanca kökenli başka birçok terimi gibi, armonik, kromatik ve diyatonik de anlam kaymasına ya da daralmasına uğramıştır. Bu yüzden oktav veya tetrakort gibi, anlamı günümüzde de aynı olanlar dışında, genellikle terimlerin metindeki özgün biçimlerini korumayı tercih ettik.

3 Aristoksenos *Elementa Harmonica* eserinde bu üç makam kalıbını açıklarken, insan doğasının ilk keşfettiği kalıbın, dolayısıyla en eski olan kalıbın *diatonon*; en yeni ve sofistike olanın, başka deyişle sanatkârane olanın da *harmonia* olduğunu belirtmiştir. Bkz. E. Öyken, *Antikçağ Müziği*, İstanbul: Alfa Yayınları.

rinden ayıran, tetrakort[1] düzenleridir: *Harmonia*daki tetrakort, iki ton ve iki *diesis*le[2] kurulur (bir *diesis* çeyrek tondur, dolayısıyla bir yarım tonda iki *diesis* bulunur). *Khrōma*daysa peş peşe gelen iki yarım ton vardır, üçüncü aralıksa üç yarım tonluktur. *Diatonon*a gelince, birbirini takip eden iki ton söz konusudur ve yarım tonluk üçüncü aralıkla tetrakort tamamlanır. Görüldüğü üzere bu üç kalıpta da tetrakortlar iki tam ve bir yarım tona eşitlenmiştir, ama her birindeki perdeler ayrı ayrı ele alınırsa, aralıkların düzenlenişi farklıdır.

4. Görünen o ki doğa sesi ton, yarım ton ve tetrakortlar oluşacak şekilde aralıklara ayırmış, bu aralıkların büyüklüklerine göre perdeleri belirlemiş ve genişliklerini sabitleyerek aralıklara özelliklerini katmış. İşte çalgıları imal eden ustalar da doğanın kurduğu bu düzenden yararlanarak aralıkların uyumuna göre kusursuz tasarımlar yaratmaktadır.

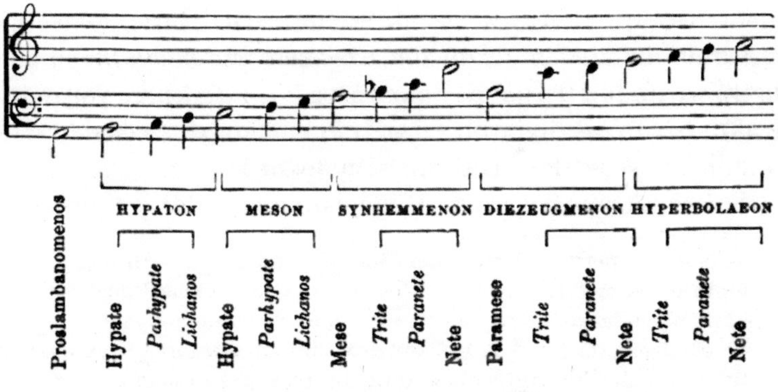

5. Her makam dizisinde on sekiz perde vardır, Yunancada bunlara *phthongoi* denir. Perdelerden sekiz tanesi her üç dizi için ortak ve sabittir; kalan on perde makamdan makama ge-

[1] İlki ve sonuncusu sabit, diğer ikisi değişken dört perdeden kurulu, toplamda iki buçuk ton oluşturan makam kalıbı. Bkz. E. Öyken, *Antikçağ Müziği*, İstanbul: Alfa Yayınları.

[2] Yunan müzik kuramında *diesis* en küçük aralığın adıdır, ama bu terim Batı müziğindeki diyezden farklı olarak, yarım tondan daha küçük aralıklar için de kullanılmıştır; nitekim bu metinde çeyrek tonu ifade eder. Bu yüzden çeviride de terimin Yunanca biçimi korunmuştur. Bkz. E. Öyken, *Antikçağ Müziği*, İstanbul: Alfa Yayınları.

çerken nağmelerde değişkenlik gösterir. Sabit perdeler, değişken perdelerin arasında yer alanlardır; tetrakordun bütünlüğünü sağlarlar ve farklı makamlarda kendi sınırlarında kalırlar. Bunlar şu şekilde adlandırılır: *proslambanomenos, hypatē hypatōn, hypatē mesōn, mesē, nētē synēmmenon, paramesē, nētē diezeugmenon, nētē hyperbolaiōn.*[1] Değişken perdelerse tetrakordun sabit perdeleri arasında yer alanlardır ve makam dizilerine göre konumları değişir. Bunların da adları şöyledir: *parhypatē hypatōn, likhanos hypatōn, parhypatē mesōn, likhanos mesōn, tritē synēmmenon, paranētē synēmmenon, tritē diezeugmenon, paranētē diezeugmenon, tritē hyperbolaiōn, paranētē hyperbolaiōn.*

6. Bu perdeler yer değiştirdikleri için farklı değerler kazanırlar, çünkü farklı aralıklarda ve artan mesafelerde konumlanabilirler. Örneğin *parhypatē, harmonia* dizisinde *hypatē*den sadece çeyrek ton uzakken, *khrōma*ya geçtiğinde bu aralık yarım ton olur. *Likhanos* olarak adlandırılan perde, *harmonia* dizisinde *hypatē*den yarım ton uzakken, *khrōma*ya kaydığında iki yarım ton ilerler, *diatonon*daysa *hypatē*den üç yarım ton uzaktadır. Dolayısıyla bu on perde, makam dizilerinde farklı konumlara geçerek üç çeşit makam doğurur.

7. Beş tetrakort vardır:[2] Birincisi ve hepsinin en pesi, Yu-

[1] Yunancada perde adları, lirdeki tel adlarından gelir. Antikçağ müziğinin temel çalgılarından olan lir, zaman içinde yapısal değişikliklere uğramış ve farklı adlarla anılmışsa da, en yaygın olanı yedi telli lirdir ve gövdenin sol tarafına yaslanır, sol elin parmakları ve sağ elde tutulan büyükçe bir mızrapla çalınır. Bu çalış pozisyonunda müzisyene en uzak tele, *nētē* (alt tel), bir yanındakine *paranētē* (alttakine yakın tel), sonrakine *tritē* (üçüncü tel), bir sonrakine, konumuna uygun olarak *mesē* (orta tel), diğer uçta müzisyene en yakın tele, *hypatē* (en üst tel), onun yanındakine *parhypatē* (en üsttekine yakın tel) ve kalan son tele de, çalındığı parmaktan dolayı *likhanos* (işaret parmağı) denilmiştir. İnce sesten kalına doğru inen bu düzende *nētē* en ince, *hypatē* de en kalın sesi verir ve teller tetrakortlara göre akortlanır. Bu bölümdeki perde adlarının hemen hepsi, Vitruvius'un birkaç cümle aşağıda verdiği 5 tetrakort adıyla tel adlarının birleşmesinden doğmuştur. Bkz. E. Öyken, *Antikçağ Müziği*, İstanbul: Alfa Yayınları.

[2] Yunan müzik kuramcıları *systema* (birleşim) olarak da tanımladıkları tetrakortları birbirine ekleyerek bir ana dizi (*systema teleion*) oluşturmuş ve her tetrakorda bu yapı içindeki konumuna ya da geçiş perdesi bulunup bulunmamasına bağlı olarak ayrı ad vermişlerdir.

nancada *hypaton* olarak adlandırılır; orta sırada yer alan ikincisine Yunanlar *meson* der; üçüncüsü birleşiktir, ona *synēmmenon* denir; dördüncüsü ayrıktır ve *diezeugmenon* olarak adlandırılır; en tiz tonda olan beşincisine de Yunancada *hyperbolaion* denir.

Yunancada *symphōniai* adı verilen, insan sesinin çıkarabildiği uyumlu aralıklarsa[1] altı tanedir: dörtlü, beşli, oktav, oktav ve dörtlü, oktav ve beşli, çift oktav.

8. Görüldüğü üzere bu aralıklar adlarını sayılardan alırlar; şöyle ki, mesela ses belirli bir perdede dururken, yerinden kayarak değişip dördüncü perdenin sınırına geldiğinde dörtlü, beşinciye geldiğinde beşli deriz.

9. İster telli çalgılarda duyulsun ister şarkıda, aralık ne iki olduğunda uyumludur ne de üç, altı ya da yedi. Ama demin de belirttiğim gibi dörtlü, beşli ve sonra çift oktava kadar sırasıyla diğer birleşimler, sesin doğasından kaynaklanan uygun sınırlara sahiptir. İşte o uyumlu aralıklar da Yunancada *phthongoi* adı verilen perdelerin bir araya gelmesinden doğar.

5. Bölüm
Tiyatrodaki Ses Güçlendirici Çanaklar

1. O halde matematik oranlara ilişkin bu araştırmaları göz önünde bulundurarak tiyatronun genişliğine uygun büyüklükte tunç çanaklar (ses güçlendiricileri)[2] yapılmalıdır. Bu çanakları, dokunulduğunda kendi aralarında dörtlü, beşli ve sonra çift oktava kadar sırasıyla uyumlu diğer aralıklarda ses çıkarabilecek şekilde imal edin. Sonra tiyatronun oturma sıralarının arasına nişler oyun ve bu çanakları müzikal derecelere göre o nişlere

---

1 Yunanca *symphōniai* ve Vitruvius'un bu terimi karşılamak için kullandığı *concentus* sözcüğü, burada müzik terminolojisindeki teknik anlamıyla, aynı anda ya da art arda duyulduğunda ahenkli gelen perde aralıklarını ifade eder.

2 *Vasa aerea = Ekheia.*

yerleştirin; öyle ki hiç duvara değmesinler; kenarlarında boş bir alan, tam tepelerinde de bir aralık olsun. Bir de çanakları ters çevirip koyun, sahneye bakan yüzünü alttan en az yarım ayak yüksekliğinde kamalar sokup sabitleyin. Nişlerin önünde, alt basamakların yatay derzlerinde de iki ayak genişliğinde ve bir ayak uzunluğunda açıklıklar bırakın.

2. Bu çanakların dizilişini ve yerleşecekleri yerleri şu şekilde ayarlayın: Tiyatro çok büyük olmayacaksa, yarı yüksekliğine yatay bir çizgi çekin ve birbirinden eşit uzaklıkta on üç tane kemerli niş inşa edin. Demin sözünü ettiğim çanaklardan, *nētē hyperbolaiōn* perdesinde tınlayan ikisini ilk sırayı oluşturmak üzere tiyatro kavisinin iki ucundaki nişlere yerleştirin. Sonra o uçtakilerden itibaren dörtlü aralık oluşturmak üzere *nētē diezeugmenon* perdesinde tınlayanları; üçüncü sıraya yine bir dörtlü aralık oluşturacak şekilde *paramesē* sesini veren çanakları; dördüncüye de *nētē synēmmenon* perdesine akortlanmış olanları yerleştirin. Beşinci sıraya bir öncekine göre dörtlü aralıkla *mesē* perdesinde tınlayan çanakları; altıncı sıraya aynı şekilde bir dörtlü aralıkla *hypatē mesōn* perdesine akortlu olanları; ortaya da aynı aralıkla *hypatē hypatōn* sesini verecek tek bir çanak yerleştirin.

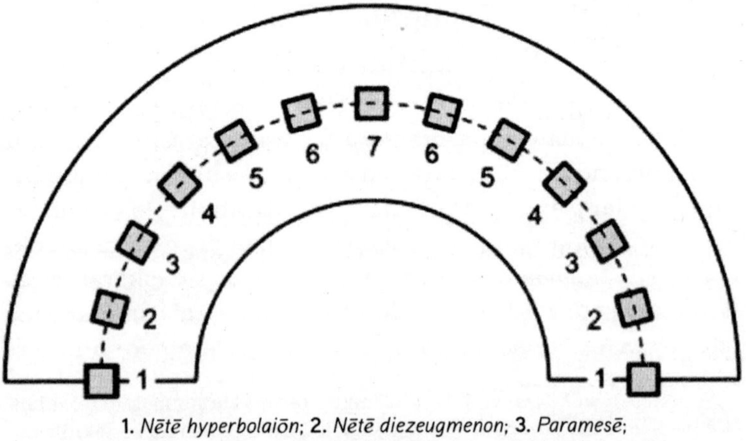

1. *Nētē hyperbolaiōn*; 2. *Nētē diezeugmenon*; 3. *Paramesē*; 4. *Nētē synemmenon*; 5. *Mesē*; 6. *Hypatē mesōn*; 7. *Hypatē hypatōn*. (Bkz. Schofield (tr.) 2009: 369.)

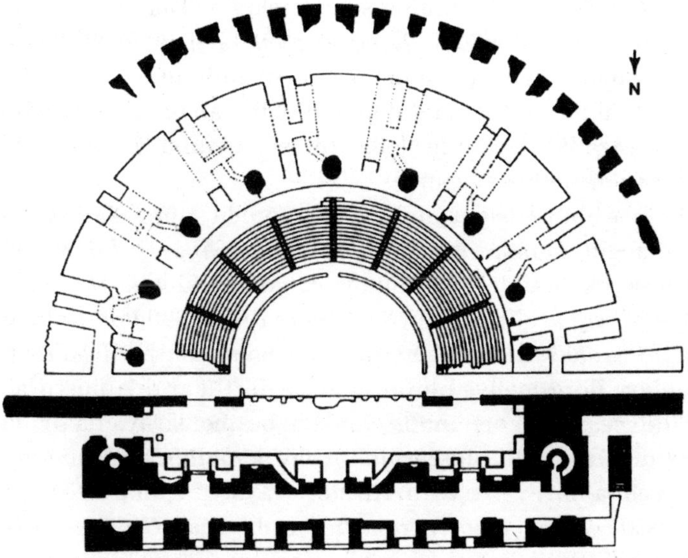

Scythopolis tiyatrosu (İsrail) ve ses yansıtıcı çanakların dizilişi
(Buradaki çanak sayısı dokuzdur)

3. İşte bu sistem sayesinde sahneden, bir merkezden çıkıyormuş gibi dalga dalga yayılan ses, çanakların iç kısımlarına tek tek çarparak, hem netliğini artırır hem de kendisiyle uyumlu bir seda yaratır.

Ama tiyatro çok daha büyük olacaksa, o zaman yüksekliği dört kısma ayırın ve bu şekilde yanlamasına üç niş kuşağı işaretleyip inşa edin; biri *harmonia*, diğeri *khrōma*, üçüncüsü de *diatonon* dizisi için. En alttan başlayarak ilk kuşağa, *harmonia* dizisine göre ayarlanmış çanakları demin daha küçük boyuttaki tiyatro için anlattığım şekilde yerleştirin.

4. Orta kuşaktaysa, tümü *khrōma* dizisine uygun olmak üzere, ilkin kavisin en uçlarına *hyperbolaion* perdesini veren çanakları yerleştirin; ikinci sıraya bunlarla dörtlü aralık oluşturacak şekilde *diezeugmenon*a akortlanmış olanları; üçüncüye *synēmmenon* perdesinde tınlayanları; dördüncü sıraya aynı şekilde bir dörtlü aralıkla *meson* perdesini verenleri; beşinciye yine dörtlü aralıkla *hypaton*a akortlu olanları yerleştirin. Altıncı sıraya gelince, oralara da *paramesē* perdesini veren çanakları yerleştirin, çünkü bu sonuncusu *khrōma* dizisinde hem beşli aralık oluşturduğu *hyperbolaion* hem de dörtlü aralık oluşturduğu *synēmmenon* perdesiyle uyumludur.

5. Bunların ortasındaki nişe hiçbir çanak konmamalıdır, çünkü *khrōma* dizisinde doğal bir ses uyumu yaratan başka herhangi bir perde yoktur.

En üst bölümde yer alan niş kuşağında, tümü *diatonon* dizisine uygun olmak üzere önce her iki uca *hyperbolaion* perdesini verecek şekilde hazırlanmış çanakları koyun; bir sonraki sıraya dörtlü aralık oluşturmak üzere *diezeugmenon* perdesine akortlu çanakları; üçüncü sıraya *synēmmenon* perdesinde tınlayanları; dördüncüye bir öncekilerle dörtlü aralık oluşturacak şekilde *meson*a akortlanmış olanları; beşinci sıraya da aynı şekilde dörtlü aralık oluşturmak üzere *hypaton* perdesine denk düşen çanakları yerleştirin. Altıncı sıraya yine bir dörtlü aşağıda, *proslambanomenos* perdesinde tınlayacak olanları, ortaya da *mesē* perdesini veren çanağı yerleştirin, çünkü bu hem oktav oluşturduğu *proslambanomenos*la hem de beşli oluşturduğu, *diatonon*daki *hypaton*la uyumludur.

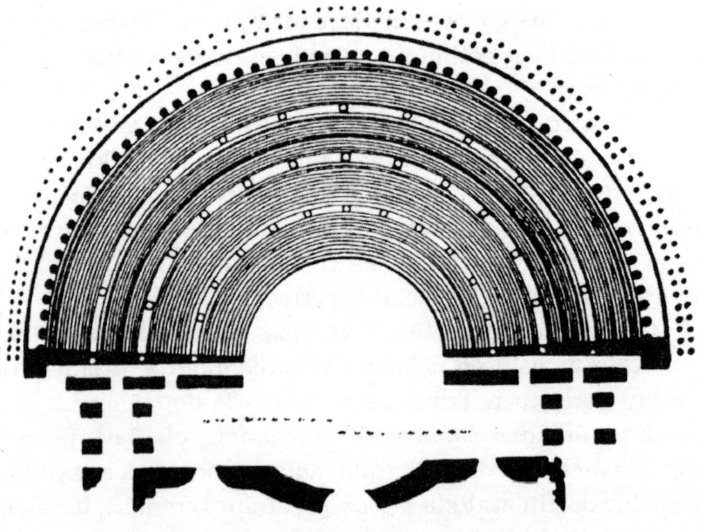

Girit'teki Lyttos tiyatrosu ve ses yansıtıcı çanakların dizilişi; (burada her üç sıra on bir çanak içerir.)

6. Bu bahsettiklerimizi kolayca hayata geçirmek istiyorsanız, kitabın sonundaki, müzikal oranlara göre çizilmiş diyagrama bakın. Çünkü Aristoksenos çok büyük bir yetenek sergileyip emek harcamış ve bu diyagramda farklı ezgi kalıplarını sınıflandırıp bize miras olarak bırakmış. Dolayısıyla onun kurduğu bu sistemi dikkate alan kişi, sesin doğal özelliklerine ve dinleyicilerin beğenisine uygun tiyatrolar inşa etmekte daha kolay hareket edecektir.

7. Belki biri çıkıp Roma'da her yıl onca tiyatro inşa edildiğini, ama bunların hiçbirinde bu tekniklerin uygulanmadığını söyleyebilir. Ama böyle söylemekle hata etmiş olur, çünkü bütün ahşap kamu tiyatrolarının bir sürü tahta kaplaması var ve bunlar ses geldiğinde ister istemez tınlar.[1] Bu söylediğimin doğru olduğunu, *kithara* eşliğinde şarkı söyleyenlerin daha yüksek tonda şarkı söylemek istediklerinde sahne kapılarının bulunduğu yöne doğru dönüp, bunlar sayesinde kendi sesleriyle uyumlu sesler elde etmelerinden de anlayabiliriz. Oysa tiyatrolar sert malzemelerden inşa edildiklerinde, yani sesle böyle tınlamayan kırma taştan, taştan,[2] mermerden inşa edildiklerinde, mecburen bu ses güçlendirici çanak düzenlemesine başvuracağız.

8. Gerçi bu çanakların hangi tiyatroda kullanıldığı sorulacak olursa, Roma'da buna bir örnek gösteremeyiz, ama İtalya eyaletlerinde ve birçok Yunan şehir devletinde gösterebiliriz. Ayrıca Lucius Mummius gibi bir kanıtımız da var; çünkü Korint tiyatrosu yerle yeksan olduktan sonra bu tiyatronun tunç çanaklarını gemisine attığı gibi Roma'ya getirdi, kazandığı savaşın ganimeti olarak da Luna tapınağına bağışladı.

Ayrıca pek büyük olmayan şehirler için tiyatro tasarımları yapmış birçok usta mimar, kaynakları kısıtlı olduğu için aynı ses sistemine sahip pişmiş topraktan küpleri tercih etmiş ve bunları aynı teknikle düzenleyip son derece yararlı sonuçlar elde etmiştir.

---

1 Vitruvius burada ahşabın yansıtıcı özelliğinden ziyade, sesi iletme özelliğini kastediyor; nitekim *sonare* fiilini kullanmış. Müzikle ilgili bölümün başında, akustik açıdan güçlendirilmiş tiyatroyu çalgılara benzettiğini, başka deyişle tiyatroyu büyük bir çalgı gibi düşündüğünü dikkate alırsak, sözünü ettiği kaplamalar altları boş, dolayısıyla salınımlı olduğundan, sahneden gelen sesle titreşmeye başlayan birer ses tablası işlevi görmektedir.

2 Betondan.

6. Bölüm
Tiyatro Planı

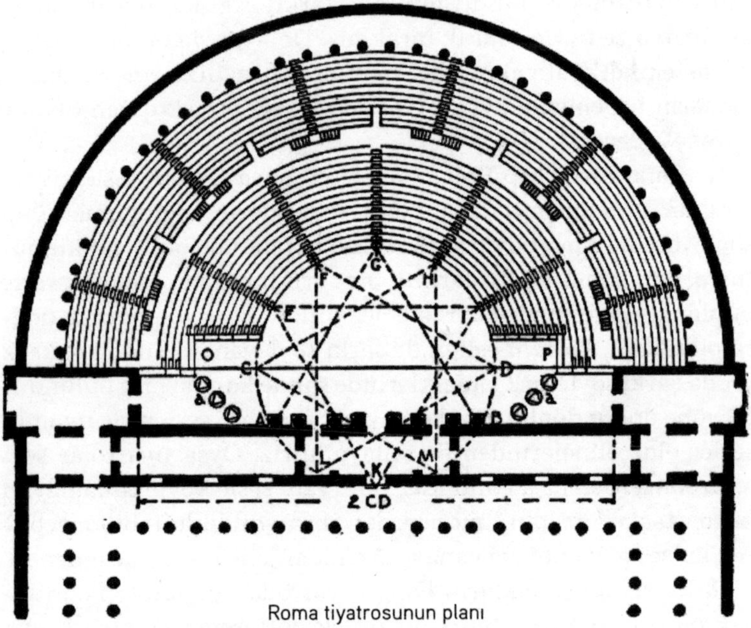

Roma tiyatrosunun planı

1. Bir tiyatronun planı şu şekilde yapılmalıdır: Tabanın çevre uzunluğu ne kadar olacaksa[1] pergelin ayağını merkeze yerleştirip buna eşit bir daire çizin, içine de dört eşkenar üçgen çizin; bu üçgenler birbirine eşit aralıkta olsun ve uçları dairenin çemberine değsin. Gökbilimciler de on iki burcu yıldızlarının armonik ilişkisine göre tasarlarken, hesaplarını böyle üçgenler çizerek yaparlar. Bu üçgenlerden, kenarı sahne binasına (*scaena*) en yakın olanını alın; bunun kenarının dairenin kavisini kestiği hizada[2] sahne binasının ön cephesi olsun (*scaenae frons*). Sonra dairenin merkezinden bu kesite paralel bir çizgi çizin; bu çizgi, ön sahne (*proscaenium*) platformunu (*pulpitum*) *orchestra* alanından ayırsın.[3]

1 *Orchestra* kastediliyor.
2 Dairenin bir dilimini.
3 Roma tiyatrolarında senatörlerin ve seçkinlerin oturduğu bölüm.

2. Bu şekilde bizim sahne platformumuz Yunan tiyatrolarınınkinden daha derin olacaktır, çünkü bizim oyuncuların hepsi sahnede rol alır, *orchestra*daysa senatörlere tahsis edilen yerler bulunur. Bu platform en fazla beş ayak yüksekliğinde olmalı ki, *orchestra*da oturanlar sahnede rol alan oyuncuların tüm hareketlerini izleyebilsin. Tiyatroda seyircilere ayrılan kama biçimli bloklarsa (*cunei*) öyle bölümlenmeli ki, blokların arasında yukarı yükselen merdiven basamaklarının ilk sahanlığa (*praecintio*) kadarki yönü, tam da bu üçgenlerin dairenin çemberine değen açılarına denk gelmeli. Bu sahanlığın üstündeki oturma bloklarıysa, alttaki oturma bloklarının her birinin ortasına denk düşecek ara yollarla (*itinera*) tasarlanmalı.[1]

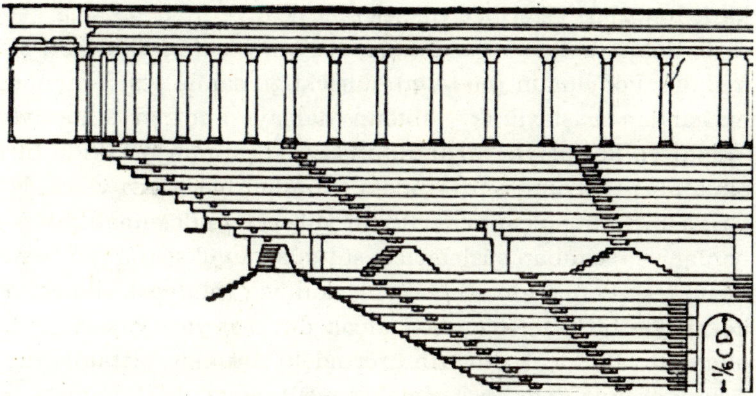

Üst kat blokları ve alt katların ortasına düşen ara basamakları

3. Bu açıların, yani alttaki merdivenlerin yönünü tayin edecek açıların sayısı yedi olacak, diğer beş açı sahne binasının tasarımını belirleyecektir. Buna göre, ortadaki açının karşısında kraliyet kapıları (*valva regiae*) olacak, sağdaki ve soldaki açılar misafirler için ayrılan bölümlerin (*hospitalia*) kapı konumunu belirleyecek, en uçlardaki iki açı da kanatlardaki (*versurae*) geçitlere karşılık gelecektir. Seyircilerin oturacağı uzun oturma sıralarının (*subsellia*) basamak yüksekliği de bir ayak ve bir karıştan daha az, bir ayak ve altı parmaktan daha fazla olmaya-

1 Üst blokların arasındaki merdivenlerden söz ediliyor.

cak; derinliği de en fazla iki buçuk ayak, en az iki ayak olacak şekilde tasarlanacaktır.

4. En üst basamakta yer alacak portikonun çatısı, sahne binasının tepesiyle[1] aynı yükseklikte olacak şekilde hizalanmalıdır. Böylece sahneden yayılan ses, en üstteki oturma sıralarına ve çatıya aynı tonda ulaşacaktır. Ama bu hiza doğru tutturulmaz da çatı daha alçak olursa, ses ilk o noktaya çarpar ve orada da kesilir.

5. *Orchestra*ya gelince; en alt basamakların arasındaki çapı ne kadar olacaksa, bunun altıda birini alın. *Orchestra*nın her iki ucunda, tam girişlerin bulunduğu noktalarda, en alt oturma sıralarını bu ölçüye denk bir yükseklikte kesin; kestiğiniz yeri, girişteki kemerlerin başlangıç seviyesi olarak belirleyin;[2] bu şekilde tonozları yeterince yüksek olacaktır.

6. Sahne binasının uzunluğu, *orchestra* çapının iki katı olmalıdır. Podyumun (*podium*) yüksekliği, sahne platformunun hizasından başlayarak, tabanın dalgayı andıran silmesiyle (*unda*) ve kornişiyle birlikte, *orchestra* çapının on ikide biri olmalıdır. Podyumun üzerindeki sütunlar, başlıkları ve kaideleriyle birlikte bu çapın dörtte bir yüksekliğinde olmalı, baştabanlar ve baştaban süslemeleri sütunların yüksekliğinin beşte birini teşkil etmelidir. Üstteki alçak duvar (*pluteus*), silmesi ve kornişiyle birlikte aşağıdaki alçak duvarın yarı yükseliğinde olmalıdır. Bu alçak duvarın üzerindeki sütunlar, alttakilerden çeyrek oranda daha kısa olmalı; bu sütunların baştabanları ve süslemeleriyse yüksekliklerinin beşte birini teşkil etmelidir. Sahne binası üç katlı (*episcenium*) olacaksa, tepedeki alçak duvar ortadakinin yarı yüksekliğinde olmalı, tepedeki sütunlar ortadakilerden dörtte bir oranda az olmalıdır; aynı şekilde kornişleriyle birlikte baştabanları bu sütunların yüksekliğinin beşte birini teşkil etmelidir.

7. Buna rağmen bütün tiyatrolarda bu boyutların tüm ihtiyaçlara ve istenen etkiye cevap vermesi mümkün değildir. Mimar, bir simetrinin hangi orantıya gereksinim duyduğunu ve

[1] Sahnenin arka duvarının tepesi kastediliyor.

[2] Kemerin başlangıç noktası, üzengi: 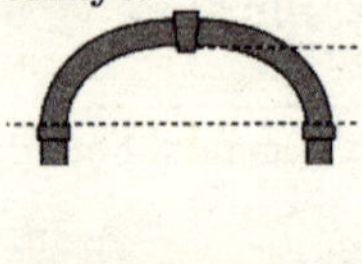

bunu yerin doğasına veya yapıtın büyüklüğüne göre nasıl ayarlayacağını gözetmek zorundadır. Çünkü küçük tiyatrolarda olsun, büyük tiyatrolarda olsun, işlevleri aynı olduğu için aynı boyutta olması gereken öğeler söz konusudur; örneğin basamaklar, yatay geçitler (*diazomata*), korkuluk duvarları, yollar, yukarıya çıkan merdivenler, sahne platformu, yüksek makamdaki kişilere ayrılan şeref locaları (*tribunalia*) ve bunlar gibi pratik kullanımı aksatmamak için orantıdan ödün verilmesini gerektirecek başka detaylar. Aynı şekilde malzeme eksikse, yani inşaat esnasında önceden temin edilen mermer, kereste ya da başka tür bir malzeme yeterli gelmemişse, ufak eklemeler, çıkarmalar yapmanın bir sakıncası yoktur; yeter ki akıllıca hareket edilip mesele fazla abartılmasın, yapı bambaşka bir şeye benzemesin. Mimarın saha tecrübesi varsa, kıvrak bir zekâdan ve teknik yetenekten de yoksun değilse, bu iş kolay hallolur.

8. Sahne binalarının kesin çizgilerle belirlenmiş kendine has bir donanımı vardır: Şöyle ki, ortadaki kanatlı kapılar kraliyet saraylarını andıran süslemelere sahiptir; sağdaki, soldaki kapılar misafirler içindir, hemen yanlarında sahne dekorasyonlarına ayrılmış yerler vardır; Yunanlar bunlara döner kanatlar (*periaktoi*) der. Böyle demelerinin sebebi, bu yerlerde merkezleri etrafında dönen, her üç yüzünde farklı bir dekor sergilenen üçgen mekanizmaların bulunmasıdır: Oyunda sahne değiştiğinde veya şimşekler, gök gürültüleri eşliğinde bir tanrı sahnede belirdiğinde bu üçgenler döndürülüp farklı bir dekora sahip yüzleri öne çıkarılır. Bu döner alanın yanında biri *forum*dan, biri de şehir dışından sahneye girişleri sağlayan kanatlar uzanır.

9. Üç tür sahne düzeni vardır: Birine tragedya içerikli sahne düzeni denir, diğerine komedya içerikli, üçüncüsüne de yergi içerikli. Bu sahnelerin dekoru birbirine benzemez, içerikleri de farklıdır; çünkü tragedyayla ilgili sahneler sütunlar, alınlıklar, heykeller, saraylara ve krallara has başka tür ayrıntılar içerir; komedyayla ilgili olanlar evleri, balkonları temsil eder; aynı evlerdeki gibi sıralanmış pencerelerden görünen manzaralarıyla birlikte. Yergi içerikli olanlarsa, ağaçlarla, mağaralarla, dağlarla donatılmıştır ve bunlar gibi tabiat manzarasını betimleyen başka yöresel görünümlerle.

Maenianum: Bir evin dışarıya doğru çıkan bölümü, bir tür balkon veya cumba; genellikle çoğul (*maeniana*) olarak kullanılır.

7. Bölüm
Yunan Tiyatroları

1. Yunan tiyatrolarında her ayrıntının bu kurallara uygun şekilde inşa edilmesi mümkün değildir; çünkü her şeyden önce en alt dairede[1] Roma tiyatrosunda dört üçgenin açısı, Yunan tiyatrosundaysa üç karenin açısı çember çizgisine değmektedir. Bunlardan, kenarı sahneye en yakın olan ve dairenin kavisini kesen kare, kesiştiği alanda sahne binasının ön cephesinin sınırını oluşturur.[2] Bu alandan dairenin dıştaki kenarına paralel bir çizgi çekilir, bu çizgi boyunca tiyatronun ön sahnesi kurulur. *Orchestra*nın merkezinden başlayarak ön sahnenin (*proscaenium*) bulunduğu yere paralel bir çizgi çekilir; bu çizginin çemberin sağını ve solunu kestiği noktalar, yarım dairenin uçlarında merkez olarak işaretlenir. Sonra pergelin ucu sağ noktaya konup sol noktanın mesafesine eşit bir yarıçapla sahnenin sol tarafına bir daire çizilir. Aynı şekilde pergelin ucu sol noktaya konup sağ noktanın mesafesine eşit bir yarıçapla sahnenin sağ tarafını kesecek şekilde bir daire çizilir.

---

1 *Orchestra* planında.

2 *Orchestra* ile tiyatronun arka duvarı arasındaki bölüm.

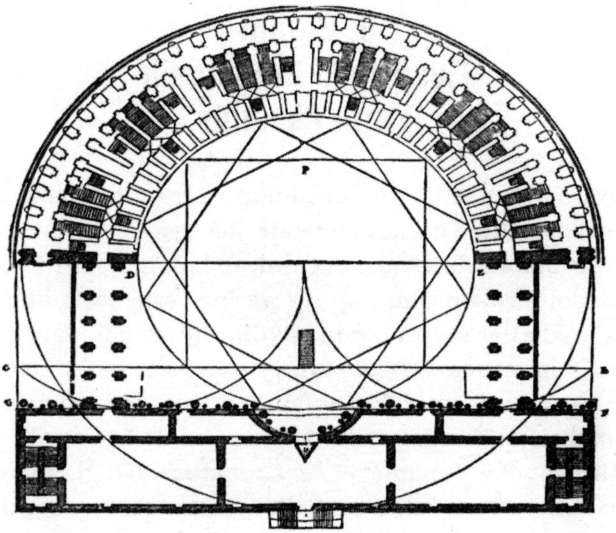

Yunan tiyatrosunun planı

2. Üç merkezli bu plan sonucunda Yunanlar çok geniş bir *orchestra*ya sahip olmuş olur; ayrıca daha girintili bir sahneye ve derinliği daha az olan bir sahne platformuna (*pulpitum*). Yunanlar bu platforma *logeion* (konuşma yeri) derler. Nedeni, tragedya ve komedya oyuncularının sahnede rol alması, diğer oyuncuların rollerini tüm *orchestra* boyunca sergilemesidir. Zaten bu yüzden bunlar Yunancada *scaenici* (sahnedeki oyuncular) ve *thymelici* (*orchestra*daki koro) olarak ayrı adlarla anılırlar.[1] *Logeion*un yüksekliği, on ayaktan az, on iki ayaktan fazla olmamalıdır. Kama şeklindeki oturma bölümlerinin (*cunei*) arasındaki yukarıya doğru yükselen merdiven basamakları, ilk kavisli yatay geçide kadar (*praecinctio*) doğrudan doğruya karelerin açılarına yönlenmeli, yatay geçidin üzerindeki merdiven basamaklarıysa, ilk merdivenlerin arasında, ortaya yerleştirilmelidir ve yukarıya doğru kaç yatay geçit yapılacaksa, merdivenlerin sayısı da ona göre hep artırılmalıdır.

---

1 *Thymele*, Yunan tiyatrosunun *orchestra*sında Dionysos'a adanmış sunaktır. Performanslarını sahnede sergileyen oyuncular, esas kahramanlar, ikinci ve üçüncü dereceden rol alan oyunculardır. *Thymele* oyuncularıysa, koro ve flütçüdür.

8. Bölüm
Tiyatronun Kurulacağı Yerin Akustiği

1. Bütün bunlar büyük bir dikkat ve ustalıkla halledildikten sonra, özellikle dikkat etmemiz gereken bir konu da, sesin sakin bir tonda gelmesini, yankı yapıp kulağı anlaşılmaz kelimelerle doldurmamasını sağlayacak bir yerin seçimidir. Çünkü bazı mahaller vardır, sesin yayılmasını doğal olarak önler; örneğin Yunancada *katēkhountes* denen, sesi yutan mahaller; Yunanlar arasında *periēkhountes* olarak adlandırılan, sesi dağıtan mahaller; Yunanların *antēkhountes* dediği, yankı yapan mahaller ve yine Yunanların *synēkhountes* dediği, sesi çoğaltan mahaller. Sesi yutan mahaller, çıkan ilk sesin yukarıya doğru yükselirken üstte karşılaştığı sert bir cisme çarpıp aşağı çökerken ardından gelen sesin yükselmesine engel olduğu mahallerdir. **2.** Sesi dağıtan mahaller, etrafta döne döne en nihayet ortada toplanıp dağılan sesin, kelimelerin son hecelerini yutup onları manasız bırakarak geçip gittiği yerlerdir. Yankı yapan mahaller, sesin sert bir cisme çarpıp aksettiği ve son söylenen hecelerin iki kez işitilmesine neden olduğu mahallerdir. Sesi çoğaltan mahallerse, sesin alttan destek alıp kademe kademe artıp yükseldiği, kulağın kelimeleri açık ve seçik şekilde duymasına neden olduğu mahallerdir. Dolayısıyla yer seçimine gereken özen gösterilirse, bu özen sonucunda sesin kapasitesi tiyatroların gereksinimlerine uygun hale getirilmiş olacaktır.

Tiyatroların plan çizimleri arasındaki ayrımsa şu şekilde belirlenecektir: Karelerle tasarlanan tiyatrolar Yunanların âdetlerine uygun, eşkenar üçgenlerle tasarlanan tiyatrolarsa Romalıların âdetlerine uygun olanlardır. İşte bu talimatları uygulamaktan çekinmeyen kişi, kusursuz tiyatrolar inşa edecektir.

9. Bölüm Sahne Binasının Arkasındaki Portikolar ve Yürüyüş Yolları

1. Sahne binasının arkasına portikolar inşa edilmelidir; böylece sağanak yağmur bastırıp da oyunlara ara verildi mi, insanların tiyatrodan çıkıp sığınabilecekleri bir yer olmuş olur; ayrıca koro için de provalarını yapabileceği geniş bir mekân (*choragia*) sağlanmış olur. Örneğin Pompeius tiyatrosunun portikosu,[1] Atina'daki Eumenes portikosu,[2] tanrı Liber tapınağının portikosu gibi; ayrıca tiyatrodan çıkarken sol kolda yer alan *odeum* (müzik tiyatrosu).[3] Bu *odeum*u Themistokles taş sütunlarla çevrelemiş, Perslerden ganimet olarak aldığı gemilerin direkleri ve serenleriyle de bir çatı yapmış. Burası Mithridates'le yapılan savaşta yanmış, ama sonradan Kral Ariobarzanes tarafından da onarılmış. Bir de İzmir'de Venus Stratonicis tapınağının portikosu var; Tralles'teki stadyumun her iki yanında tiyatrolardakine benzer portikolar da var. Mesleğinde aşırı titiz mimarlara sahip başka şehirlerde de tiyatroların çevresinde böyle portikolar ve üstü açık yürüyüş yolları mevcut.

2. Görünen o ki, bu portikoların çift sıra sütunlu bir planı, dış tarafta baştabanları ve süslemeleriyle standart ölçü sistemine göre yapılmış Dor düzeninde sütunları olmalıdır.[4] Genişlikleri de şu şekilde ayarlanırsa, uygun olacak: Dış sütunların yüksekliği ne kadar olacaksa, portikoların genişliği de en dışta-

---

1 Roma'da Pompeius tarafından İÖ 55 yılında inşa edilen ilk kalıcı tiyatro (Theatrum Pompeii); bu tiyaronun sundurması da aynı yılda Pompeius tarafından yaptırılmıştır (Porticus Pompeii).

2 Bergamalı II. Eumenes'in inşa ettirdiği Eumenes Stoası (=Porticus), Akropolis'te Herodes Atticus *odeion*u ile Dionysos tiyatrosu arasında yer alır.

3 *Odeum* (ᾠδεῖον): Tiyatroya benzer şekilde yarım daire planlı oturma yerleri olan, üstü çatılı, küçük Yunan tiyatrosu. Müzikle ilgili müsabakaların ve gösterilerin, konserlerin düzenlendiği, yeri geldiğinde şiir müsabakalarının da yapıldığı bina. İlk *odeum*, İÖ 5. yüzyılda kurulmuş, hatta bazen sadece *theatron* (tiyatro) olarak adlandırılmıştır. Tiyatroyla arasındaki en büyük fark, tiyatrodan daha küçük olması ve sesin dağılmasını engellemek için çatıyla örtülü olmasıdır.

4 Vitruvius bu tür ifadelerle yerleşik mimari kuralları ima ediyor.

ki sütunların alt kısımlarından ortadaki sütunlara, ortadaki sütunlardan da portikonun yürüyüş yollarını içine alan duvarlara kadar aynı oranda olacak. Ortadaki sütunlar dış sütunlardan beşte bir oranda daha yüksek yapılacak, ayrıca ya İyon düzeninde ya da Korint düzeninde tasarlanacak.

3. Ancak bu sütunların oranları ve simetrik yapısı tapınaklar için verdiğim yöntemlere göre hesaplanmaz. Çünkü tanrıların tapınaklarında ciddiyet esassa, portikolarda ve benzer yapılarda da zarafet esastır. Bu yüzden eğer sütunlar Dor düzeninde olacaksa, bunların yüksekliği başlıklar da dahil olmak üzere 15 birime ayrılacak ve bunlardan biri standart ölçü (*modulus*) olarak belirlenecektir ve bütün yapının mimarisi bu ölçüye göre teşkil edilecektir. Buna göre, sütunun alt çapı iki modül, sütun aralığı beş buçuk modül, başlık hariç sütun yüksekliği on dört modül; başlık da bir modül yüksekliğinde ve altıda bir modül genişliğinde olacaktır. Yapının geri kalanının boyutları da, dördüncü kitapta tapınaklarla ilgili belirtmiş olduğum hesaplar çerçevesinde oluşturulacaktır.

4. Sütunlar İyon düzeninde olacaksa, kaide ve başlık hariç olmak üzere, sütun gövdesi sekiz buçuk birime ayrılsın, bunlardan biri sütun çapına verilsin; kaide, altlığı da dahil olmak üzere, bu çapın yarısı olsun; başlığın orantısıysa, üçüncü kitapta tarif ettiğim şekilde kurulsun. Sütun Korint düzeninde olacaksa, gövde ve kaide İyon düzenindeki gibi, başlıksa dördüncü kitapta belirttiğim şekilde orantılansın. Sütun sekisine, farklı yükseklikte küçük tabanlar kullanılarak bir ilave yapılacaksa,[1] bunun tarifi için üstte üçüncü kitaptaki açıklamalarıma başvurulsun. Baştabanlar, kornişler ve geri kalan her şey, daha önceki kitaplarda anlatmış olduğum sütunların oranlarına denk gelecek şekilde ayarlanacaktır.

5. Portikoların arasında, üstü açık olan orta alanların bahçelerle süslenmesi gerekiyor. Nedeni, açık havada yapılan yürüyüşlerin sağlığa çok iyi gelmesi, özellikle de gözlere; çünkü yeşil bitkilerden yayılan hafif ve temiz hava, hareket halindeki bedene nüfuz ederek görüşü berraklaştırır; gözlerden o ağır salgıları boşaltıp keskin bir görüş ve net bir bakış kazandırır.

---

[1] Dışbükey bir eğri verilecekse.

Dahası yürüyüş esnasında beden ısındığı için, temiz hava azalarımızdaki nemi emerek ağırlığını azaltır; böylece bedenin taşıyamayacağı fazlalıkları dağıtmış, hafifletmiş olur.

6. Bunun böyle olduğu, kapalı yerlerdeki kaynak sularından, hatta yeraltındaki bataklıklı akıntılardan da anlaşılabilir. Bu sulardan hiç buhar bulutları yükselmez; oysa üstü açık, havadar alanlarda güneş doğarken ısısını dünyaya dokundurduğu anda, ıslak, sulak yerlerin rutubetini kaldırdığı gibi dertop edip havaya yükseltir. Bu yüzden eğer üstü açık yerlerde, tıpkı bulutların toprağın nemini emmesi gibi, havanın da bedenin istenmeyen salgılarını emdiği aşikârsa, o zaman hiç tartışmasız şehirlere de üstü açık, havadar, çok geniş ve çok hoş yürüyüş yolları yapmak bir zorunluluktur, diyorum.

7. Ama bu yürüyüş yollarının her zaman kuru ve çamursuz olması içinse şöyle yapılmalı: Alan olabildiğince derin kazılıp temizlensin. Sağ ve sol tarafına taş[1] künkler döşensin; yürüyüş yoluna bakan duvarların içine, alt uçları künklere eğimli küçük borular yerleştirilsin. Kanalizasyon yapımı bu şekilde halledildikten sonra, burası önce kömürle doldurulsun, ardından yürüyüş yollarının üzerine kaba kum atılıp düzleştirilsin. Böylece hem kömürün doğal geçirgenliği hem de künk ve boru düzeneği suyun fazlasını çekecektir, dolayısıyla yürüyüş yolları da kuru ve rutubetsiz kalmış olacaktır.

8. Dahası bu tür yapılar eskilerin inşa ettiği ve ihtiyaç zamanlarında vatandaşlar için elzem malzemelerin yedeklendiği depoları da barındırır. Şu bir gerçektir ki, şehir kuşatma altındayken odundan başka her şey daha kolay temin edilir. Örneğin tuz, kuşatmadan önce hemen getirtilebilir; buğday, devlet tarafından veya şahıslarca hemen toparlanabilir, hatta yetersiz gelse bile, sebzelerle, etlerle veya bakliyatla telafi edilebilir; su da kuyular kazarak veya aniden bastıran yağmurlarda kiremitlerden akarken toplanabilir. Ama yemek pişirmek için şart olan odunu tedarik etmek zor ve zahmetli bir iştir, çünkü nakledilmesi zaman alır ve fazla fazla tüketilir.

9. İşte böyle zamanlarda yürüyüş yolları açılır ve mensup olduğu kavme göre her vatandaşa tek tek belirli miktarlarda

[1] Betondan.

odun dağıtılır. Böylece üstü açık yürüyüş yolları iki muhteşem şey sağlamış olur: Birincisi, barış zamanında sağlık; ikincisi, savaş zamanında emniyet. O halde bu talimatlara uygun şekilde sadece tiyatroların gerisinde değil, bütün tanrı tapınaklarında da böyle gezinti alanları tesis edilirse, vatandaşlara çok büyük faydaları dokunabilir.

Bence bu konuda bu kadar ayrıntı yeter, şimdi sıra geldi hamamların mimari düzenlemelerini açıklamaya.

10. Bölüm
Hamam

Roma hamamı, Bath, İngiltere

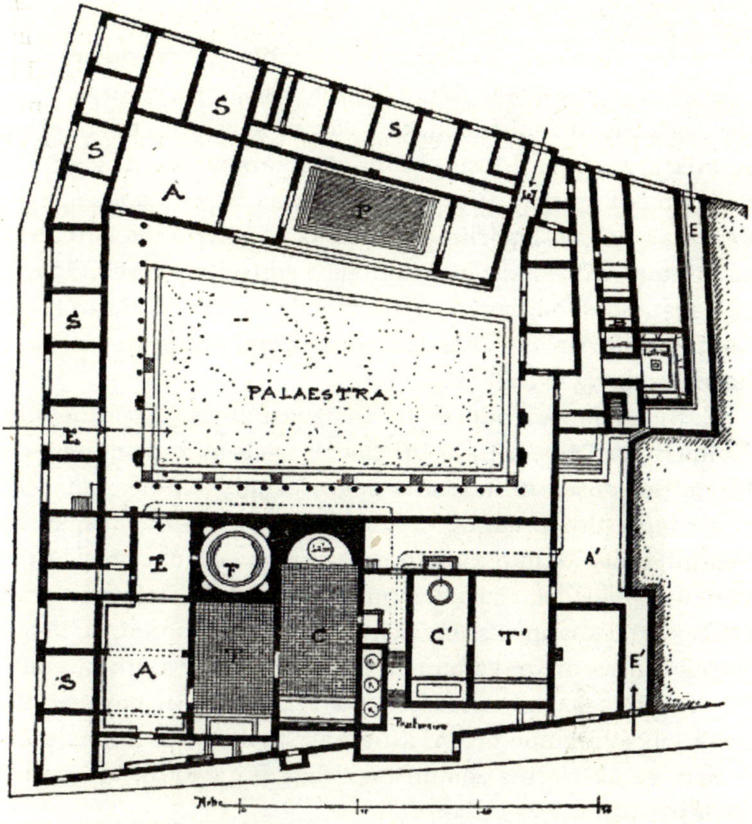

Hamam planı: **A-T:** Erkeklere özel hamam odaları; **A'-T':** Kadınlara özel hamam odaları; **F.** *Frigidarium*; **T,T':** *Tepidarium*; **C,C:** *Caldarium*; **K,K,K:** Külhanın bulunduğu yerdeki su kazanları; **E:** Girişler; **P:** Havuz

1. Hamamlar için öncelikle mümkün mertebe sıcak bir yer seçilmeli, yani kuzey ve kuzeydoğu rüzgârlarından uzak bir yer. Sıcak ve ılık hamam odalarının (*caldaria*, *tepidaria*) güneybatıdan ışık alması gerekir ya da yerin doğası müsait değilse, en azından güneyden ışık almalıdır; çünkü yıkanma için en uygun zaman öğlen ile akşam arasıdır. Ayrıca kadınlara ve erkeklere ayrılan sıcak hamam odalarının (*caldaria*) birbiriyle bağlantılı ve aynı alanda yerleştirilmesine de dikkat edelim; çünkü bu şekilde her ikisinin de aynı su kazanlarından (*vasaria*) ve aynı külhandan (*hypocausis*)[1] yararlanması mümkün olacaktır. Külhanın üstüne biri sıcak, diğeri ılık, üçüncüsü soğuk olmak üzere üç tunç kazan[2] konmalı ve bunlar o şekilde düzenlenmeli ki, sıcak su kazanından harcanan su miktarı hemen ılık su kazanından karşılanırken, soğuk su kazanından da aynı miktarda su, ılık su kazanına aksın.[3] Bu kazanlar öyle yerleştirilmeli ki, sıcak su kazanında harcanan su miktarı, ılık su kazanından telafi edilsin, aynı şekilde ılık su kazanından harcanan su miktarı da, soğuk su kazanından telafi edilsin; ilaveten hamam havuzlarına açılan yarı silindir hazneler de[4] aynı külhanla ısıtılsın.

2. Sıcak hamam odalarının asma zeminleri şu şekilde inşa edilmelidir: Tabana ilkin bir buçuk ayak kare uzunluğunda kiremitler döşensin, külhana doğru eğimli şekilde; yani içeri bir top atıldığında, bu topun altıldığı yerde hiç durmadan kendiliğinden dönüp külhanın ağzına yuvarlanacağı şekilde; çünkü böylece ısı, asma zeminin altında daha kolay deveran edecektir. Tabanın üstüne sekiz inç uzunluğunda[5] tuğladan payeler inşa edilsin ve bunlar tepelerine iki ayaklık kiremitler konabilecek bir mesafede yerleştirilsin. Bu payeler, iki ayak yüksekliğinde olsun, kılla karıştırılmış kil harcıyla sıvansın ve üzerlerine zemini taşıyacak iki ayaklık kiremitler yerleştirilsin.

---

1 *Hypocausis* (ὑπόκαυσις): Hamamın altında bulunan ve hamam odalarını alttan ısıtan büyük ocak, külhan, cehennemlik; *Hypocaustum* ya da *hypocauston* (ὑπόκαυστον): Hamamları külhanla ısıtmak için sıcak hava borularından oluşan ısıtma sistemi, alttan ısıtma sistemi; alttan ısıtılan oda; terleme odası, *vaporarium*).

2 Veya bakır kazan; bkz. Rich 1849: 18.

3 Bu kazanlar ocağın üstüne monte edilir. En altta sıcak, ortada ılık, en üstte de soğuk su kazanı yer alır ve birbirine ufak borularla bağlanır. Sıcak ve ılık su, aynı ocakla ısıtılır. Sıcak su kazanından harcanan su anında ılık su kazanından karşılanır, ılık su kazanından harcanan su da hemen soğuk su kazanından karşılanır. Bkz. Henderson 1824: 105.

4 Bir ucu kapalı, diğer ucu açık, yarı silindir sıcak su hazneleri (*testudines*).

5 *Bisalis* (*bessalis*) *laterculus*: Sekiz inç (20.32 cm) uzunluğunda kiremit.

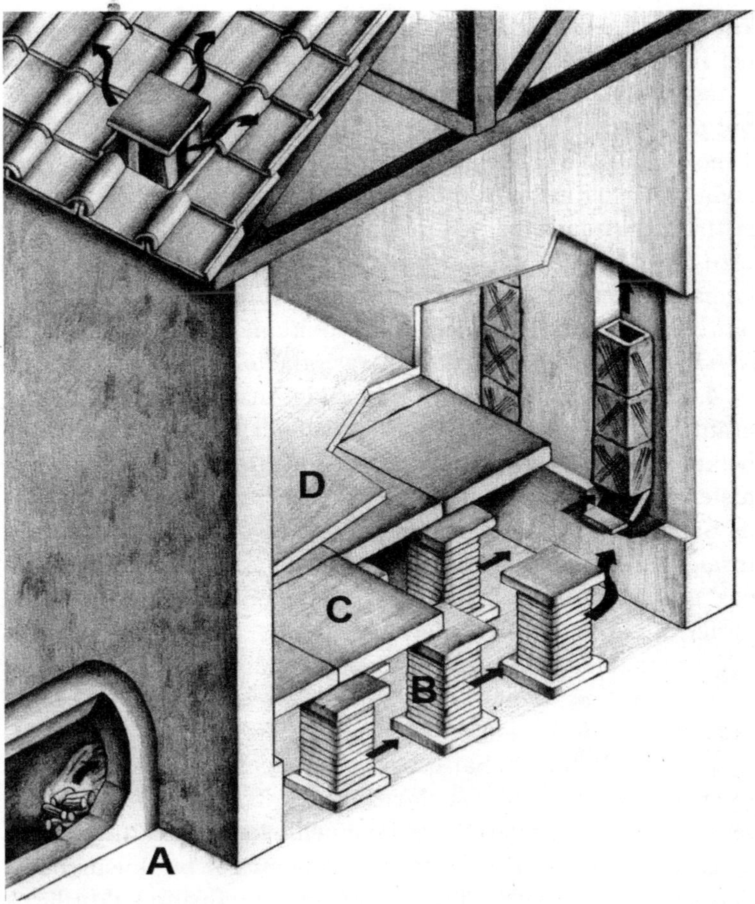

A. Külhan; B. Tuğla payeler; C. Kiremit döşeme; D. Zemin

3. Tonozlu tavanlar taştan yapılacak olursa, çok daha kullanışlı olur; ama ahşap kirişlerden yapılacaksa, o zaman alt yüzü kiremit kaplama bir tavan (*opus figlinum*) oturtulsun.[1] Ancak şu şekilde inşa edilsin: Önce demir çubuklar[2] ya da yaylar[3] hazırlansın. Bunlar ahşap kasaya[4] demir kancalarla asılsın, müm-

[1] *Opus figlinum*: Sıcak hamam odasının tonozunun alt yüzünün kiremitle kaplanması.

[2] Düz tavanlar için.

[3] Kubbeli tavanlar için.

[4] Ahşap kirişlere.

kün mertebe sık aralıklarla. Bu demir çubuklar ya da yaylar, her ikisinin arasına düz kiremitlerin oturtulabileceği ve bunları taşıyabilecekleri bir mesafeyle yerleştirilsin. İşte bu şekilde bütün tavan, demir bir taşıyıcı üstüne inşa edilmiş olacaktır. Tonozların üst yüzlerindeki derzler kılla karıştırılmış kil harcıyla sıvansın; döşemeye bakan alt yüzlerine önce kireçle karıştırılmış kiremit tozuyla ilk kat sıvası çekilsin, sonra mermer tozuyla ya da saf kireçle beyaz sıva çekilip perdahlansın. Sıcak hamam odalarındaki tonozlar çift kat yapılırsa, daha kullanışlı olur; çünkü o zaman buhardan kaynaklanan rutubet ahşap kasayı bozamaz, sadece iki tonoz arasında dolaşır durur.

4. Hamamların boyutu kesinlikle insan sayısıyla doğru orantılı olmalı, oranları da şu şekilde belirlenmeli: Uzunlukları ne kadar olacaksa, bunun üçte biri çıkarılıp kurna ve havuzun nişleri hariç olmak üzere genişliğe verilsin. Kurna her durumda bir pencerenin altında olsa iyi olur; böylece etrafında duran insanların gölgeleri ışığı kesmez. Kurnaların bulunduğu nişler çok geniş ve ferah olmalı ki, ilk gelenler kurnanın etrafında yerlerini aldıktan sonra, diğerleri rahatça durup sırasını beklesin. Havuzun (*alveus*) genişliğiyse, kurnanın duvarından alçak duvara (*pluteus*) kadar altı ayaktan daha az olmasın ki, bunun ikisi rahatça alt basamak ve yastığa gitsin.

5. Kubbeli kuru buhar odası (*laconicum*)[1] ve terleme odaları, ılık hamam odasına bitişik olmalı ve genişlikleri ne kadar olacaksa, yükseklikleri de yarı dairevi kubbenin kavisinin altına kadar[2] aynı ölçüde olmalı. Kubbenin ortasında bir göz bırakılsın, buradan zincirlerle tunç bir disk sarkıtılsın; bu indirilip kaldırılarak terleme odasının ısısı ayarlanır.[3] Kubbeli kuru buhar odasının daire şeklinde olması gerektiği aşikârdır, böylece alevlerin yaydığı yoğun buhar eşit ölçüde tüm çember boyunca deveran eder.

---

1 *Laconicum*: Sıcak hamam odasının yarı dairevi ucundaki buhar hamamı ya da buhar odası. Bu yapı, Spartalıların icadı olduğundan, bazen Sparta buhar odası (saunası) veya Sparta kuru buhar odası olarak da anılır. Spartalılar arasında, atletlerin idmanlardan sonra terlerini hiç sıcak su kullanmadan derilerini ovarak, yağlayarak atmaya çalışması âdetinden dolayı bu odaya bu ad verilmiştir.

2 Üzengi düzeyine kadar.

3 Kurnanın tam üstüne gelecek şekilde yerleştirilen disk (*clipeus*) indirilip kaldırılarak tepedeki gözden ya da açıklıktan soğuk hava gelmesi veya sıcak havanın dışarı çıkması sağlanır.

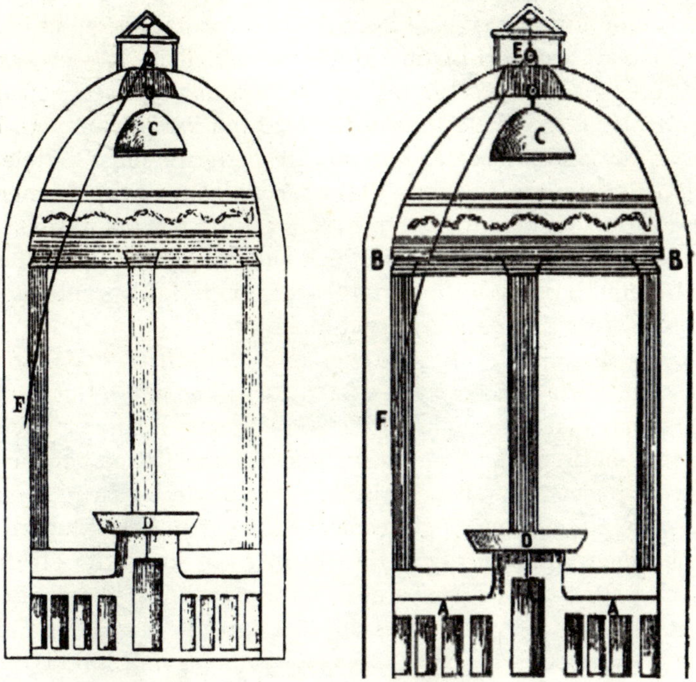

Laconicum: **A.** Asma zemin, döşeme; **B.** Kubbenin üzengi düzeyi; **C:** *Clipeus*; **E, F:** Zincirler; **D.** Kurna (*labrum*)

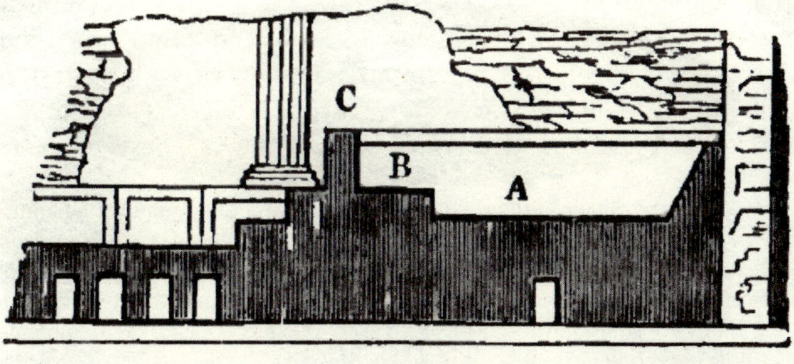

A. *Alveus* (sıcak su hamamı, sıcak su hamam teknesi veya küveti ya da havuz); **B.** Hamama girecek kişinin oturduğu basamak; **C.** Alçak duvar

Pompeii eski hamamlarında bir *frigidarium*
(Bkz. Peck 1898.)

Bir *caldarium* örneği (Bkz. Mollett 1883.)

11. Bölüm
Palaestra[1]

1. İtalya halkları arasında âdet olmasa da, bana göre şimdi geleneksel *palaestra* binalarını açıklamanın ve Yunanlar tarafından nasıl inşa edildiklerini göstermenin tam sırası.

Palaestra binalarının içindeki sütunlarla çevrili kare ya da dikdörtgen avlular (*peristylum*), etraflarında Yunanların *diaulos*[2] (çift tur) adını verdikleri, iki *stadium*luk bir yürüyüş

1 Vitruvius'un burada söz ettiği *palaestra*, aslında bir Yunan *gymnasion*udur: *Palaestra* ile *gymnasion* arasındaki en temel ayrım, *palaestra*ların kamuya açık spor müsabakalarına katılan atletlerin boks, güreş vb spor dallarında idman yaptıkları binalar olması, *gymnasion*larınsa Yunan gençlerinin sportif faaliyetlerde bulunduğu yer olmasıdır. Genel olarak Romalıların Yunan *gymnasion*larına ve *palaestra*larına bire bir karşılık gelen binaları yoktur. Ancak Cumhuriyet döneminin sonuna doğru zengin Romalılar Yunanlardan esinlenerek kendilerine ait malikânelerinde sportif faaliyetlerde bulunacakları bu tür mekânlar inşa ettirmiştir. Yunanca terminolojiye özgü bu kelimeler de bu şekilde Latin terminolojisine katılmıştır (Cicero, *Ad Atticum*, 1.4, 8, 9, 10; *Ad Quintum Fratrem*, 3.1, 2; *In Verrem*, 5.72).

2 İki tur, çift kulvar: Koşucu hedefe ulaştıktan sonra, gerisingeri aynı mesafeyi tekrar koşar.

alanına sahip olacakları şekilde yapılmalı; ayrıca üç tarafı tek sıra sütunlu, güney yönünde kalan dördüncü tarafsa çift sıra sütunlu tasarlanmalı ki, fırtınalı havalarda yağmurlar içeri sıçramasın.

2. Üç taraftaki tek sıra sütunlu avlulara oturma yerlerinin bulunduğu geniş girintiler (*exhedrae*)[1] yapılsın; felsefecilerin, hatiplerin ve ilim irfana meraklı başka şahısların oturup tartışabilecekleri nitelikte. Çift sıra sütunlu avludaysa şu bölümler yer alsın: Ortada, gençlere ayrılan bölüm (*ephebeum*); aslında burası oturma yerleri bulunan, derinliğinden üçte bir oranda daha uzun olan koskoca bir girintidir. Sağda, kum torbalarının asılı olduğu bölüm (*coryceum*);[2] hemen yanında pudralanma odası (*conisterium*);[3] pudralanma odasından sonra, avlunun köşesinde yer alan ve Yunanların *loutron* dedikleri soğuk su hamamı (*frigida lavatio*); delikanlılara ayrılan mekânın solunda, bir yağlanma odası (*elaeothesium*); yağlanma odasının yanında bir serinleme odası (*frigidarium*); bu odadan, avlunun köşesinde yer alan buhar odasına (*propnigeum*)[4] giden bir yol bulunur. Bunun yanında, serinleme odasından (*frigidarium*) daha içeride, uzunluğu genişliğinin iki katı olan kubbeli terleme odası (*concamerata sudatio*)[5] yer alır. Bu odanın köşelerinde, bir tarafta yukarıda tarif edildiği şekilde inşa edilmiş kubbeli kuru buhar odası (*laconicum*),

Loutron (kurna)
(Bir Yunan vazosundan ayrıntı)

---

1 *Ex(h)edra* (ἐξέδρα): *Palaestra*larda, oturma sıralarının bulunduğu, yarım daire planlı, kapısız geniş girinti, oylum, bucak, vb.

2 *Coryceum* (κωρυκεῖον): *Palaestra*da, atletlerin antreman yaptıkları, içi un, kum, vs ile dolu olan ve bir yere asılı duran torbaların bulunduğu mekân.

3 *Conisterium* (κονιστήριον): *Palaestra*da atletlerin yağlandıktan sonra üzerlerine pudralar serptikleri mekân.

4 *Propnigeum* = *Praefurnium*: Külhanın ağzının bulunduğu bölüm.

5 Termal ya da sıcak kaplıca hamamı.

bu buhar odasının hizasında da sıcak su hamamı (*calda lavatio*)[1] mevcuttur.

İşte *palaestra*nın içindeki sütunlu avlular, yukarıda anlattığım şekilde düzenlenip inşa edilmelidir.

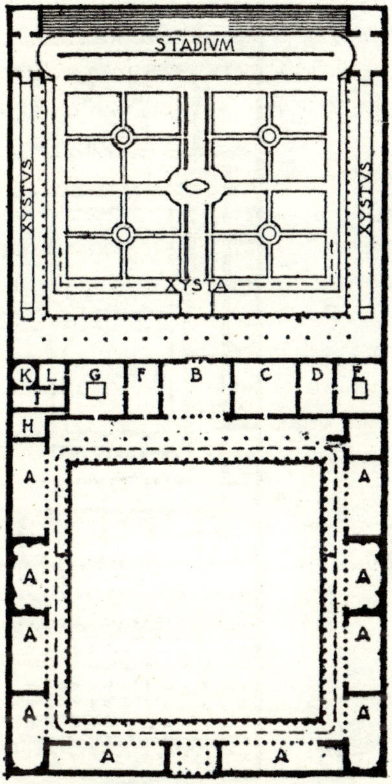

Vitruvius'a göre *palaestra*nın iç planı: A. *Exedra*; B. *Ephebeum*; C. *Coryceum*; D. *Conisterium*; E. *Frigida lavatio*; F. *Elaeothesium*; G. *Frigidarium*; H. *Propnigeum*; I. *Concamerata sudatio*; K. *Laconicum*; L. *Lavatio calda*

1 *Calda lavatio* için kullanılan başka terimler: *Balineum* (Cicero, *Ad Atticum*, 2.3); *piscina* (*calida piscina*) (Plinius, *Epistulae*, II.17); *labrum* (Cicero, *Ad Familiares*, 14.20); *solium* (Cicero, *In Pisonem*, 27). Bu bölümlerde çok geniş mermer bir kurna bulunur ve Titus Hamamları gibi bazı hamamlarda tam döşemenin üstüne konur veya bazen döşemedeki bir platformun üstüne yerleştirilir, bazen de zemine gömülü olur.

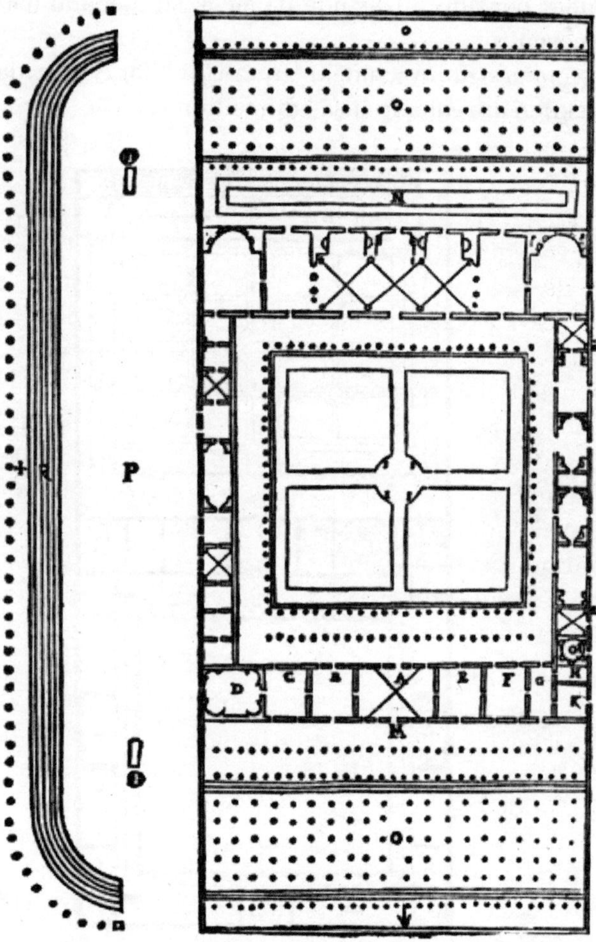

Vitruvius'a göre genel *palaestra* planı (bkz. Giocondo 1511).
Avlunun kuzey yönündeki binalar: **A.** *Ephebeum* (gençlere ya da delikanlılara ayrılan yer, çapraz kemerli); **B.** *Coryceum* (kum torbalarının bulunduğu salon); **C.** *Conisterium* (pudralanma odası); **D.** *Frigida lavatio, loutron* (soğuk hamamlar); **E.** *Elaeothesium* (yağlanma odası); **F.** *Frigidarium* (soğuk hamam odası); **G.** *Propigneum* (sıcak hamam odası); **H.** *Sudatio* (terleme odası, buhar odası); **I.** *Laconicum* (Sparta kuru buhar odası); **K.** *Lavatio calda* (sıcak banyo odası); Dış tarafta yer alan portikolar: **M.** Kuzeye bakan çift sıra sütunlu portiko; **N.** Sporcuların idman yaptıkları portiko; **O.** Portikolar arasındaki yeşillik alan; **P.** Atletlerin yazın idman yaptıkları üstü açık yürüyüş yolları (*paradromides, xysta*); **Q.** Sporcuları seyretmek için seyircilerin durduğu stadyum; **1,1,1,1.** Ana avlunun ortasındaki dinlenme veya mola yerleri (*stationes*)

3. *Palaestra*nın dışınaysa üç portiko tasarlanmalı: Bunların biri sütunlu avludan çıkanlar için yapılmalı, diğer ikisi de koşu pistleriyle beraber bu cephenin sağında ve solunda yer almalı. Kuzey yönüne bakan cephe, çift sıra sütunlu ve çok geniş yapılsın, diğer ikisiyse tek sıra sütunlu olsun. Bu ikisi şu şekilde inşa edilsin: Duvarların etrafında yer alacak kısımlar ile sütunların yanında yer alacak kısımların[1] en az on ayak genişliğinde ve patika yolu gibi iş görecek kenarları olsun. Orta kısımları patikadan düzlüğe inen bir buçuk ayak yüksekliğinde basamakları olacak şekilde çukurlaştırılsın; düzlük de en az on iki ayak genişliğinde olsun.[2] Bu şekilde yapılırsa, patikaların kenarlarında gezinen giyinik insanlar da idmanları sırasında yağlanan sporcularla karşılaşmamış olur.

4. Bu tür portikoya, Yunanlar *ksystos* (üstü kapalı spor sahası) adını verir;[3] nedeni, atletlerin kış aylarında kapalı spor alanlarında idman yapmalarıdır. Bu üstü kapalı alanın ve çift sıra sütunlu cephenin yanına, Yunanların *paradromides,* bizimkilerinse *xysta* dedikleri üstü açık gezinti yerleri planlanmalıdır. Kışın güzel havalarda atletler üstü kapalı spor sahasından çıkıp burada idman yaparlar. Bu üstü açık gezinti yerleri, şu şekilde yapılsa daha doğru olur: İki portiko arasında korular ya da çınarlıklar olsun, bu ağaçların arasında da patikalar olsun, bir de kaya gibi sert Signia harcıyla döşenmiş dinlenme alanları.[4] Üstü kapalı spor sahasının gerisinde bir stadyum olmalı ve bu stadyum çok sayıda insanın spor müsabakalarını rahatça izleyebilecekleri kadar geniş tasarlanmalı.

İşte bu şekilde bir şehrin içinde olmazsa olmaz mekânların en uygun şekilde nasıl planlanacaklarını tüm ayrıntılarıyla açıklamış bulunuyorum.

---

1 Duvarlar ile sütunlar boyunca yer alan alanlarda.

2 45 cm.

3 *Xystus, xystum* (ξυστὸς), sporcuların kış mevsiminde idman yaptıkları üstü kapalı portiko veya galeridir. Romalılar ağaçlarla, bitkilerle donatılmış üstü açık yürüyüş yoluna da *xystum* adını verir, Yunanlarsa buna *paradromides* der.

4 *Signinum = Opus signinum*: Kireç, kum ve toz kiremitten oluşmuş, kaya gibi sert bir harç (özellikle duvarlar ve kaldırımlar için).

12. Bölüm
Limanlar, Tersaneler

1. Ancak limanların işlevinden, fırtınalı havalarda gemilere nasıl bir sığınak teşkil ettiklerinden bahsetmeden geçmek de olmaz.

Limanlar doğal olarak iyi bir konumdaysa, yani bulundukları yerin doğası gereği öne doğru uzanan kayalıkları ya da çıkıntılı burunları varsa ve bu kayalıklar, burunlar içe doğru kavisli, köşeli alanlar oluşturmuşsa,[1] son derece işlevsel olacakları daha baştan belli demektir. Çünkü bu durumda etraflarına hangarlar, yani tersaneler kurulması mümkün olur veya kanallar açılıp tersanelerden ticaret merkezlerine geçiş sağlanabilir; her iki tarafına[2] vinçlerle zincirlerin gerilebileceği kuleler dikilebilir.

2. Ama böyle doğal özelliklere sahip, gemileri kötü hava şartlarından koruyabileceğimiz bir yerimiz yoksa, o zaman şöyle yapacağız: Bulunduğumuz konumda işimize mani olacak bir nehir bulunmuyorsa,[3] bir tarafında gemilerin demirleyeceği bir kıyı mevcutsa, bunun öbür tarafına taştan duvarlar inşa edin veya taşları üst üste yığıp setler oluşturun ve bu şekilde ilerleye ilerleye kapalı bir liman meydana getirin. Suyun altında kalacak bu taş duvarları, setleri de şu şekilde inşa edin: Cumae ile Minerva Burnu arasında uzanan yörelerden elde edilen volkanik kumu getirin ve bunu harç teknesinde ikiye bir oranında karıştırın.[4]

3. Sonra önceden belirlenecek bir mıntıkada[5] meşe kazıklardan yapılmış, zincirlerle birbirine bağlanmış, su geçirmez kafesi[6] suyun altına indirip yerine sabitleyeceğiz. Kafesin içine enine çubuklar gerip suyun altındaki alt tabanı tarayarak düz-

---

1 Körfezler, koylar.

2 Liman girişinin her iki tarafına.

3 Nehir ağzı.

4 Su ve kireçle.

5 Suyun altında duvar oluşturacağımız yerde.

6 *Arca*: Köprü ayağı vb inşası için kullanılan ve suyun altına indirilip içindeki su boşaltılarak iş görülen sandık, kafes, kalıp, su tutmalık.

leştireceğiz ve suyunu boşaltacağız. Ardından harç teknesinde yukarıda belirttiğimiz şekilde karıştırılmış malzemeyi kırık taşlarla birlikte buraya yığacağız, ta ki bu kafesin içindeki boşluk, duvar seviyesinde doluncaya dek. İşte yukarıda bahsettiğim yöreler için bu kum böyle doğal bir mucize.[1]

Ama baktık ki engin denizin dalgaları, gelgitleri yüzünden kazıklardan oluşan kafesler sağlam duramayacak, o zaman karadan, yani kıyıdan başlayarak çok güçlü bir temel inşa edeceğiz. Bu temel, yarısından az bir mesafeye kadar düz olsun, kumsala en yakın olan tarafıysa yandan denize meyilli olsun.

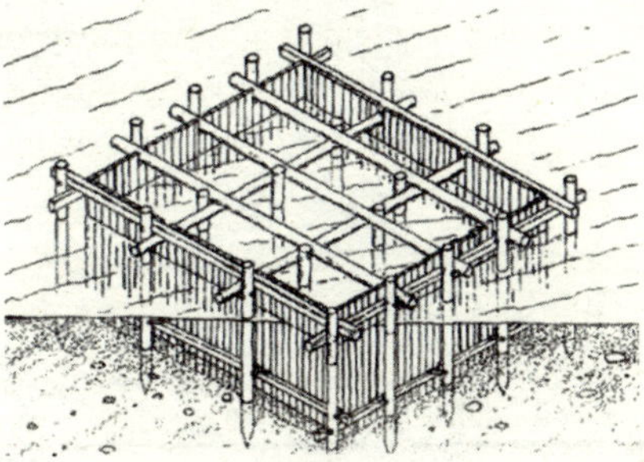

Bkz. Brandon, Hohlfelder, vd 2014: 21.

4. Sonra temelin sudaki kenarlarını çepeçevre bir buçuk ayak kalınlığında taşıyıcı duvarlarla saracağız, demin söz ettiğim düz yüzeyine kadar. Temelin eğimli kısmınıysa kum doldurup kenarlarındaki taşıyıcı duvarlarla ve düz yüzeyiyle eşit bir seviyeye getireceğiz. Daha sonra temelin bu düz alanının üstünde gereken boyutta taş bir blok oluşturacağız; bu işlem bittikten sonra da en az iki ay kurumaya bırakacağız. Kuruduktan sonra, kumu tutan taşıyıcı duvarı yıkacağız. Kum dalgalara karışıp gidince, doğal olarak taş blok da denize düşecek. İşte bu işlemi gerektiği kadar tekrarlaya tekrarlaya denizin açıklarına kadar ilerleyebiliriz.[2]

1 Bu yörelerde çıkan volkanik kumun suyun altına inşa edilecek mesnetleri uzun ömürlü kılmasından söz ediliyor.

2 Upuzun dalgakıranlar yapmak mümkün olur.

Bkz. Brandon, Hohlfelder, vd. 2014: 21.

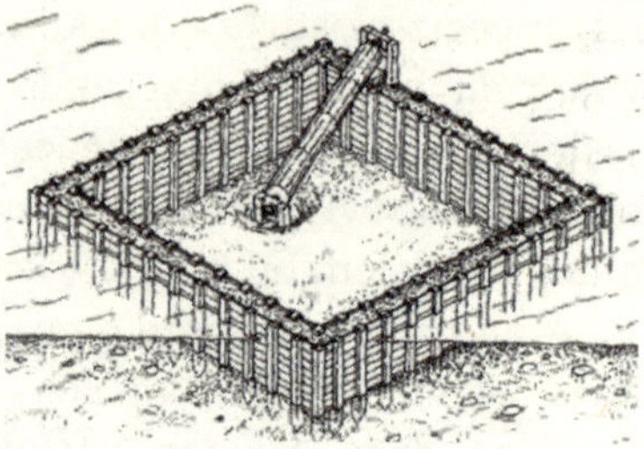

Bkz. Brandon, Hohlfelder, vd. 2014: 21.

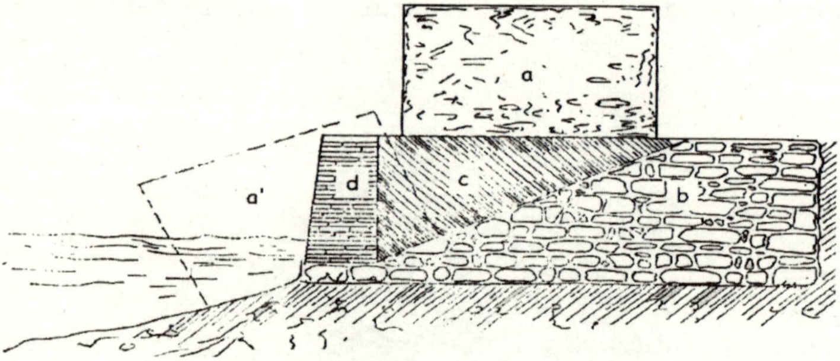

a. Taş blok; **a1.** Taş denize düşerken; **c.** Kum; **d.** Kenarı çevreleyen duvar

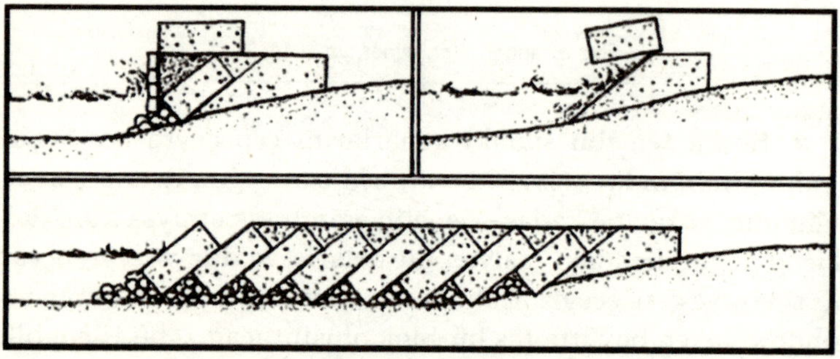

Bkz. Brandon 1996: 27.

5. Ancak söz konusu kumun bulunmadığı yerlerde şöyle bir uygulamaya gidilecek: Kapalı bir alan oluşturmak istediğimiz mıntıkanın etrafına çifte su geçirmez kafes yapacağız, kalasları bitişik bitişik yerleştirip zincirlerle sıkıca bağlayarak. Kafesin içindeki desteklerin arasını hasır otuyla örülü sepetlere bastırılmış kille dolduracağız. İyice sıkıştırıp kaskatı hale getirdikten sonra da su burgularını, çarkları ve silindirleri yerlerine yerleştirerek kafeslerle çevrelediğimiz bu alanın suyunu boşaltıp kurutacağız ve kapalı alanın içinde temel için kazı çalışmalarına başlayacağız. Temel tabanı topraksa, sert bir kata ulaşana kadar ve üstüne inşa edilecek duvarı taşıyacak genişlikte bir boşluk elde edinceye kadar kazacağız. Sonra da içini kırma taş, kireç ve kumdan oluşan harçla dolduracağız.

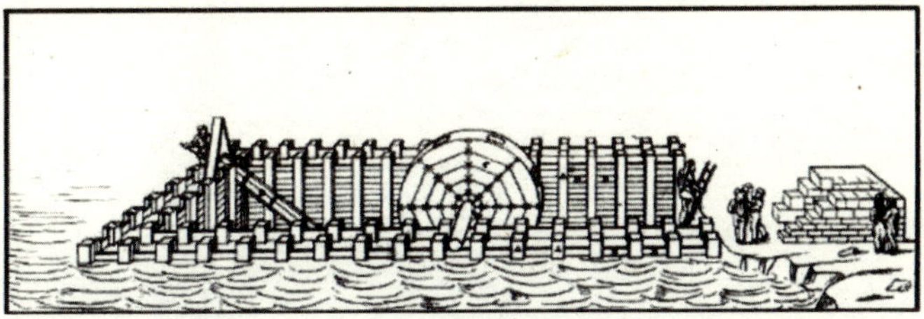

6. Ama temel tabanı gevşek çıkmışsa, o zaman dibe yanık kızılağaç veya zeytin odunundan yapılma kazıklar çakıp tıpkı tiyatroların ve surların temelleriyle ilgili anlattığım şekilde kömürle dolduracağız. Daha sonra mümkün mertebe uzun bağlayıcı taşlarla birlikte kesme taşlardan bir duvar inşa edeceğiz; bilhassa ortadaki taşlar bu bağlayıcılarla birbirine kenetlenip sabit kalabilsin diye. Son olarak da duvarın içini kırma taşla ya da harçla dolduracağız. Böylece üzerine kule inşa edilebilecek kadar sağlam bir mesnet elde etmiş olacağız.

7. Bütün bu işlemler bittikten sonra, tersanelerin inşasına geçilebilir. Bu konuda ilk kural, tersanelerin cephesinin kuzeye dönük olmasıdır; çünkü güneye bakan konum aşırı sıcaktan çürümeyi tetikler, tahtakurusu, kekamoz ve bunlar gibi ne kadar zararlı haşarat varsa hepsini üretir, besler, yaşatır. Bir de yangınlara sebep olacağından bu tür yapılarda pek ahşap malzeme kullanılmamalı. Tersane şu boyutta olsun diye kesin bir ölçü vermemiz gerekmiyor, ama en büyük gemiyi alabilecek kapasitede olmalı ki, ileride bu tür gemiler kıyıya çekildiği zaman rahat rahat sığabilecekleri geniş bir mekânları olmuş olsun.

Görüldüğü üzere bu kitapta aklıma geldiği kadarıyla şehirlerin olmazsa olmazı olan kamu alanlarından söz ettim; bunların nasıl planlanacaklarından, nasıl inşa edileceklerinden. Bundan sonraki kitapta da özel konutların gerektirdiklerini ve bunların ölçülerini mütalaa edeceğim.

VI. KİTAP

Özel Konutlar

Önsöz

1. Rivayete göre, Sokratesçi filozof Aristippos gemi kazasına uğrayıp da Rodosluların sahiline vurduğunda, oraya çizili geometrik şekilleri görüp yoldaşlarına şöyle haykırmış: "Umudumuzu kaybetmeyelim! İnsanoğlunun ayak izlerini görüyorum!" Sonra o hızla soluğu Rodos şehrinde almış ve doğruca *gymnasium*a gitmiş. Orada felsefi konularda dersler verip öyle ödüller kazanmış ki, sırf kendi geçimini sağlamakla kalmamış, yoldaşlarının da kılık kıyafetinden tutun, yaşamaları için neye ihtiyaçları varsa hepsini karşılamış. Gün gelip de yoldaşları memleketlerine dönmek isteyince, ona sormuşlar eve iletmek istediği bir şey var mı, yok mu diye. Aristippos da şöyle söyleyin demiş onlara: "Çocuklarını hayata hazırlarken gemi kazasına uğrasalar bile tek parça halinde yüzüp çıkabilecekleri erzakla, harçlıkla donatmalılar."

2. Çünkü bunlar yaşamın gerçek teminatlarıdır, ne talihin amansız fırtınaları zarar verebilir bunlara, ne siyasi değişimler ne de savaşın yol açtığı tahribat. Theophrastos bu fikri daha da ileri götürüp insanları paraya güvenmek yerine bilgili olmaya teşvik ederek şöyle demiş: "Bilgili adam yabancı ülkelerde bile yabancılık çekmeyen, hısım akrabasını kaybetse bile arkadaşsız kalmayan dünya yüzündeki tek varlıktır; o her ülkenin vatandaşı olabilir, kaderin çetin sınavlarına korkusuzca karşı gelebilir. Oysa bilimin değil de, talihin muhafızlarıyla kendini emniyete aldığını sanan kişi, kaygan yollardan yürüyüp istikrarlı bir hayat yerine güvencesiz bir hayat mücadelesi verir."

3. Epikuros da farklı bir şey söylemez: "Talih bilgelere çok az şey bahşeder, ama bu en büyük ve en temel şeydir; yani akıl ve mantık ürünü düşünceleri kılavuz almak." Daha birçok filozof da bu konuda hemfikirdir. Yunanca eski komediler yazan şairler bile aynı düşünceleri tiyatro sahnelerinde mısralara döker; örneğin Eupolis, Khionides, Aristophanes ve bunların yanı sıra özellikle Aleksis; hani "Atinalıları bilhassa tebrik etmeli; çünkü bütün Yunan yasaları çocukları ana babalarına bakmakla yükümlü kılar, ama bir tek Atinalıların yasası sadece çocuklarına özgür sanat eğitimi aldırmış ana babaya bakmakla yükümlü kılar" diyen şair. Çünkü talih, verdiği armağanların hepsini bir çırpıda geri alır. Ama manevi değerlerle harmanlanmış bilimsel bilgi hiçbir zaman bizden ayrılmaz; hayatımızın son gününe kadar sebatla yanımızda durur.

4. Bu yüzden ben ana babama çok şey borçluyum ve onlara sonsuz şükranlarımı sunuyorum. Çünkü kendilerine Atinalıların yasasını şiar edinip bir sanat dalında eğitim almam için ellerinden geleni yaptılar, üstelik edebiyatın ve diğer bilim dallarının kapsamlı bilgisi olmadıkça uzmanlaşmanın da imkânsız olduğu bir sanat dalında. Bu yüzden ben hem ana babamın gösterdiği ihtimamla hem de öğretmenlerimin ilim irfanıyla çoğalan bir bilgi birikimine sahip oldum, edebi ve teknik konulardan ve bu konular üzerine yorumlar yazmaktan haz aldım ve ruhumu bütün bu kazanımlarla besledim. Bunun en olgun meyvesi de şu düşünce oldu: Çok fazla şeye sahip olmaya gerek yok, gerçek zenginlik hiçbir şey istememektir, özellikle de para pul.

Bu düşünceleri yapay bulup çok parası olanın asıl bilge olduğunu zannedenler de yok değil. Zaten bu yüzden çoğu insan, bu zannın peşine takılıp kendisine duyduğu hadsiz güvenle aynı anda hem zengin oldu hem de meşhur.

5. Bana gelince, ey Caesar, ben asla sanatımla para kazanmanın yollarına bakmadım, tam tersi benim ilkem, iyi bir ünle harmanlanmış mütevazı bir yaşamı kötü bir şöhrete bulanmış zenginliğe tercih etmek oldu. Bu yüzden de pek fazla şöhretim olmadı. Ama umarım bu kitaplarım yayımlanınca gelecek nesiller bile beni tanıyacak.[1]

Gerçi çoğu insanın beni neden tanımadığına da şaşırmamak lazım. Çünkü başka mimarlar mesleklerini icra etmek için etrafta fır dönüyor, ona buna ricacı oluyor. Oysa ben ustalarımdan şunu öğrendim: Bir işi istemek yerine, istenince üstlenmek gerekir; şüphe doğuracak bir şey istemek, şerefli bir adam için yüz kızartıcıdır. İyilik yapana yaranılır, iyilik görene değil. Bir ricacının gönlünü yapmak için baba parasından harcama yapması istenen kişi için ne düşüneceğiz, bunu sırf bu adamın menfaati ve kazancı için yaptı diye vehmetmeyeceğiz?

6. Bu yüzden büyüklerimiz soyu sopu belli mimarlara iş verirdi; sonra sorup soruşturur, düzgün bir eğitim almış mı, almamış mı ona bakardı; vereceği işi gözü kapalı bir cüretkârlığa değil de, doğuştan asalete emanet ettiğinden emin olmak için. Mimarlara gelince, onlar da sırf kendi çocuklarını, akrabalarını yetiştirirdi ve onların iyi bir insan olması için uğraş verirdi; bunca büyük işin mali sorumluluğu en ufak kuşku duyulmadan kendilerine teslim edilebilsin diye.

Ama ben bu kadar köklü bir mesleğin eğitimsiz, deneyimsiz, hatta en ufak bir mimari bilgisi olmadığı gibi, en ufak bir marangozluk bilgisi olmayan kişilerce üstlenildiğini gördükçe, okudukları üç beş kitaba güvenip kendi kendilerine ev yaptırmaya kalkışan beylerimizi sadece tebrik ediyorum; çünkü şöyle düşünüyorlar: Deneyimsiz kişiye iş teslim edersem, yetki bende olur ve harcayacağım onca parayı onun isteğine göre değil de, kendi isteğime göre harcamış olurum.

7. Hiç kimse hiçbir mesleği kendi evinde yapmaya kalkmaz; ne kunduracılığı, ne çamaşırcılığı ne de daha kolaylarını; mimarlık hariç. Nedeni, bu mesleğin gerçeğini değil, sahtesini bilen kişilerin kendilerini mimar olarak görmeleri. İşte sırf bu yüzden ben

---

[1] Vitruvius'un kitaplarının peyderpey yayımlandığı anlaşılıyor.

de mimarlık ve mimarlığın ilkeleri üzerine elimden gelen azami dikkati göstererek bir külliyat hazırlamayı düşündüm ve bunun tüm dünyaya öyle az buz bir yararı olmayacağına da inandım. Bu yüzden de beşinci kitapta uzun uzadıya kamu binalarına uygun tasarımları anlattım; bu kitaptaysa özel konutlarla ilgili hesap kitaptan ve bunların simetrik oranlarından söz edeceğim.

1. Bölüm
İklim ve Mimari

1. Evlerimizin düzgün planlanmasını istiyorsak, önce bunların dünyanın hangi bölgesinde, hangi iklim kuşağında inşa edileceğine bakacağız. Çünkü Mısır'da başka, İspanya'da başka, Karadeniz'de bambaşka, Roma'daysa çok daha başka tarzda evler inşa etmek gerekir; ya da benzer şekilde başka yerlerin, bölgelerin özelliklerine göre başka başka evler. Nedeni, yeryüzünün bir bölümü doğrudan güneşin yörüngesi altındayken, bir bölümünün bundan çok daha uzakta olması, bir bölümünün de bunların arasında olup makul bir seviyede yer alması. O halde gökyüzünün yeryüzüne göre konumu, burçlar kuşağının eğimine ve güneşin yörüngesine bağlı olarak[1] doğaca apayrı niteliklere sahip olacak şekilde teşkil edilmişse, bu mantıkla bizim de evlerimizin konumunu bölgelerin koşullarına ve iklim değişikliklerine göre belirlememiz gerektiği de gayet anlaşılır.

2. Kuzeydeki evlerin çatıyla kaplanması, meydanda değil, özellikle kuytuda olması, ama sıcak bir konumda yer alması gerektiği açıktır. Buna karşılık güneşe maruz kalan güney bölgelerindeki evler sıcaktan yanıp kavrulduklarından meydanda, kuzeye veya kuzeydoğuya dönük şekilde tasarlanmalıdır. İşte bu şekilde doğanın en çok zarar verdiği şeyi teknik bilgiyle halletmeliyiz. Aynı şekilde dünyanın geri kalan bölgelerinde de gökyüzünün yeryüzüne göre konumunu dikkate alıp benzer bir mantıkla gerekli ayarlamaları yapmak zorundayız.[2]

---

1 Kutupların eğimine ve güneşin burçlar kuşağındaki seyrine bağlı olarak.

2 Hangi iklim bölgesinde yer aldıklarını dikkate alıp.

3. İklimin etkilerini doğa olaylarından anlayacağımız gibi, bölge insanının azalarına, vücuduna bakarak da anlamamız mümkün. Çünkü güneş, ısısını makul ölçülerde yaydığı bölgelerde vücudu ılık tutar; yalayıp geçtiği ve bütün ateşini boca ettiği bölgelerdeyse vücudun doğal nemini emer, kurutur. Ama güneyin çok çok uzaklarında kalan soğuk bölgelerde güneş, ısısıyla vücudun nemini kurutamaz, tam tersi buranın rutubetli havası vücudu neme boğar; dolayısıyla cüsseler genişler, sesler daha kalın perdeden çıkar. Bu yüzden kuzeyin topraklarında beslenen insanlar iri kıyım, uzun boylu, açık tenli, düz kızıl saçlı, mavi gözlüdür; ayrıca aşırı neme ve soğuk iklime bağlı olarak da kanlı canlıdır.

4. Buna karşılık güney eksenine çok yakın olan ve doğrudan güneşin yörüngesi altında uzanan bölgelerin insanı kısa boylu, esmer tenli, kıvırcık saçlı, kara gözlü, ince bacaklıdır; güneşin etkisi yüzünden kanları da azdır. Kanının az oluşu yüzünden ürkekleştiği için de, silah karşısında savunmasızdır; buna rağmen kavurucu sıcağa, vücudunda yükselen ateşe bana mısın demez; çünkü azaları ateşle beslenir. Kuzeyde doğan insanınsa ateşlenmekten ödü kopar, direncini yitiriverir; buna rağmen kanlı canlı olduğundan silah karşısında aslan kesilir.

5. Ayrıca bu farklı tipte insanlarda ses rengi de apayrı, çeşit çeşit nitelikler sergiler; çünkü göğün üst kısmıyla alt kısmını birbirinden ayıran dünyanın ekvator çizgisinin etrafındaki doğu ile batının bitim noktaları, sanki doğal bir şekilde yatay halde duran bir çemberin üzerinde uzanır; matematikçiler buna ufuk (*horizōn*) adını verir.[1] Şimdi bu çemberi sabit bir nokta kabul edip kuzey bölgesinin ucundan güney ekseninin ucuna kadar üstten bir çizgi çektiğimizi, buradan da kuzey yıldızlarının ötesindeki[2] en üst kutba kadar eğik şekilde yükselen başka bir çizgi çektimizi farz edersek, hiç tartışmasız yeryüzünün, tıpkı Yunanların *sambykē*[3] adını verdikleri çalgıya benzer üçgen bir şekil aldığını gözümüzde canlandırabiliriz.

---

1 Matematikçiler = gökbilimciler. *Horizon* (ὁρίζων): Ufuk, sınır çizgisi (*finiens*; *finitor*).

2 Büyük Ayı takımyıldızını oluşturan yıldızlar.

3 Üçgen şeklinde bir müzik aleti, bir tür arp.

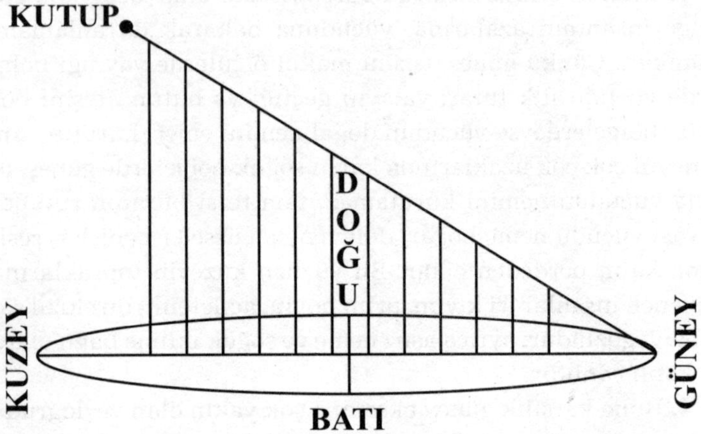

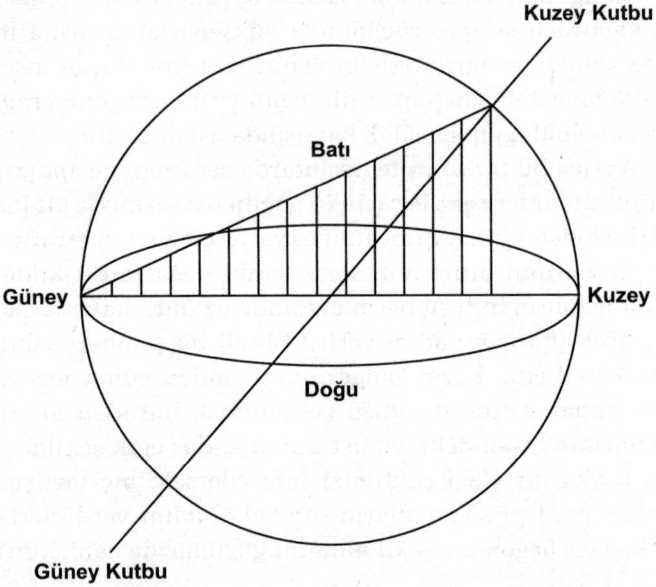

Bkz. Schofield (tr.) 2009: 339

Vitruvius'un sözünü ettiği *sambyke*yle ilgili bir görsel elimize geçmemiştir. Ama yukarıdaki eski bir Mısır arpının *sambyke*yi andırdığı vurgulanmıştır. (Bkz. Smith (ed.) 1890.)

6. İşte buna göre güney bölgelerinin eksen çizgisini takip ettiğimizde, alttaki kutba en yakın yerinde yaşayan insanların sesi, üzerlerindeki gökyüzüyle aralarındaki mesafe çok az olduğundan, bu çalgının köşesine en yakın olan telin sesi gibi çok ince, çok tiz çıkar. Bu telin yanındaki diğer teller gibi, Yunanistan'ın ortalarına kadar uzanan hattaki insanlar da, gerilimin azalmasıyla birlikte gevşer, ses tonları da kademe kademe alçalır. Hattın ortasından başlayıp yavaş yavaş yükselerek kuzeyin en uzak bölgelerine gidildikçe, gökkubbenin en yüksek noktalarının altında yaşayan insanların sesi de, iklime bağlı olarak daha pes tonlarda çıkmaya başlar. İşte görüldüğü gibi tüm dünya düzeni bu eğim neticesinde güneşin dengeli ısısıyla mükemmel bir armoni yaratacak şekilde planlanmıştır.

7. Bu yüzden eksenin güney ve kuzey uçlarındaki kutuplar arasında, yani orta hatta yer alan halklar, tıpkı gamdaki ara notalar gibi orta tonda bir sesle konuşurlar. Kuzeye doğru ilerledikçe gökyüzüyle aradaki mesafe iyice açılacağından, buralardaki halkların ses tonları rutubet yüzünden şu söz konusu çalgının *hypatē hypatōn* ve *hypatē mesōn* ile *proslambanomenos* tonlarına sahip tellere, yani en pes tonlara yükseleceğinden, bunlar doğal olarak daha derin bir ses tonuyla konuşmak zorunda kalır. Aynı mantıkla, orta kısımlardan güneye inildikçe oradaki insanların sesleri müzik aletindeki *paranētē diezeugmenon*, *nētē diezeugmenon* ve *paranētē hyperbolaiōn* ile *nētē hyperbolaiōn* tonlarına sahip tellere, yani en tiz tonlara karşılık gelecek şekilde çok yüksek perdeden çıkar.

8. Bunun böyle olduğunu, yani doğası daha rutubetli bölgelerde seslerin daha kalın, sıcak bölgelerdeyse daha ince olduğunu şöyle bir deneyden de çıkarabiliriz: Aynı fırında aynı sürede ısınmış, aynı ağırlıkta ve vurunca aynı sesi çıkaran iki kap alın. Bunlardan birini suya daldırıp çıkarın, sonra her ikisine de vurun. Bu işlemden sonra kapların sesi birbirinden çok farklı olacaktır, aynı ağırlıkta olmaları da artık imkânsızdır. İşte insanlar tek tip bir vücuda sahip olsalar da, aynı göğün kucağında doğmuş olsalar da,[1] bazıları yaşadıkları bölgenin sıcağı yüzünden havayla temas ettiğinde tiz perdeden çıkan bir ses tonuyla konuşur, bazıları fazla rutubetten daha derin bir ses rengine sahip olup pes tonda konuşur.

9. Dahası havasının inceliği yüzünden güneydeki halklar sıcağın bilediği bir zekâya sahiptir, bu yüzden karar alırken, fikir üretirken daha canlı, daha hızlı hareket eder. Oysa ağır bir iklimin etkisi altındaki kuzey halkları havadaki rutubet yüzünden kanları donup hareketsiz kaldıklarından, donuk bir zekâya sahiptir. Bunun böyle olduğunu, yılanların haline bakarak da anlayabiliriz; çünkü sıcak hava rutubetin donduruculuğunu gövdelerinden çekip aldığı zaman daha seri hareket ederler, ama sonbahar ya da kış aylarında iklim değişimine bağlı olarak kanları donduğundan, uyuşup hareket edemezler. Dolayısıyla sıcak havanın insanın zihnini canlandırdığına, soğuk havanınsa köreltiğine hiç şaşırmamak gerekir.

10. Ama şu da var ki, güneydeki halklar bütün bu işlek zekâlarına, karar almadaki sonsuz hünerlerine rağmen, iş ce-

[1] Kavuşum noktasında.

saret sergilemeye gelince, işte oracıkta yelkenleri suya indirirler, çünkü güneş bütün yiğitliklerini emip kurutur; oysa soğuk memleketlerde doğanlar silahların vahametine var güçleriyle ve korkusuzca karşı durmaya her an hazırdır; ne var ki zekâlarının yavaşlığına bağlı olarak olayların üzerine düşüncesizce, tedbirsizce atıldıkları için planları hep suya düşer.

İşte bölgeler iklimlerine göre dünya yüzüne bu şekilde yerleştirilmiş, halklar birbirinden temel unsurların farklı farklı karışımından kaynaklanan yaradılışlarıyla bu şekilde ayrılmış. Ne var ki şu koskoca yeryüzünün bütün bölgelerinin arasında, gökyüzünün tam ortasında uzanan en halis topraklar Roma halkına nasip olmuş.

11. Gerçekten de İtalya'daki halklar cesaret konusunda her iki açıdan da, yani hem bedensel hem de zihinsel güç açısından en dengeli yapıya sahip halklardır. Çünkü yakıcı sıcaklıktaki Mars ile dondurucu soğukluktaki Satürn arasında seyreden Jüpiter gezegeninin ılıman yapısına benzer şekilde, İtalya da güney ve kuzey bölgeleri arasında yer almakla her iki bölgenin karışımından doğan dengeli bir yaradılışa ve eşsiz meziyetlere sahiptir. Bu nedenle aldıkları kararlarla barbarların cesaretini kırıp bilek güçleriyle de güneylilerin planlarını suya düşürürler. İşte tanrısal zekâ, Roma halkının memleketini tüm dünyanın hâkimiyetini ele geçirsin diye böylesine üstün güzelliğe ve dengeye sahip bir yöreye yerleştirmiş.

12. Hal böyleyse, yani farklı bölgelerin iklime bağlı olarak farklı özelliklere sahip olduğu, milletlerin tabiatının bile birbirinden farklı kişiliklere, farklı bedensel yapı ve niteliklere sahip olacak şekilde yaratıldığı doğruysa, binalarımızı da milletlerin ve ırkların karakteristik özelliklerine göre tasarlamamız gerektiğinden şüphe edemeyiz; çünkü doğa çoktan bize kendini usta ve dakik kılavuzumuz olarak sunmuş.

Buraya kadar yerleşim yerlerinin doğaca tayin edilmiş karakteristik özelliklerini elimden geldiğince en temel şekliyle açıklamaya çalıştım; güneşin yörüngesini, iklim özelliklerini ve insanların fiziksel yapılarını dikkate alarak evlerin niteliklerini nasıl belirleyeceğimizden bahsettim. Şimdi kısaca farklı tip evlerin hem bir bütün olarak hem de ayrı ayrı elemanlarının simetrik boyutlarından söz edeceğim.

2. Bölüm
Oran ve Optik

1. Bir mimarın dikkat etmesi gereken en önemli husus, standart olarak seçilen bir birime göre yapacağı binanın kesin oranlarını belirlemektir. Simetrik ilişkilerdeki ölçüyü bu şekilde belirledikten ve boyutları hesaplayıp ayarladıktan sonra, keskin bir zekânın görevi, yerin doğasını işlevsellik ve güzellik açısından ince ince düşünmek, tasarımda çıkarmalar ve eklemelerle gerekli dengeleri sağlamaktır. Simetrik oranlara yapılacak çıkarma veya ekleme, simetrinin doğru şekilde oluşturulduğunu ve göze görünen biçimde hiçbir unsurun kaybedilmediğini hissettirecek şekilde yapılmalıdır.

2. Çünkü bir binanın görüntüsü yakından bakınca başka, yüksekten bakınca başkadır; kapalı bir yerdeki görüntüsü farklıdır, açık bir yerdeki görüntüsü daha farklı. Bütün bu durumlarda ne yapılacağına karar vermek için çok iyi düşünmek gerekir. Çünkü gözümüzün her zaman doğru izlenimler vermediği ve zihnimizi genelde yanlış bir yargıya sürüklediği bilinen bir şeydir. Örneğin manzara resimlerinde, tablonun tamamen düz olduğundan kimsenin şüphesi olmadığı halde, sütunlar öne doğru fırlamış, damlalıklar çıkıntı yapmış, heykeller önde duruyormuş gibi gelebilir. Geminin kürekleri de öyle; suyun altında düz durdukları halde, gözümüze kırıkmış gibi görünürler; elbette bunların suyun yüzeyine değen kısımları normal şekilde düz görünür, ama suyun altına daldırıldıklarında gövdelerinden yansıyan imgeler suyun ince ve saydam yapısına bağlı olarak yüze yüze suyun yüzeyine gelir ve burada dalgalanıp göze küreklerin görüntüsünü kırıkmış gibi yansıtır.

3. Ama bu görüntü ister imgelerin etkisinden isterse doğabilimcilerin iddia ettiği gibi gözden yansıyan ışınların dağılımından olsun, her iki durumda da görüşümüzün yanlış izlenimlere yol açabileceği açıktır.

4. Bu yüzden doğru olan yanlış görünebiliyorsa ve bazı şeyler gözün gördüğünden başka türlü olabiliyorsa, o zaman bana göre, hiç kuşku yok ki yerleşim yerlerinin doğalarına ya da gereksinimlerine uygun azaltmalar ve eklemeler olmalı, ama bu işlem binaların hiçbir şey kaybetmeyeceği şekilde yapılmalı. Tabii bütün bunlar için sadece bilim değil, zekâ kıvılcımları da gerekli.

5. Bu nedenle en başta simetrinin sabit ölçüsüne karar verilmeli ki, bu ölçüyü temel alıp hiç tereddüt etmeden gerekli değişiklikleri yapabilelim. Sonra da yapılacak binanın zeminde kaplayacağı alanın boyu, eni belirlenmeli. Boyutları bu şekilde tayin edildi mi, sıra yapının düzgün görünümünü sağlayacak orantılama işlemine gelir ki, binaya baktığımızda ahenkli göründüğünden hiç şüphemiz olmasın. Şimdi böyle bir etkinin nasıl uyandırılacağını anlatmalıyım; ama bundan önce evlerin iç avlularının (*cava aedium*) ne şekilde tasarlanması gerektiğinden söz edeceğim.

3. Bölüm
Evlerin Planı

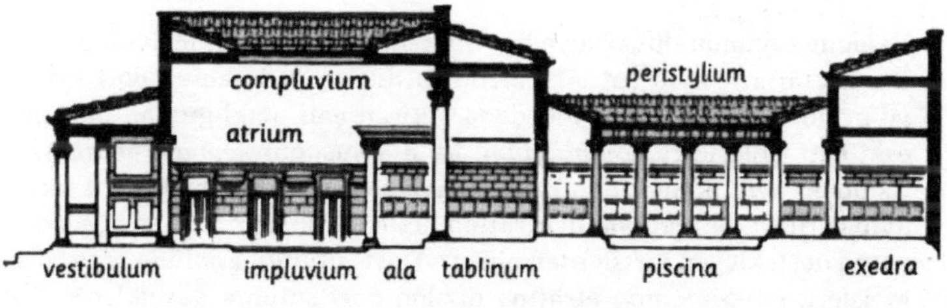

Bir Pompeii evinden ayrıntılar

1. Evlerin iç avluları (*cava aedia*), beş sınıfa ayrılır ve tasarımlarına göre şu şekilde adlandırılır:[1] Etrüsk tarzı, Korint tarzı,

[1] *Cavum aedium* veya *cavaedium* (çoğ. *cava aedia*), Roma evlerinin iç avlusudur. Romalılar arasında çoğu zaman bu kelime *atrium*la aynı anlamda kullanılır. Ama Vitruvius, bir mimar olarak, *cavum aediumu*, *atriumu* da kapsayacak şekilde daha geniş ve daha genel manada kullanır.

Dört sütunlu (*tetrastylon*), Çatısı aşağıya eğimli (*displuviatum*)[1] ve Çatıyla kaplı (*testudinatum*).[2]

Etrüsk tarzı iç avlular, avlunun (*atrium*) çevresini dolanan çatıya enlemesine yerleştirilmiş ana çatı kirişlerinin (*trabes*), bu kirişlere dik açıyla bağlanmış daha küçük tali kirişlerin olduğu (*interpensiva*)[3] ve aşağıya doğru eğim yaparak avlu duvarlarının iç köşelerinden bu kirişlerin kesişim noktalarına doğru inen çatı oluklarının (*colliciae*) bulunduğu, böylece yağmur sularının merteklerden çatının ortasındaki açıklığa toplanmasına olanak tanındığı avlulardır.[4]

Korint tarzı iç avlularda da, kirişler ve çatı açıklığı aynı düzende yerleştirilir, ama kirişler duvarlardan belirli bir mesafede içe çekilip alttaki sütunların etrafında oluşan halkanın üzerine döşenir.

Dört sütunlu iç avlular, kirişlerin altına yerleştirilmiş köşe sütunlarıyla kirişlere hem rahatlama hem de sağlamlık kazandıran avlulardır; çünkü bu şekilde kirişler hem büyük bir basınç altında kalmaktan kurtulur hem de tali kirişlerin yükünü çekmemiş olur.

---

1 Yağmur suyunun duvarların her iki kenarından aktığı iç avlular.

2 Etrüsk tarzı iç avlu çatıları, birbirini dik açılarda kesen dört kirişten ve ortada *compluvium*u meydana getiren çatı açıklığından oluşan en eski çatı tipleridir. *Compluvium*: Evin avlusunun (*cavum aedium*) çatısındaki açıklık (avlunun ışık ve hava almasını sağlar). Korint tarzı iç avlu çatıları, *impluvium*un etrafına dizili sütunların üstüne döşenen ve çatıyı destekleyen kirişlerden oluşur. Dört sütunlu iç avluda çatının ana kirişleri, *impluvium*un etrafına dizilen dört sütunla desteklenir. Üstü açık avlunun çatı eğimi *compluvium*a terstir; bu yüzden sular, *compluvium*dan *impluvium*a akmaz, borular vasıtasıyla evin dışına akar. Çatılı iç avluysa, tamamen çatıyla örtülüdür, bu yüzden *compluvium* bulunmaz.

3 Damlalık aşıkları.

4 Vitruvius'un burada özet geçtiği çatı düzeneği, birbirine paralel döşenmiş iki ana kiriş ve bunların üzerine dik açılarda yerleştirilmiş iki küçük kirişten (damlalık aşığı) oluşan yapıdır. Kirişlerin bu şekilde yerleştirilmesi, avlunun çatısının ortasında kare ya da dörtgen bir açıklık meydana getirir (*compluvium*). Yağmur suları buradan ortadaki çatı açıklığına, oradan da aşağıya, zemin havuzuna (*impluvium*) akar.

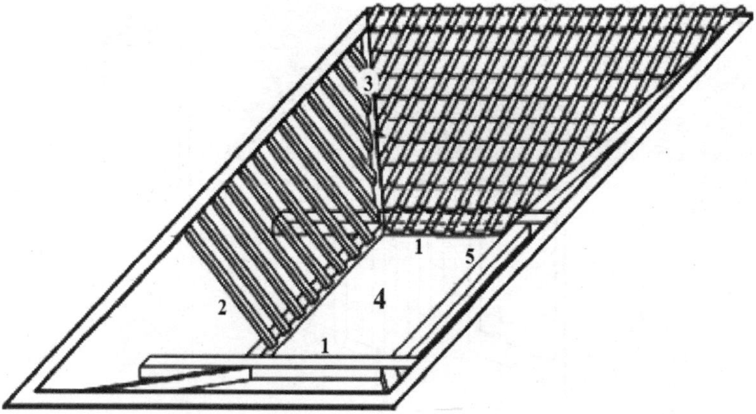

Etrüsk tarzı iç avlunun çatısı: **1.** Ana kirişler; **2.** Mertekler; **3.** Çatı olukları; **4.** Çatı açıklığı (*compluvium*); **5.** *Interpensiva* (damlalık aşığı) (Bkz. Schofield (tr.) 2009: 340.)

Etrüsk tarzı iç avlunun çatısındaki çatı açıklığı (*compluvium*)

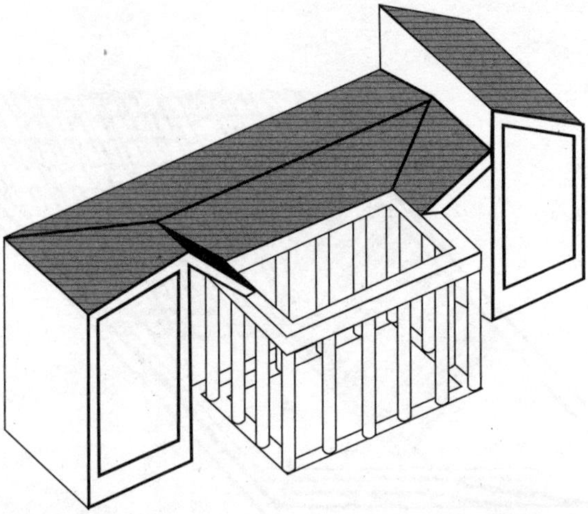

Korint tarzı iç avlu (bkz. Schofield (tr.) 2009: 341).

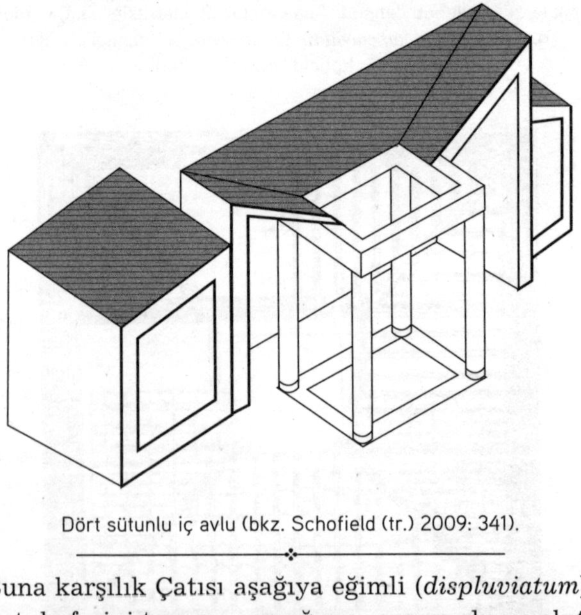

Dört sütunlu iç avlu (bkz. Schofield (tr.) 2009: 341).

2. Buna karşılık Çatısı aşağıya eğimli (*displuviatum*) iç avlular, çatı kafesini taşıyan ve yağmur suyunu dışarı akıtan, dışarıya eğimli oluklara sahip avlulardır. Bu tarz avlular özellikle kışlık konutlar için çok makbuldür, çünkü bunların çatı açıklığı (*compluvium*) yüksekte olduğu için yemek odalarının ışık almasına engel olmaz. Ama böyle avluların bakımı çok zahmetlidir, çünkü duvarlar çepeçevre yağmur sularını toplayan borularla çevrilidir ve bu borular saçaklardan akan suyu aktığı anda boşaltacak kapasitede değildir, bu yüzden suyla dolup dolup taşarlar ve bu tür evlerin hem ahşap yapılarını hem de duvarlarını harap ederler.

Çatıyla kaplı iç avlularsa, büyük bir açıklığın olmadığı[1] ve üst katlarda çok geniş odaların yer aldığı evlerde olur.

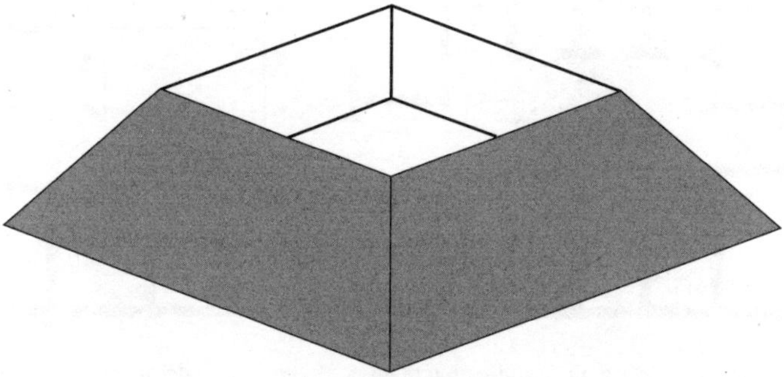

Displuviatum (bkz. Schofield (tr.) 2009: 342).

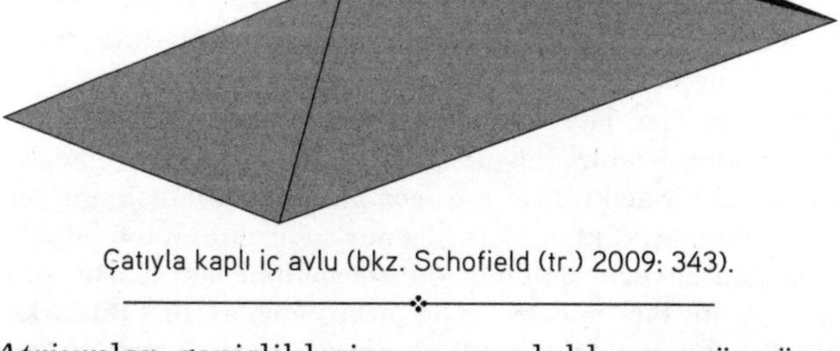

Çatıyla kaplı iç avlu (bkz. Schofield (tr.) 2009: 343).

3. *Atrium*lar, genişliklerine ve uzunluklarına göre üç şekilde tasarlanır:[2] Birinci tip *atrium*, uzunluğun beş birime ayrılması

[1] Avlunun çok geniş olmadığı durumlarda.

[2] *Atrium*, bir Roma evinin en önemli mekânıdır. Evin girişinden hemen sonra yer alır. Eskiden, Roma ailesinin evde bir araya geldiği avlu olarak görülürdü. Kadınların dokuma tezgâhları burada bulunur, aile büyüklerinin heykelleri vs burada sergilenir, ev tanrılarının sunakları,

ve bunun üç biriminin genişliğe verilmesiyle oluşturulur. İkincisinde uzunluk üç birime ayrıldıktan sonra, iki birim genişliğe verilir. Üçüncüsünde, kenarları genişliğe eşit bir kare oluşturulur ve içine diyagonal bir çizgi çekilir; bu köşegen çizginin uzunluğu ne kadarsa, *atrium*un uzunluğu da o kadar olur.[1]

4. Bunların yüksekliği, kirişlerin alt kenarına kadar uzunluğun dörtte biri oranında daha az olmalıdır; kalanı, kasalı tavana ve kirişlerin üstündeki çatının açıklığına verilir.[2]

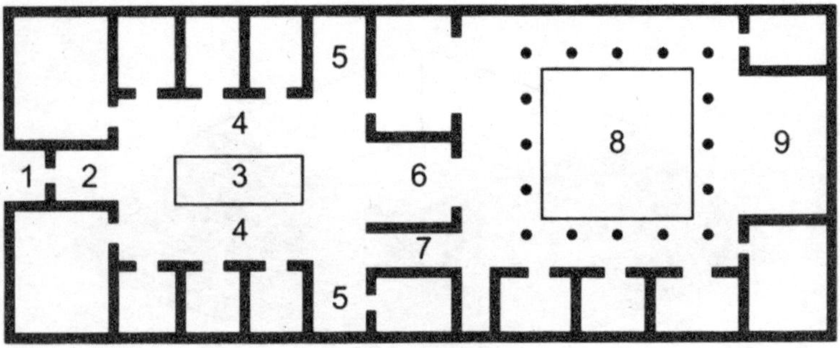

Vitruvius'a göre bir Roma evinin planı: **1.** *Vestibulum* (evin girişi, kapısı); **2.** *Fauces* (giriş koridoru, *atriuma* açılır); **3.** *Compluvium*un altındaki *impluvium* (dikdörtgen zemin havuzu); **4.** *Atrium*; **5.** *Ala* (yan odalar, kanatlar); **6.** *Tablinum*; **7.** Koridor, geçit, yol; **8.** *Peristylium* (sütunlu avlu); **9.** *Exedra* (Bkz. Schofield (tr.) 2009: 344).

Sağdaki ve soldaki kanatların (*alae*) genişliği,[3] eğer *atrium* otuz ila kırk ayak uzunluktaysa, bu ölçünün üçte birini alır.

mutfak ocağı (*focus*) da burada yer alırdı. İç yapısına baktığımızda, *atrium*un dikdörtgen bir alan olduğunu görürüz. Üstünde bir çatı, çatının ortasında da bir açıklık yer alır (*compluvium*). Bu açıklığın tam altındaki zeminde, açıklıktan akan yağmur sularının toplandığı bir *impluvium* (zemin havuzu) bulunur. Çatı, genellikle sütunların üstüne inşa edilir ve farklı tarz mimarileriyle birbirinden ayrılır. Bu farklı tarzda çatılar, iç avlunun da farklı adlarla anılan bir mimariye sahip olmasını sağlar. Vitruvius'un *cava aedium* ana başlığı altında, bu çatıların farklı inşa tekniklerinden doğan adlarını ve yapım tarzlarını Atrium Tuscanicum, Atrium Corinthium, Atrium Tetrastylum, Atrium Displuviatum ve Atrium Testudinatum olarak belirlediğini görüyoruz.

1 Birincisi, Etrüsk tarzı *atrium*; ikincisi Korint tarzı *atrium*; üçüncüsü dört sütunlu *atrium*.

2 *Compluvium*un çerçevesine.

3 Yan odaların.

Kırk ila elli ayak uzunluktaysa, uzunluk üç buçuk birime ayrılır, bir birim kanatlara verilir. Ama uzunluk elli ayak ila seksen ayak arasında olacaksa, bu uzunluğun dörtte biri kanatlara gidecektir. Altmış ayak ila seksen ayak arasındaki uzunluk, dört buçuk birime bölünür, bir birim kanatların genişliği olur. Seksen ayak ila yüz ayak arasındaki uzunluksa beş birime bölünür ve bu ölçü kanatlar için en uygun ölçü olur. Kanatların lento kirişleriyse yükseklikleri genişliklerini karşılayacak bir ölçüde tasarlanmalıdır.

5. *Tablinum*a gelince;[1] *atrium*un genişliği yirmi ayaksa, bu ölçünün üçte biri çıkarılır, kalanı *tablinum*a verilir. *Atrium* otuz ila kırk ayak arasında bir genişlikte olacaksa, genişliğin yarısı *tablinum*a gider. Kırk ila altmış ayak arasındaysa, genişlik beş birime ayrılır, bunun ikisi *tablinum*u oluşturur. Küçük ölçekteki *atrium*ların simetri oranlarının büyük *atrium*larla aynı olması beklenemez. Çünkü büyük *atrium*ların simetri oranlarını küçük *atrium*lara uygularsak, ne *tablinum* ne de kanatlar kullanışlı olabilir;[2] öte yandan küçük *atrium*ların oranlarını da büyük *atrium*lara uyguladığımız zaman, bu kez de *tablinum* ve kanatlar aşırı derecede geniş ve büyük olur. Bu yüzden *atrium*ları, hem kullanışlı olmalarını hem de güzel görünmelerini sağlayacak şekilde, tarzlarına göre detaylı bir boyutlandırma işlemine tabi tutmak gerektiğini düşünüyorum.

6. *Tablinum*un lento kirişine kadar olan yüksekliği, genişliğinin sekizde birinden daha fazla olsun. Kasalı tavanı, genişliğinin üçte biri yüksekliğine ilave edilerek yükseltilsin.

Küçük *atrium*lara açılan giriş koridorları (*fauces*), *tablinum*un genişliğinden üçte bir eksiltilerek; daha büyük boyutlu *atriumlar*da da *tablinum*un genişliğinin yarısını teşkil edecek şekilde inşa edilsin. Ataların büstleri (*imagines*), süslemeleriyle birlikte kanatların genişliğine uygun bir yüksekliğe yerleştirilsin.

---

[1] *Tablinum*, *atrium*un son kısmında yer alan ve *atrium*un bir bölümü sayılan bir girinti ya da odadır. *Tablinum*da aile arşivleri saklanır, burası evin beyinin çalışma odası olarak da bilinir. Bazı evlerde *tablinum*un kapısı yoktur, kapı yerine sadece bir perde asılıdır. Kapılı olanlarınsa, kapısı arkada sütunlu avluya açılır.

[2] Çok küçük olurlar.

Kapıların (*ostium*) yüksekliklerinin genişliklerine olan orantısına gelince; tıpkı dördüncü kitapta kapıların simetri ölçülerini açıkladığımız şekilde, Dor düzeninde olacaklarsa, Dor düzeninin esaslarına göre; İyon düzeninde olacaklarsa, İyon düzeninin esaslarına göre ayarlanmalıdır.

Çatı açıklığına, *atrium*un genişliğinin dörtte birinden daha az, üçte birinden daha fazla bir boşluk bırakılsın; uzunluğu da *atrium*un uzunluğuyla orantılı olsun.

7. *Atrium*un karşısında uzanan sütunlu avlularsa (*peristylum*) derinliklerinin üçte biri oranında daha uzun olmalıdır. Sütunlar da, revakların genişliği ne kadarsa o kadar olacaktır; sütun aralarında sütun çapının üç katından az, dört katından fazla bir boşluk olmamalıdır. Avludaki sütunlar Dor düzeninde yapılacaksa, dördüncü kitapta Dor düzeniyle ilgili açıklamalarım doğrultusunda standart ölçüler belirlenip sütunlar bu ölçülere ve üçüzyivlerin oranlarına göre düzenlenmelidir.

8. Yemek odalarının (*triclinium*) uzunluğunun, genişliklerinin iki katı olması icap eder. Dikdörtgen şeklinde yapılacak tüm odaların yüksekliklerini şu şekilde hesaplayın: Uzunluğu ve genişliği toplayın, yarısını çıkarın; çıkan rakam neyse bunu yüksekliğe verin. Ama sohbet odaları (*exedra*)[1] ve kare salonlar (*oecus*)[2] da olacaksa, o zaman yükseklik genişliğin bir buçuk katına kadar çıkarılabilir. Resim galerileri (*pinacotheca*), sohbet odaları gibi geniş boyutlarda inşa edilmelidir. Korint stili salonlar ve Dört sütunlu salonlar ile Mısır salonları olarak bilinen salonların uzunlukları ve genişlikleri, yukarıda yemek odalarının orantısı için verdiğimiz hesaba uygun şekilde ayarlanmalıdır, ancak bunların içinde sütunlar da yer alacağı için daha geniş ölçekte inşa edilmeleri gerekir.

---

1 *Ex(h)edra* (ἐξέδρα), Vitruvius'ta, Yunan veya Roma evlerinde oturup sohbet etmek için kullanılan oda, mekân, bölüm olarak geçer. Dört yanının duvarlarla çevrili olmadığı ve bir portikoya açıldığı metinden anlaşılır, ama Vitruvius bu konuda daha fazla bir açıklama yapmaz. Rönesans ressamlarıysa çok daha hoş bir anlam katarak bu mekânları farklı şekillerde resmetmeyi yeğler.

2 *Oecus*: Evin içinde bir oda, salon. Vitruvius'un bu kelimeyle *triclinium*a (üç sedirli yemek odası) karşılık Yunanca terimi kullandığı ve süslü bir yemek salonundan bahsettiği düşünülür. Bkz. Rowland 1999: 256.

Bir *exedra* yorumu; Alma Tadema, *Exedra*, 1869.

9. Korint salonları ile Mısır salonlarının farkı şudur: Korint salonlarında yüksekçe bir kaideye (*podium*) ya da zemine oturtulmuş tek sıra sütunlar bulunur; üstlerinde de ahşap ya da alçı kaplama baştabanları ve kornişleri yer alır; kornişlerin üstünde de bir dairenin yarısını andıracak şekilde yuvarlanmış, kavisli bir tavan olur. Mısır salonlarındaysa sütunların üstünde baştabanlar bulunur, bu baştabanlardan etraftaki duvarlara döşeme kirişleri yerleştirilir ve döşeme kirişlerinin üzerine de döşeme kaplaması yapılır ki, açık havada yürüyüş imkânı tanıyacak çepeçevre bir taban oluşturulsun.[1] Sonra baştabanların üstüne alt sütun sırasıyla aynı hizada ikinci kat bir sütun dizisi yerleştirilmesi gerekir, alt sütunlardan dörtte bir oranda daha kısa. Bu sütunların baştabanlarının ve süslemelerinin üstü teknetavanlarla donatılır, yukarıdaki sütunların aralarına da pencereler yerleştirilir. Bu yüzden de bu salonlar Korint stili yemek odalarından ziyade bazilikalara benzer.

10. İtalya'da âdet olmamasına rağmen, Yunanların Kyzikos stili dedikleri salonlar da yapılır.[2] Bunların cepheleri kuzeye

[1] Tavan tahtaları, apartman şeklindeki ahşap binalarda, kat aralarında ve çatı altlarında tavan taşıyıcı kirişlerin üst kısmından çakılır. Alttan bakıldığı zaman taşıyıcı kirişler görünür. Bir başka deyişle katlı binalarda ikinci katın tabanı, aynı zamanda alt katın tavanını oluşturur.

[2] Kyzikos (Cyzicum): Marmara denizi kıyısında, günümüzde Erdek ilçesi

dönük, özellikle de bahçeleri görecek şekilde konumlandırılır, ortada da kanatlı kapıları olur. Bir de bunlar öyle uzun ve geniş olur ki, karşılıklı iki yemek sediri yerleştirildiği halde, hâlâ etrafta dolanacak bir alan kalır. Sağında ve solunda da çift kepenkli pencerelere sahiptir bu salonlar; bu sayede sedirlerden baktığınızda kepenklerin arasından bahçeyi de seyredersiniz. Bu salonların yüksekliğiyse genişliklerinin bir buçuk katı olur.

11. Bu tarz binalarda, yerleşim yerlerinden kaynaklanan bir sıkıntı olmadığı sürece, simetriyle ilgili tüm hesaplamaların uygulanması gerekir.[1] Pencereleri yerleştirmek de kolaydır, yeter ki yüksek duvarlarla önleri kapanmamış olsun. Ama yer darlığından ya da başka tür mecburiyetlerden önleri kapanmışsa, o zaman ustalığı ve zekâyı konuşturup çıkarmalarla ve eklemelerle oranlarında öyle oynanmalı ki, asıl oranları uygulandığında ulaşacakları güzel görünümlerinden farklı olmamış olsunlar.

4. Bölüm
Evlerin Cephesinin Yönü

1. Şimdi farklı tip odaların cephelerini hem kullanım maksatlarına hem de belirli yönlere ayarlarken hangi kriterleri temel almamız gerektiği üzerinde duracağım.

Kışlık yemek odalarının ve hamamların cephesi batan güneşe dönük olsun,[2] çünkü akşamın ışığından faydalanmaları şart. Dahası güneş tam karşılarında batarken parıl parıl parlayıp olanca ısısını yayacağından, akşam vakti evin bu kesiminin havasını da ılıtır. Yatak odalarının (*cubicula*) ve kütüphanelerinse (*bybliotheca*) doğuya dönük olmaları icap eder; çünkü buraların kullanım maksadı sabah ışığını gerektirir, ayrıca kütüphanelerdeki kitaplar da böylece küflenmemiş olur. Güneye ve ba-

---

yakınlarında bir şehir; Belkıs, Balkız.

1 Yukarıda bahsedilen.

2 Güneybatıya bakmalı.

tıya bakan kütüphanelerdeki kitaplar, kurtçuklardan ve nemden başını alamaz, çünkü nemli rüzgârlar esmeye başladığında bütün bunları iyice çoğaltıp besler; ayrıca ıslak ıslak üzerlerine üfürerek kitap rulolarının rengini de soldurur.

Cubiculum (yatak odası) (Bir Pompeii evinden ayrıntı)

2. İlkbahar ve sonbahar yemek odaları doğuya bakmalıdır, çünkü bu yönde olurlarsa, güneş pencerelerinin üzerinden bütün sıcaklığıyla geçip de batıya doğru seyrederken bu odaları da tam kullanılacakları saatlerde ısıtmış olur. Yazlık yemek odalarıysa kuzeye bakmalıdır, çünkü bu konum diğerleri gibi yaz sıcağında yanıp kavrulmaz; tam tersine güneşin yörüngesinin aksi istikametinde olduğundan daima serindir ve hem sağlıklı hem de hoş bir ortam sunar. Aynı şekilde resim galerileri (*pinacotheca*), nakış işleyenlerin atölyeleri[1] ve ressamların stüdyoları da kuzeye bakmalıdır; çünkü ışık sabit olduğu için, yapıtlarındaki renklerin niteliğini bozmadan korur.

1 *Plumarius*, nakış işleyen anlamına gelir, ama Vitruvius'un burada dokumacılardan ya da örgücülerden söz ettiği de düşünülmektedir. Ayrıntılı bilgi için bkz. M. Harlow, M.-L. Nosch (ed.) (2014). *Greek and Roman Textiles and Dress: An Interdisciplinary Anthology*, Oxford: Oxbow Books.

5. Bölüm
Sosyal Konum ve Evler

1. Odaların cephelerini belirli yönlere göre bu şekilde ayarladıktan sonra dikkat etmemiz gereken bir başka husus, ev sakinlerine ait olan şahsi alanları ve dışarıdan gelen konuklarla ortak olarak kullanılacak alanları hangi esaslara göre inşa etmemiz gerektiğidir. Şahsi alanlar, hiç kimsenin izinsiz girme hakkının olmadığı yerlerdir, mesela yatak odaları, yemek odaları, hamamlar ve benzer maksatlarla kullanılan başka yerler. Ortak alanlarsa, isteyen herkesin izinsiz de girebileceği yerlerdir, yani evin girişleri (*vestibulum*), avlular, sütunlu avlular ve benzer maksatla kullanılan başka yerler.

Buna göre sıradan vatandaşların evlerinde heybetli girişlere, arşiv odalarına, ana avlulara lüzum yoktur; çünkü bu vatandaşlar işlerini halletmek için başkalarının evlerine gider, onlara gelen olmaz.

2. Çiftlik ürünleri alıp satanların evlerinin ön avlularında ahırlar, dükkânlar yer alır; ana binada da mahzenler, tahıl ambarları, kilerler ve başka bölümler. Bu bölümleri inşa ederken amacımız, bunların şık ve güzel görünmelerini sağlamaktan öte, eldeki ürünü korumaya yönelik olmalıdır.

Sermayedarlara ve vergi tahsildarlarına çok daha konforlu, çok daha ferah ve hırsızlara karşı güvenlikli konutlar inşa etmek gerekir; hukukçular ve hatipler içinse hem daha şık hem de toplantılarına katılacak kişileri alacak kadar geniş ve ferah konutlar. Yüksek devlet görevlerini ve yargıçlık makamlarını tutan üst düzey kişiler gibi kamuya hizmetle yükümlü kişiler içinse, sosyal konumlarına uygun şekilde bezenmiş soylu ve görkemli giriş holleri, devasa büyüklükte orta avluları ve sütunlu revakları olan, korulara ve geniş gezinti yollarına sahip konutlar inşa edilmelidir. Ayrıca bu kişilerin kamu binalarındakileri aratmayacak görkemde yapılmış kütüphaneleri, resim galerileri ve bazilikaları da olmalıdır; çünkü genelde bu gibi kimselerin evlerinde halk konseyleri toplanır, özel davalar yürütülür, tahkim kararları alınır.

3. Bu yüzden farklı sınıftaki kişilere ilk kitabımdaki "uygunluk" (*decor*) ilkesinde belirttiğim esaslar doğrultusunda evler planlanırsa, eleştiriye mahal kalmaz; çünkü her bakımdan rahat ve kusursuz bir tasarımları olmuş olur. Hatta bu esaslar şehirdeki binalar için geçerli olduğu kadar, kırsal alanlarda yapılacak binalar için de geçerlidir. Yalnız şu var ki, şehirdeki binalarda genellikle ana avlular (*atrium*) ön kapının yakınında yer alırken, kırsal bölgelerde şehirdekileri örnek alarak inşa edilmiş olan sütunlu avlular önde yer alır; ardından parke taşlarıyla döşeli sundurmalarla çevrelenmiş güreş alanlarına, gezinti yollarına bakan orta avlular gelir.

Buraya kadar şehirde inşa edilecek binalar için geçerli olacak hususları mümkün mertebe özet halinde sunmaya çalıştım; şimdi kullanım maksatlarını dikkate alarak çiftlik evlerinin mimari planlarından ve bunları hangi yöntemlere göre konumlandırmamız gerektiğinden söz edeceğim.

6. Bölüm
Çiftlik Evleri

1. Her şeyden önce kırsal bölgeler, birinci kitapta şehirlerin kurulumu bahsinde açıkladığım gibi sağlık açısından teftiş edilmeli, çiflik evleri buna göre kurulmalı. Bu evlerin büyüklükleri, arazinin büyüklüğüne ve ürün miktarına göre tayin edilsin. Avlular[1] ve ne ölçüde olacakları, sürülerin sayısı ve kaç çift öküz sığdırabilecek kapasitede oldukları belirlenip öyle hesaplansın. Mutfak, avlunun en sıcak yerinde olacaktır. Hemen bitişiğinde de öküz ahırları (*bubilia*) yer alacaktır, yemlikleri ocağa dönük ve doğu yönünde; çünkü ışığın ve ateşin karşısında olan öküzün derisi sert olmaz. Hatta yön tayin etme konusunda hiç de tecrübesiz sayılmayan çiftçilerimiz, öküzlerin güneşin doğduğu yönden başka bir konumda bulunmasını düşünemez bile.

---

[1] Çiftik binaları arasındaki meydanlar.

2. Öküz ahırları, en az on ayak, en fazla on beş ayak genişliğinde olmalı; uzunluğu da her çift öküz için yedi ayaktan az olmamalı. Hamamlar da benzer şekilde hemen mutfağın bitişiğinde yer almalı; çünkü bu şekilde çalışanlar için hamam işlerini halletmek uzun sürmez. Zeytin cenderelerinin bulunduğu odalar da mutfağa çok yakın olsun, böylece zeytini işlemesi de rahat olur. Bunun bitişiğinde de bir şarap mahzeni olsun, pencereleri kuzeyden ışık alan; çünkü güneşin ısısını hissettirebileceği başka yöne bakan pencereleri olursa, o mahzende bulunan şarap sıcaktan mayışır, nefasetini yitirir.

3. Zeytinyağının depolandığı kilerlerse, güneyden, sıcak yönlerden ışık alacak şekilde konumlandırılmalıdır; çünkü zeytinyağının donmaması gerekir, makul bir ısıda sıvı halde kalmalıdır. Bu kilerlerin boyutu, ürün miktarına ve her biri yirmi amforalık kapasitede, ortalama dört ayak çapında yer kaplayan küplerin (*dolium*) sayısına göre hesaplanmalıdır. Cenderelerin olduğu mekân da, eğer burgularla döndürülmeyip[1] manivelalarla ve bir kolla çalıştırılacak cendereler yer alacaksa, en az kırk ayak uzunluğunda olmalıdır ki, ustasına rahat rahat işini görebileceği bir alan ayrılmış olsun. Genişliği de on altı ayaktan az olmamalı. Böylece cenderenin başındaki işçiler için serbest bir dönüş ve çalışma ortamı hazırlanmış olur. Ama mekâna iki cendere sığdırılması icap ediyorsa, o zaman genişlik yirmi dört ayağa çıkarılsın.

4. Koyun ve keçi ağılları da yeterince geniş olmalı, öyle ki her bir hayvana en az dört buçuk ayak, en fazla altı ayak bir yer düşebilsin. Tahıl ambarları da yüksek bir konuma yerleştirilsin, cepheleri kuzeye ya da kuzeydoğuya dönük olsun; çünkü bu şekilde ürün çabuk ısınmaz, rüzgâr alıp serin kalır ve uzun süre dayanır. Bunun dışındaki her cephede bir şekilde pamuk kurdu olur ya da bunun gibi ürüne zarar verebilecek başka haşaratlar. Bu arada ahırlar için çiftliğin en sıcak yeri ayrılsın, ama ocağa yakın olmasın; çünkü atları ateşin yanı başındaki bir ahıra koyarsanız, derileri sertleşir.

---

[1] Yunan icadı basınç sıkıştırıcı vidalarla. Burada vidalı presten bahsediliyor.

5. Buna göre yemliklerinin de mutfağın uzağında, açık havada ve doğu yönünde olmasında fayda var; böylece sürü kışın iyi bir günün sabahında yemliklere götürüldüğünde, güneş ışığında yemlerini yerken derileri de pırıl pırıl parlar. Tahıl depolarının, samanlıkların, ambarların ve ekmek fırınlarının, çiftlik evinin dışında olması tercih edilir; ev yangın tehlikesine karşı daha korunaklı olsun diye.

Çiftlik evlerinin çok daha güzel görünmesi isteniyorsa, yukarıda şehir evleriyle ilgili anlatılan simetri kurallarına uygun şekilde inşa edilmeleri icap eder; tabii bu simetrinin bir çiftlikte olması gereken hiçbir şeyi eksik gedik bırakmaması koşuluyla.

6. Her binanın ışık almasına ayrı bir özen göstermeliyiz. Ama bu iş çiftlik evlerinde daha kolay halledilebilir, çünkü ışığı kesecek müşterek bir duvarları yoktur; oysa şehirde yüksek yüksek ortak duvarlar veya dar dar mekânlar ışığı keser, ortamı karartır. Bunun için şöyle bir yönteme başvurmalıyız: Işığın gelmesi gereken noktada, engel oluşturması muhtemel duvarın tepesinden ışığın geleceği noktaya bir çizgi çekin. Bu çizginin üzerine baktığımızda gökyüzünü yeterince görebiliyorsak, o konumun ışığı almasına bir mani yok demektir.

7. Ama kirişler, lentolar, ahşap tavanlar ışığı kesiyorsa, o zaman üst kısımlarda bir açıklık bırakılır, ışık buradan gelir. Kısaca gökyüzünü görebildiğimiz her noktaya pencereler için açıklık bırakırsak, bu işi en kolay şekilde hallettik demektir; çünkü bu şekilde binalarımız ışıl ışıl olacaktır. Bu arada yemek odalarında veya başka başka odalarda ışık ne kadar gerekliyse, düz koridorlarda, eğimli yollarda veya merdivenlerde de o kadar önemlidir; çünkü buralarda insanlar yük taşırken her karşılaşmalarında mutlaka birbirleriyle çarpışırlar.

İşte buraya kadar, müteahhitlerimiz için anlaşılmadık bir nokta kalmasın diye, binalarımızın tasarımları hakkında yeterince bilgi verdim; şimdi de bu binaların Yunanların âdetlerine göre nasıl planlanacağını özet geçeceğim ki, bu konuya da yabancı kalınmasın.

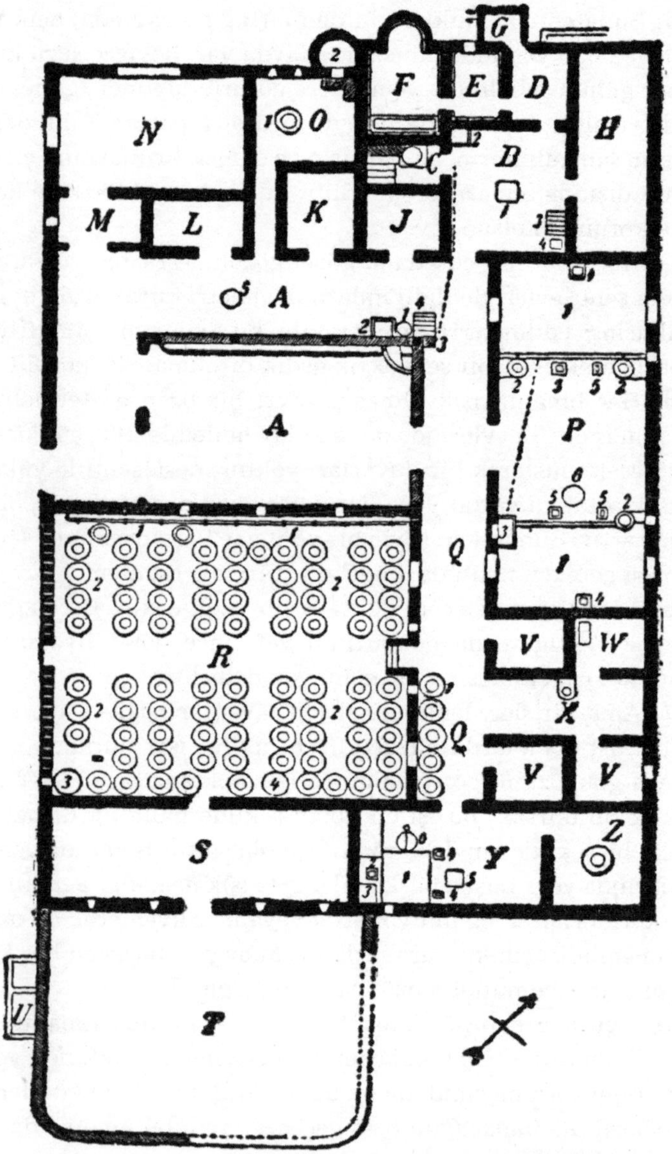

Pompeii'de bir çiftlik evi: **A.** Avlu; **B.** Mutfak; **C-F.** Hamamlar; **H.** Ağıl; **J.** Aletlerin bulunduğu oda; **K, L, V, V.** Yatak odaları; **N.** Yemek odası; **M.** Ön oda; **O.** Fırın; **P.** İki tane üzüm cenderesinin bulunduğu oda; **Q.** Koridor; **R.** Şarap üretilen yer; **S.** Ambar; **T.** Harman Yeri; **Y.** Zeytinyağı cenderelerinin bulunduğu oda (Bkz. Smith (ed.) 1890: 480).

7. Bölüm
Yunan Evleri

1. Yunanlar *atrium*a ihtiyaç duymazlar, inşa da etmezler; bunun yerine ön kapıdan girenler için pek geniş olmayan bir yol yaparlar. Bu yolun bir yanında ahırlar, diğer yanında da kapıcı kulübeleri yer alır, hemen sonra da iç kapılarla sonlanır. İki kapı arasındaki bu mahale Yunanca *thyrōreion* (kapıcı kulübesi) adı verilir; iç kapıdan sonra da sütunlu avluya (*peristylon*) girilir. Sütunlu avlunun üç portikosu bulunur; güneye bakan tarafta, aralarında epeyce bir mesafe olan, üstünde de baştaban kirişleri bulunan, iki köşe sütun (*antae*) yer alır. Bu sütunların arasındaki mesafenin üçte ikisinden daha azı, arkadaki mekânın derinliğine verilir. Bu mekâna bazıları *parastas* der, bazıları da *pastas*.[1]

2. Buradan içeriye girdiğinizde büyük bir salonla karşılaşırsınız, bu salonda evin hanımları yün eğirici kadınlarla birlikte yön örer. Aynı mekânın sağında ve solunda yatak odaları yer alır, birine *thalamos*, diğerine *amphitalamos* denir.[2] Portikoların etrafında gündelik yemek odaları, yatak odaları bulunur; bir de hizmetçi odaları. Evin bu bölümüne *gynaeconitis* (kadınlara özel bölüm) adı verilir.

3. Bu bölüme bitişik, çok şaşaalı sütunları olan bir yapı bloğu yer alır; burada sütunları eşit yükseklikte dört portiko bulunur, ya da bazen güneye bakan taraftakinin sütunları daha yüksek olur. Böyle bir sütun dizisi daha yüksek olan sütunlu avluya, Rodos stili sütunlu avlu denir. Buradaki binaların çok şık girişleri, kendilerine ait muhteşem kapıları vardır; sütunlu avlulardaki sütun dizilerinin olduğu mekânlar, rölyefli ya da rölyefsiz alçı kaplamalarla, ahşap kasalı tavanlarla dekore edilmiştir; kuzeye bakan taraftaki sütunlu mekânlarda Kyzikos stili yemek odaları ve resim galerileri bulunur, doğuya ba-

---

[1] Bu mekânın Vitruvius'ta *exedra* olduğu vurgulanır. Bkz. Smith (ed.) 1890: 480.

[2] *Thalamos* (θάλαμος): Genel anlamda yatak odası; ebeveyn yatak odası; *Amphithalamos* (ἀμφιθάλαμος): Ön yatak odası; *thalamos*un önünde yer alan çocuklara ait yatak odası.

kanlarda kütüphaneler, batıya bakanlarda verandalar, güneye bakanlardaysa kare salonlar; öyle geniş, öyle büyüktür ki bu salonlar, içine dört yemek sediri sığdırabileceğiniz gibi, hâlâ servise ve oyunlara bolca yer kalır.

4. Bu salonlarda beylere özel yemek davetleri verilir; âdetleri gereği evin hanımları bu tür davetlere katılmaz. Bu nedenle bu sütunlu avlular *andronitides* (beylere özel bölümler) olarak adlandırılır, çünkü buralarda beyler, hanımlardan bağımsız olarak rahat hareket ederler. Bundan başka sağda ve solda daha küçük yapı blokları yer alır, kendilerine ait kapıları, konforlu yemek odaları ve yatak odaları olan; misafirler geldiğinde sütunlu avlularda değil de, bu misafirlere özel bölümlerde ağırlansınlar diye.

Pompeii'deki Iulia Felix evinden bir natürmort (*xenium*) resmi (İS yak. 79)

Çünkü Yunanlar daha ince zevklere sahip olup kazançları da artınca, gelen misafirlerine böyle yemek odaları, yatak odaları, içi tıka basa dolu kilerler inşa eder oldu. İlk gün misafirlerini kendi sofralarında ağırlar, sonraki günlerde de onların sofralarına tavuklar, yumurtalar, sebzeler, meyveler ve çiftlik ürünü başka mamuller gönderirlerdi. Zaten ressamların misafirlere gönderilen bu tür armağanları betimledikleri resimlerine *xenia* (natürmort resimler) adını vermeleri de bu yüzden.[1] Hem

[1] *Xenium* (çoğ. *xenia*) (ξένιον; ξένια): Yunanlarda ve Romalılarda misafirperverlik ve dostluk işareti olarak misafirlere verilen veya gönderi-

bu şekilde misafir aileler de kendilerini yabancı gibi hissetmemiş oluyorlardı, ne de olsa bir mahremiyetleri, bir serbestlikleri vardı bu misafirlere ayrılan bölümlerde.

5. Bu iki sütunlu avlu ve misafir odalarının arasında *mesauloe* adı verilen yollar bulunur; bunlara böyle denir, çünkü iki avlu arasında yer alırlar. Bizdeyse bu yollara *andrones*[1] denir. Ama bu çok tuhaf, çünkü bu anlam ne Yunanca ne de Latince kelimeyle örtüşüyor. Çünkü Yunanlar, beylere özel yemek davetlerinin verildiği odalara kadınlar giremediği için *andrōnes* diyor. Buna benzer başka uyuşmazlıklar da var; mesela *xystus*, *prothyrum* ve *telamones* ya da bu tür başka kelimelerde olduğu gibi. *Ksystos* (*xystus*), Yunan dilinde kışın atletlerin idman yaptıkları çok geniş revak anlamına gelir;[2] ama bizde *xysti* kelimesiyle üstü açık gezinti yolları kastedilir, halbuki Yunanlar bu yolları *paradromides* kelimesiyle karşılar. Aynı şekilde Yunancada *prothyra* kelimesi, ön kapılardaki giriş avluları demektir; ama biz *prothyra* kelimesini Yunanların *diathyra* kelimesinin ifade ettiği anlamda kullanıyoruz.

6. Aynı şekilde damlalıkların ya da kornişlerin taşıyıcı unsurları olarak kullanılan erkek heykellerine bizimkiler *telamones* diyorlar. Bunun nedeni, yani neden ve niçin böyle dendiği, tarihi belgelerde geçmiyor. Yunanlarsa buna *atlantes* diyorlar. Çünkü Atlas, tarihte gökkubbeyi sırtlanmış halde betimlenir; bunun nedeni, güçlü zekâsı ve dehasıyla güneşin ve ayın yörüngesini ve tüm gezegenlerin seyirlerini insanlığa ilk öğreten kişi olmasıdır. İşte Atlas'ın insanlığa olan bu hayrından ötürü ressamlar ve heykeltıraşlar da onu kubbeyi sırtlanmış halde betimlemiş; bizimkilerin *Vergiliae*, Yunanların *Pleiades* dedikleri Atlas'ın kızları (Atlandites) da gökte takımyıldızlar olarak kutsallaştırılmış.

---

len armağan(lar). Vitruvius burada misafirlere sunulan hediyeleri konu edinen, yani konusu cansız varlıklar ve nesneler olan resimden (ölüdoğa, natürmort) söz ediyor.

1 *Andrōn* (ἀνδρών): Yunancada, beylere ayrılmış odalar; Latincede, dar yollar ya da ara geçitler.

2 *Xystus* (*xystum*): (ξυστός: ξυστόν): Yunancada, kışın atletlerin idman yaptıkları üstü örtülü revak veya galeri; Romalılarda üstü açık sundurma ya da revak veya ağaçlıklı gezinti yolu (=παραδρομίς: gezinti mekânı, yürüyüş yolu).

Telamones (Atlantes): Olymposlu Zeus Tapınağı,
Agrigento Archaeological Museum, Sicilya

Atlas: National Archaeological Museum, İtalya

7. Bütün bu örnekleri, alışılagelmiş adlandırma usullerimizi değiştirelim diye vermedim elbette; dile meraklı olanlar bu terimlere yabancı kalmasınlar diye açıklama gereği hissettim. İşte böylece bu binaların hangi usuller çerçevesinde İtalya tarzına ve Yunan geleneklerine uygun hale getirilebileceklerini açıklamış ve simetrileriyle ilgili olarak da tek tek hepsinin oranlarını vermiş oldum. Bunların güzel ve düzgün görünümleriyle ilgili hususları da daha önceden kaleme almış olduğuma göre, şimdi sağlamlık meselesine gelelim ve bu binaların uzun yıllar hiç bozulmadan kalması için nasıl düzenlenebileceklerine bakalım.

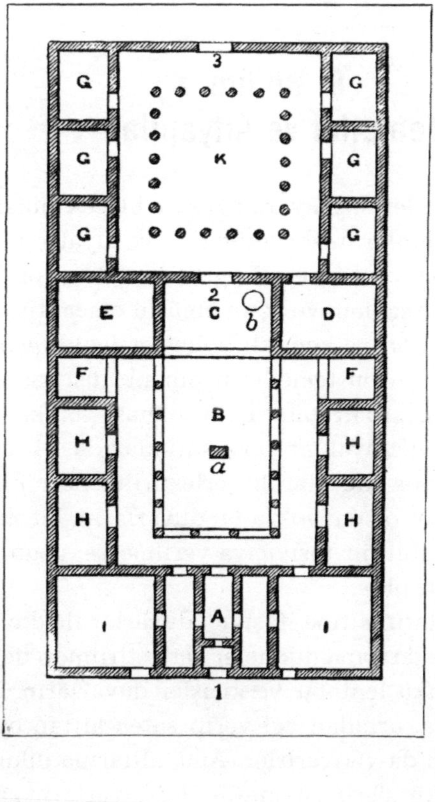

Yunan evi planı: **A.** Giriş; **B.** *Andronitisin* sütunlu avlusu; **C.** *Andron* ya da yemek salonu; *Gynaeconitisin* sütunlu avlusu; *Andronitisin* odaları; **D.** *Thalamos*; **E.** *Amphitalamos*; *Gynaiconitisin* odaları; **I.** *Andronitisin* odaları (veya bazı evlerde caddeye açılan dükkânların bulunduğu bölüm)

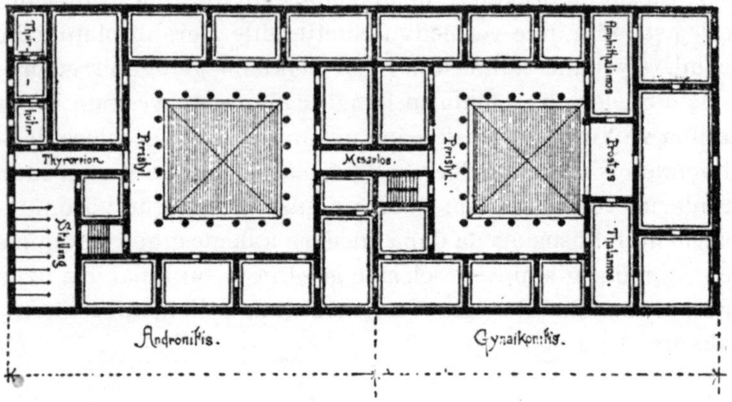

Yunan evi planı

8. Bölüm
Temeller ve Altyapılar

1. Yer seviyesinden başlayarak inşa edilecek binaların temelleri, önceki kitaplarımızda duvarlar ve tiyatroların yapımında anlattığımız yöntemlere uygun şekilde yapıldığı takdirde, hiç kuşkusuz sağlam ve uzun ömürlü olacaktır. Ama yeraltı odaları (*hypogea*) ve kemerli bölmeler (*concamarationes*) yapılacaksa, o zaman bu temellerin binanın üst kısımlarında inşa edilecek duvarlardan daha kalın olması gerekir. Bu üstteki duvarlar, taşıyıcı ayaklar veya sütunlar da, alttaki temel duvarlarının ortasına dik olarak yerleştirilmelidir ki, sağlam bir mesnetleri olmuş olsun; yoksa bu duvarların, bu sütunların yükü altta böyle sabit bir taşıyıcıya verilmezse, uzun süre dayanmaları imkânsız olur.

2. Ayrıca lentoların altına, taşıyıcı duvarlar ile duvara bitişik sütunlar (*antae*) arasına dikmeler yerleştirilmesi de hiç fena fikir değildir. Çünkü lentolar ve kirişler duvarların ağırlığını yüklendikleri anda, ortadan bel verip zaten alttan oynamaya başlamış duvarları da yıkıverirler. Ama altlarına dikmeler sokup sıkıştırırsak, kirişlerin çökmesini de, duvarların zarar görmesini de önlemiş oluruz.

3. Bundan başka, duvarların ağırlığını kama şeklindeki kemer taşlarından ve bir merkeze yönelmiş derzlerden oluşmuş kemerlerle dağıtıp rahatlatmayı da bilmeliyiz. Çünkü kemerler kama şeklindeki taşlarıyla kirişlerin ya da lentoların uçlarından döndürülerek yerleştirilecek olursa, her şeyden önce ahşabın yükü hafifler, bel vermez; zamanla bozulacak olsa bile, destekleme işlemine falan gerek kalmadan değiştirilebilir.

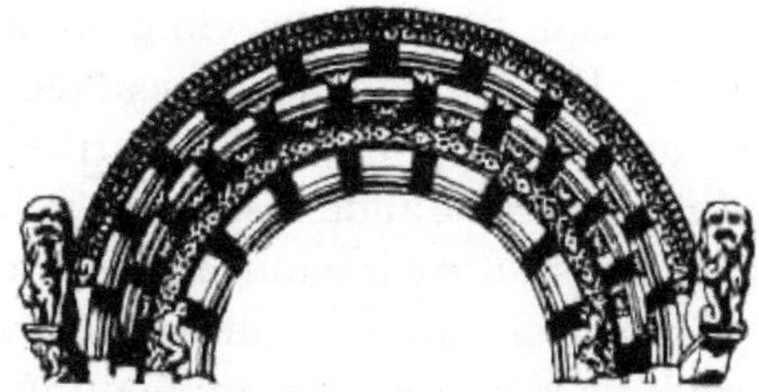

Kama şeklindeki kemer taşları

4. Bu nedenle binalar, böyle taşıyıcı ayaklar ve derzleri tek merkezde toplanmış kama şeklindeki taşlardan oluşan kemerler üzerine inşa ediliyorsa, en sondaki taşıyıcı ayakların diğerlerinden daha geniş olması şarttır; çünkü kama şeklindeki kemer taşları, duvarların yükü altında ezilip derzleriyle merkeze baskı yaparak yastık taşlarını ittirmeye başladı mı,[1] bu basınca mukavet edecek güçleri olmuş olur. Dolayısıyla köşelerdeki taşıyıcı ayaklar çok daha cüsseli olursa, kemer taşlarını bir arada tutarak yapıya direnç kazandırır.

5. Bu meselelere gerekli dikkati gösterdiğimizden emin olduktan sonra, bütün duvarların tamamen dik yerleştirilmiş olmasına, herhangi bir kısmının eğim yapmamış olmasına da en az bunlar kadar dikkat göstermeliyiz. Ama en çok duvarın temeldeki kısımlarına dikkat edelim, çünkü üzerlerine yığılan toprak genellikle onarılmaz hasarlara yol açar: Toprağın ağırlığı her zaman yaz aylarındaki gibi olmaz. Kış geldiğinde yağmur suyuna kandı mı, kütlesi de büyür, hacmi de; sonra da içine aldığı duvarları patlattığı gibi dışarı itekler.

6. Böyle bir kusura meydan vermemek için şöyle bir yol izlenmeli: İlkin, duvarın kalınlığı toprağın ağırlığını karşılayacak orantıda olsun; ikincisi, duvar inşa edilirken bununla birlikte öne istinat duvarları (*anterides*) ya da payandalar (*erismae*)

1 *Incumba*: Kemer ya da tonozun taşıyıcı ayağa oturduğu noktaya yerleştirilen çıkıntılı üzengi taşı, yastık taşı.

inşa edilsin; temelin yüksekliği ne kadar olacaksa, aralarında o kadar bir mesafe kalacak şekilde, kalınlıkları da yine temelin kalınlığıyla eş ölçüde. Bunların dipteki çıkıntısı da duvarın kalınlığı mesabesinde olsun; sonra bu çıkıntı kademe kademe azaltılsın ki, üstte binanın duvarının kalınlığıyla eşitlensin.

7. Dahası toprağın kütlesini karşılamak için iç tarafa duvara bitişik testere dişlerini andıran dişler inşa edilsin; her bir dişin duvardan çıkıntısı temellerin yüksekliğine eşit mesafede olacak şekilde, kalınlıkları da temel duvarının kalınlığına eşit ölçüde. Sonra dış köşelerde temellerin yüksekliğine eş bir mesafe alınsın ve her iki tarafına işaret konsun. Bu işaretlerden başlayarak bunların arasına köşegen bir duvar inşa edilsin, sonra bu köşegen duvarın ortasından başlayarak ana duvarın iç köşesine bitiştirilecek başka bir köşegen duvar inşa edilsin. İşte bu dişler ve köşegen duvarlar toprağın olanca ağırlığıyla ana duvara yüklenmesine izin vermeyecek, basıncı kontrol altına alıp dağıtacaktır.

8. Bu şekilde binalarımızın nasıl kusursuzca inşa edileceklerini, herhangi bir kusurun en başında tespit edilebilmesi için ne tür önlemler alınması gerektiğini açıklamış bulunuyorum; binaların temellerine gösterdiğimiz bunca hassasiyeti kiremitlerin, tavan kirişlerinin veya merteklerin tamirine göstermemiz gerekmez; çünkü bunlar hasara uğrasalar bile kolayca değiştirilebilirler. Ha, bu arada sağlam inşa edilmediğini düşündüğümüz binanın bu temel kısımlarını hangi yöntemlerle sabit kılabileceğimizi ve ne şekilde inşa edebileceğimizi de açıkladım.

9. Bu tür binalarda ne tür bir malzeme kullanmamız gerektiğine gelince; bu mimara bağlı bir konu değildir. Çünkü ilk kitapta da açıkladığım gibi, her malzeme her yerde bulunmaz. Dahası binasını pişmiş tuğladan mı, ocak taşından mı, çaplanmış taştan mı inşa edeceğine karar verecek olan, işverenin kendisidir. Dolayısıyla herhangi bir yapıyı değerlendirirken meseleye şu üç açıdan yaklaşmak gerekir: İnce işçilik, ihtişam ve tasarım. İşverenin sorumluluğunda inşa edilmiş bir yapıt muhteşem bir görünüme sahipse, burada övgüyü hak eden, yapılan masraftır; ince bir işçilikle yapılmışsa, övgüyü kazanan başustanın dakikliğidir; ama bir yapıt simetri ve görsel ahenge dayalı eşsiz bir güzelliğe sahipse, bunun övüncü mimarın olacaktır.

10. Böyle sonuçlar elde etmek için her şeyden önce bir mimarın hem işçilerden hem de sıradan insanlardan tavsiye almaya rıza göstermesi gerekir. Çünkü sadece mimarlar değil, bütün insanlar iyi olanı ayırt edebilir. Ama sıradan insan ile mimar arasındaki ince ayrım, sıradan insanın yapıtı görene kadar onun nasıl olacağıyla ilgili bir fikrinin olmaması, mimarınsa zihninde bir tasarım oluştuğu anda daha hayata geçirmeden bu tasarımın güzellik, işlevsellik ve uygunluk açısından nasıl olacağına dair kesin bir fikrinin olmasıdır.

İşte bu şekilde özel konutlar için yararlı olacağını düşündüğüm hususları ve nasıl inşa edileceklerini elimden geldiğince açık bir dille ve tüm ayrıntılarıyla kaleme aldım. Bu konutların alımlı görünmesi ve hiç hasarsız uzun yıllar yaşaması için gerekli olan ince işçilikleriyle ilgili hususlarıysa bir sonraki kitapta açıklayacağım.

VII. KİTAP

İnce İşçilik

Önsöz

1. Atalarımız, farklı konulardaki görüşleri yok olup gitmesin, kitaplara basılıp çağlara yayılsın, zamanla adım adım bilimin en yüksek basamağına doğru bir ilerleme kaydedilebilsin diye notlara döküp gelecek nesillere aktarmakla hem bilgece hem de çok yararlı bir geleneğe imza atmışlar. Bu yüzden onlara ne kadar teşekkür etsek az; çünkü kıskançlık edip bilgilerini kendilerine saklamak yerine her konuda ne düşünüyorlarsa yazıya döküp tarihe geçirmeyi görev bilmişler.

2. Böyle yapmamış olsalardı, bizler Troya'da neler olup bitmiş; Thales, Demokritos, Anaksagoras, Ksenophanes ve diğer doğabilimciler Doğa hakkında neler düşünmüş; Sokrates, Platon, Aristoteles, Zenon, Epikuros ve diğer felsefeciler insanoğlu için nasıl bir hayat tarzı belirlemiş; Kroisos, İskender, Dareios ve diğer krallar hangi başarılara imza atmış, bu başarılarının nedenleri neymiş, hiç bilemeyecektik; eğer sahiden atalarımız bütün bu meseleleri derleyip kitaplara aktararak gelecek nesillerin hafızasına emanet etmemiş olsalardı.

3. Kendileri teşekkürümüzü ne kadar hak ediyorsa, onların eserlerini çalıp kendilerininmiş gibi gösterenler de sövgülerimizi o kadar hak ediyor; yazılarını kendi fikirlerine dayandırmayan, ama bütün hasetlikleriyle başkalarının zorla gasp ettikleri fikirleriyle böbürlenen insanlaraysa sadece sövmek de yetmez, bu ahlaksız tutumları mutlaka cezalandırılmalı. Derler ki eskiler öyle az buz bir ceza vermeden bu tür meselelerin peşini bırakmazmış. Bu cezaların sonuçlarını şimdi burada bize aktarıldığı şekilde yazmamda bir mahsur yok sanırım.

4. Attalos hanedanına mensup krallar edebiyatın o müthiş tadına varıp kamu yararına Bergama'da muhteşem bir kütüphane kurunca, Ptolemaios sonsuz bir hırs ve delice bir arzuya kapılıp bu kütüphanenin aynısını İskenderiye'de kurmak için en az onlar kadar gayret gösterdi. Ama özene bezene yaptırdığı eser bittiğinde, baktı ki bu tohumu ekip biçerek gelişimini ve yayılımını sağlamadıkça bu iş hep eksik kalacak. Bunun üzerine Mousa ve Apollo onuruna oyunlar düzenledi, dönemin yazarları arasında galip gelenlere, tıpkı sporculara verildiği gibi ödüller, onurlar verilmesini kararlaştırdı.

5. Gerekli düzenlenmeler yapılıp oyunlar yaklaştığında, müsabakaya katılacakları değerlendirmek üzere edebiyat alanında uzman hakemler seçmek gerekti. Kral, kendi vatandaşları arasından altı hakem seçti, ama yedincisi için uygun adayı öyle kolay bulamayınca, kütüphanenin başındakilere danışıp bu göreve uygun birini bilip bilmediklerini sordu. Onlar da Aristophanes adında birini bildiklerini, bu adamın her gün gelip bütün kitapları sırasıyla büyük bir şevkle ve büyük bir ciddiyetle okuyup hatmettiğini söylediler. Böylece müsabakalar için herkes toplanıp da hakemlerin oturacağı yerler belirlenince, bunlarla birlikte çağrılan Aristophanes de kendisi için ayrılan yere oturdu.

6. Sırasıyla önce müsabakaya katılacak şairler içeri getirildi. Bunlar yazdıkları şiirleri ezberden okurken, seyirciler de beğendikleri şiiri alkışlarıyla hakemlere belli ediyordu. Sonunda hakemlere tek tek fikirleri soruldu, altısı birden en büyük ödülün kalabalığın en çok beğendiğine şahit oldukları şaire, ikinciliğin de bundan sonra beğenilene verilmesini söyledi. Ama sıra Aristophanes'e gelip de fikri sorulunca, halkın en az beğendiği şairin birinci ilan edilmesini istedi.

7. Kral da dahil olmak üzere herkes buna müthiş tepki gösterince, ayağa kalktı ve konuşmak için izin istedi. Konuşmasına izin verilip de ortalık durulduğunda, yarışmacıların arasında yalnızca bir kişinin şair olduğunu, diğerlerinin başka şairlerin şiirlerini okuduğunu, bu yüzden de hakemlerin intihale değil, özgün şiire onay vermesi gerektiğini söyledi. Halk şaşkın, kral kararsızlık içindeydi ki, Aristophanes hafızasına duyduğu güvenle belirli raflardan cilt cilt kitaplar indirdi, söylenen şiirlerle bunları karşılaştırıp intihalcileri suçlarını itiraf etmek zorunda bıraktı. Bunun üzerine kral, haklarında hırsızlık suçundan dava açılmasını emretti; hüküm giydiklerinde de itibarlarını iki paralık edip kovdu; Aristophanes'iyse ödüllere boğdu ve kütüphanenin başına geçirdi.[1]

8. Sonraki bir zamanda, *Homeros'un Kırbacı* (*Homeromastiks*) olarak anılmak için kendine bu tür bir lakabı uygun gören Zoilos, Makedonya'dan İskenderiye'ye geldi ve krala *Ilias* ile *Odysseia* destanlarına yönelttiği eleştiri yazılarını okudu. Ptolemaios, şairlerin babasının ve edebiyatın kurucusunun gıyabında saldırıya maruz kaldığını, dünyanın tüm halklarının hayranlığını kazanmış eserlerinin de Zoilos tarafından küçük düşürüldüğünü görünce küplere bindi, ama ona hiç cevap vermedi. Zoilos ülkede böyle bir süre yaşadı, sonunda yoksulluğa yenik düştü ve krala bir haber gönderip rica minnet kendisine bir şeyler bağışlamasını talep etti.

9. Rivayete göre kralın ona cevabı şöyle olmuş: "Bundan bilmem kaç yüzyıl önce ölen Homeros, ömrü boyunca binlerce insanın ekmeği oldu. O halde ondan çok daha yetenekli olduğunu iddia eden birinin bırakın kendini doyurmayı, Homeros'tan çok daha fazla insanı doyurabilmesi gerekir." Neyse kısacası sonrasında tarihe düşülen notlara bakılırsa, adı baba katiline çıkıp hüküm giyen Zoilos'un ölümü hakkında çeşitli şeyler yazıldı, çizildi. Kimileri Philadelphos tarafından çarmıha gerildiğini, kimileri Khios adasında taşlandığını,[2] kimileri de İzmir'de diri diri odun yığınına atıldığını yazdı. Nasıl öldüyse öldü, Zoilos bu cezaların hepsini çoktan hak etmişti. Zaten yazdığı eserlerinde ne kastetmiş olduğunu insanlara bire bir anlatamayacak kişileri böyle sanık sandalyesine oturtmaya kalkan bir adama da başka türlü bir ceza verilmesi beklenemezdi.

10. Bana gelince, ey Caesar, ben bu külliyatımı ne başka yazarların kitap başlıklarını değiştirip yerine kendi adımı ya-

1 İÖ 195 yılında.
2 Khios: Sakız Adası.

zarak sunuyorum ne de başkalarının fikirlerini aşağılayarak kendimin alkışlanmasını bekliyorum. Aksine olağanüstü dehalarıyla yüzyıllardan beri farklı farklı alanlarda bunca zengin malzemeyi önümüze koyan bütün yazarlara sonsuzca teşekkür ediyorum. Biz bunları adeta pınarlardan su içer gibi içip kendi hedeflerimize uyarlamakla çok daha akıcı ve çok daha kolay anlaşılır kaynaklara sahip olacağız ve böyle yazarlara sırtımızı dayayıp yepyeni başucu kitapları hazırlamaya cesaret edeceğiz.

11. Dolayısıyla ben böyle girişimleri kendi konuma bir hazırlık olarak gördüğüm için, onlarla yola çıkıp daha ilerilere gitmek istedim.

Agatharkhos'la işe başlarsak; Aiskhylos Atina'da tragedyalar yazarken, ilk sahne dekorunu hazırlayan Agatharkhos oldu ve ardında bu konuyla ilgili bir yorum kitabı bıraktı. Bu yorumu dikkate alan Demokritos ve Anaksagoras da aynı konuda eser kaleme alıp bu eserde seyircinin bakış açısına ve yayılan ışınlara göre sabit bir noktayı merkez alırsak, bu çizgileri nasıl doğal bir orantıyla takip edip de belirgin olmayan bir objeden sahne dekorunda betimlenen binaların belirgin imgelerini göze yansıtabileceğimizi ve hem dik hem yatay yüzeylere çizili figürlerin nasıl bazılarının arkaya doğru kayıyormuş, bazılarının da öne doğru çıkıyormuş izlenimi verebileceklerini açıklamaya çalıştı.

12. Daha sonraları Silenos, Dor düzenindeki yapıların simetrisiyle ilgili bir kitap yayımladı. Theodoros, Samos'taki Iuno'nun Dor düzenindeki tapınağı üzerine; Khersiphron ve Metagenes, Efes'teki İyon düzenindeki Diana tapınağı üzerine; Pytheos, Priene'deki Minerva'nın İyon düzenindeki tapınağı üzerine birer eser kaleme aldı. Aynı şekilde Iktinos ve Karpion, Atina akropolünde yer alan Dor düzenindeki Minerva tapınağı üzerine bir kitap kaleme aldı; Phokaialı Theodoros, Delfi'deki yuvarlak, kubbeli (*tholos*) tapınak üzerine; Philon, tapınakların simetrisi ve Pire limanında yaptırdığı cephanelik üzerine; Hermogenes, Manisa'daki İyon düzenindeki iki sıra sütunluymuş gibi görünen (*pseudodipteros*) Diana tapınağı üzerine ve tanrı Bacchus'un Teos'taki daire şeklindeki tek sıra sütunlu (*monopteros*) tapınağı üzerine; Arkesios Korint tarzı yapıların simetrisi ve Tralles'te kendi elleriyle inşa ettiği söylenen İyon düzenindeki Asklepios tapınağı üzerine; Satyros ve Pytheos ise Mausoleion üzerine.[1]

13. Ama talih bu son saydıklarıma en büyük ve en yüce ödülleri bahşetti; çünkü tasarımlarına olağanüstü bir gayretle eğilen bu adamların sanatsal yetenekleri yüzyıllarca en üstün övgülere ve hafızalarda her zaman canlı kalacak bir şöhrete layık bulundu. Bu anıtın her cephesi için birer sanatçı tayin edildi, her biri kıyasıya mücadele ederek kendi üstlendikleri bölümlerin bezemelerini yapsın ve kendi ustalıklarını konuştursun diye. Bunlar Leokhares, Bryaksis, Skopas, Praksiteles'ti; bazıları Timotheos'un da bu işe dahil olduğunu söyler. Bu sanatçıların sergilediği üstün sanat, bu yapıya dünyanın yedi harikası arasında sayılacak bir şöhret kazandırdı.

14. Bunların yanı sıra adları fazla duyulmamış birçok yazar da simetri kurallarıyla ilgili eserler kaleme aldı; mesela Neksaris, Theokydes, Demophilos, Pollis, Leonidas, Silanion, Melampos, Sarnakos ve Euphranor gibi. Makineler üzerine de az kişi eser yazmadı; mesela Diades, Arkhytas, Arkhimedes, Ktesibios, Nymphodoros, Byzantionlu Philon, Diphilos, Demokles, Kharias, Polyidos, Pyrros ve Agesistratos gibi.

İşte ben onların incelemelerinden şu an ele aldığım konuya yararlı olacağını düşündüğüm bilgileri edinip tek bir külliyatta topladım. Aslında böyle yapmamın asıl sebebi, mimarlık konusunda Yunanlar tarafından pek çok kitap yayımlandığı halde, bizim insanımızın bu konuda ne kadar az kitap yayımladığını görmem oldu. Çünkü tuhaf şekilde bu konularda ilk kez Fuficius bir kitap yayımlamaya girişti; Terentius Varro da *Dokuz Disiplin Üzerine* adlı eserinin bir bölümünü mimarlık konusuna ayırdı. Publius Septimius'un da bu konuda iki kitabı mevcut.

15. Ama görüldüğü gibi şimdiye kadar hiç kimse bu üslupta bir yazıya kendini tam anlamıyla vakfetmedi. Oysa eski insanlarımız, mükemmele yakın yazılar da kaleme alacak kadar büyük mimarlardı. Mesela Atina'da mimar Antistates, Kallaiskhros, Antimakhides ve Porinos, Peisistratos'un yaptırmakta olduğu Olymposlu Iupiter tapınağının temellerini döşediler, ama Peisistratos ölünce çıkan siyasi karışıklık neticesinde baş-

[1] Mimar Satyros ve Pytheos, Mausoleion'un ünlü tasarımcılarıdır.

ladıkları işi yarım bıraktılar. Dört yüz yıl kadar sonra kral Antiokhos bu yapının masraflarını üstleneceğini vaat edince, devasa büyüklükteki kutsal odası, etrafına çift sıra sütunlarının tanzimi, baştabanlarının ve diğer süslemelerinin simetrik yerleşimi dahi, bir yetenek ve bilgi abidesi olan Romalı vatandaş Cossutius tarafından muhteşem şekilde tasarlandı. Bu yapının ihtişamı yalnız sıradan insanların değil, ustaların da dilindedir.

16. Çünkü dört yerin tapınağı böyle tamamen mermerden tasarlanıp dikilmişti; tam da bu yüzden bu yerlerin adları hâlâ dillerde, hâlâ çok meşhur. Bu tapınakların mükemmelliği ve deha ürünü üstün tasarımları, tanrıların meclisinde de seçkin bir yer edinmişti. Bu tapınakların ilki, Gnosuslu Khersiphron ve oğlu Metagenes tarafından yapımına başlanan, sonradan tanrıça Diana'nın hizmetkârı Demetrios ve Efesli Paionios tarafından bitirildiği rivayet edilen Efes'teki İyon düzenindeki Diana tapınağıdır. Milet'teki Apollo tapınağı da yine Paionios ile Miletli Daphnis tarafından İyon düzeninin simetri kurallarına göre inşa edilmiştir. Eleusis'te Ceres ve Proserpina tapınağının devasa büyüklükteki iç odası, Iktinos tarafından Dor düzeninde inşa edilmiştir; ama kurban törenleri için daha geniş bir mekân ayırmak maksadıyla dış sütunları olmaksızın.

17. Phaleronlu Demetrios Atina'da gücü ele geçirince, Philon bu tapınağın önüne sütunlar dikip bunu *prostylos* tarzı bir tapınağa dönüştürdü. Böylece girişi büyüterek hem tapınağa girenlere daha geniş bir mekân sağlamış oldu hem de yapının itibarına itibar kattı. Bir de yukarıda da söz ettiğimiz gibi Cossutius'un Atina'da çok geniş ölçekte ve Korint düzeninin simetri ve oranlarını kullanarak Olymposlu Iupiter tapınağını inşa ettiğini biliyoruz; ama bu konuda kendi kaleminden çıkan bir yoruma sahip değiliz. Gerçi Cossutius bu konuda eseri olmasını arzu ettiğimiz tek kişi değil, bir de Gaius Mucius var; çünkü üstün teknik bilgisinin ışığında Marius'un Onur ve Kahramanlık tapınağının kutsal odalarını, sütunlarını ve baştabanlarını tam da bu sanatın gerektirdiği kurallara uygun olarak inşa etti. Hele mermerden yapılsaymış bu tapınak, işte o zaman hem ince işçiliğinin, hem ihtişamının hem de çok pahalıya mal olmasının getireceği itibarla adını en seçkin, en üstün tapınakların arasına yazdırmış olacakmış.

18. O halde bizim geçmişimizde de Yunanlar kadar büyük mimarlarımız var, günümüzde de hâlâ yeterince mevcut. Yine de bunlardan ancak birkaçı incelemelerini yayımlamış. Bu yüzden bari ben sessiz kalmayayım ve yöntemli bir şekilde tek tek her konuyu ayrı ayrı kitaplar halinde açıklayayım dedim. Buna göre de altıncı kitapta özel konutlarla ilgili esasları açıkladım, yedinci sırayı alacak bu kitaptaysa bu konutların hem güzel hem de sağlam görünmesini sağlayacak olan ince işçilikleriyle ilgili uygulamalardan söz edeceğim.[1]

1. Bölüm
Zemin Kaplamaları

1. İlkin ince işçiliğin birinci basamağı olan taş zemin kaplamasıyla (*ruderatio*) işe başlayacağım;[2] zeminin sağlam olması için son derece özen ve ihtimam gerektiren bir iş bu. Döşeme tam yer seviyesinde olacaksa, önce yerin baştan sona sağlam olup olmadığına bakılsın; sonra üstü düzeltilip mucurla beslensin. Yer tamamen ya da kısmen dolguysa, tokmaklarla iyice dövülüp bastırılsın. Üst kat ahşap döşemelerdeyse çok daha özenli hareket etmek gerekir; çünkü üst kata kadar çıkmayacak bir duvarı döşemenin hemen altına kadar yükseltmemek, bunun yerine kısa tutup duvarla zemin arasında bir pay bırakmak şart. Çünkü taş bir duvar böyle yükseltilirse,[3] döşemenin tahtaları kururken ya da bel verip otururken, duvar kaskatı içeriğiyle olduğu yerde durup duracağından, bulunduğu ye-

---

1 *Expolitio*: İnce işçilik, binaların son kat işlemlerinin tümü; örneğin sıva, ince sıva, son kat sıva, boya badana, zemin döşeme, yüzey kaplama ya da yüzey şekillendirme işleri; duvar resimleri, freskler; süsleme, bezeme, tezyinat.

2 *Ruderatio*: Kırma taş ya da mucurla zemin kaplama işlemi; taş döşeme. Bu terim, *rudus* (kireçle karıştırılmış küçük kırma taş, mucur) kelimesinden gelir ve kireç-mucur karışımı harçla yapılan zemin döşemesi ya da kısaca taş döşeme anlamını verir. *Ruderatio*, Roma'da uygulanan en basit zemin döşemesidir.

3 Beton duvardan bahsediliyor.

rin hizasında sağdan soldan döşemede çatlaklar oluşturacağı kesin.

2. Kış meşesinden tahtaları meşeden tahtalarla bir arada kullanmamaya da ayrıca dikkat etmeliyiz; çünkü meşe rutubeti aldığı anda eğrilip döşemede çatlaklara sebebiyet verir. Ancak kış meşesi yoksa, olmadığı için de mecburen meşe kullanacaksak, o zaman yapılacak en iyi şey bu tahtaları ince ince kesmek. Çünkü ne kadar ince olurlarsa, o kadar kolay çivilenip birbirlerine tutunurlar. Sonra her döşeme kirişinin ucuna kuşak şeklinde iki tahta daha çakın ki, eğrilip de her iki ucundaki köşeleri kabartmasın. Bu arada Anadolu meşesi, kayın ve dişbudak hiç uzun ömürlü olmaz.[1]

Tahtaları bu şekilde döşedikten sonra üzerine eğreltiotu, yoksa saman serin; bu şekilde ahşap, kirecin vereceği zarardan korunacaktır.

3. Bunun üzerine küçük taşlardan bir besleme yapın; taşın büyüklüğü avcunuzu dolduracak kadar olsun. Böyle besledikten sonra, yeni mucur kullanılacaksa, üçe bir oranda kireçle karıştırın; eski mucur kullanılacaksa,[2] beşe iki oranda kireçle karıştırmak kâfi gelir; mucuru bu şekilde serin, işçilerinizi getirin, ahşap tokmaklarla döve döve bunu iyice bastırıp sıkıştırın; dövme işlemi bittiğinde, katın kalınlığı bir ayağın dörtte üçünden fazla olmamalı. Bu katın üzerine tuğla tozu ile kirecin üçe bir oranda karışımından oluşan şapı (*nucleus*), en az altı parmak kalınlığında olacak şekilde dökün.[3] Şapın üstüne de kesme mermer taşlardan veya kare şeklindeki taşlardan oluşan mozaik döşemenizi gönyeye, su terazisine göre ayarlayıp serin.[4]

---

1 Dişbudak ağacı: *farnus=fraxinus*. Bkz. Vitruvius, *De Architectura*, 2.9.11.

2 Daha önce kullanılmış olan.

3 *Nucleus*: Pişmiş tuğla tozu, kireç karışımı harçtan oluşan, en az sekiz inç kalınlığında, döşemenin hemen altındaki kat.

4 *Opus sectile*: Geometrik şekillerde kesilmiş mermer taşlardan yapılan döşeme; *Tessera* (τεσσαρες: dört): Kare şeklindeki taş (küçült. *tesserula*, *tessella* (κύβος): kare ya da küp); *Pavimenta tessellata*: Kare ya da küp şeklinde kesilmiş mermer taşlardan, çanak çömlek parçalarından, değerli taşlardan vs döşenmiş zemin; *Opus tesselatum*: Kare veya küp şeklindeki taşlardan oluşan mozaik döşeme. Vitruvius burada sadece *tessera* kelimesini kullanıp taşların cinsiyle ilgili bilgi vermez, bunu zemin döşeyenlerin zevkine bırakır.

4. Döşeme bu şekilde serilip eğimi ayarlandıktan sonra pürüzleri giderilsin ki,[1] döşememiz kesme mermer taştan oluşacaksa, baklavaların ya da üçgenlerin, karelerin ya da altıgenlerin orası burası kalkık olmasın, derzler bir hizada olacak şekilde birbiriyle birleşsin.[2] Kare taşlardan mozaik bir döşeme yapılacaksa, bütün köşeler aynı seviyede olsun. Çünkü köşelerin hepsi böyle aynı seviyede olmazsa, pürüzlerin giderilme işlemi gerektiği gibi yerine getirilmemiş demektir. Tibur tuğlasından balıksırtı desenli döşemeler de aynı özenle yapılmalı ki, oyuklar, tümsek tümsek sırtlar olmasın; dümdüz olsun, bir seviyeye gelene kadar da zımparalansın. Sonra üzerine mermer tozu serpilsin, bunun üzerine de kireç ve kum karışımı koruyucu bir kat çekilsin.

Opus sectile örneği

[1] Taşların tümseklerini vs sünger taşı ya da kumla ovarak pürüzsüz hale getirme işlemi; bir tür raspalama işlemi.

[2] Derzler hangi yöndeyse o yöne doğru bir hizada olsun.

Herakleia Lynkestis, Makedonya,
Büyük Bazilika'dan bir mozaik döşeme örneği

Opus spicatum: Balıksırtı desenli kiremit ya da tuğla döşeme;
Traianus Forumu, Roma

5. Açık havadaki yer döşemeleriyse daha özel yapılmalı;[1] çünkü rutubetli havada şişen, kuru havada çeken veya bel verip çöken tahtalar, bu değişimleriyle döşemelere zarar verir. Dahası kar, buz, onları tek parça halinde pek bırakmaz. Ama ille de döşeme ahşaptan olacaksa, zararı en aza indirecek şekilde hareket etmeliyiz. Şöyle: Tahta döşeme bittikten sonra, üstüne enlemesine bir kat daha tahta döşeyin, bunları çivileyip iyice yerine oturtun ki, döşeme iki kat zırhla korunmuş olsun. Sonra yeni mucura üçte bir oranda tuğla tozu katıp karıştırın; buna harç teknesinde beşe iki oranında karıştırılmış kireç harcı kâfi gelir.

[1] Evin dışındaki.

6. Altı bu şekilde besledikten sonra mucuru dökün;[1] dövme işlemi bittikten sonra kalınlık bir ayaktan az olmasın. Şapı da yukarıda anlatıldığı şekilde döktükten sonra, kenarları yaklaşık iki parmak kalınlığında kesilmiş geniş kiremitlerden oluşan döşemenizi her on ayağa iki parmak eğim vererek serin; çünkü bu şekilde ayarlanıp gerektiği şekilde pürüzleri de giderilirse, her türlü hasardan korunmuş olur. Öte yandan derzlerdeki harcın kardan, buzdan etkilenmemesi için, her yıl kış gelmeden zeytinyağı tortusuyla besleyin. Böylece buzu, kırağıyı içine çekmez.

7. Ancak daha tedbirli davranmamız icap ediyorsa, mucurun üstündeki harç yatağının üzerine, birbirine tutturulmuş iki ayaklık kiremitler döşeyin; her birinin kenarına bir parmak derinlikte kanal açılmış olsun. Bunları birbirine birleştirdikten sonra içine zeytinyağıyla harmanlanmış kireci doldurun, kenarları iyice pürüzsüz hale getirip birbirine bastırın. Böylece kanallara yapışan kireç sertleşip kaskatı bir dokuya sahip olacaktır ve aralara ne suyun ne de başka bir şeyin sızmasına izin verecektir. Kiremit katı bu şekilde döşendikten sonra, üzerine son katı çekin ve ahşap sopalarla döve döve yedirin. Bunun üzerine, yukarıda belirttiğimiz gibi belirli bir eğim vererek geniş kiremitlerden veya tuğlalardan oluşan balıksırtı desenli döşemenizi serin. Döşeme bu şekilde yapılırsa, öyle kolay kolay bozulmaz.

2. Bölüm
Sıva için Kireç Hazırlama

1. Şimdi döşeme konusunu bırakıp sıvayla ilgili meseleleri ele alalım. Birinci kalite kireç topakları kullanımdan çok önce söndürülmüşse, bu iş düzgün olur. Hatta bu şekilde bazı topaklar fırında iyi pişmemiş olsa bile suda böyle uzun süre beklerken doğal olarak ısısını atacağından, aynı ayarda sönmüş olur.

---

[1] Mucur harcını.

Ama kireç tam olarak sönmeden fırından çıktığı gibi işlenmeye başlanırsa, içinde gizli kalan ham yumrular yüzünden kabarcıklar çıkarmaya başlar. Bu yumrular bir ayarda sönmemişken duvara sürülürse, ince kat sıvayı paralar, harap eder.

2. Ama sönme işlemi gerektiği gibi yapılmışsa ve malzeme düzgün şekilde hazırlanmışsa, elinize bir sıvacı keseri alın (*ascia*) ve kireci harç yatağında odun keser gibi kesmeye başlayın. Keşere yumrular yapışıyorsa, harç tam kıvama gelmemiş demektir. Çıkardığınızda keserin üstü kuru ve temizse, harç zayıf ve suya aç demektir. Yoğun hale gelip iyice yumuşadığında, zaten keserin demirine zamk gibi yapışıp kıvama geldiğini gösterir. O zaman iskelenizi kurun ve evin kapalı odalarının[1] kavisli tavanlarının inşasına başlayın; tabii bu odaları teknetavanlarla süslemeyecekseniz.

Ascia: Genel olarak farklı şekillerdeki keser veya marangoz keseri; burada duvar örücülerin, sıvacıların kireç parçalamakta ya da harç karmakta kullandıkları bir tür keser. Resim, Traianus Sütunundan bir alıntıdır.

3. Bölüm
Kemerli Tavanlar[2] ve Sıvalar

1. Kavisli tavanın nasıl yapılacağını anlatmam icap ediyorsa, şöyle yapalım: İnce çıtalar alıp aralarında iki ayaklık mesafe kalacak şekilde paralel olarak yerleştirin;[3] çıtalar özellikle

[1] *Conclavis*: Evlerdeki yemek odaları, yatak odaları veya tuvalet gibi kilitli ya da kapalı odalar. Vitruvius bu kelimeyi dört yanı duvarlı oda anlamında da kullanıp bu tür odaları sütunlu avlular vs gibi mekânlardan ayırdığını ima eder.

[2] *Camara*: Yarım daire şeklindeki ahşap kirişlerden oluşan kemerli ya da tonozlu tavan; kavisli tavan örtüsü.

[3] Çatı örtüsü olarak kullanılan ince tahta, çıta; padavra.

serviden olmalı, çünkü köknardan olursa çürüyüp eskiyerek çarçabuk bozulur. Bu çıtaları bir kavis oluşturacak şekilde düzenledikten sonra, sık aralıklarla yan yana yerleştirdiğiniz ahşap bağlarla ve bir sürü demir çiviyle üstteki katın döşeme kirişlerine veya çatı söz konusuysa, çatının altına çakıp iyice sabitleyin. Bu bağların, şimşir, ardıç, zeytin, meşe, servi veya benzerleri gibi çürümeyecek, zamanla aşınmayacak ve rutubet almayacak bir odundan yapılması gerekir; meşeden olmamalı, çünkü meşe eğrilip yapıda çatlaklar oluşturur.

2. Çıtalar yerine yerleştirildikten sonra, dövülüp düzleştirilmiş Yunan kamışlarını[1] katırtırnağından yapılma bir iple bunlara bağlayın. Sonra kavisin hemen üstünü kireç ve kum karışımı harçla sıvayın ki, kirişlerden ya da çatıdan herhangi bir su sızıntısı olmasın. Yunan kamışı tedarik edilemiyorsa, bataklıklardan ince kamışlar toplayın ve ipek bir sicimle belirli bir uzunlukta ve bir kalınlıkta birbirine bağlayıp demet yapın; düğümlerin arasında iki ayaktan fazla bir mesafe de olmasın. Sonra bunları yukarıda anlatıldığı gibi sicimle çıtalara bağlayın ve içlerine ahşap kavilyalar sokun. Diğer bütün işlemleri de yukarıda anlatıldığı şekilde yapın.

3. Kemerler bu şekilde yerleştirilip kamışlarla birbirine örüldükten sonra, karınlarına kaba sıva çekilir, sonra kum harcı sürülür, ardından da mermer tozuyla cilalanır. Kemerler cilalandıktan sonra, altlarına pervazlar yerleştirilir; bunların özellikle ince ve hafif olması gerekir, çünkü geniş olurlarsa, ağırlığınca aşağı çekilip kendilerini taşıyamaz olurlar. Hiç alçı da karıştırılmamalı bunlara, hepsi mermer tozuyla düzgün şekilde cilalanmalı ki, bir taraf kururken diğer taraf kurumayı beklemesin, hepsi aynı anda kurusun. Eskilerin kemerli tavan tekniklerinden de uzak durmalı, çünkü bu tür tavanların alt yüzleri, pervazlarının ağırlığından, sarkıp tehlike oluşturur.

4. Pervazların bazıları düz, bazıları kabartmalıdır. İçinde ocak ya da çokça kandil bulunan odalardaki pervazlar süssüz olmalı ki, kolay temizlenebilsin. Yazlık odaların, sohbet odalarının dumandan, isten zarar görme ihtimalleri düşük olduğundan, buraların pervazları kabartmalı olabilir. Mermer tozu

---

[1] *Phragmites australis* olarak da adlandırılan, olta ya da hasır yapımında da kulanılan bir kamış türü.

kaplama, parlak beyazın albenisiyle sırf bulunduğu odanın dumanını değil, başka odaların dumanını da hep üzerine çeker.

5. Pervazların işi bitince, duvarlara mümkün mertebe kaba bir ilk kat sıva çekilsin; sıva kurumaya yüz tutunca, hemen ardından kum harcından bir kat vurulsun; uzunluğu cetvel ve teraziye, yüksekliği çeküle, köşeleri de gönyeye göre ayarlansın. Çünkü bu şekil bir kaplamada resimler düzgün durur. Bu kat da kurumaya başladığında, ikinci, üçüncü kat vurulsun. Bu katların dokusu ne kadar kalın olursa, kaplama da o kadar sağlam olur ve uzun süre dayanır.

6. Kaba sıva çekilip de üzerine böyle en az üç kat kum harcı sürüldükten sonra, sıra iri taneli toz mermer katlar için harç hazırlamaya gelir. Bu harç öyle bir kıvama getirilmelidir ki, karıştırıldığı sırada küreğe (*rutrum*) yapışmasın, alet harç teknesinden tertemiz çıksın. İşte iri taneli mermer tozu harç bu kıvamda sürülüp kurumaya yüz tuttuğunda, daha ince bir ikinci kat vurulsun. Bunun da işi bitip iyice pürüzsüz hale getirilince, üzerine çok daha ince son kat çekilsin. Duvarlar böyle üç kat kum harcı, üç kat mermer harcıyla takviye edilince, ne çatlar ne başka tür bir zarara uğrar.

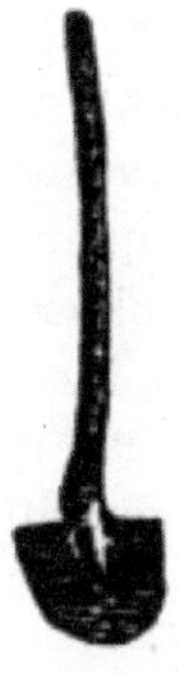

Rutrum (küçült. *rutellum*): Genel olarak kürek; kireç ya da kil harcını su ve samanla karıştırıp duvar sıvası yapmak için kullanılan bir tür kürek.

7. Tam tersine perdah malalarıyla gide gele sağlamlığı garanti altına alınıp parlak ve kalıcı mermer tozuyla cilalanınca, son katla birlikte sürülen renkli boyalarla beraber ışıl ışıl yanan bir güzellik arz eder.

Bu arada renkli boyalar, sıva daha ıslakken iyice yedirilirse solmaz, hatta çok uzun süre sabit kalır; çünkü kireç ocakta nemini atarak gözenekli hale gelip de yoğunluğunu yitirince, bu susuzluğuyla üstüne ne yapışsa emer. Böyle başka maddelerin içine çektiği özleriyle ya da unsurlarıyla birlikte sertleşip katılaşırken de iyice kurur ve içeriğinde hangi maddeler olursa olsun hepsini kendi doğasına özgü niteliklermiş gibi yeniden harmanlayıp önceki halini alır.

8. Bu yüzden doğru şekilde yapılan sıva ne eskidikçe kirlenir ne de silinince rengini yitirir; yeter ki bu renkli boyalar öyle alelacele ve sıva kuruyken sürülmemiş olsun. O halde duvarlar yukarıda belirttiğimiz şekilde sıvandığında hem sağlam, hem ışıltılı hem de yıllara meydan okuyacak güçte olur. Ancak bir kat kum, incecik bir kat mermer tozu sürülmüşse, sıvanın o ince dokusu pek sağlam olamayacağından hemen çatlayıverir; yeterince kalın olmadığı için de cilalandığında kendine özgü ışıltısını yansıtmaz.

9. Nasıl ki ince sırla kaplı gümüş bir ayna, görüntüleri belli belirsiz, cılız cılız yansıtırken, daha güçlü bir sırla kaplı ayna, ışığı olanca gücüyle içine çekip göze ışıl ışıl parlak, net görüntüler yansıtıyorsa, işte aynı şekilde incecik tek kat sıva vurulmuş kaplamalar da, çatlak çatlak olmaları bir yana, çok geçmeden renklerinden de oluverirler; ama kum ve mermer harcından sağlam bir astarı olan, kalın ve yoğun sıvalar cilalana cilalana yalnız ışıl ışıl parlamakla kalmaz, bakana satıhlarından dupduru görüntüler yansıtırlar.

Duvar sıvama ve kabartma resimlerle süsleme işini gösteren bir ayrıntı (bkz. Malacrino 2010: 74)

10. Yunanların sıvacıları sağlam iş çıkarmak için sadece bu yöntemleri uygulamakla da kalmaz, harç teknesini yerleştirdikleri gibi içine kireci, kumu atıp birbirine harmanlar; işçilerini getirir, bu harcı ahşap tokmaklarla bir güzel dövdürür ve ancak böyle bir uğraş sonucunda iyice karılan harcı kullanırlar. Eski duvarlardan mermer kalıplar (*crustae*) kesip bunları pano olarak kullanan ustalar da var. Aslında duvar panoları ve aynalar için kesilen bu levhalar kendi başlarına da çok çarpıcı bir görünüme sahipler.

11. Ama bağdadi duvarlara sıva yapılacaksa, bu duvarların dikine ve enine yerleştirilmiş tahtaların arasında mecburen boşluklar kalacağından, kil harcı sürüldüğü anda doğal olarak rutubeti içeri çekecekler, kuruyup büzülünce de sıva kaplamalarda çatlaklar oluşturacaklardır. Bu sorunu çözmek için şöyle bir yola başvurulmalı: Bütün duvar kille kaplandıktan sonra, baştan sona iri başlı çivilerle kamışlar çakın, sonra bir kat daha kil harcı sürün. Eğer alttaki kamışlar yan yana çakılmışsa, ikinci kattakileri dikine dikine çakın; sonra yukarıda tarif ettiğim şekilde kum harcını, mermer harcını ve son kat sıvayı üzerine vurun. Çift sıra kamış, saplarıyla böyle çaprazlanıp da duvara çakılıp oturtuldu mu, artık ne duvarın pul pul dökülmesine izin verecektir ne de çatlamasına.

4. Bölüm
Rutubetli Yerlerde ve Yemek Odalarında Sıva İşçiliği

1. Kuru yerlerde duvar kaplamalarının nasıl olması gerektiğiyle ilgili bu bilgileri verdikten sonra, şimdi rutubetli yerlerde sıvanın zarar görmeden yıllara meydana okuması için nasıl bir işleme tabi tutulacağını anlatacağım. Öncelikle zemin katlardaki kapalı odalardan[1] işe başlayacak olursak, tam döşemeden yaklaşık üç ayak yüksekliğe kadar kum yerine pişmiş tuğla to-

1 Kilitli odalardan.

zundan hazırlanmış harçla bu odalara kaba sıvasını vurun ve sıvanın bu kısmı rutubet alıp bozulmasın diye de dümdüz yedirin. Ama falanca duvar hep rutubet alıyorsa, o zaman bu duvardan biraz daha içerlek başka bir duvar yapalım; daha ince ve yerin müsaitliğine göre önceki duvardan ötede. Bu iki duvarın arasına, oda kotundan daha altta bir oluk açılsın, dışarıya delikleri olan. Duvar tepeye yükseldiğinde, bunda da hava delikleri bırakalım. Çünkü rutubet böyle alta, üste açılan hava deliklerinden dışarı çıkma olanağı bulamazsa, önceki gibi bu yeni yapılan duvara da yayılıverir. Bu işlemlerin ardından duvara pişmiş tuğladan yapılma harçla kaba bir sıva çekip düzeltelim ve son kat sıvasını atalım.

2. Ama mekân bu tür bir duvarın yapımına müsait değilse, dışarıya delikleri olan oluklar yapılsın. Sonra oluğun kenarının bir yanına iki ayaklık kiremitler yerleştirilsin (*tegula bipedalis*), diğer yanına da sekiz inç uzunluğunda tuğlalardan payeler inşa edilsin ve her bir payenin üzerine iki kiremidin köşesi oturtulabilsin; bu payelerin duvarla arasındaki mesafe de en az bir karış uzunlukta olsun. Daha sonra duvara çengelli kiremitler (*hamata tegula*) sabitlensin, ta dibinden tepesine kadar, dik olarak. İç tarafları da katranla iyice kaplansın ki, rutubet çekmesin. Bunun yanı sıra kemerin üzerinde de hem altta hem de üstte hava delikleri olsun.

3. Sonra kiremitleri suyla karıştırılmış kireçle badanalayın ki, pişmiş tuğla tozundan kaba sıvayı atmasın. Çünkü kiremitler ocakta pişip kuruduklarından, kireç sürülmedikçe bu kaba sıvayı ne emer ne tutar; kireç bunları birbirine zamk gibi yapıştırıp bağlanmalarını sağlar. Kaba sıvayı vurduktan sonra da, üzerine kum harcı yerine pişmiş tuğla tozundan harç sürülsün ve geri kalan tüm işlemler, yukarıda sıva işiyle ilgili anlattığımız tekniklere göre halledilsin.

4. Bu arada ustaların cilası çekilmiş duvarların desenlerinde uygunluk ilkesine göre hareket etmeleri şart;[1] çünkü desenler ancak bu şekilde bulundukları yere uygun olur, bina tarzının karakteristik özelliklerine de aykırı düşmez. Kışlık yemek odalarının düzenine gerçek boyutlu figürleri olan resimler (*megalographia*), kemerli tavanlarının pervazlarına da zarif işlemeler

1 Bkz. Vitruvius, *De Architectura*, 1.2.5.

uygun düşmez; çünkü ateşten, dumandan ve kandillerin bitip tükenmez isinden hepsi mahvolur. Bu odalarda süpürgeliklerin hemen üstünde siyah paneller olmalı, kenarlarına da toprak sarısı ya da parlak kırmızı bordürler yapılıp bitirilmeli. Kemerli tavanlarını da hiç süslemeden, son bir rötuş atıp bıraktıktan sonra, yer döşemeleri için Yunanların kışlık yemek odalarında uyguladığı şu çok hesaplı ve işlevsel yöntemlerini düşünmek istersek, doğrusu hiç de fena olmaz.

Bir *megalographia* örneği; Pompeii, Villa dei Misteri (Vitruvius, insanları, vs gerçek boyutlarıyla gösteren resimlerin kirden, isten çabuk bozulacağı için yemek odalarının duvarlarına yapılmaması gerektiğini söyler)

5. Buna göre yemek odası kotunun altı yaklaşık iki ayak derinliğinde kazılır; zemin iyice dövülüp düzleştirildikten sonra, üzerine kırma taştan ya da pişmiş tuğladan bir kat atılır ve kanalizasyona çıkışları olacak şekilde belirli bir eğim verilir. Ardından çiğnenip iyice bastırılmış kömür dolgusu üzerine kaba kum, kireç ve külden oluşmuş bir harç atılıp yarım ayak derinliğinde yayılır. Üstü cetvel ve teraziye göre düzleştirilip bileği taşıyla (*cos*) düzeltilince de, zemin siyah bir döşemeye dönüşüverir. Böylece akşam ziyafetlerinde kupalardan sıçrayan, tadımlık alınıp tükürülen şaraplar yere düştüğü anda kurur, servis için koşuşturup duran hizmetkârlar yere çıplak ayakla bastıkları halde böyle bir döşemeden soğuk kapmaz.

5. Bölüm
Duvar Resimlerine Dair

1. Öteki odalar için, yani ilkbahar, sonbahar ve yazlık odalar için eskiler gerçekten varolan şeyleri konu alan belirli resim teknikleri geliştirdi. Çünkü resim, olan veya olması mümkün olan bir şeyin temsilidir; bir insan, bir bina, bir gemi ve bunlar gibi muayyen ve gerçek figürlerden temsili kopyalar çıkarabileceğimiz başka her şeyin. Dolayısıyla eskiler duvarları resmetmeye giriştikleri dönemlerde ilkin mermer taklidi kalıpları çeşitli desenlerde ve çeşitli şekillerde duvara yerleştirerek, sonra da çiçek çelenklerini, toprak sarısı, parlak kırmızı bordürleri birbirlerine değişik şekillerde örerek işe başladılar.

Başlangıç dönemi duvar süslemelerinden bir örnek, Herculaneum, İtalya

Casa dei Vettii, Pompeiii

2. Ardından da binaların şeklini, sütunların, alınlıkların öne doğru taşan çıkıntılarını taklit edecek kadar işi ilerlettiler. Sohbet mekânları (*exedra*) gibi havadar bölümlerin duvarları geniş olduğu için, buralara tragedya, komedya ve yergi konularını betimleyen tiyatro binasının ön cephesini resmettiler. Üstü kapalı galerileri mekânın uzunluğundan yararlanıp belirli yörelerin karakteristik manzaralarından seçtikleri çeşitli sahnelerle donattılar; mesela limanlar, burunlar, sahiller, nehirler, çeşmeler, kanallar, tapınaklar, kutsal korular, dağlar, sürüler, çobanlar resmettiler; bazı yerlere de gerçek boyutlu figürler çizdiler, mesela tanrıların heykellerini, mitolojik hikâye serilerini, hatta Troya savaşlarını, Odysseus'un memleket memleket sürgün yolculuğunu ve bunlar gibi benzer tekniklerle kopyalarını çıkarttıkları doğanın tüm yaratımlarını.

3. Ne var ki bilinen olaylardan çıkarılmış bu örnekler günümüzün yoz bakış açısıyla hakir görülmekte. Çünkü artık duvar kaplamalarına belirli şeylerin belirli temsilleri yerine ucubelikler resmediliyor. Mesela sütunların yerini kamışlar alıyor, çatıların yerini de kıvrım kıvrım yapraklarıyla, helezonlarıyla yivli yivli gövdeler; şamdanlar ufacık ev figürlerini taşıyor, bu evlerin çatısının üzerinde köklerinden kıvrıla kıvrıla yükselen bir sürü filiz var, bu filizlere de minik minik figürler oturtulmuş, manasızca; ha bir de ince dallar söz konusu, kiminden insan başları çıkmış yarım yarım, kiminden hayvan başları.

Aquae Sextiae'da bir evin duvar fresklerinden ayrıntı (İS 50-70)

4. Oysa böyle şeyler yoktur, olamaz, olmamıştır. Çünkü bir kamışın bir çatıyı, bir şamdanın süslemeleriyle birlikte bir alınlığı, o kadar ince ve kırılgan bir dalın üstünde oturan bir figürü taşıması olacak şey mi, ya da bir kökün, bir dalın kâh bir çiçek, kâh yarı boyda bir figür vermesi mümkün mü? Buna rağmen insanlar bu sahtelikleri gördüklerinde tuhaf bulmuyor, aksine bunlardan hoşlanıyor; acaba böyle şeyler olabilir mi, olamaz mı diye durup bir düşünmüyor. Bu yeni modalar yetersiz eleştirmenlerin gerçek sanatı yetersizlikle suçlamasına meydan verdi. Bu düşük eleştirilere kanan zihinler bulandı, mantığa ve duruma uygun olanı ayırt edemez oldu. Oysa gerçeği yansıtmayan hiçbir resme onay verilmemeli, hatta teknik olarak mükemmel olsa bile, konusu teamüllere aykırı düşmeden belirlenmiş kesin kriterlere uymuyorsa, hemen doğrudur denmemeli.

5. Örneğin Alabandalı[1] Apaturius, Tralles'te el emeği göz nuru bir sahne tasarladı, hani halk arasında *ekklēsiastērion* olarak adlandırılan küçük tiyatro binasına. İçine sütunlar, heykeller, baştabanları taşıyan Kentauroslar, kubbeli yuvarlak çatılar, çatılardan yağmur sularını akıtmak için oluk görevi gören aslan başlarıyla süslenmiş kornişler resmetti. Yetmedi, sahnenin üstüne kubbeleri, portikoları, yarım alınlıkları olan ve tüm çatı dekorasyonunun çeşit çeşit renge boyandığı bir kat daha çıktı. Tasarladığı bu sahnenin görünüşü, perpektifiyle herkesin gözlerini öyle kamaştırdı ki, insanlar hep birden bu yapıtı alkışlamak için hazır ola geçti. İşte tam o sıra matematikçi Licymnius çıkageldi ve söyle dedi:

6. "Alabandalılar siyasetle ilgili her konuda oldukça zeyrekler, ama ufak da olsa bir kusurları var, münasebetsizler; bu yüzden de herkes onların kıt akıllı olduğuna inanmış. Mesela *gymnasium*larındaki bütün heykeller davasını savunan bir avukat tavrı sergiliyor, buna karşın *forum*larındaki heykeller disk atıyor, koşuyor, top oynuyor. Heykellerin mekâna uygun olmayan bu duruşları zaten şehrin bütün itibarını yerle bir etmiş durumda. Şimdi dikkat edelim de Apaturius'un tasarladığı

---

[1] Alabanda: Alabandus tarafından kurulmuş, zenginliği ve safahata düşkünlüğüyle ünlenmiş bir Karya şehri.

bu sahne yüzünden yine bize Alabandalı ya da Abderalı[1] demesinler. Çünkü hanginiz çatı kiremitlerinin üstüne böyle evler, böyle sütunlar ya da böyle teferruatlı alınlıklar yerleştiriyorsunuz? Böyle şeyler zeminlerin üzerinde olur, çatı kiremitlerinin üzerinde değil. Dolayısıyla gerçek dünyada bir mantığa oturmayan şeylerin resimlerine hoşgörüyle yaklaşırsak, bu tür kusurlar yüzünden kendimizi bile isteye kıt akıllı olduğuna inanılan toplumlara katmış oluruz."

7. Bunun üzerine Apaturius ona cevap vermeye cüret edemedi; sahnesini değiştirdi, gerçeğe uygun hale getirip düzeltti ve ancak bu şekilde beğeniyi hak etti. Ah keşke ölümsüz tanrılar Licymnius'a ikinci bir yaşam şansı verseler de, duvar resimlerimizde yaşanan bu budalalıkları, bu sapkın uygulamaları ıslah etseler!

Bir yatak odasının duvar resimleri, İÖ 50-40, P. Fannius Synistor'un Villası, Boscoreale

Böyle yanlış bir yöntemin doğruyu alt edebilme nedenine gelince, bunu burada açıklamakta bir sakınca görmüyorum. Şöyle ki; eskilerin çok çalışıp ter dökerek elde etmeyi başar-

1 Abdera: Trakya'nın güney sahilinde yer alan ve halkının birer budala olarak görüldüğü şehir.

dıkları sanatsal mükemmellik, şimdilerde renklerle ve renklerin yarattığı büyüleyici manzarayla elde ediliyor; sanatçı duyarlılığının esere kattığı itibar, şimdilerde işverenin hesapsız kitapsız harcamalarına kurban gidip arzu edilen bir değer olmaktan çıkıyor.

8. Eskiler arasında zincifrenin parlak kırmızısını adeta bir ilaçmış gibi azar azar kullanmayan birine hiç rastladınız mı siz? Ama şimdi her yerde bütün duvarlar baştan sonra zincifre kırmızısına boyanıyor. Buna bakır yeşilini, moru, Ermeni mavisini de ilave edin. Bu renkler sürüldüğü anda, sanatkârane bir iş çıkarılmamış olsa bile, ışıltılarıyla göz dolduruyor. Çok da pahalılar, bu yüzden sözleşmelerde özel şartlara bağlanıyorlar, ödemelerinin müteahhit tarafından değil de, işveren tarafından peşinen yapılacağına dair.

Buraya kadar duvar kaplamalarında hatalı iş çıkarmamak için ne tür önlemler almamız gerektiğiyle ilgili elimden geldiğince bilgi vermeye çalıştım. Şimdi bu iş için gerekli malzemelerden bahsedeceğim, tabii hatırlayabildiğim kadarıyla. Başta kireci anlatmıştım, şimdi de mermeri anlatacağım.

6. Bölüm
Mermer Tozu

1. Her bölgede aynı cins mermer çıkmaz. Bazı yerlerde, tuz gibi saydam taneleri olan topaklar halinde bulunur; ezilip öğütüldüklerinde de sıvada mükemmel dururlar. Böyle topakların bulunmadığı yerlerde, mermer kırıkları, yani mermer işçilerinin çalışma esnasında atıp savurdukları mermer pirinci denen kırıklar ezilip öğütülür, elekten geçirilip sıvada öyle kullanılır. Yine bazı yerlerde, örneğin Manisa ile Efes sınırlarında mermer tozunun saf halde çıkarıldığı yöreler vardır, ne öğütmeye ne de elekten geçirmeye gerek vardır bu tozu; çünkü o kadar incedir ki, sanırsın elle ufalanıp elenmiş.

7. Bölüm
Doğal Boyalar

1. Boyalara gelince;[1] bazı boyalar bazı yerlerde doğal halde oluşur ve buralardan kazılıp çıkarılır, bazıları da boyacılıkta doğalları kadar iyi iş görsün diye farklı özlerin belirli oranlarda kimyasal işleme tabi tutulmaları veya birbirlerine karışmaları sonucunda oluşturulur.[2] Ama önce doğada saf halde oluşan ve yataklarından kazılıp çıkarılanlara bakalım, mesela Yunancada *ōkhra* adı verilen aşı boyasına.[3] Bu boya İtalya dahil her yerde bulunur, ama en iyisi Attika sarısıdır ki, artık üretilmiyor;[4] çünkü Atina'daki gümüş madenlerinin kendi köle işçileri tarafından işletildiği zamanlarda, gümüş bulmak için yeraltında galeriler kazılırdı ve tesadüfen bir aşı taşı damarına rast gelinmişse, tıpkı gümüş damarına rast gelinmiş gibi kazıya devam edilirdi. Böylece eskilerin elinde duvar resimlerinde kullanacakları bolca aşı sarısı olmuş olurdu.

2. Aynı şekilde kırmızı renkte aşı boyası da[5] birçok yerde bolca bulunur, ama en kalitelisi bu yerlerin ancak birkaçından çıkarılır; mesela Karadeniz'deki Sinop şehrinden, Mısır'dan, İspanya'nın Balerik adalarından, bir de senato ve Roma halkının vergi gelirini Atinalılara bağışladığı şu adadan, yani Lemnos'tan.

3. Paraetonium beyazı,[6] adını kazıp çıkarıldığı yöreden alır. Aynı şey Melos beyazı için de geçerlidir, çünkü bunun yatağının da bir Kiklad adası olan Melos'ta olduğu söylenir.[7]

---

1 Boya maddeleri, boya özleri söz konusu edilmektedir.

2 Vitruvius, doğal ve yapay renkleri bu şekilde birbirinden ayırır.

3 *Sil* (aşı boyası): İçine karışan maddelere göre kırmızı, koyu kahverengi ve pas sarısı renkte olabilen toprak boya.

4 Hardal sarısı.

5 *Rubrica*: Boyada kullanılan kırmızı renkte toprak, kırmızı aşı boyası, kırmızı kil.

6 *Paraetonium*: Mısır'ın kuzeyinde bulunan aynı adlı bir liman şehri yakınlarında çıkarılan tebeşir.

7 Melinus: Ege denizindeki Kiklad adalarından Melos adası; *Melinum*: Melos beyazı adıyla anılan bir çeşit beyaz boya ve bu boyanın elde edildiği grimsi, şaplı toprak; beyaz kurşun, üstübeç.

4. Yeşil kil de birçok yerde bulunur, ama en kalitelisi İzmir'den çıkarılır; Yunanlar buna "Theodotus kili" (*theodoteion*) derler, çünkü bu kil ilk kez Theodotus adındaki bir adamın topraklarında bulunmuştur.

5. Yunancada "arsenik" (*arsenikon*) adı verilen sarı zırnık Karadeniz'den çıkarılır. Kırmızı zırnık da (*sandaraca*) birçok yerde bulunur, ama en kalitelisi Karadeniz'de, Hypanis nehri civarındaki yataklardadır.[1]

8. Bölüm
Zincifre

1. Önce zincifrenin doğal yapısından söz ederek işe başlayacağım. Zincifrenin ilk defa Efes topraklarındaki Küçük Menderes'in içinden aktığı ovada bulunduğu kaydedilmiştir.[2] Bunun hem kendisi hem de elde ediliş biçimi oldukça ilginçtir. İşlenip zincifre halini almadan önce *anthrax* (doğal cıva sülfür) adı verilen kesekleri çıkarılır; içlerinde demire benzer, ama daha kırmızımtırak renkte damarlar vardır bunların, üstleri de kırmızı bir tozla kaplıdır. Kazı sırasında, kazmalar vuruldukça damla damla cıva akıtmaya başlarlar; madenciler de hemen bu cıvayı toplarlar.[3]

2. Bu kesekler toplanıp bir araya getirildikten sonra, nemden sırılsıklam olduklarından, kurumaları için dökümhanedeki fırına verilirler. Ateşin sıcağıyla birlikte çıkardıkları duman fırının tabanına çökünce, cıva olduğu anlaşılır. Kesekler fırından çıkarılınca, kalan cıva damlaları toplanamayacak kadar minik olduğundan bir su kabına dökülürler ve burada birbiriyle birleşip

---

1 *Auripigmentum*: Arsenik, sarı zırnık; *Sandaraca*: kırmızı arsenik; *Hyspanis*: Ukrayna'daki Güney Buh ya da Bug nehri; Boh nehri olarak da bilinir ve Karadeniz'e dökülür.

2 *Minius*: Kırmızı renkli doğal cıva sülfür; sülüğen, sincerf; Cilbianus Campus (Cilbianus ager): Küçük Menderes'in içinden geçtiği, verimli bir ova.

3 *Argentum vivum* (*liquidum*): Cıva.

tek bir kütle halini alırlar. Bunlar dört *sextarii*lik bir kabı doldurup tartıldıklarında,[1] ağırlıklarının yüz libre ettiği görülür.[2]

3. Başka bir kaba dökülüp üzerine yüz libre ağırlığında bir taş konsa, taş üstte kalır; ağırlığına rağmen sıvıyı bastıramaz, yarıp ayıramaz. Bu yüz librelik ağırlık kaldırılıp yerine az bir miktar altın konsa, altın üstte kalmaz, kendiliğinden dibe çöker. Bu durum, herhangi bir cismin ağırlığının onun niceliğiyle değil de, niteliğiyle ilgili bir mesele olduğunun da tartışmasız kanıtıdır.[3]

4. Cıvanın kullanım amaçları çok çeşitlidir. Örneğin cıva olmadan ne gümüşü ne de bakırı gerektiği şekilde sırlayabilirsiniz. Altın dokulu bir kumaştan yapılma elbise zamanla aşınıp giyilemeyecek hale geldiğinde, lime lime olan kumaş parçaları toprak çömleklere konup ateşin üstünde yakılır, külleri suya atılır, buna cıva eklenir. Cıva, altın zerreciklerinin hepsini emer ve kendisiyle birleştirir. Sonra bu su dökülür, geriye kalan kumaşa alınır ve elde sıkılır; cıva sıvı halde olduğundan seyrek dokulu kumaştan akıp giderken, sıkıp da pekiştirdiğimiz altın saf halde dokuda kalır.

9. Bölüm
Zincifrenin Hazırlanışı

1. Şimdi zincifrenin hazırlanışına geri döneyim: Kesekler kuruyunca, demir havan tokmaklarıyla dövülüp toz haline getirilir. Sonra defalarca yıkanıp fırınlanır, ta ki cürufunu bırakıp boyar maddesini görünür kılana dek. Böylece cıvasından ayrılan zincifre, özündeki doğal niteliklerini kaybeder,[4] yumuşak bir hal alır, yoğunluğu azalır. Odaları boyarken bu şekilde kullanıldığında da, rengini hiç solmadan olduğu gibi korur.

---

1 Yaklaşık 2 litrelik.

2 Libre (*libra*): Yaklaşık 237.5 gr. Vitruvius'un bahsettiği ağırlık, yaklaşık 25.7 kgdır.

3 Her maddenin özgül ağırlığı farklı olduğundan, aynı ağırlıktaki farklı cisimler farklı hacme sahiptir. Bu nedenle suya batırılan aynı ağırlıktaki iki farklı cisim, farklı miktarlarda su taşırır.

4 Sıkılığını kaybedince.

2. Ama açık mekânlarda, yani sütunlu avlularda, sohbet mekânlarında (*exedrae*) veya bunlar gibi güneşin, ayın ışıltılarının, ışınlarının nüfuz edebileceği başka konumlarda, bu tür olumsuzluklara maruz kalan kısımların rengi atar, parlaklığını yitirir, kararır. Mesela birçokları gibi kâtip Faberius da[1] Aventinus tepesindeki evinin şık duvarları olsun istemiş ve sütunlu avlularının çeperlerini zincifre kırmızısına boyatmıştır, ama otuz gün geçtikten sonra hepsi çok çirkin, alacalı bulacalı bir renk almıştır. O da zincifre yerine başka bir renge boyatmak üzere hemen başka bir ustayla anlaşma yapmıştır.

3. Ama çok daha titizsek ve zincifre kırmızısı duvarımızın rengi hiç solmasın istiyorsak, o zaman duvara son kat sıvayı atıp iyice kuruttuktan sonra üzerine ateşte eritilmiş ve az biraz zeytinyağıyla harmanlanmış Kartaca balmumunu sert bir fırçayla sürüp ardından kor kömürlü bir mangalı duvara yaklaştırarak balmumunu, duvarı ısıtarak eritip terleteceğiz; düzgün dursun diye de bir mumla, keten kumaşlarla ovup parlatacağız, tıpkı çıplak mermer heykelleri ovup parlatır gibi. Yunancada bu işleme *ganōsis* (parlatma) denir.[2]

4. Kartaca balmumundan oluşan bu koruyucu tabaka artık ne ay ışığının ne de güneş ışınının duvar resimlerini yalayıp renklerini yutmasına izin verecektir.

Vaktiyle Efes madenlerine nakledilmiş dökümhaneler şimdi aynen Roma'ya nakledildi; çünkü İspanya topraklarında da aynı cins zincifre damarlarına rastlandı. Artık bu madenlerden zincifre kesekleri getirtilmekte ve götürüsü de Roma'daki mültezimlerin sorumluluğunda. Dökümhaneleriyse Flora ile Quirinus tapınakları arasında yer almakta.

5. Zincifrenin saflığı, kireçle karıştığında bozulur. Saflığının bu şekilde bozulup bozulmadığını anlamak isteyen olursa, şöyle yapacak: Demir bir levha alsın, üzerine zincifre koyup ateşe oturtsun, levha kor kırmızı olana dek. Rengi ısıyla değişip kararınca da, levhayı ateşten alsın. Zincifre soğuduktan sonra, doğal rengine dönerse, saflığını kaybetmemiş demektir,

---

[1] Iulius Caesar'ın kâtibi Fabius'tan söz edilmektedir.

[2] *Ganōsis*: Özellikle zincifre kırmızısıyla boyanmış mermerleri ve duvar resimlerini korumak için, duvara mangal ateşiyle eritilmiş Kartaca balmumu (*cera punica*) ve zeytinyağından oluşan sıva çekme.

ama hâlâ karaysa, bu bize saflığını kaybetmiş olduğunu gösterir.

6. Zincifreyle ilgili benim söyleyebileceklerim bu kadar. Malakite gelince; bu mineral Makedonya'dan getirtilir ve bakır madenlerinin hemen yanındaki yataklardan çıkarılır. Ermeni mavisi ve Hint çividiyse, zaten adlarıyla elde edildikleri yörelere işaret etmekte.[1]

10. Bölüm
Yapay Renkler: Siyah

1. Şimdi de farklı tip içeriklerin birbirine karışıp kaynaşmasıyla değişime uğrayarak karakteristik renklerini alan maddelerden bahsedeceğim ve ilk olarak da duvar bezemelerinde fevkalade yararları olan siyah rengi açıklayacağım ki, zanaatkârların gerekli işlemleri nasıl doğru şekilde yürütüp de bu rengi tutturdukları anlaşılabilsin.

2. Sparta buhar hamamına benzeyen (*laconicum*) kubbeli bir fırın inşa edilir, mermer tozuyla iyice sıvanıp cilalanır. Bunun önüne ufak bir ocak inşa edilir, fırına açılan delikleriyle birlikte; ağzı da alevler dışarı çıkmasın diye sıkı sıkıya kapatılır. Ocağa reçine konur. Yoğun ateş reçineyi bir yandan yakarken, diğer yandan da dumanını, isini deliklerden fırına verir, dolayısıyla is fırının duvarına, kubbenin kavisine yapışır. Yapıştığı yerden toplanıp bir kısmı tutkala karıştırılarak yazı mürekkebi imalatında kullanılır, kalanını da boyacılar glütenle karıştırıp duvarlarda kullanır.

---

[1] *Chrysocolla* (χρυσόκολλα): Yeşil renkli, yontulup parlatılabilen, doğal bakırlı, hidratlı karbonat, bakır taşı, azurit, malahit, malakit; bakırtaşından yapılan koyu mavimtırak yeşil boya; malakit yeşili, bakır yeşili, dağ yeşili; *Armenium* (*pigmentum*): Azurit taşından ya da *lapis lazuli*den (lacivert taşı tozundan) elde edildiği düşünülen lacivert rengi; *Indicum=caeruleum Indicum*: Hint mavisi, Hint çividi, Hindistan çividi; sıcak iklimlerin ağacı olan Indigofera tinctoria'nın (Çivit veya Indigo ağacı) saplarından, yapraklarından elde edildiği düşünülen mavi renk; çivit rengi; kumaş boyası olarak da kullanılır; ana vatanı Mısır, Uzak Doğu, özellikle Hindistan'dır.

3. Ama bu tür malzemeleri tedarik edemiyorsak, işi geciktirip aksatmamak adına, sorunu şu şekilde çözmeliyiz: Çıralı çamın kuru dallarını ya da yongalarını tutuşturun, kömür haline gelince söndürün; sonra glütenle birlikte bir havanda dövüp ezin. Böylece boyacılar için oldukça hoş bir siyah renk oluşmuş olacaktır.

4. Şarap tortuları da bu şekilde bir fırında kurutulup pişirilirse ve glütenle öğütülüp duvara sürülürse, bu karışım bilinen siyahtan daha yumuşak bir ton yaratmış olacaktır; hatta karışımın hazırlandığı şarabın kalitesi arttıkça, bu ton normal siyahın yanı sıra, Hint çividi havası da estirecektir.

11. Bölüm
Mavi ve Yanık Sarı

1. Mavi renk tarifeleri ilk İskenderiye'de icat edildi, ardından Vestorius tarafından Puteoli'de üretimine geçildi.[1] Mavi rengin hangi maddelerden nasıl oluşturulduğunun ilginç bir hikâyesi vardır. Şöyle: Kum, doğal sodyum karbonatla un halini alıncaya kadar iyice öğütülür, üzerine de kaba törpülerle testere tozu gibi olana dek Kıbrıs bakırı (*aes Cyprium*) rendelenir ki,[2] karışıma yapışıp hamurlaştırsın. Sonra bu hamur elde yuvarlana yuvarlana top top yapılır, böylece içerikler iyice sıkıştırılıp kurumaya bırakılır. Sonra kuruyan toplar toprak testilere konur, testiler de fırına verilir. Bakır ve kum yoğun ateşte kızıp birbirine kaynaştığı anda karşılıklı olarak birbirinin nemini ala vere doğal özlerini yitirir. Ateşin etkisiyle doğal içerikleri böyle birbirine karışıp yutulunca da, mavi bir renk alırlar.

2. Duvar resimlerinde çokça kullanılan yanık sarı (*usta*) şu şekilde oluşturulur:[3] İyi cins aşı sarısı filizi, kızıllaşana kadar ateşe tutulur. Sonra sirkede söndürülür ve mor bir renk alır.

---

1 Vestorius: Puteolili banker ve serbest müteşebbis.

2 *Aes Cyprium* (=*Cyprium*; *Cuprum*): Kıbrıs, özellikle bakır madenleriyle ünlü bir yer olduğu için, bu madenlerden elde edilen bakır bu adla anılır; bazen sadece bakır olarak da kullanılır.

3 *Ochra usta*: Yanık sarı veya kahverengi.

12. Bölüm
Kurşun Beyazı, Bakır Yeşili, Yapay Kırmızı Zırnık

1. Kurşun beyazı[1] ve bizim *aeruca* adını verdiğimiz bakır yeşilinin[2] nasıl hazırlandığını anlatmak yersiz olmayacaktır: Rodos'ta asma dallarını geniş küplere koyarlar, üstlerine sirke döküp tepelerine de kurşun külçeler yerleştirirler; buharlaşmayı önlemek için de üzerini kapakla kapatırlar. Belirli bir süre sonra bu kapakları açarlar ve kurşun külçelerinin beyaz kurşuna dönüştüğünü görürler. Bakır levhalar yerleştirip aynı işleme tabi tuttuklarında da, bizlerin *aeruca* dediği bakır yeşilini elde ederler.

2. Beyaz kurşun ocakta kızdırıldığında, ateşin etkisiyle renk değiştirip kırmızı zırnık (*sandaraca*) olur.[3] İnsanlar bunu çıkan bir yangın sonucu tesadüfen öğrenmiştir; hem bu yapay çeşidi madenlerden saf halde çıkarılan çeşitlerinden çok daha iyi iş görür.

13. Bölüm
Mor

1. Şimdi mor renginden (*ostrum*) söz etmek istiyorum, yani hem çok değerli hem de eşsiz bir renk olduğu için bütün renklerin içinde göze en hoş görüneninden. Bu renk, mor boyanın elde edildiği bir deniz salyangozundan çıkarılır ve bir gözlemci için doğadaki her şey gibi bu da hayret uyandırıcı bir şeydir; çünkü yetiştiği bölgelerin hepsinde aynı tonda olmaz bunun rengi, güneşin seyrine göre doğal olarak değişiklik gösterir.

---

1 *Cerussa*: Beyaz kurşun, kurşun beyazı, üstübeç.

2 *Aeruca*: Bakır çalığı, bakır yeşili.

3 *Sandaraca* (σανδαράκη; σανδαράχη): Kırmızı boyar madde, arsenik sülfür, kırmızı zırnık.

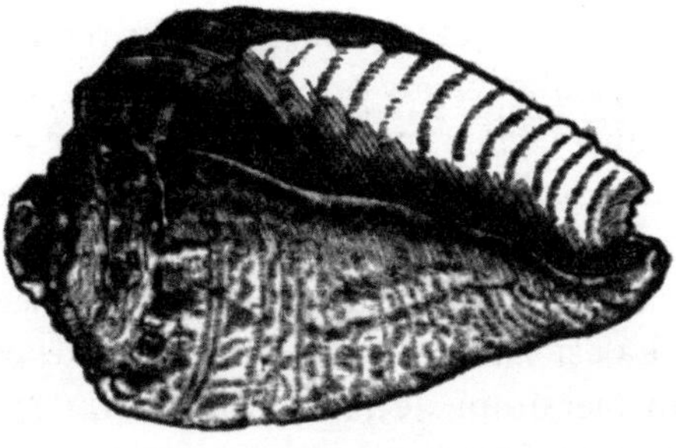

Conchylium marinum

2. Karadeniz ve Galya'da toplananlar siyah renkte olur, çünkü bu bölgeler kuzeye daha yakındır. Kuzeybatıya gidildikçe, kurşuni mavi bir ton aldığı görülür. Tam doğuda ve batıda toplananlar, menekşe rengindedir. Ama güney bölgelerinden elde edilenlerine kırmızı ton hâkimdir. Bu renk tonunda olanlar Rodos adasında da bulunur ve bunun gibi güneşin yörüngesine en yakın başka yerlerde.[1]

3. Deniz salyangozları toplandıktan sonra, demir çubuklarla kırılıp parçalanır; bu darbeler sonucunda gözyaşı damlaları gibi akan mor sıvı bir havana alınıp belirli bir kıvama gelinceye dek dövülür. Böyle deniz salyangozlarının kabuklarından elde edildiği için de bu renge *ostrum* adı verilir.[2] Bu arada çok tuzlu olduğundan, üzerine bal dökülmezse hemen kuruyuverir.

14. Bölüm
Yapay Mor Boyalar, Aşı Sarısı, Malakit Yeşili ve Hint Çividi

1. Mor boyalar, kilin kökboya bitkisi ve kermes böceğinden elde edilen kırmızı boyayla (*hysginum*) renklendirilmesi sonu-

[1] Ekvatora en yakın yerlerde.

[2] *Testa* (kabuklu deniz hayvanlarının sert kabuğu), Yunanca *ostrakon* (ὄστρακον) kelimesiyle karşılanır. Midye moru, istiridye moru gibi renkler bu tür kabuklulardan elde edildiklerinden, bu adla anılır.

cunda elde edilir.[1] Çiçeklerden başka tür renkler de elde edilir. Bu yüzden boyacılar yapay bir Attika aşı sarısı elde etmek istediklerinde, kuru menekşeyi suyla birlikte bir kaba koyup ateşte kaynatırlar. Kıvama gelince, keten bir beze dökerler. Bezi elde sıktıktan sonra, menekşelerin renklendirmiş olduğu suyu bir havana alırlar, havanın içine kil döküp iyice ezerler ve bu şekilde Attika aşı sarısı tonunda bir renk elde ederler.

2. Yaban mersinini de (*vaccinium*) aynı işleme tabi tutup sütle karıştırarak çok hoş bir mor renk oluştururlar.[2] Pahalı olduğu için malakit yeşiline gücü yetmeyenler, muhabbet çiçeği (*luteum*) olarak adlandırılan bitkiye mavi renkli bir boyar maddeyi karıştırıp kendilerine çok koyu bir yeşil ton yaratmış olurlar;[3] adına da yapay malakit yeşili derler. Aynı şekilde Hint çividi de ender bulunduğundan,[4] Selinus kilini ya da boncuklu beyaz kili Yunanların *isatis* dedikleri çivit otuyla renklendirip yapay bir Hint çividi elde ederler.[5]

3. Bu kitapta duvar kaplamalarının dayanıklılığını sağlamak ve satıhlarını uygun resimlerle bezemek için hangi esaslara dayanmamız, hangi malzemeleri kullanmamız gerektiğini, ayrıca tüm boyaların hangi karakteristik özelliklere sahip olduğunu aklıma geldiğince yazmaya çalıştım. Böylece her tür binanın mimarisinde gözetilmesi gereken doğru ve işlevsel yöntemleri bu yedi kitapta açıklamış oldum. Bir sonraki kitapta su konusunu ele alacağım; suyun olmadığı yerlerde nasıl su bulabileceğimizi, bunu ne şekilde nakledebileceğimizi, suyun sağlıklı ve yararlı olduğunu hangi vasıtalarla tecrübe edebileceğimizi açıklayacağım.

---

1 *Rubia=Rubia tinctorium*: Kızılkök, Kökboya bitkisi (kırmızı renk üretimi için en önemli boya bitkisidir); *Hysginum*: *Quercus coccifera* (Kermes meşesi; Kırmız meşesi) adlı bir meşe türünde yaşayan kermes (kırmız) böceğinden elde edilen koyu kırmızı boya veya parlak al boya, çiçek boyası; kırmızı.

2 *Vaccinium*: Fundagillerden, çiçekleri beyaz ve pembe renkte, küçük bir küre şeklindeki mavimsi siyah renkli meyveleri olan çok dallı bir bitki; keçi yemişi, çobanüzümü (*Vaccinium myrtillus*).

3 *Reseda luteola*: Muhabbet çiçeği.

4 Çivit mavisi.

5 *Creta anularia*; *anulare*: Halktan kişilerin yüzüklerine taktıkları cam boncuk kırıklarıyla karıştırılmış kilden hazırlanmış beyaz boya (Plinius, *Naturalis Historia*, 35.30); *Vitrum* (*isatis*; ἰσάτις): Köklerinden çivit mavisi boyanın elde edildiği bir bitki, çivit otu (*Isatis tinctoria*).

VIII. KİTAP

Su

Önsöz

1. Yedi Bilgelerden Miletli Thales her şeyin ilk ilkesinin su olduğunu ileri sürdü; Herakleitos ateş, Pers rahipleri su ve ateş, Atinalıların "sahnelerin filozofu"[1] dedikleri, Anaksagoras'ın öğrencisi Euripides ise hava ve toprak. Euripides, toprağın gökten yağan yağmurlarla döllenip gebe kaldığını ve bu dünyadaki tüm insanların, tüm diğer canlıların yavrularını doğurduğunu

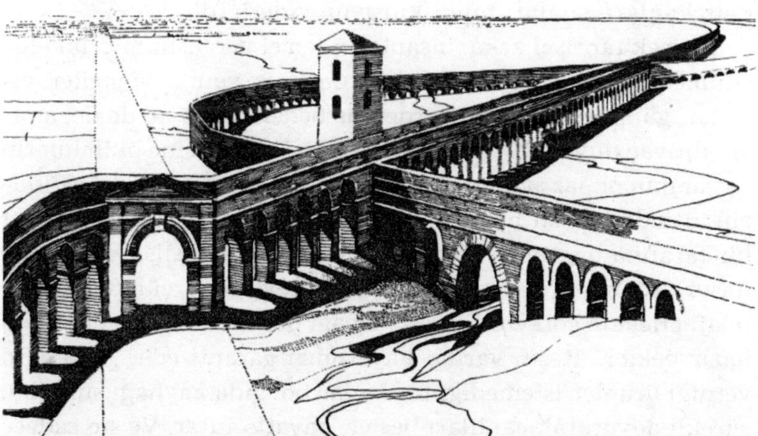

[1] Aktör.

söyledi. Ona göre, zamanın zorunlu akışına bağlı olarak toprağın doğurduğu her şey bir gün çözülüp yine ona geri dönecekti; havadan hayat bulanlar da aynı şekilde göklerdeki yerlerine göçecek, dolayısıyla hiçbir şey yok olmayacak, sadece çözülmeye bağlı olarak değişime uğrayacak ve doğal özlerine rücu edecekti. Buna karşılık Pythagoras, Empedokles, Epikharmos ve başka doğabilimciler ile başka filozoflar, hava, ateş, toprak ve su olmak üzere dört temel unsur olduğunu iddia etti ve bu unsurların doğanın tasarımına uygun şekilde yoğruluşuyla farklı cinslerin farklı niteliklerinin meydana geldiğini söyledi.

2. Ama biz bütün varlıkların sadece bu unsurlardan can bulmakla kalmayıp bu unsurların yardımı olmadan beslenmelerine, büyümelerine ve hayatta kalmalarına imkân ve ihtimal olmadığını da görüyoruz. Mesela havayı teneffüs etmeden bir bedenin yaşaması imkânsız; yani bedene bol miktarda hava girip de biteviye nefes alıp vermesini sağlamasa. Bedende doğru ayarda bir ısı olmasa, ne canlılığı kalır ne dik bir duruşu; güçlü besinler bile sindirilecek kıvamı tutturamaz. Bedenin azaları toprağın verdiği yiyecekle beslenmese, karışımlarında toprak unsuru eksik kalacağından, zayıflayarak eriyip biterler. **3.** Gerçekten de suyun verdiği güçten yoksun kalmış olsaydı canlı varlıklar, temel unsurları arasında su olmayacağından, kanları, sıvıları biter, kuruyup giderlerdi.

Demek tanrısal zekâ, insanların temel gereksinimlerini elde edilmesi güç ya da pahalı şeyler kılmamış; yani öyle inciler, altınlar, gümüşler veya bu türden ne bedenimizin ne de doğamızın ihtiyaç duyacağı başka şeyler gibi. Tam tersine ölümlülerin yaşamının olmazsa olmazları olan bütün temel unsurları elimizin altında her an hazır bulacağımız şekilde yeryüzünün dört bir tarafına dağıtmış. Mesela bedende nefes eksilse bir an, bu unsurlardan biri olan hava hemen devreye girer, çünkü eksileni telafi etmekle görevli. Güneşin sıcağı bedeni ısıtmaya her daim hazır bekler, ateşin varlığı hayatımızı garanti eder. Toprağın verdiği ürünler istemediğimiz kadar bol gıda kaynağı sunarak, sürekli doyurarak canlıları besler, hayatta tutar. Ve su, sadece susuzluğumuzu gidermekle kalmaz, günlük hayatta her tür ihtiyacımızı karşılayarak bize hiç karşılıksız hizmet eder; çünkü suyun karşılığı yok, bedava.

4. Zaten bu yüzden rahiplik görevlerini Mısırlı rahiplerin törelerine uygun şekilde sürdürenler, her şeyin özünün sudan meydana geldiğini şöyle gösterirler:[1] Suyla dolu testiyi huşu içinde kutsal alana, tapınağa getirdikten sonra, yere diz çökerler ve ellerini göğe kaldırıp bu nimeti kendilerine lütfettiği için tanrıya şükranlarını sunarlar.[2]

O halde mademki hem doğabilimciler, hem filozoflar hem de rahipler tarafından bütün varlıkların suyun verdiği güçten hayat bulduğu kabul edilmiş durumda ve ben de mademki ilk yedi kitabımda binaların mimari tekniklerini açıklamış durumdayım, o halde düşünceme göre bu kitabımda su kaynaklarını bulma yöntemlerini yazmalıyım; suların bulunduğu havzaların ayırt edici niteliklerine göre kazandığı özellikleri, hangi yollarla şehre iletilebileceklerini, iyi olup olmadıklarının nasıl anlaşılabileceğini. Çünkü su hayatımızın, hayattan tat almamızın ve günlük yaşantımızın ayrılmaz bir parçası.

1. Bölüm
Su Bulma Yöntemleri

1. Eğer açıkta ve akmakta olan kaynaklar varsa, işimiz kolay olur. Ama akan bir su yoksa, o zaman suyun membaını toprağın altında araştırıp bulmak ve bir araya toparlamak gerekir.[3] Bunun için şöyle bir deneme yapılacak: Güneş doğmadan önce, araştırma yapacağınız yere yüzükoyun yatın, çenenizi toprağa dayayıp sabitleyin, etrafınıza şöyle bir göz gezdirin; çünkü bu şekilde bakış açınız görmesi gerekenden daha yukarılara ulaşmaz; çene hareket etmeyeceğinden, yer seviyesindeki bir yükseklikte, kesin bir sınır içinde kalır. Bu vaziyetteyken, kıvır kı-

---

1 Mısırlılar için su, Osiris'le özdeştir. Thales'in her şeyin ilk ilkesinin su olduğu iddiasının Mısırlıların bu anlayışına dayandığı söylenir. Plutarkhos, *De Iside*, 59; Babbitt (tr.) 1936: 135, n. 1.

2 Çok tartışmalı olan bu pasajın düzenlenmesinde yararlanılan kaynak: Marinius (ed.) 1836: 127.

3 Bir boru hattı döşeyerek.

vır havaya doğru yükselen su buharları görürseniz, gördüğünüz yeri kazın; çünkü kuru bir yerde bu tür bir işaret olmaz.

2. Su ararken ne cins bir havzada olduğunuza da dikkat etmeniz gerekir, çünkü suyun bulunduğu topraklar bellidir. Killi toprakta kaynak azdır, cılızdır ve toprağın derininde olmaz; tadı da pek iyi değildir. Gevşek kumda kaynak azdır, ama derinde bulunabilir; gerçi çamurlu ve tatsızdır. Kara topraktaysa incecik sızıntılara, minik damlalara rastlanır; bunlar kışın yağan yağmurlardan sonra birikip sıkı, katı zeminlere çökmüştür, ama tatları çok iyidir.[1] Çakıllı toprakta da ince ve belli belirsiz damarlara rastlanır; ama bunların tadı da müthiş güzeldir. Kaba kumda, adi kumda, kumtaşında kaynaklar daha belirgin ve daimidir; tadı da iyidir. Kırmızı tüfte kaynak hem iyi hem boldur, tabii gözeneklerinden süzülüp de akıp gitmedikçe. Ama dağların eteklerinde ve sert kireçtaşları arasındaki kaynaklar daha bol ve daha bereketlidir; üstelik daha soğuk ve daha sağlıklıdır. Ovalık kesimlerdeki pınarlarsa tuzlu, kesif, ılık ve tatsız olur; yalnız dağlardan süzüle süzüle yerin altına sızıp ovanın ortasından fışkıran, özellikle de fışkırdığı yerde ağaçların gölgeleriyle korunan pınarların tadı, dağ pınarlarınınki kadar hoştur.

3. Yukarıda belirttiğim cinsten topraklar haricinde, bitki örtüleri de suyun varlığına işaret edebilir; mesela ince uzun hasır otları, yabani söğüt, kızılağaç, hayıt, saz, sarmaşık ve bunlar gibi su olmadan kendi kendilerine yetişemeyecek türden bitkiler. Gerçi bu bitkiler genellikle göl kenarlarında olur; dolayısıyla civar araziye göre daha çukurda olduklarından kış boyu yağan yağmurlardan, etraftaki topraklardan gelen suyu alır ve kapasiteleri müsait olduğu için de aldıkları suyu uzun süre tutarlar. Bu yüzden onlara pek güvenmemeliyiz;[2] su kaynağı arayacaksak, bu işaretlerin[3] doğal olarak oluştuğu bölgelere, topraklara bakacağız; yapay olarak yetiştiği göl kenarlarına değil.

4. Öyle yerlerde öyle doğal işaretler görmüşsek de, şöyle deneyler yapacağız: Her kenarı en az üç ayak[4] ve derinliği de beş

---

1 Turba yataklarından söz ediliyor; bkz. Landels 1978: 36.

2 Yeraltındaki su kaynaklarının işaretleri olduklarına.

3 Bitkilerin, ağaçların.

4 Üç ayak kare.

ayak olan bir çukur kazın. Güneş batmak üzereyken bu çukurun içine tunçtan ya da kurşundan kayık şeklinde bir kap ya da leğen koyun. Hangisini koyduysanız, içini zeytinyağıyla iyice yağlayın, ters çevirip bırakın. Çukurun üstünü sazlarla, dallarla örtün, üzerine de toprak atın. Ertesi gün açın, eğer kapta su damlaları, sızıntıları varsa, o yerde su var demektir.

5. Ya da bu çukura pişmemiş kilden bir kap koyup üstünü de aynı şekilde örterseniz, o yerde su varsa, çukuru açtığınızda kap rutubetlenmiş, hatta rutubet yüzünden dağılmaya yüz tutmuş olacaktır. Veya bu çukura koyduğunuz yapağıyı ertesi gün sıktığınızda bundan su çıkıyorsa, orada bir kaynak olduğuna işaret edecektir. Hatta elinize bir kandil alıp içine yağ doldurup fitilini de tutuşturduktan sonra o çukura koyarsanız, ertesi gün çukuru açtığınızda kandil hâlâ sönmemişse, içinde hâlâ biraz yağı, fitili kalmışsa ve baktığınızda üzeri de buğuluysa, size orada su bulunduğunu gösterecektir; çünkü her tür ısı, nemi kendine çeker. Bundan başka yine o çukura bir ateş yaktıktan, toprak da iyice pişip kavrulduktan sonra yüzeyine sisli puslu bir buhar çıkarmaya başlamışsa, o yerde su var demektir.

6. Bu deneyler bu şekilde dikkatlice yapıldıktan ve demin bahsettiğim işaretlere rastlandıktan sonra, oraya derin bir kuyu açmak lazım. Hele suyun membaını bulmuşsanız, bu kuyunun etrafına bir sürü kuyu kazılmalı ve yeraltı kanallarıyla hepsini tek bir yere yönlendirmeli.

Ama bu membaları en çok dağlarda ve kuzey bölgelerinde aramalısınız; buralarda daha tatlı, daha sağlıklı ve daha bol su bulunur. Çünkü bu bölgeler güneşi arkalarına alır, böyle yerlerde her şeyden önce ağaçlar sık ve gürdür, dağlar kendiliğinden gölge yapar, dolayısıyla güneş ışınlarının toprağa dik gelmesine, nemini emip kurutmasına mani olur.

7. Dağların arasındaki vadiler de bol yağmur alır; gür ormanlardan dolayı ağaçların, dağların gölgesinden yağan kar uzun zaman üzerlerinden kalkmaz; neden sonra erir, toprağın yarıklarından süzüle süzüle gelip dağ eteklerinin ta dibine dayanır; buralardan fışkırıp gürül gürül akan bir nehir kaynağı olur. Buna karşılık ovalık kesimlerde genelde fazla kaynak bulunmaz. Bulunsa da, pek sağlıklı olmaz; çünkü güneşi gölgeleyecek bir şey olmadığından, o da bütün şiddetiyle hücum edip hararetiyle ovanın nemini içe içe kurutur. Görünürde bir yerlerde akar sular olsa bile, bu kez de hava hücuma geçip bu suların en hafif, en ince, en saf ve şifalı unsurlarını ayırarak göğün enginine dağıtır; en ağır, en kaba, en tatsız tuzsuz unsurları da ovanın pınarlarında kalır.

2. Bölüm
Yağmur Suyu ve Nehir Suyu

1. Bu yüzden yağmurlardan gelen su çok daha şifalı özelliklere sahiptir; çünkü bütün pınarların en hafif, en saf özleri seçilir, havanın çalkantılarıyla süzdürülür, fırtınalarla sıvı halini alıp öyle toprağa iner.

Ovalarsa sık yağmur almaz; yağmur, dağlara ya da dağların civarına yağar; çünkü şafakta, güneş doğarken hareketlenip topraktan kalkan buhar göğün ne tarafına gidecekse, önüne kattığı havayı da oraya sürükler. Böyle hareket halindeyken de, arkasında bıraktığı boşluğa dolan hava dalgalarının hücumuna uğrar.

2. Hücum halindeki hava, önündeki buharı dört bir yana savurup dururken, o hızla kuvvetli rüzgârlara, gitgide büyüyen hava girdaplarına neden olur. Bu rüzgârlar nereye eserse, oradaki pınarlardan, nehirlerden, bataklıklardan, denizlerden de öbek öbek nem toplar; güneşin sıcağıyla dertop olup emilen bu nem bulut olur, yukarılara yükselir. Hava akımlarıyla taşınan bu bulutlar dağlara ulaşıp da onların mukavemetiyle karşılaşınca, dolu ve ağır oldukları için sağanak yağmurlar şeklinde suya dönüşüp etrafa saçılır ve bu şekilde karalara yağarlar.

3. Bu buharların, sislerin ve nemin toprakta oluşmasının nedeniyse, büyük ihtimalle toprağın kavurucu bir sıcaklık, devasa hava akımları, soğuk kuşaklar ve çok büyük miktarlarda su içermesinden kaynaklanıyor. Bu yüzden güneş doğarken, gece boyunca ayaza kesmiş yeryüzüne ışınlarını gönderince, alacakaranlığın arasından rüzgârlar esmeye başlıyor; sonra hava güneşin yaydığı ışınlarla iyice ısınıp topraktan nemi kaldırıyor, rutubetli yerlerden yukarılara doğru buharlar yükselmeye başlıyor. Bu olayı anlamamız için hamamlar iyi bir örnek.[1]

4. Sıcak hamam odasının kubbesi üzerinde elbette herhangi bir pınar yok. Ama hava var ve bu hava külhanın ağzından gelen ateşin buharıyla aşırı ısınınca, zemindeki suyu çektiği gibi yanına katıp kubbenin kavisine taşır ve orada tutar; çünkü sıcak buhar her zaman yukarıya yükselir. Başlangıçta, nemin miktarı az olduğu için, aşağıya salmaz; ama gitgide daha fazla nem topladıkça, nem ağırlaştığı için onu orada öyle asılı tutamaz ve hamamda yıkananların başına damlatıverir. İşte aynı şekilde gökyüzündeki hava da güneşin ısısını emince, her yerden nemi içe içe yukarı kaldırır ve bulutlar halinde dertop eder; çünkü toprak, üzerine sıcaklık değdiği anda, nemini dışarı atar; tıpkı insan vücudunun sıcakladığı anda terini dışarı atması gibi.

5. Rüzgârlar bu sürecin kanıtlarıdır; çünkü çok soğuk bölgelerden doğup da gelenler, yani Kuzey ve Kuzeydoğu rüzgârları, havanın kuruluğu yüzünden kuru ve saf esintiler yaratırlar. Oysa Güney rüzgârı ve güneşin yörüngesinden doğru esen diğer rüzgârlar çok rutubetlidir ve daima sağanakları da beraberlerinde getirirler; çünkü çok sıcak iklimlerden ateşi emmiş olarak bize ulaşırlar, geçtikleri her yerden nemi yalayıp yutarlar ve kuzey kesimlerine boşaltırlar.

6. Nehir kaynakları da bu olayın bu şekilde gerçekleştiğine tanıklık edebilir: Dünya haritalarında gösterilen ve coğrafi eserlerde anlatılan nehirlerin büyük çoğunluğu ve en önemlileri kuzeyde doğar. En başta, Hindistan'daki Ganj ve İndüs nehirleri Kafkas dağlarında doğar; Suriye'deki Dicle ve Fırat; Asya'da, Pontus'taki Dinyeper, Hypanis[2] ve Don; Kolkhis'teki Phasis;[3] Galya'daki Ron; Kelt ülkesindeki Ren; Alplerin güneyindeki Timavo ve Po; İtalya'daki Tiber. Bizim Mauretania olarak adlandırdığımız Maurisia'daki Dyris nehri Atlas Dağlarından doğar[4] ve kuzey kesiminden başlayarak batıya ilerler, ta Epta-

---

1 Metin düzenlemesi için bkz. Marini (ed.) 1836: 136.

2 Bug nehri.

3 Batı Gürcistan'daki Rioni (Rion) nehri.

4 Mauretania, Mauritania: Afrika'da, Atlantik okyanusu ile Numidia arasındaki kesim, Fas; Dyris veya Siris: Nil nehrinin bir kolu.

bolus gölüne kadar.[1] Burada adını değiştirip Nigris olur.[2] Sonra Eptabolus gölünden başlayarak güney kesimlerinden geçip kıraç dağların altına akarak güney Etiyopyalıların krallığı olan Meroe'nin etrafındaki Coloe adı verilen bataklığa dökülür; bu bataklıktan akıp Astansoba, Astoboa ve böyle pek çok başka nehrin yanından dolanır, dağların arasından geçip Nil nehrinin şelalesine ulaşır; buradan şahlanıp kuzeye yönelir ve Mısır'a geçer, yani Elephantis ile Syene arasına ve Thebai ovasına;[3] burada da Nil adını alır.[4]

7. Nil'in kaynağının Mauretania'da olduğunu en başta şuradan anlarız: Atlas Dağlarının diğer yanında Batı Okyanusu'na akan başka nehir kaynakları da var ve orada firavun farelerine, timsahlara ve aynı türden başka hayvanlara, balıklara rastlanıyor; bir tek su aygırı yok.

8. O halde dünya haritalarındaki çizimlerden de anlaşıldığı kadarıyla, büyüklü küçüklü bütün nehirler kuzeyden başlayarak akmakta; güney kesimlerinde yer aldığı için güneşin yörüngesine maruz kalan Afrika düzlüklerindeyse nem toprağın derinlerinde gizli durumda, su kaynakları az, nehirler de nadir bulunmakta. Bundan şöyle bir sonuç çıkıyor: Demek ki Kuzey veya Kuzeydoğu rüzgârını alan su kaynakları, sülfürlü, şaplı ya da asfaltlı topraklara denk gelmedikçe, diğerlerinden çok daha iyi. Ama denk gelmişlerse, tamamen başkalaşıyorlar ve ister sıcak olsun suları, ister soğuk, her halükârda kokusu ve tadı kötü nehirler olup akıyorlar.

9. Bu arada sıcaklık, suyun doğasına özgü bir nitelik değildir. Şöyle: Soğuk su, akarken sıcak bir yere denk gelir ve kaynamaya başlar; ateş gibi olduğu anda da toprağın çatlaklarından dışarıya fışkırır. Ama öyle uzun süre sıcak kalamaz, kısa bir süre sonra soğur. Demek ki suyun doğal hali sıcak olmuş olsaydı, ısısını kaybedip de soğumazdı. Ne var ki artık bu suyun ne kokusu ne de rengi eskisi gibi olur, çünkü yoğun olmayan yapısından ötürü bozulmuş, saflığını yitirmiştir.

---

1 Eptabolus ya da Heptabolus: Mauritania'da bir göl.

2 Nigris, Niger, Nigir: Afrika'daki Nijer nehri. (Bazı edisyonlarda Agger olarak yazılmıştır).

3 Elephantis: Nil'de bir ada; Syene: Güney Mısır'da, Nil nehri kıyısında bir şehir, Asvan; Thebae: Nil'in doğusunda bir Mısır şehri, Thebes, Teb.

4 Bu paragraftaki bazı düzeltmeler için bkz. Marinius (ed.) 1836: 140-141.

3. Bölüm
Suların Ayırt Edici Özellikleri

1. Buna rağmen öyle sıcak kaynaklar da var ki, bu kaynaklardan akan suların tadı muhteşem; içimi de öyle hoş ki bunların, ne Mousalar Çeşmesinin suyunu aratır ne de Marcia'nın gürül gürül akan suyunu.[1] Bu membalar doğal olarak oluşur. Şöyle: Toprağın diplerindeki ateş, şap ya da katran veya kükürtle tutuşunca, sıcağıyla üstündeki toprağı da kora döndürür, hatta daha üstteki katmanlara da sıcak sıcak buharlar yaymaya başlar. İşte oralarda, yukarılarda, tatlı su kaynakları varsa, bu buharlarla karşılaşmalarıyla birlikte toprağın yarıklarında fokurdamaya başlarlar ve bu şekilde kaynar halde, tatları falan hiç bozulmadan dışarı fışkırarak öyle akıp giderler.

2. Hatta kokusu ve tadı pek iyi olmayan soğuk kaynaklar da var. Bunlar yerin en derinlerinde doğup sıcak katmanlara geçiyorlar. Buralardan başlayarak toprakta epey bir yol katedip soğuyorlar ve yerin üstüne bozuk bir tat, koku ve renkle çıkıyorlar; mesela Tibur yolundaki Albula Nehri ve Ardea topraklarındaki soğuk kaynak suları gibi. Bu suların kokusu aynı; kükürtlü sular deniyor.[2] Başka yerlerde de bu soğuk sulara benzer başka sular var. Bu kaynakların suları soğuk olmasına soğuk, ama ilk bakışta kaynar görünüyorlar. Çünkü toprağın ta en derininde sıcak bir yere denk geliyorlar, su ve ateş birbiriyle karşılaşıyor, meydana gelen şiddetli çarpışma sonucunda su, güçlü hava akımlarını içine çekiyor, hava basıncıyla şişiyor ve haliyle fokur fokur fokurdamaya başlayıp kaynağından bu halde çıkıyor. Ama aralarında böyle meydana çıkamamış, tepeciklerin, kayaların arasına hapsolmuş olan bazıları, tazyik-

---

1 Fons Camenarum (Camenalar Çeşmesi ya da Mousalar Çeşmesi): Camena (pınarların, çeşmelerin perisi), Yunancadaki Mousalarla aynı anlama gelir. Tatlı sularıyla ünlü söz konusu çeşme, Camenaların kutsal korularının bulunduğu Porta Capena'da yer alır; Aqua Marcia: Roma'ya su sağlayan kemerlerdendir. Q. Marcius Rex tarafından İÖ 144-140 yıllarında inşa edildi. Agrippa tarafından İÖ 33 yılında ve Augustus tarafından İÖ 4 yılında onarıldı.

2 Albulae Aquae: Tibur'un batısında, suları mavimtırak, kükürt ve kalsiyum karbonat içeren kaynaklar. Suları vücuttaki yaraları iyileştirir.

li havayla daracık yarıklardan bu tümseklerin tepelerine bile yükseltiliyor.

3. İşte bu tepelerin olduğu yükseltilerde pınar başlarına rastlayabileceklerini zanneden kimseler, kuyularını kazdıkça yanıldıklarını anlarlar: Tunç bir kap düşünün, ağzına kadar değil de, alabileceği ölçünün üçte ikisi suyla dolu, üstü bir kapakla kapalı. Bu kap har har yanan bir ateşin sıcağına maruz kalırsa, içindeki suyu da ısıtır; suyun yoğun bir yapısı olmadığından ısıyı içine çekip genleşir. Bu şekilde yalnız kabı ağzına kadar doldurmakla kalmaz, buharıyla kapağını da kaldırarak kabardıkça kabarıp taşar. Ama kapağı açarsanız, buharı kaçar, havaya yayılır ve su yine eski seviyesine iner. İşte aynı şekilde pınar başları da daracık kanallarda sıkışınca, sudaki hava kabarcıkları fokurdaya fokurdaya yüzeye hücum eder. Kendilerine daha geniş çıkış yolları buldukları anda da, suyun yoğun bir yapısı olmadığından havaları söner; aşağıya çökerler ve tekrardan normal seviyelerine inerler.

4. Ama tam da bu nedenle her tür sıcak suyun şifalı bir özelliği vardır, çünkü sağlıksız ortamlarda bile kaynama sürecinden geçip faydalı etkileri olan bambaşka bir karaktere bürünürler. Mesela kükürtlü sular, kaslara sıcaklık verip ısıtarak, vücuttaki zararlı salgıları yakıp yok ederek gerginliklerini alır. Şaplı sular, vücudun felç yüzünden ya da başka tür bir hastalık geçirip işlevini yitirmiş azalarının tedavisinde kullanıldıklarında, açık gözeneklerinden girip soğukluğu sıcaklığın zıt etkisiyle ısıtıp tedavi eder ve böylece bu azaların yavaş yavaş eski sağlığına kavuşmasını sağlar. Katranlı sularsa, içildiğinde bağırsakları boşaltarak vücudun iç organlarının hastalıklarını tedavi eder.

5. Doğal sodyum karbonat içeren başka çeşit soğuk sular da var; mesela bir Vestini şehri olan Pinna'daki, Cutilia'daki ve benzer başka yerlerdeki sular böyle. İçildiğinde bağırsakları boşaltıyor, hatta sindirim yollarından geçerken sıracaların yol açtığı şişkinlikleri indiriyor.[1]

---

[1] Vestini: Orta İtalya halkı; Cutilia: Lacus Cutilia adlı bir göl kenarında yerleşik eski bir Sabin şehri; *Struma* (sıraca): Boyun ve koltuk altlarındaki lenf bezlerinde iltihaplanmalara, şişkinliklere yol açan bir tür verem.

Öte yandan altın, gümüş, demir, bakır, kurşun ve benzeri başka metallerin çıkarıldığı yerlerde de bol sayıda su kaynağı bulunuyor, ama bunlar çok zararlı; çünkü tıpkı sıcak sular gibi kükürt, şap ve katran içeriyor. İçtiğiniz anda, bu maddelerin tortusu vücuda giriyor, damarlar yoluyla yayılıyor ve kaslara, eklemlere saldırıp bunları şişiriyor, sertleştiriyor. Şişmiş, gerilmiş kaslar da boydan boya kasılınca insanlarda kramplara neden oluyor, gut hastalığına yol açıyor; çünkü vücuttaki damarların gözenekleri bu kaskatı, sımsıkı ve soğuk kristallerle tıkanmış oluyor.

6. Bir çeşit su daha var, yeterince berrak bir yapısı olmadığından, üzerinde çiçek gibi bir köpük yüzüyor; rengi de mor tonlarında cam gibi. Bu su özellikle Atina'da daha fazla biliniyor; çünkü bulunduğu yerlerden ve kaynaklardan şehre ve Pire limanına nakllediliyor. Ama yukarıda belirttiğim nedenden dolayı kimse bunu içmiyor, sadece yıkanmak veya başka amaçlar için kullanıyor. Halk, suyunu kuyulardan çekip içiyor, dolayısıyla söz konusu suyun vereceği zarardan korunmuş oluyor. Troizenlilerinse[1] bundan hiç kaçma şansı yok, çünkü etraflarında bu kirli kaynakların dışında içecek başka suları bulunmuyor; dolayısıyla şehir sakinlerinin hepsi ya da büyük bir çoğunluğu ayaklarından rahatsız. Bir Kilikya şehri olan Tarsus'ta Cydnus adında bir nehir var;[2] gut hastalığından muzdarip olanlar bacaklarını bu nehrin sularına sokup ağrılarını dindiriyor.

7. Daha böyle kendilerine has özelliklere sahip envaiçeşit su var; mesela Sicilya'da Himera nehri var; kaynağından çıktıktan sonra iki kola ayrılıyor, bir kolu Etruria yönünde akıyor,[3] tatlı özsuları olan topraklardan geçip gittiği için de tadı enfes; diğer koluysa tuz yataklarının bulunduğu topraklardan geçtiği için tuzlu bir tada sahip. Bundan başka Paraetonium'da, Ammon Tapınağına giden yolda ve Mısır'daki Casius dağında[4] bataklık göller var. Bunlar o kadar tuzlu ki, sularının üzeri tuz kristalleriyle dolu. Başka birçok yerde de böyle pınarlar, nehirler ve

---

1 Troizen: Argolis'in çok eski bir şehri.

2 Cydnus: Tarsus'taki Berdan çayı ya da Tarsus nehri.

3 Kuzeye.

4 Paraetonium: Kuzey Afrika'da, Mısır ile Syrtes arasında yer alan bir liman şehri. Cassius: Aşağı Mısır ile Arabia arasında yer alan dağ.

göller var, tuz yataklarının yanından akıp gittiklerinden tatları da haliyle tuzlu oluyor.

8. Başka kaynaklar da var, bunlar yağlı toprakların damarlarından aktıklarından, yağa bulanmış halde topraktan fışkırıyor; tıpkı bir Kilikya şehri olan Soli'deki Liparis adındaki nehir gibi. Bu nehrin içinde yüzen, yıkanan, sudan dolayı yağa bulanıyor.[1] Aynı şekilde Etiyopya'da da sularında yüzenlerin yağa bulanmalarına neden olan bir göl var. Hindistan'da da var bir tane, hava açık olduğunda bol miktarda yağ salıyor. Kartaca'da da bir pınar var, suyun üzerinde yağ yüzüyor, kokusu da sedir odunundan çıkan yongaların kokusu gibi; insanlar koyunlarını hep bu yağla yağlıyor. Zacynthus adasında ve Dyrrachium ile Apollonia şehirleri civarında, sularıyla birlikte bol bol katran kusan kaynaklar var.[2] Devasa boyutta bir göl var Babil'de de, Katranlı Göl (Limen Asphaltitis) deniyor adına; sularının üzerinde katran yüzmekte, sıvı halde. Semiramis, bu katranla ve pişmiş tuğlayla çepeçevre surlar inşa etmiş Babil şehrine. Suriye'deki Yaffa'da ve Arabistan'daki göçerlerin yaşadığı yerlerde de çok büyük göller mevcut, kalıp kalıp katran üretiyorlar; civarda yaşayan halk kapıp kapıp götürüyor bu kalıpları.

9. Gerçi bu duruma pek de şaşmamalı; çünkü buralarda adım başı katı katran elde edilen ocaklar mevcut. Bu nedenle su, katranlı toprağın arasından tazyikle akarken beraberinde katranı da sürüyüp getiriyor; toprağın üstüne çıktığında da, katrandan ayrılıp onu dokusundan atıyor. Kapadokya'da, Mazaca ile Tyana arasındaki yolda büyük bir göl var;[3] içine bir kamış ya da benzer başka bir şeyin bir parçasını daldırıp da ertesi gün çıkaracak olsanız, daldırılan kısmın taşlaştığını, suyun üstünde kalan kısmınsa doğal haliyle kaldığını görürsünüz.

---

[1] Soli: Sonradan Pompeiopolis olarak adlandırılan, günümüzde Mersin'de bulunan antik bir şehir; Liparis: Bu şehrin, suları yağ ihtiva eden nehri.

[2] Zacynthus: İyon denizinde bir ada; Dyrrachium: Illyria'da bir sahil şehri, Dıraç; Apollonia: İyon denizine dökülen Aous nehrinin sağ kıyısında yer alan bir Illyria şehri.

[3] Mazaca: Günümüzde Kayseri şehri (Caesarea Mazaca); Tyana: Kapadokya'da bir şehir.

10. Aynı şekilde Frigya'daki Hierapolis'te de sayısız kaynar su var.[1] Arklarla taşınıp civardaki bostanlara, bağlara gönderiliyorlar kaynaklarından. Ama bir yılın sonunda üstü taştan bir kabuk bağlıyor bu suyun. Bu yüzden halk her yıl sağa sola toprak bentler yapıp suyu içeri veriyor, oluşan taş kabuklardan da tarlalarına setler çekiyor. Bu olayın doğal bir oluşum olduğu belli, çünkü bu suyun doğduğu o mıntıkalarda, o toprakta peynir mayasına benzer yapıda bir özsu var. Bu özsuyla kaynaşmış mahiyetteki su, kaynağından toprağın üstüne çıkınca güneşin, havanın ısısıyla pıhtılaşmak durumunda kalıyor. Benzeri vakaları tuzlalarda da görüyoruz.

11. Çok acı tatları olan kaynaklar da var, acı mahiyetteki özsularla doygunlaşmış topraktan çıktıkları için böyleler; mesela Pontus'taki Hypanis nehri gibi. Bu nehir membaından çıkıp kırk mil kadar çok tatlı bir suyla akar, sonra ağzından yüz altmış mil mesafede bir noktaya geldiğinde küçücük, incecik bir dereyi kendine katar. Bu dere nehre aktığı anda, nehrin bundan sonraki tüm suyunu acılaştırır. Nedeni, bu derenin kırmızı zırnık çıkarılan bir cins topraktan, damarlardan süzülüp gelmesi ve bu yüzden acı bir tat almasıdır.

12. Görüldüğü üzere bu suların tatları toprağın özgün niteliklerine göre farklılaşıyor; meyvelerden da çok iyi anlaşılacağı gibi. Çünkü ağaçların, asmaların veya başka bitkilerin kökleri, meyvelerini toprağın özgün niteliğini taşıyan özsuyunu emerek vermemiş olsaydı, hepsinin tadı her yerde, her bölgede hep aynı olurdu. Ama Lesbos adasının şu *protropum* denen şarabını bir düşünelim[2] ya da Maeonia'nın *catacecaumenites* denilen şarabını, Lidya'nın *tmolites*ini, Sicilya'nın *mamertinum*unu, Campania'nın *falernum*unu, Terracina ile Fundi arasındaki toprakların *caecubum* adlı şarabını ve böyle dünyanın başka başka yörelerinde üretilen farklı cins ve özellikte daha nice şarabı. İşte toprağın nemi özgün tadıyla bitkilerin köklerine nüfuz edip de gövdesini beslememiş olsaydı, gövdeden de ta tepesine çıkıp bitkinin yerel ve kendi yemişine özel rayihasını boca etmeseydi, bu şarapların tadı asla böyle farklı farklı olmazdı.[3]

---

1 Hierapolis: Büyük Frigya'da bir şehir, Pamukkale.

2 *Vinum protropum*: Üzümler toplandıktan sonra daha ezilme işlemine geçmeden üretilen taze şarap.

3 Maeonia: Kral Maeones'ten sonra Maeonia olarak anılan, Maeonialı-

13. Eğer toprağın içerdiği özsular bu kadar farklı, bu kadar çeşitli olmasaydı, ne Suriye ve Arabistan sazların, hasır otlarının ve bütün bitkilerin böyle rayihalı olduğu, ağaçların tütsüler sunduğu ya da biber taneleri ve yumru yumru mürrüsafi verdiği tek memleket olurdu ne de Kyrene'deki şeytantersilerde böyle reçineli zamk olurdu. Bunun yerine yeryüzünün bütün bölgelerinde yetişen her şey hep aynı cinsten olurdu. Ama iklim şartları ve güneşin dünyaya daha yakın ya da daha uzak oluşunun yarattığı ısı farkı, toprağın ve içerdiği nemin bölgelere ve yörelere göre değişen niteliklerini belirliyor. Zaten farklı farklı bölgelerin toprağının içindeki nem güneşin ısısına göre kendine özgü nitelikler kazanmamış olsa, sırf bitkiler değil, küçükbaş, büyükbaş tüm hayvanlar da bu kadar farklı yapılarda olmazdı.

14. Örneğin Boiotia'da Kephissos ve Melas nehirleri var, Lucania'da Krathis, Troya'da Ksanthos nehri var, sonra Klazomenailıların, Erythrailıların ve Laodiceialıların topraklarında da pınarlar var.[1] Koyun sürüleri, üremeye hazır oldukları yılın belirli dönemlerinde her gün bu nehirlere su içmeye götürülür. Renkleri bembeyaz olsa bile, sırf içtikleri bu su yüzünden bu koyunların doğurduğu yavruları bazı yörelerde kül renginde olur, bazı yörelerde kurşuni, bazı yörelerde de kuzguni siyah renkte. Demek suyun mahiyeti, gövdeye girdiği anda, kendi nevine özel boyar maddesini üretiyor. Zaten rivayete göre Troya civarındaki ovaların nehre yakın kesimlerinde kızıl renkli sığırlar, kül renkli koyunlar yetiştiği için, Troyalılar bu nehre Ksanthos (Kırmızımsı sarı) adını vermiş.

15. Hatta öldürücü nitelikte sulara bile rastlanabiliyor. Bunlar topraktaki zararlı özsulardan akıp giderken, zehirli içeriği kendi özlerine çekiyorlar. Terracina'da Neptunius adıyla anılan

---

ların, yani Lidyalıların memleketi; Falernum: Campania'da, Massicus dağı eteklerinde yer alan topraklardan (Falernus ager) elde edilen şarap; Terracina (tarracina): Önceleri Anxur adıyla anılan bir Latium şehri; Fundi: Latium'da, Appia Yolu üzerinde yer alan bir sahil şehri; Caecubum: Güney Latium'da, şarabıyla ünlü, bataklık bir yer ve aynı adla anılan şarabı. Bu memleketlerin ve şarapların arasından özellikle Falernum şarabının keskin tadı ve kalitesi Romalılar arasında apayrı bir yer edinmiştir.

1 Ksanthos nehri: Günümüzde Fethiye, Kınık beldesinde yer alan Eşen çayı.

pınarın böyle bir etkisi olduğu söylenir mesela. Bilmeden suyundan içenler canlarından olduğu için, dediklerine göre, eskiler bu suyun akışını kesmiş. Trakya'daki Cychri halkının yaşadığı topraklarda da bir göl var; sadece suyundan içenler değil, bu suda yıkananlar da hayatlarını kaybediyor. Tesalya'da da bir akar su var, ne herhangi bir sürü su içiyor buradan ne de herhangi bir yabani hayvan yanaşıyor kıyısına. Bu suyun yanı başında bir ağaç var, mor renkte çiçek açıyor.

16. Makedonya'da, Euripides'in gömülü olduğu yerde, mezarın sağından ve solundan gelen iki dere akıyor beraberce. Bunlardan birinin suyu güzel; seyyahlar yatıp dinleniyor kıyısında, bir şeyler atıştırıyor. Ama diğerinin, yani mezarın diğer tarafında olan derenin kıyısına kimse yanaşmıyor bile, çünkü suyunun ölümcül olduğu söyleniyor. Arkadya'da da Nonacris adında bir yöre var, dağlarındaki kayalıklardan dondurucu soğuklukta sular süzülüyor buranın toprağına. Bu su *Stygos hydor* (Styks suyu) olarak anılıyor;[1] ne gümüş bir çanağa doldurulabiliyor, ne bronz ne de demir bir çanağa; çünkü çatır çatır çatlıyor, tuzla buz oluyor hepsi. Katırın toynağı dışında hiçbir şey tutamıyor onu, hiçbir şey koruyamıyor. Zaten efsaneye göre Antipater, oğlu Iollas'a bu şekilde getirtmiş bu suyu, ta İskender'in bulunduğu yere kadar; kralın ölümü de onun tarafından getirtilen bu sudan olmuş.[2]

17. Alplerdeki Cottius krallığında da bir su var; bir yudum alan, anında düşüp ölüyor.[3] Faliski kavminin memleketinde, Cornetus ovasındaki Via Campana üzerinde, içinden bir pınarın fışkırdığı bir koru var;[4] kuşların, kertenkelelerin ve her tür sürüngenin iskeletlerine rastlıyorsunuz yerlerde.

---

1 Nonacris: Arkadya'da bir dağ ve bu dağın eteklerinde uzanan, aynı adlı şehir. Yunan efsanelerinde öte dünyanın en korkutucu nehri olan Styks'ün buradan kaynaklandığına inanılır.

2 Antipater: Büyük İskender'in doğu seferi sırasında, Avrupa'daki Makedonya güçlerinin başkumandanı. İskender'in ölümüne sebep olmasıyla ilgili değişik rivayetler söz konusudur. İskender'le aralarının açılmasına, İskender'in annesi Olympias'la yaşadığı bir anlaşmazlığın neden olduğu söylenir. Antipater'in oğullarından Iollas, İskender'in sakilerinden biridir.

3 Cottius (Alpes Cottiae): Po nehrinin kaynaklarının olduğu Alp dağlarında bir bölge.

4 Falisci: Etruria'da bir halk.

Asitli suları olan bazı kaynaklar da var; Lyncestis'teki gibi, İtalya'daki Velinus gibi ya da Campania'daki Taenum'da ve birçok başka yerdeki kaynaklar gibi.[1] İçme suyu olarak kullanıldıklarında bu sular, mesela mesane taşları gibi insan vücudunda oluşan taşları parça parça eden bir özelliğe sahip.

18. Bunun doğal bir özellik olduğu belli; çünkü söz konusu topraklarda keskin ve asitli bir özsu mevcut ve suyun damarları buralardan geçerken bu özsuyun acılığına bulanıyor. Dolayısıyla vücuda girdiğinde bu su, vücutta sıvıların çökelttiği, kristalleştirdiği maddelerle karşılaşınca, bunları eritip dağıtıyor. Asitli suların bu tür maddeleri neden, nasıl parçaladığını şu şekilde de anlayabiliriz: Yumurtayı bir süre sirkede tutun, kabuğu yumuşayacak ve ayrılacaktır; ya da en dirençli, en ağır kurşunu bir kaba koyup içine sirke dökün, kabın üstünü de bir kapakla sıkıca kapatın; kurşun erir, beyaz kurşun olur.

19. Daha sert bir yapıya sahip bakır da aynı işlemlere tabi tutulursa erir, bakır pasına dönüşür.[2] İnciler için de geçerlidir bu durum; hatta demirin, ateşin bile tek başına parçalayamayacağı katı kireçtaşları için de. Ama bu kireçtaşını ateşte harlayıp sirkeyle ıslatırsanız, parça parça olup eriyecektir. İşte tam da gözümüzün önünde cereyan eden bu olaylardan da anlıyoruz ki, asitli suların keskin içeriği, taş sancısı çeken insanları da aynı işlemlerle doğal yollardan tedavi edebilir.

20. Başka pınarlar da var, sanırsın suyuna şarap karışmış. Mesela Paphlogonia'da böyle bir tane var; suyundan içen, şarap içmiş gibi çakırkeyif olur. Yine İtalya'daki Aequiculi kavminin ve Alplerdeki Medulli kavminin yaşadığı topraklarda, içenlerin boğazında şişkinliğe neden olan bir çeşit su mevcut.[3]

21. Arkadya'da Kleitor adında herkesin bildiği bir şehir var; topraklarında da içinden suların aktığı bir mağara. Bu sulardan tadan, bir daha ağzına şarap koymuyor. Bu pınarın yanındaki taşa Yunanca dizelerle bir epigram yazılmış. Anlamı şöyle: Bu

---

1 Güneybatı Makedonya halklarından, Lyncestae'ın (Lyncestisliler) yaşadığı memleket. Yakınlarında suları asitli bir nehirden söz ediliyor; Velinus: Sabin topraklarından doğan bir nehir; Teanum: Campania'daki Teanum Sidicinum adı verilen şehir (günümüzde Napoli'nin kuzeybatısındaki Teano şehri).

2 6. kitaptaki boya maddelerine bakınız.

3 Guatr hastalığından söz ediliyor.

su yıkanmaya uygun değil, asmaların da düşmanı. Çünkü Melampos bu pınarda kurbanlar kesip Proitos'un cinnet geçiren kızlarını arındırdı; bu kızların akıllarını başlarına getirip eski sağlıklarına kavuşturdu.[1] Epigramın Yunanca dizeleri şöyle:

Öğle vakti susuzluktan kavrulursan eğer, ey Çoban,
Kleitor şehrinin sınırına tam varmak üzereyken,
sürünle beraber,
bir avuç su iç bu pınardan, yay bütün sürünü de
su perilerinin yamacına, boylu boyunca.
Ama sakın ola yıkanayım deme, damla bile
değdirme tenine,
esintisi bile zarar vermesin sana, kapıldığında
şarabın tatlı rehavetine.
Geri dur asmaların düşmanı pınarımdan;
burada arındırdı kahraman Melampos
cinnet geçiren Proitos'un kızlarını, akıllarını
başlarına getirdi zamanında.
Suyun içine gömdü kutsal eşyaları, gizledi,
Argos'tan geldiğinde, Arkadya'nın sarp
dağlarının zirvelerine.

22. Keos adasında da bir pınar var; bilmeden suyunu içenler, sersemliyor. Bir de epigram yazılmış oraya. Şöyle diyor: Bir yudumu bile öyle tatlıdır ki bu pınarın, ama kim içerse, tam bir taş kafa olur. Yunanca dizeleri de tam şöyle:

Şu pınardan akan serin suyun ne de tatlı bir
yudumu bile.
Ama içmeye görsün biri, döner tam bir taş kafaya.

---

1 Efsanevi Argos kralı Proitos'un üç kızı, Dionysos'a inanmadıkları için cezalandırıldı ve akılları başlarından alındı. Kendilerinin inek olduğunu sanıp dağlarda, kırlarda başıboş dolanmaya başladılar. Babaları, kâhin Melampos'un şifacılığından haberdar olduğu için, ondan kızlarını tedavi etmesini istedi. Melampos krallığın üçte ikisini kendisine vermesi koşuluyla bu tedaviyi kabul edeceğini bildirdi. Sonunda kral buna razı oldu. Melampos kralın iki kızını iyileştirdi, ama en büyük kızı dağlarda dolanırken halsiz düşüp canından oldu.

23. Pers krallığının başşehri Susa'da küçük bir pınar var. Suyundan içenin dişleri dökülür. Üstüne bir epigram yazılmış. Meali şöyle: Bu su yıkanmak için bire bir, ama içilirse, dişleri kökünden söker. Bu epigramın Yunanca dizeleri de şöyle:

Şu gördüğün kayadan akan suyla, ey yabancı,
ellerini yıkayabilir insan, hiç çekinmeden.
Ama içerse o yapraklarla örülü mağaranın
billur suyundan,
dokunursa ona, dudağının ucuyla bile olsa,
aynı gün azı dişleri dökülür,
yuvaları kalır çenesinde sadece.

24. Bazı yerlerde de apayrı özellikleri olan bazı pınarlar var ki, o yörelerde doğan insanların şarkı söylemeye yatkın bir sese sahip olmasını sağlarlar, tıpkı Tarsus'taki, Manisa'daki ve böyle başka memleketlerdeki pınarlar gibi. Hatta bir Afrika şehri olan Zama'da da böyle bir pınar var; hani kral Iuba'nın çifte surla çevreleyip kraliyet sarayını inşa ettirdiği şehirde. Buradan yaklaşık yirmi mil uzakta Ismuc şehri var;[1] bulunduğu yörenin arazilerine sıra dışı bir hudut çekilmiş: Afrika vahşi hayvanların, özellikle yılanların anası da, dadısı da olduğu halde, bu şehre ait topraklarda bir tek hayvan bile bulunmaz. Herhangi birini dışarıdan getirip buraya koysanız, anında ölür. Sadece bu da değil, bu yörenin toprağını alıp başka bir yere götürseniz, orada da aynı şey olur. Bu cins toprağın Balerik adalarında da bulunduğu söylenir. Ama oradaki toprak çok daha olağanüstü bir niteliğe sahipmiş. Bu bilgiyi de şöyle edindim:

25. Masinissa'nın oğlu Gaius Iulius bu şehrin tüm arazilerinin sahibi. Baban Caesar'la birlikte askerlik yapmış. Bir keresinde evimde misafirim oldu. Günlük sohbetlerimizde, kültürel konulara değinmeden geçemezdik. Bir keresinde, laf dönüp dolaşıp suların mahiyetlerine, özelliklerine gelince, bana kendi topraklarında öyle kaynaklar olduğundan bahsetti ki, orada doğanların şarkı söylemeye yatkın, muhteşem sesleri olmasına

---

[1] Ismuc adının sadece Vitruvius'ta geçtiği söylenir. Bkz. Roller 2003: 37, n.172.

neden oluyormuş suları; bu yüzden hep denizaşırı yerlerden yakışıklı delikanlıları satın alıp evlilik çağına gelen kızlarla evlendiriyorlarmış, çünkü onlardan doğan çocuklar hem muhteşem bir sese hem de güzel bir endama sahip oluyormuş.

26. Farklı farklı şeylerdeki bunca çeşitlilik doğanın eseri; çünkü düşündüğünüzde insan bedeni bile belirli oranda topraktan oluşmuş, hatta içinde kan, süt, ter, idrar ve gözyaşı gibi çok çeşitli salgı mevcut. Eğer bu kadar küçük bir toprak parçasında bile bu kadar farklı tatlar bulunuyorsa, şu koskoca yeryüzünde sonsuz sınırsız, envaiçeşit özsu bulunmasına, damarlarından akan suların membalarına ulaşıp da toprağın üstüne çıkmadan önce mahiyetlerinin bu özsularla doyurulmasına hiç şaşırmamak gerek. İşte bu yüzden bulundukları konumun farklılığına, bölgelerin niteliklerine ve toprakların apayrı özelliklerine bağlı olarak kendilerine has özellikler taşıyan bunca çeşit pınar mevcut.

27. Bu pınarların bazılarını ben bizzat gördüm; diğerlerini de Yunanca yazılan kitaplarda keşfettim. Bu kitapların yazarlarının adları şöyle: Theophrastos, Timaios, Posidonios, Hegesias, Herodotos, Aristides ve Metrodoros. Bu yazarlar büyük bir dikkat, sonsuz bir emek harcayıp yazılarında havzaların özelliklerinin, bölgelerin hususiyetlerinin ve suların vasıflarının iklim farklılıklarına göre nasıl belirlendiğini anlatmışlar. Ben bunların izinden gidip bu kitabımda suların çeşitleriyle ilgili gerekli bulduğum bilgileri ayrıntılı bir şekilde kaleme aldım ki, verdiğim talimatlar çerçevesinde insanlar su kaynaklarını kolayca seçebilsin ve kullanacakları suyu bu membalardan kanallarla şehirlerine, memleketlerine taşıyabilsin.

28. Çünkü şu dünyada bunca nimet arasında yaşam için sudan daha önemlisi yok. Canlıların bünyesi buğday almadan da meyve, et, balık ve başka herhangi bir besin kaynağı tüketerek hayatta kalabilir, ama su olmadan canlı bir bedenin, besleyici herhangi bir gıdanın var olması, korunması ya da tedarik edilmesi mümkün değildir. O halde insan yaşamının sağlıklı bir şekilde sürdürülebilmesi için su kaynaklarının tespitine ve seçimine azami dikkat ve çaba harcamamız gerekir.

4. Bölüm
Suyun Test Edilmesi

1. Su kaynakları şu şekilde denenip onaylanmalıdır: Eğer görünürde akar sular varsa, şehre iletimine başlanmadan önce, o suların civarında yaşayan insanların vücut yapılarına bakın, ona göre bir karara varın: Vücutlar sağlamsa, ten rengi ışıl ışılsa, bacaklarda herhangi bir kusur yoksa, gözler kızarık kızarık değilse, su imtihanı geçmiş demektir. Ama yeni bir kaynak kazacaksanız, o zaman Korint işi ya da iyi cins herhangi bir metal kaba bu kaynaktan su alın, kabın içinde leke falan bırakmıyorsa, bu su çok iyi demektir.[1] Ya da bu suyu tunç bir kazanda kaynatıp bir süre dinlendirin, sonra dökün; kazanın dibinde kuma, çamura rastlamıyorsanız, su kalitesini kanıtlamış demektir.

2. Bundan başka sebzeleri bu suyla dolu bir tencereye koyup ateşe oturttuğunuzda çabucak pişiyorlarsa, bu size suyun hem iyi hem de sağlıklı olduğunu gösterecektir. Dahası su henüz membaındayken duru ve ışıl ışıl görünüyorsa, yayıldığı ya da aktığı yerlerde yosunlara, hasır otlarına rastlanmıyorsa, yatağına herhangi bir kir, pas bulaşmamış, baştan aşağı tertemiz bir görüntü arz ediyorsa, bütün bu işaretlerden suyun hafif ve son derece sağlıklı olduğu anlaşılacaktır.

5. Bölüm
Su Terazisi

1. Şimdi bu suların meskenlerimize, şehirlerimize taşınma işlemlerinden ve bu işlemlerin nasıl gerçekleştirilmesi gerektiğinden söz edeceğim. Bunun için ilk adım, teraziye getirme işlemidir.[2] Teraziye getirme, ya *dioptra*larla, ya su terazileri-

---

1 Korint işi (Korint alaşımı): Tunç, altın ve gümüş alaşımından söz ediliyor. Bkz. Plinius, *Naturalis Historia*, 9.13.9; 34.6-9; 37.49.

2 Vitruvius burada *teraziye getirme*, *terazileme* ya da *tesviye* anlamına gelen *perlibratio* kelimesiyle, hassas ayarlı arazi ölçüm aletleriyle yer-

leriyle ya da *chorobates*lerle yapılır. Ama *chorobates*le yapılan ölçümlerde daha hassas sonuçlar alınır; çünkü *dioptra*lar ve su terazileri şaşabilir.

Bkz. http://www.romanaqueducts.info/aquasite/foto/duct_graven.jpg: 22.6.2016.

---

yüzü düzleminde farklı noktalar arasındaki yükseklik farklılıklarını tespit etme işleminden söz etmektedir. Bu işlem, önceleri sulama kanalları, daha sonraları da su kemerleri için büyük bir önem arz etmekteydi. Bu iş için Vitruvius'un önerdiği aletler, basit su terazileri (*librae aquariae*), *dioptra* (mesafe ya da açı ölçmede kullanılan, teodolite benzer bir arazi ölçüm aleti) ve *chorobates* adı verilen aletlerdir. Vitruvius *dioptra* ve diğer su terazilerinin ölçümlerine pek güvenmediği için, bu metinde *chorobates* adıyla anılan ve günümüzde *kabarcıklı düzeç* ya da *terazi ruhu*na benzer bir ölçüm aletinden ve bu aletin ayarının nasıl yapılması gerektiğinden bahseder. Bahsettiği bu alet, yirmi ayak uzunluğunda, iki bacağı ve üzerinde bir su terazisi olan, ahşaptan basit bir yapıdır.

Chorobates, yaklaşık yirmi ayak uzunluğunda düz bir cetveldir.[1] Uçlarında eşit ebatta yapılmış ve cetvelin iç köşelerine dik olarak oturtulmuş ayaklar bulunur.[2] Cetvel ile ayaklar arasında da menteşelerle tutturulmuş çapraz kirişler vardır. Bu kirişlerin yüzeyine belirli bir hesaba uygun düşey çizgiler çizilidir ve cetvelin her iki tarafından bu çizgilerin hizasına dik olarak çeküller sarkar. Alet kurulup da düzgün şekilde yerleştirildiğinde, bu çeküller çizgilere aynı şekilde ve aynı anda değerek aletin dengede olduğunu gösterir.

2. Ama rüzgâr esip de işlemi kesintiye uğratırsa, çeküller titreşip çizgiler doğru rakamı vermezse, kalasın üst tarafına beş ayak uzunluğunda, bir parmak genişliğinde ve bir buçuk parmak derinliğinde bir oluk açın ve içine su dökün. Su, oluğun kenarlarına eşit miktarda değerse, aletin düzgün olduğu anlaşılır. *Chorobates* bu şekilde düzgün ayarlandığında, eğim miktarı da tespit edilebilir.

3. Şimdi belki Arkhimedes'in kitaplarını okumuş biri çıkıp suyla bu şekilde doğru bir seviye tespiti yapılamayacağını söyleyebilir; çünkü Arkhimedes'e göre su böyle yatay durmaz, merkezi arzın merkeziyle aynı olan küremsi bir şekil alır. Ama suyun ister yatay, ister küremsi bir yüzeyi olsun, mühim olan, alet dengede olduğu sürece suyu oluğun sağ ve sol uçlarına eşit miktarda yükselteceğidir. Ama bir tarafı aşağıya doğru meyil verdi mi, daha yukarıda kalacak uç, suyun cetvelin üstündeki oluğun kenarına yükselmesine izin vermeyecektir. Kısaca su ne taraftan dökülmüş olursa olsun, kesinlikle ortaya doğru yükselen bir kavisi olacak, ama sağ ve sol uçlarda birbiriyle aynı düzeyde olacaktır. (Bu kitabın sonunda *chorobates*i gösteren bir çizim yer almaktadır.) Bir de eğim çok fazlaysa, suyun akışı daha kolaylaşır; ama çukur alanlar akışını kesintiye uğratıyorsa, o zaman altyapılarla bu meselenin halledilmesine bakılacaktır.

---

1 Uzun, düz tahta.

2 Ayaklar monte edildiğinden, çıkarılabilir ve alet istenen yere taşınabilir.

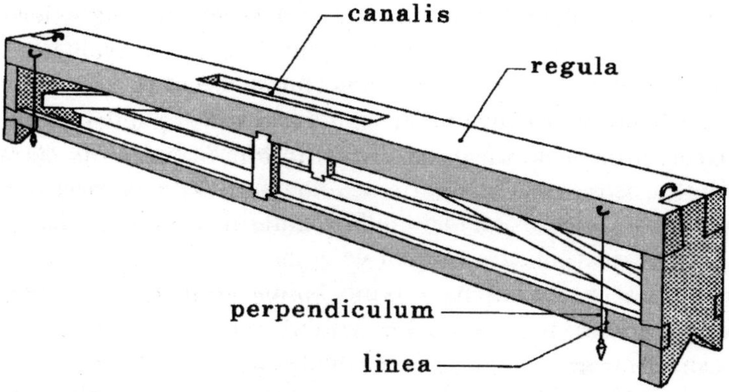

Vitruvius'a göre *chorobates* (bkz. Adam 2005: 17).

6. Bölüm
Su Kemerleri, Sarnıçlar, Kuyular

Efes yakınlarındaki bir su kemerinin çizimi

1. Suyun şehre iletilmesi üç şekilde gerçekleştirilir: Taş kanallardan akan su yollarıyla,[1] kurşun borularla ya da pişmiş topraktan borularla. Bunların inşasında şu hususların dikkate alınması gerekir: Su kanallarla taşınacaksa, yapı çok sağlam

[1] Açık kanallarla. Bu kanallar taştan inşa edilirdi; ya da zemin kayalıksa, bu kayalara açılırdı.

olmalı, kanal yatağının eğimi de her yüz ayak uzunluk için yarım ayaktan az olmamalı. Kanalların üstü de kemerlerle örtülmeli ki, güneşin suyla fazla teması olmasın. Sular şehir surlarının bulunduğu yere ulaştığında, bir ana sarnıç (*castellum*) inşa edilsin; bu sarnıca bağlı suyu depolayacak üç bölmeli bir dağılım tankı olsun. Sarnıcın içine, birbiriyle bağlantılı bu üç bölme arasına eşit aralıklarla üç ana boru döşensin; öyle ki su yanlardaki tanklardan taştığında, ortalarındakine akabilsin.

2. Şehrin tüm sarnıçlarına ve çeşmelerine gidecek borular ortadaki bölmeye döşensin. İkinci bölmeden hamamlara giden borular çıksın; böylece devlete yıllık bir gelir getirmeleri sağlansın. Üçüncüsünden de özel konutlara dağılım yapacak borular çıksın; böylece şehir suyunda azalma olmaz. Çünkü doğrudan suyun kaynağından şahıslara özel bir boru hattı olursa, şehir suyundan harcama yapmalarına gerek kalmaz. Böyle bölmeler olsun dememin nedeni de bu zaten. Bir nedeni de, evlerine özel olarak su alan yurttaşların ödeyeceği vergilerle su yollarının bakım ve onarımının müteahhitler tarafından üstlenilmesinin garanti altına alınacak olmasıdır.

İspanya, Tarraco (Tarragona) su kemerinin taş kanalı

3. Ama şehir surları ile su kaynağı arasında dağlar varsa, o zaman şöyle yapılacak: Yer altına tüneller kazılacak ve yukarıda belirtmiş olduğum eğimle aynı düzeye getirilecek. Yatak tüften oluşuyorsa ya da kayalıksa, kanal doğrudan bu yatağa açılacak; ama yatak toprak ya da kumsa, o zaman tünele üstü kemerli taştan yan duvarlar inşa edilecek ve sular bu yolla getirtilecek. Bir de iki yüz kırk ayak mesafeyle hava bacaları yapılacak.

4. Ama su kurşun borularla taşınacaksa, ilkin suyun çıktığı kaynağa bir sarnıç inşa edilsin; ikinci olarak da boruların oyuğu su miktarına uygun çapta olsun ve bu sarnıçtan şehirde inşa edilecek sarnıca kadar döşenecek borular, en az on ayak uzunluğunda olacak şekilde imal edilsin.

Eğer bu borular yüz parmak genişliğinde olacaksa, her birinin ağırlığı 1.200 libre olmalıdır; seksen parmaklık olacaksa, 960 libre; elli parmaklıksa, 600 libre; kırk parmaklıksa, 480 libre; otuz parmaklıksa, 360 libre; yirmi parmaklıksa, 240 libre; on beş parmaklıksa, 180 libre; on parmaklıksa, 120 libre; sekiz parmaklıksa, 100 libre; beş parmaklıksa, 60 libre. Borular adlarını, kurşun levhaların burulup da silindir şeklini almadan önceki parmak olarak ifade edilen genişlik ölçülerinden alır. Buna göre bir levhanın genişliği elli parmaksa, o levhadan imal edilen boruya elli parmaklık boru (*quinquaginta*) denir; işte diğerleri de bu şekilde adlandırılır.

Kurşun borular, Bath hamamlarındaki bir boru hattının kalıntısı

5. Suyu kurşun borularla getirteceksek, şöyle bir teknik uygulayacağız: Eğer suyun kaynağından şehir surlarına kadar olan eğim düzgünse, aralarda engel oluşturacak kadar yüksek dağlar yoksa, sadece alçak vadiler bulunuyorsa, o zaman söz konusu eğime denk bir altyapı inşa edilecektir;[1] tıpkı yapay su yollarında, kanallarda olduğu gibi. Dönülecek alan uzun değilse,[2] borular sadece bir tur döndürülerek götürülebilir,[3] ama çok geniş vadiler söz konusuysa, o zaman suyun akışı yamaçlardan aşağıya verilecektir. Vadinin dibine gelindiğinde, altyapı duvarlarının alçak tutulması gerekir ki,[4] su yolu öyle uzun mesafelerce aynı seviyede devam edebilsin. İşte bu kısım, Yunanların *koilia* dedikleri karın (*venter*) kısmıdır.[5] Su karşı yokuşa vardığında, karın kısmındaki mesafenin uzunluğuna bağlı olarak basıncını yavaş yavaş artırmaya başlar ki, yukarıya, karşı yokuşun tepesine yükselebilsin.

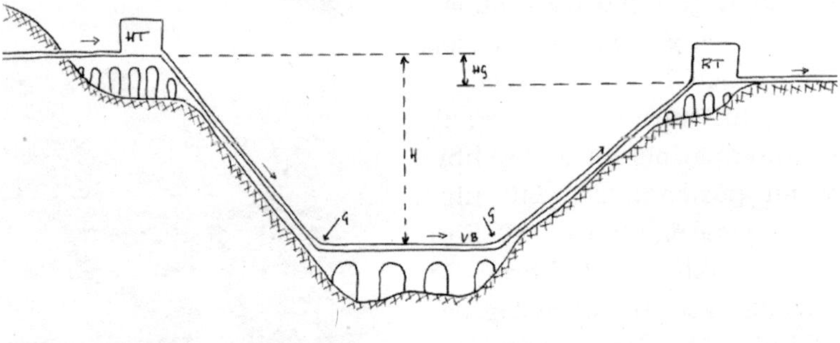

Venter (karın ya da mide=ters sifon): **VB**. Köprü (ters sifon); **G**. *Geniculus* (dirsek: *geniculi*: dirsekler: vadideki boru hattını destekleyici bir tertibat); **HT-RT**: Verici ve alıcı (suyun giriş ve çıkışını sağlayan) ana tanklar; bkz. http://www.romanaqueducts.info/siphons/siphons.htm: 30.6.2016

1 Vitruvius, *substructio* kelimesiyle, su yolunun üzerlerinden geçtiği taş duvarları, sıra kemerleri (*arcuationes*) veya köprüleri kasteder.

2 Tepelerin etrafındaki yol.

3 Dar bir açıyla.

4 Üzerine, vadinin dibindeki boru hattının döşendiği karın kısmında yer alan köprüden bahsedilmektedir.

5 *Venter* (karın, mide): Tepeler veya dağların arasındaki vadilerin diplerindeki yatay boru hattı; U biçimli bağlantı ya da ters sifon. Su yolunun geçeceği vadi çok uzun, çok derinse *venter* tekniğine başvurulur.

Üzerinde giriş tankı ve dokuz kurşun boru hattıyla bir *venter*in (karın) rampası ve köprüsü. (Bkz. Mays 2010: 120.)

Venter

6. Ama vadilere böyle bir karın, doğru seviyede bir altyapı yapılmaz, sadece bir *dirsek* yapılırsa, su bunu patlatır, boruları birleşme yerlerinden ayırır. Hatta karın kısmındaki borularda basıncı azaltmaya yarayan bir tertibat olmalıdır.[1]

O halde suyu kurşun borular kullanarak getirtmek isteyen kimseler, bu talimatlara uygun hareket ederlerse mükemmel bir sonuç elde edebilecektir, çünkü suyun çıktığı kaynaktan şehre kadar düzgün bir eğim tutturduktan sonra, inişler, dönüşler, karınlar, yokuşlar da bir şekilde halledilebilecektir.

7. Birbirinden yirmi bin ayak mesafeyle sarnıçlar yerleştirmek de hiç fena fikir sayılmaz,[2] çünkü hattın herhangi bir yerinde bir hasar olduğunda, tüm şebekeye sirayet etmemiş olur, hasarın oluştuğu yerler kolayca tespit edilebilir. Ama bu sarnıçlar bir inişte, karın düzlüğünde, bir çıkışta ya da genel anlamda vadilerde değil de, sadece kesintisiz düz bir zeminde yer almalıdır.[3]

8. Ama daha az masraf yapmak istiyorsak, şöyle yapacağız: Cidar kalınlığı en az iki parmak olan pişmiş toprak borular yapılsın; ama bunların bir ucu dil biçimli olsun ki, birbirleri-

1 *Colliquiaria*: Basıncı azaltmaya yarayan düzenek. Bu kelime oldukça tartışmalıdır. Bazı yorumlara göre, Vitruvius burada vanaları kastetmektedir. Bkz. Schofield (tr.) 2009: 313, n. 13; ayrıca bkz. *Oxford Latin Dictionary*, s. 352.

2 İki yüz *actus* = 20.000 ayak (6 km).

3 Ovalarda.

nin içine tam oturabilsinler. Birleşme yerleri de zeytinyağı ve sönmemiş kireç karışımından oluşturulan harçla sıvanmalı ve karın düzlüğünün inişlerine kırmızı volkanik taştan bir blok yerleştirilmeli,[1] tam dirseğin olduğu yere; bu taşın ortası da delinmiş olmalı ki, inişin son borusu taşın oyuğuna ve karındaki ilk boruya sokulup oturtulsun; aynı şekilde karşı taraftaki çıkışın başlangıcında da karnın son borusu taşın oyuğuna ve çıkışın ilk borusuna önceki gibi oturtulsun.

Toprak borular (künkler)

9. Boruların yönü bu şekilde ayarlandıktan sonra, artık karnın ne inişlerinde ne de yokuşlarında yerlerinden oynarlar. Çünkü su yollarında her zaman güçlü tazyikler oluşabilir, öyle ki suyu en başta kaynağından hafif hafif, azar azar vermezseniz, sonra da dirseklerde, dönüşlerde kelepçelerle veya kumdan

[1] Anio nehri boyunca yer alan taş ocaklarından çıkarılan kırmızı tüften (*tufo lionato*) söz ediliyor.

ağırlıklarla akışını yavaşlatmazsanız, taşları bile patlatabilir. İşte bu husus dışında geri kalan bütün işlemler kurşun boru hattının döşenmesinde olduğu gibi halledilmelidir. Bir de suyu kaynağından ilk vermeye başladığınız anda, boruların içine önceden kül dökmüş olmalısınız ki, doğru dürüst kapatılmamış herhangi bir birleşme yeri varsa, bu küllerle şöyle iyice sıvansın.

10. Pişmiş toprak boruların şöyle bir rahatlığı da var. Her şeyden öte tesisatta herhangi bir arıza olduğunda, herkes bunu onarabilir. Sonra toprak borudan gelen su, kurşun borudan gelen sudan çok daha sağlıklıdır; çünkü kurşun zehirlidir, beyaz kurşun oluşturur ve açıkçası bu madde insan bünyesine çok zararlıdır;[1] çünkü kurşunun oluşturduğu bir şey bu kadar zararlıysa, hiç kuşkusuz kurşunun kendisinin de pek sağlıklı olması beklenemez.

11. Mesleği kurşunla alakalı kişilerden de anlayabiliriz bu olayı;[2] hepsinin doğal ten renginin yerini sarı solgun bir tona bırakmış olmasından. Çünkü döküm sırasında kurşun solunursa, çıkan duman vücudun azalarına gelip oturur, günbegün yakıp kavurur, organlarındaki kanın tüm hayati içeriğini içip kurutur. Bu yüzden suyun sağlıklı olmasını istiyorsak, mümkün mertebe kurşun borularla getirtmemeye bakacağız. Ayrıca toprak borulardan gelen suyun daha sağlıklı olduğu, günlük sofralarımızdan da anlaşılabilir; çünkü masalarımızın üstü gümüş takımlarla tıklım tıkış olsa bile, yine de insanlar yemeğin lezzetini tam anlamıyla koruduğu için toprak kapları tercih eder.

12. Ama suyu getirteceğimiz bir su kaynağı yoksa, o zaman tek yapacağımız şey kuyu kazmak. Kuyu kazarken de teknik bilgiyi hiç yabana atmamak, doğal meselelerin mantığını ferasetle, ustalıkla kavramak gerek; çünkü toprağın binbir çeşidi var ve doğadaki her şey gibi o da dört temel unsurdan müteşekkil. İlki, elbette toprağın kendisi; ikincisi, pınarları doğuran su; sonra kükürt, şap ve asfaltın doğduğu ateş ve koca koca buharları doğuran hava. Bu buharlar ki, ağır soluklarıyla toprağın gözenekli aralıklarından geçip kuyuların çukuruna kadar gelir, bu kuyuları kazmakta olan işçileri bulur, saldıkları kesif dumanla burun deliklerinden girip nefeslerini keser. Dolayısıyla çabuk davranıp da kaçamayan olursa, oracıkta can verir.

---

1 Su borularında beyaz kurşun oksit oluşur.

2 Tesisatçılar, vb.

13. Bundan kaçınmanın yolu var mı, var; şöyle yapacağız: Bir kandil yakıp kuyunun boşluğuna salın; yanmaya devam ediyorsa, hiç çekinmeden aşağıya inin; ama kandilin alevi buharı çekip de sönerse, kuyunun yanına, sağına soluna havalandırma bacaları açın. Bu şekilde buhar burun deliklerinden çıkar gibi bacalardan çıkıp gidecektir. Bunu hallettikten ve suya ulaştıktan sonra, suyun geçişine engel oluşturmayacak şekilde cidarlarına harçsız, kuru bir duvar çekin.

14. Ama zemin sertse veya suyun damarları çok diplerdeyse,[1] o zaman Signia harcıyla sarnıçlar yapıp içine çatılardan veya daha yüksek yerlerden su birikmesini sağlayacağız.[2] Signia harcını şu şekilde yapacağız: Öncelikle kumun en temizini, en pütürlüsünü tedarik edin, ardından sert kireçtaşını küçük küçük kırın; kırma taşların ağırlığı bir libreden fazla olmasın.[3] Bir harç teknesinde iyice karıştırıp çok güçlü bir kireç harcı elde edin; beş ölçü kuma iki ölçü kireç kâfidir. Sonra sarnıcın çukurunu gereken derinlikte kazın ve demir kaplı ahşap tokmaklarla duvarları düzleyip harcı yedirin.

15. Duvarları bu şekilde düzleyip harcı yedirdikten sonra, ortada kalan toprağı duvarların dibine kadar boşaltıp temizleyin. Toprağı duvar dibi seviyesine indirdikten ve düzledikten sonra, zemine istenen kalınlıkta harcı yedirin. Bu tür sarnıçları iki veya üç hazneli yapmayı düşünüyorsak, bu şekilde birinden diğerine geçerken suyun sürekli süzdürülmesi ve içeriğinin arıtılması mümkün olacağından, kullanacağımız suyu daha sağlıklı ve daha temiz kılmış oluruz; çünkü içindeki çamurun çökebileceği bir yer olursa, su daha berrak olur, kokusu falan olmaz, doğal tadını korur. Yoksa tuz katıp öyle arıtmamız gerekecek.

Görüldüğü üzere bu kitapta elimden geldiğince suların özellikleri ve çeşitleri hakkında bilgi vermeye çalıştım; ne gibi yararları olduğunu, hangi yöntemlerle temin edilebileceklerini ve ne şekilde deneneceklerini anlattım. Bundan sonraki kitabımın konusunu güneş saatleriyle ilgili meselelere ve güneş saatlerinin esaslarına ayıracağım.

---

1 Dipte su damarı yoksa.

2 Hidrolik çimento (*Opus signinum*: Horasan harcı).

3 Yaklaşık 240 gr.

IX. KİTAP

Güneş Saatleri ve Su Saatleri

Önsöz

1. Olympia, Pythia, Isthmia ve Nemea oyunlarında galip gelen başarılı sporculara Yunanların ataları tarafından öyle büyük onurlar bahşedilirdi ki, kalabalıkların ortasında[1] madalyalarıyla, taçlarıyla dururlarken çılgınca alkışlanmakla kalmaz, galibiyet sonrası memleketlerine dönerlerken, dört atın çektiği

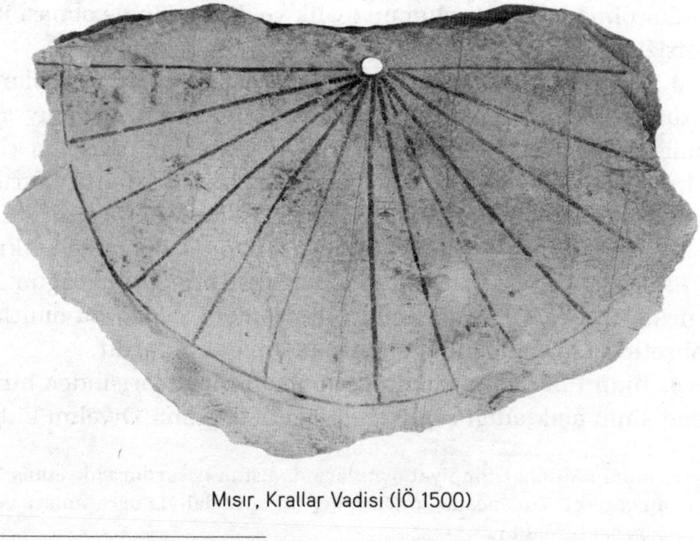

Mısır, Krallar Vadisi (İÖ 1500)

[1] Yarış meydanındaki kalabalığın önünde.

arabalarla zafer alayları eşliğinde ta şehirlerine, baba ocaklarına kadar götürülürler ve devletin kendilerine ömür boyu bağladığı maaşla ihya olurlardı. Bunu düşündüğümde hep derim ki, acaba neden her daim, her millete bunca hizmeti dokunmuş yazarlara da böyle, hatta daha büyük onurlar bahşedilmez. Oysa çok daha yerinde bir gelenek olurdu bu; çünkü sonuçta atletler yaptıkları idmanlarla sadece kendi bedenlerini güçlendiriyorlar; ama yazarlar, yazdıkları kitaplarla sadece kendi zihinlerini güçlendirmekle kalmıyor, aynı zamanda bütün insanların zihnini bileyip bilgiyi öğrenmeye hazır hale getiriyorlar.

2. Kimsenin yenemediği şu Krotonlu Milon'un insanlığa ne gibi bir faydası oldu mesela, ya da kendi alanlarında muzaffer olmuş başka sporcuların?[1] Yaşadıkları sürece, kendi vatandaşları arasında ünlü biri olmanın tadını çıkardılar, o kadar. Ama bir Pythagoras'ın, bir Demokritos'un, bir Platon'un, bir Aristoteles'in ve diğer düşünürlerin her gün, bitmek bilmez bir çabayla ektikleri fikirleri, sırf kendi vatandaşlarına değil, dünyanın tüm vatandaşlarına hâlâ dalında, taptaze meyveler sunmakta. İşte küçük yaşlarından itibaren onların öğretilerinin cömertçe sunduğu bu meyvelerle beslenen insanlar da, en üst bilgi düzeyine sahip olup toplumları için medeni örf ve âdetler, eşit hak ve özgürlüğe dayanan bir hukuk ve kanunlar inşa ederler ki, bunlar olmadan bir toplumun dirlik ve düzen içinde olması imkânsız.

3. O halde insanlık hem bireysel hem de toplumsal olarak kazandığı bunca nimeti bu yazarların bilgeliğine borçluysa, o zaman bence onlara sadece madalyalar, taçlar bahşetmek de yetmemeli, adlarına zafer alayları düzenlemeli, hatta tanrılar meclisinde onlar için bir yer ayrılması bile düşünülmeli.

Ben şimdi bu yazarların insan yaşamının gelişimine katkıda bulunmuş nice tasarısından sadece birkaç örnek sunacağım. Bu örneklerin değerini anlayanlar, o insanlara neden bu onurları bahşetmek zorunda olduğumuzu da anlayacaklardır.

4. İlkin Platon'un son derece önemli nice teorisinden birini kendisinin açıkladığı şekliyle dile getireceğim:[2] Diyelim ki ke-

---

[1] Krotonlu Milon: Olimpiyat oyunlarında üstün başarılar elde etmiş Yunan güreşçi. Yunancada *athlētēs*, her tür spor dalıyla uğraşanlara verilen genel bir addır.

[2] Bkz. Platon, *Menōn*, 82b-85b; Columella, *De Agricultura*, 2.8-9.

narları eşit uzunlukta, yani kare bir mekân ya da bir arsa söz konusu ve bunu iki katına çıkarmamız gerekiyor. Çözüm için gerekli sayı, çarpma işlemleriyle bulunacak türden bir sayı olmayacaktır, doğru çizgiler çizilerek bulunacak türden bir sayı olacaktır. İşte bunun ispatı: On ayak uzunluğunda ve on ayak genişliğinde kare bir mekân, 100 ayaklık bir alan eder. Bunu iki katına, yani 200 ayağa çıkarıp yine kenarları eşit uzunlukta bir kare elde etmemiz gerekiyorsa, önce bu karenin kenarı ne uzunlukta olmalı ki, alanı iki katına, yani 200 ayağa çıkarabilsin diye düşüneceğiz. Kimse bunu aritmetikle çözemez; çünkü kenarın uzunluğu 14 ayak olsa, çarpımı 196 ayak edecek; 15 olsa, 225 edecek.

5. Demek ki bu problem aritmetik işlemle çözülemeyecek; o zaman uzunluğu ve genişliği 10 ayak olan o kareye bir açısından diğer açısına köşegen bir çizgi çekip alanları elli ayak olan, birbirine eşit iki üçgene bölün. Sonra bu köşegen çizgiyi uzunluk olarak alın, kenarları birbirine eşit başka bir kare çizin. Böylece köşegen çizgiyle küçük karede oluşturulan her biri elli ayaklık iki üçgenle aynı ölçüde ve aynı ayak sayısında dört üçgen de bu kez daha büyük karede oluşmuş olacaktır.

İşte Platon karenin iki katını alma işlemini, bu sayfanın altına eklenen şemada da görüleceği gibi, geometrik yolla bu şekilde çözümlemiştir.[1]

6. Benzer şekilde Pythagoras da bir dik açının ustaların elinden çıkma aletler olmadan da oluşturulabileceğini ispatladı ve böylece gönye yapmak için binbir zahmet çeken marangozların nadiren doğru bir şekilde varabildikleri sonuca, onun öğretisindeki hesapla hiç hatasız ulaşmak mümkün oldu. Şöyle: Elimize biri 3 ayak, biri 4 ayak, biri de 5 ayak uzunluğunda üç cetvel alıp her birinin ucunu diğer ikisinin ucuna üçgen bir şekil oluşturacak şekilde bitiştirirsek, bunlar dik bir açı oluşturacaktır. Bu cetvellerin her birinin kenarını uzunluk olarak alıp kenarları eşit

---

1 Vitruvius kendi metnindeki çizimlerden söz etse de bu çizimler günümüze kalan elyazmalarında bulunmamaktadır. Vitruvius'un açıklamalarına göre oluşturulmuş bir çizim ve yorumlar için bkz. Rowland (tr.) 1999: 281-282.

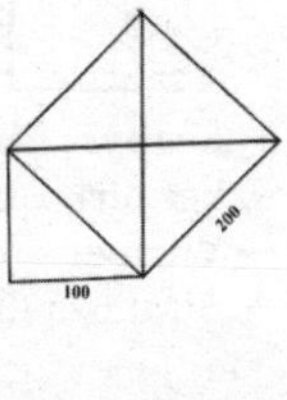

uzunlukta kareler çizilecek olursa, üç ayak uzunluğundaki kenara denk gelen karenin alanı 9 ayak; dört ayak uzunluğundaki kenara denk gelen karenin alanı 16 ayak; beş ayak uzunluğundaki kenara denk gelen karenin alanı 25 ayak olacaktır.[1]

7. Böylece üç ve dört ayak uzunluğundaki kenarlara çizilen iki karenin alanındaki toplam ayak sayısı, beş ayaklık kenara çizilen karenin ayak sayısına eşit olacaktır. Derler ki, Pythagoras bu gerçeği keşfedince, bu keşfe Mousalardan aldığı ilhamla ulaştığından emin olduğundan, onlara sonsuz şükranlarını sunup onurlarına kurbanlar kesmiş.

Bu hesap birçok durumda, birçok ölçümde iş görür, ama binaların merdiven inşasında basamakların eğimini düzgün ayarlamada çok daha iyi iş görür.

8. Bir katın üst tavandan alt zemine kadarki yüksekliği üç birime ayrılacak olursa, böyle beş birim, merdiven basamaklarının yan kirişlerinin eğim çizgisi için ideal uzunluk olacaktır.[2] Buna göre tavan ile zemin seviyesi arasındaki bu üç birimin yüksekliği ne kadarsa, böyle dört birimi yatay olarak çıkarın ve kirişlerin ayağını oraya yerleştirin. Bu şekilde yaparsanız, hem basamakların hem de tüm merdivenin kurulumu hatasız olacaktır. Aşağıya bunu da gösteren bir çizim eklenmiştir.[3]

9. Arkhimedes'e gelince; mucizevi nice buluşa imza atmış olsa da, aralarında şimdi açıklayacağım bir buluş var ki, tam bir deha ürünü olmalı: Hieron, Siraküza'da saltanatına saltanat katıp kazandığı başarılara istinaden falanca tapınakta ölümsüz tanrılar onuruna altın bir taç dikmeye karar verince, yapımı için belirli bir paraya anlaşma yaptı ve altını eksiksiz tartıp imalatçısına verdi.[4] Adam el emeği göz nuru eserini tam da kra-

---

1 Bkz. Rowland (tr.) 1999: 281-282.

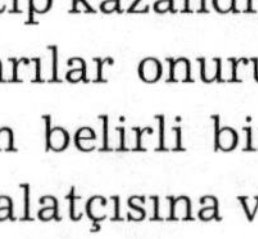

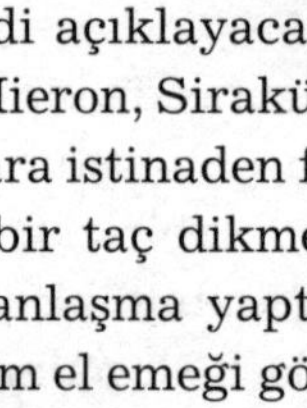

2 *Scapus*: Bir merdiven kolunun iki yanında uzanan eğimli kirişlerden her biri, Limon kirişi.

3 Vitruvius'un bahsettiği çizim bulunmamaktadır.

4 Siraküza (Syracusae) tiranı II. Hieron (İÖ 270-215).

lın istediği vakitte tamamlayıp ona teslim edince, tacın ağırlığını da altının ağırlığına tam denk düşürdüğü sanıldı.

10. Sonradan fısıltılar dolanmaya başladı, tacın imalatı sırasında altından biraz apartılıp aynı miktarda gümüş katıldığına dair. Hieron budala durumuna düşürüldüğü için küplere bindi, ama bu sahtekârlığı nasıl ispatlayacağını bilemediğinden, kendi adına bu meselenin araştırılmasını Arkhimedes'in üstlenmesini istedi.

Arkhimedes de bunu vazife bilerek meseleye kafa yorup dururken, tesadüf bu ya, bir gün yolu bir hamama düştü. Hamamda tam tekneye girerken, baktı ki vücudu suya oturdukça, teknenin dışına o miktarda su taşmakta. Bu olay zihnindeki meseleye ışık yaktığı anda da, sevinç içinde hiç duralamadan tekneden fırladı ve öyle çırılçıplak bir koşu evinin yolunu tuttu; bir yandan da avaz avaz aradığı şeyi bulduğunu herkese duyuruyordu. Çünkü koşarken sürekli olarak Yunanca *heurēka, heurēka* (buldum, buldum) diye bağırıyordu.

11. Buluşunun miladı sayılan o andan itibaren, derler ki Arkhimedes her biri tacın ağırlığına denk, biri altın diğeri gümüş iki külçe dökmüş. Külçeler hazır olunca, geniş bir kabı suyla doldurup gümüş külçeyi içine koymuş. Külçe kaba battıkça o miktarda su da dışarı taşmış. Sonra külçeyi sudan çıkarıp ne miktarda su taşmışsa o kadarını yarım litrelik bir maşrapayla ölçüp ilave etmiş, ta ki su önceki gibi kabın ağzına gelinceye kadar. Bu şekilde gümüşün belirli bir miktar suya tekabül eden ağırlığını bulmuş.

12. Bunu tecrübe ettikten sonra, bu kez altın külçeyi su dolu kaba koymuş, sonra kaptan çıkararak aynı ölçekle ölçüp su ilave etmiş, ama bakmış ki azalan su miktarı fazla değil, yerine daha az su ilave etmek gerekiyor, çünkü altın külçenin hacmi, aynı ağırlıktaki gümüş külçenin hacminden daha az. Bunu anladıktan sonra, kabı yeniden doldurup bu kez altın tacı koymuş suyun içine ve görmüş ki tacın taşırdığı suyu karşılamak için, aynı ağırlıktaki külçenin taşırdığı suya kıyasla daha fazla su ilave etmek gerekiyor. O halde, demiş, tacı suya koyunca külçesinden daha fazla su taşırıyorsa, demek altına gümüş karıştırılmış; ve böylece imalatçının sahtekârlığını açığa çıkarmış.

13. Şimdi de Taraslı Arkhytas ile Kyreneli Eratosthenes'in buluşlarına bir göz atalım. Bu adamlar matematik hesaplamalarla insanlık adına öyle çok, öyle değerli şeyler icat etti ki! Bu yüzden bütün icatlarının hepsine minnettarız, ama bu minnettarlığı onlar en çok şu probleme getirdikleri çözümle hak ediyorlar; çünkü her ikisi de farklı bir mantık yürütüp Apollo'nun Deloslulara kehanet kabilinden sözlerle ne emrettiğini bulmuş; yani her kenarı eşit ayak sayısına sahip sunak iki misline çıkarılınca, adada yaşayan halkın tanrısal bir lanetten kurtulacağını.[1]

14. Arkhytas yarı silindirlerden oluşan bir şemayla çözmüş bu meseleyi; Eratosthenes de bir alet sayesinde, yani *mesolabium*uyla.[2]

İşte biz bilimsel bilginin tarifsiz hazları olan bu buluşlarla her karşılaştığımızda, bu buluşların farklı farklı alanlarda yarattığı etkileri düşününce haliyle çok heyecanlanıyoruz. Böyle nice örneği düşündüğümde de, özellikle Demokritos'un doğa üzerine yazdığı kitaplara ve onun *Kheirokmēta* (Mâmûlât) başlıklı incelemesine bayılıyorum; kendisi bu incelemesinde bir mühür yüzüğü kullanmış, bizzat tecrübe ettiği şeyleri kırmızı balmumuyla işaretlemek için.[3]

---

1 Söz konusu problem, Delos problemi olarak bilinir. Deloslular eski bir lanetten kurtulmak için tanrı Apollo'ya başvurmuş, Apollo da onlara kehanet kabilinden sözlerle küp şeklindeki sunağının hacmini iki misline çıkarmalarını buyurmuştu.

2 Eratosthenes'in (İÖ 284-204) bu problemin çözümünde kullandığı *mesolabium* (μεσολάβιον) adı verilen alet, ortalama orantıları bulmaya yarayan, pantografa (bir biçimi büyülterek veya küçülterek kopya etmek için kullanılan kollu, eklemli bir cetvel türü) benzeyen ve mühendislikte kullanılan bir alettir.

3 Metnin bu bölümünün eksik ya da hatalı olduğu düşünülüyor; bkz. Schofield (tr.) 2009: 314, n. 7.

15. Bu yüzden bu adamların fikirleri sadece tutum ve davranışlarımızı ıslah etmek için değil, herkese, her çağda fayda sağlamak için hep elimizin altında olacak. Oysa atletlerin kazanmış olduğu şöhretler, göz açıp kapayıncaya kadar bedenleriyle birlikte solup gidecek; dolayısıyla ne güçlerinin doruklarındayken ne de bu dünyadan göçüp gittikten sonra bilgelerin fikirleri kadar insan hayatına katkı sağlayamayacak.

16. Evet, yazarlara seçkin karakterleri, öğretileri için onurlar bahşedilmiyor belki, ama onların hep göğün yücelerine özlem duyan zihinleri hafızaların merdiveninden semaya ulaşıp sadece fikirlerini değil, suretlerini de genç nesillere ebediyen unutamayacakları şekilde bizzat tanıtacaktır. Zaten bu yüzden ruhları edebiyatın hazzıyla büyülenmiş kişiler gönüllerinde şair Ennius'un suretine, tanrıların suretine diktikleri mabetlerden dikiyor; Accius'un şiirlerini okumaktan delice haz alan kişiler, karşılarında sadece onun o güçlü mısralarını değil, adeta şahsını da görüyormuş gibi onunla hemhal oluyor.

17. İşte bizden çağlar çağlar sonra doğacak onca insan da aynı şekilde bir gün kendini Lucretius'la doğa üzerine, Cicero'yla hitabet sanatı üzerine karşılıklı konuşurken bulacak; gelecek nesillerimizin çoğu Varro'yla Latin dili hakkında mütalaalarda bulunacak; hatta birçok âlim, Yunan filozoflarıyla sayısız sorun üzerine tartışmalara girişerek beraberce samimi bir muhabbetin içindelermiş gibi hissedecek. Uzun lafın kısası, bilge yazarların düşünceleri, kendileri bu dünyada olmasa da, zamanla değerlenip fikir alışverişlerimize, münakaşalarımıza konu olunca, halen hayatta olan tüm büyüklerimizden çok daha yetkin sayılacaktır.

18. İşte bu yüzden, Caesar, ben kitaplarımı o yetkin kişilere dayandırarak, onların tavsiyelerine ve fikirlerine uyarak kaleme aldım. Buna göre ilk yedi kitabımda binaların mimarisini, sekizinci kitabımda da su konusunu işledim. Şimdi bu kitabımda güneş saatlerinin esaslarını açıklayacağım; bu esasların gökteki güneş ışınlarından, güneş saati ibresinin düşürdüğü gölgelere bakılarak nasıl kurulduğunu ve bu gölgelerin hangi oranlarda uzayıp kısaldığını.

1. Bölüm
Burçlar Kuşağı ve Gezegenler

1. Gündüz ve gecenin eşit uzunlukta olduğu dönemlerde[1] güneş saati ibresinin düşürdüğü gölgenin Atina'da farklı, İskenderiye'de farklı, Roma'da farklı uzunlukta olması ve aynı şekilde Placentia'da[2] veya dünyanın geri kalan yerlerinde farklı farklı uzunluklarda olması tanrısal bir aklın eseridir ve meraklısını hayretten hayrete düşürür. Dolayısıyla saat tasarımları da memleketten memlekete çok büyük farklılıklar gösterir.[3] Çünkü güneş saatlerinin tasarımlarını belirleyen geometrik şekiller (*analemma*) gün-tün eşitliğindeki gölge uzunluklarına göre çizilir ve bu geometrik figürlerle, bulunulan yerin konumu ve güneş saati ibresinin gölgesi dikkate alınarak kadrana saatleri gösteren dilimler çizilir. *Analēmma*, güneşin seyir yolunun takip edilmesi ve kış gündönümüne kadar artan gölge uzunluklarının gözlemlenmesi sonucunda elde edilen bir hesap sistemidir. Bu sistem sayesinde, mimari hesaplamalarla[4] ve pergelle

Gnomon

[1] *Aequinoctium* (*aequus-nox*): Gün-tün eşitliği, ekinoks, ılım, ekinoks noktaları, ılım noktaları; gece ve gündüzün eşit olması; gece ve gündüzün eşit olduğu noktalar.

[2] Gallia Cispadana'da, Po ovasında bir şehir (Piacenza).

[3] *Horologium* (ὡρολόγιον): Gece ve gündüzün süresini ölçen herhangi bir zaman ölçer ya da saat (su saati, güneş saati vb).

[4] Mimarlık, mühendisliği de içerir. Burada mühendisliğe özel hesaplamalardan söz edilmektedir.

yapılan çizimlerle güneşin evrendeki işleyişini anlamak mümkün olur.[1]

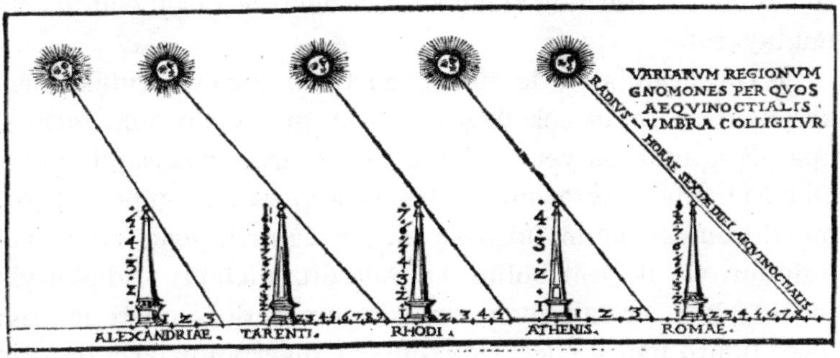

2. Evren, tüm doğa düzenidir; takımyıldızlardan ve yıldızların yörüngelerinden oluşan gökkubbe de buna dahildir.[2] Gök, ekseninin en ucundaki miller üzerinde,[3] kara ve denizin etrafında sürekli döner durur. Çünkü bu noktalarda doğanın gücü öyle mimari bir iş çıkarmış ve bu milleri öyle yerine oturtmuştur ki, sanırsın her biri bir dairenin merkezi. Şöyle: Biri, kara ve denizin çok çok uzağında, evrenin tam tepesinde ve kuzey yıldızlarının ötesinde yer alırken,[4] diğeri bunun tam karşısında, yerkürenin altında, güney kesimlerinde yer alır. Doğa ora-

---

1 *Analemma*, günümüzde güneşin bir yıl içindeki seyir eğrisi veya güneşin farklı gezegenlerde izlediği rota veya bu rotanın çizimidir. Genelde ters bir sekiz olarak belirlendiği için *tuhaf 8* olarak da adlandırılır. Bu şekiller, güneşin yıl içinde farklı günlerde, ama her seferinde aynı saatte gökyüzündeki yeri tespit edilerek oluşturulur. Vitruvius'ta geçen *analemma* kelimesi hiç kuşkusuz bunun en basit formunu dile getirmekte ve dönemin güneş saati düzeneklerinin oluşturulmasında kullanılan temel bir geometrik şekil, hatta güneş saatlerinden önce kullanılan eski bir saat düzeneği olarak kullanılmaktadır.

2 Vitruvius bu metindeki *mundus* terimiyle, Yunancadaki *kosmos*u (evren) kasteder.

3 Kutuplar.

4 Büyük veya Küçük Ayı olarak adlandırılan, kuzey kutbuna yakın yıldızlar.

lara, yani Yunanların *poloi* (kutuplar) dediği merkez noktaları olan o millerin etrafına, tornadaki gibi küçük çemberler oluşturmuştur; işte gök bunların etrafında hiç durmadan döner durur. Bunların arasında kalan kara ve deniz de doğal olarak orta noktayı tutar.

3. Doğa bunları öyle düzenlemiştir ki, kuzey yarıdaki merkez noktası[1] arzın çok üzerindeyken, güney yarıdaki merkez noktası aşağılarda yer alır, dolayısıyla arzın gölgesinde kalır. Dahası bunların ortasında, enlemesine ve yandan güneye doğru meyilli on iki takımyıldızdan oluşan dairevi, geniş bir kuşak bulunur. On iki eşit bölüm halinde düzenlenmiş yıldızlarıyla birlikte her bir takımyıldızın görünümü, doğanın resmettiği birer figürü temsil eder. Gökkubbede diğer yıldızlarla birlikte pırıl pırıl parlayan bu figürler, muhteşem düzenleri içinde birbirine devamlı örüle örüle dönerek göğün kavisi boyunca uzanan yörüngelerini tamamlarlar.

4. Hepsi yılın belirli mevsimlerinde kâh görünüp kâh kaybolacak şekilde tasarlanmıştır. İçlerinden altı takımyıldız gökkubbeyle birlikte arzın üzerinde devinirken, diğerleri arzın altına geçtiğinden onun gölgesiyle görünmez olur. Ama altısının yolu mutlaka arzın üzerinde yer alır. Çünkü en son görünen takımyıldız gökkubbenin devridaimi neticesinde batması gereken zamanda batıp da ne kadarı yeryüzünün altına girmiş ve karanlıkta kalmışsa, aynı devridaim neticesinde doğmuş olan karşısındaki takımyıldızın da o kadarlık bir bölümü döne döne yukarıya, göğün göze görünen kuşaklarına tırmanarak karanlıktan aydınlığa geçmiş olur. Çünkü ne de olsa bu takımyıldızların aynı anda doğmasına ve batmasına neden olan kuvvet, bir ve aynı karşı konulmaz kuvvettir.

5. Bu yüzden bu takımyıldızlar on iki tanedir ve her biri gökkubbenin on ikide birlik dilimini tutar; ayrıca hepsi sürekli doğudan batıya devinir. Buna karşılık Ay, Merkür gezegeni, Venüs gezegeni ve Güneş, aynı şekilde Mars gezegeni, Jüpiter gezegeni ve Satürn gezegeniyse irili ufaklı yörüngeleri içinde adeta merdiven basamaklarını çıkar gibi bu takımyıldızların arasından tam zıt bir yoldan geçerek gökkubbede hiç durma-

[1] Kutup merkezi.

dan batıdan doğuya devinirler. Ay, gökteki yörüngesini yirmi sekiz gün ve yaklaşık bir saatte tamamlar ve seyre başlamış olduğu takımyıldıza geri dönerek bir kameri ayı sona erdirir.[1]

6. Güneşse bir takımyıldızın sahasını, yani göğün on ikide birlik dilimini tam bir ayda kateder. Dolayısıyla on iki ayda on iki takımyıldızın sahasından geçer ve seyrine başlamış olduğu takımyıldıza geri dönerken de tam bir yıllık süreyi tamamlamış olur. Böylece Ayın on iki ayda on üç kez tamamladığı yörüngeyi güneş on iki ayda sadece bir kez katetmiş olur. Ama Merkür ve Venüs gezegenleri, yörüngeleriyle adeta merkez noktalarıymış gibi güneş ışınlarının etrafına bir taç şeklinde örülerek gerilerler, hareketlerini yavaşlatırlar; hatta yörüngelerinin bu özelliğinden dolayı, bazen takımyıldızların sahaları içindeki belirli duraklarda durup beklerler.

7. Bunun böyle olduğu en iyi Venüs gezegeninden anlaşılır; çünkü Venüs, Güneşin arkasından gittiğinde, yüzünü gökyüzünde ancak güneş battıktan sonra gösterir ve pırıl pırıl parlayarak Akşam Yıldızı (Vesperugo) adını alır. Ama diğer zamanlarda güneşin önünden gider, şafaktan önce doğar ve Sabah Yıldızı (Lucifer) adını alır. İşte buradan da anlaşılacağı gibi, Merkür ve Venüs de bazen bir takımyıldızda günlerce bekler, bazen de bir diğerine hızla geçiverir. Dolayısıyla her takımyıldızda geçirdikleri gün sayısı aynı olmaz; bir öncekinde ne kadar uzun süre oyalanmışlarsa, bir diğerine geçtikten sonra daha hızlı yol alarak mecburi istikametlerini tamamlarlar. Böylece herhangi bir takımyıldızda gecikmiş olmalarına rağmen, kendilerini bu mecburi gecikmeden kurtardıkları anda, hızla yörüngelerinde olmaları gereken yere varırlar.

8. Merkür gezegeni gökkubbedeki yolunu uçar gibi öyle bir dolanır ki, takımyıldızların sahalarından üç yüz altmış günde geçerek bir önceki devrinde seyre başlamış olduğu takımyıldıza ulaşır ve bu şekilde seyir yolunu öyle dengeler ki, her takımyıldızda ortalama otuz gün durup gerekli gün sayısına ulaşmış olur.

9. Venüs gezegeniyse, güneş ışınlarının engelinden kurtulduğu anda, bir takımyıldızın sahasını kırk günde aşar. Bir şe-

[1] Rahat anlaşılsın diye, çoğu gezegen ve burç ismi, Türkçede geçtiği şekliyle verilmiştir.

kilde bir takımyıldızda kırk günden daha az kalmışsa, durakladığında, bir takımyıldızda daha uzun süre bekleyerek aradaki açığı kapatır. Buna göre gökyüzündeki devrini dört yüz seksen beş günde tamamlayıp yolculuğuna başlamış olduğu takımyıldıza geri döner.[1]

10. Mars gezegeni, takımyıldızların sahalarını altı yüz seksen üç günde geçerek devinimini başlatıp seyre koyulduğu ilk noktaya varır; bazı takımyıldızları daha hızlı geçmiş olmasına rağmen, durakladığında, gereken gün sayısını da doldurmuş olur.

Jüpiter gezegeni, göğün devinimine karşı daha yavaş adımlarla yükselerek takımyıldızların her birinden ortalama üç yüz altmış günde geçer ve on bir yıl üç yüz on üç gün sonra durarak on iki yıl önce seyre koyulduğu takımyıldıza geri döner.

Satürn gezegeniyse bir takımyıldızın sahasını yirmi dokuz ay ve ilaveten birkaç gün içinde geçerek yirmi dokuz yıl ve yaklaşık yüz altmış gün sonra, otuz yıl önce bulunmuş olduğu noktaya döner. Böyle yavaş hareket ediyormuş izlenimi vermesinin nedeni, gökkubbenin çeperinin kıyısına yaklaştıkça, katetmesi gereken yörüngenin daha da büyümesidir.

11. Yörüngelerini güneşin seyir yolunun ötesinde tamamlayan bu gezegenler, özellikle güneşin de içine girdiği bir üçgende olduklarında artık daha fazla ilerleyemezler; geriye çekilip beklerler, ta ki güneş bu üçgenden çıkıp başka bir takımyıldıza geçinceye kadar. Bazılarının iddialarına göre bu olayın bu şekilde gerçekleşmesinin nedeni, güneş çok uzakta olduğunda, bu uzaklıktan ötürü gezegenlerin dolanacağı yolun ışıksız kalması, dolayısıyla karanlığın onları yavaşlatıp engellemesidir. Ama ben bu konuda aynı fikirde değilim; çünkü güneşin parlaklığı açık ve nettir, şu koskoca evrende bu parlaklığı yok edecek nitelikte bir karanlığın olmasına imkân yoktur; öyle ki, biz bu gezegenleri geriye çekilip durakladığı anda bile görebiliriz.[2]

12. O halde bu kadar uzak mesafeden bile bizim gözümüz bunları görebiliyorsa, yıldızların tanrısal ışıltısına karanlıklarla perde çekilebileceğini nasıl düşünebiliriz?

---

1 Metin düzenlemesi için bkz. Schneider (ed.) 1807: 243.

2 Gezegenler gece bile güneşten ışık alırlar.

Bu yüzden bana şöyle bir açıklama daha doğru geliyor: Isı her şeyi cezbeder, kendine çeker. Ekinlerin toprağın sıcağıyla boy atışını görebiliyoruz mesela; pınarlardan yükselen su buharlarının yağmur kuşaklarıyla bulutlara sürüklendiği herkesin malumu. İşte aynı mantıkla, güneşin gücü bir üçgen şeklinde yaydığı ışınlarıyla peşinden gelen gezegenleri kendine çeker, önünde gidenleri de adeta dizginlerini çekip durdurur gibi ilerlemekten alıkoyar ve farklı bir üçgene ait yıldıza geçene kadar arkasına alır.

13. Burada belki şöyle bir soru akla gelebilir: Güneş neden kendisine daha yakın olan ikinci ve üçüncü takımyıldızlardaki gezegenleri değil de, kendisinden daha uzakta olan beşinci takımyıldızdaki gezegenleri bu şekilde sıcağına sarıp geri tutar? O halde şimdi bunun nasıl olduğunu açıklayayım: Güneş ışınları evrene eşkenar bir üçgen şeklindeki çizgilerle dimdik uzanır; yani öyle üç aşağı beş yukarı değil, doğrudan doğruya Güneşten beşinci takımyıldıza uzanır. Eğer tüm evrene yayılan bu ışınlar böyle üçgen görünümü alan düz çizgiler halinde uzanmayıp dalga dalga yağmış olsaydı, yakınlarındaki her şeyi ateşe salardı. Yunanların şairi Euripides'in de bunu fark ettiği belli. Çünkü diyor ki, Güneş kendisinden uzakta olanları yakıp kavururken, yakınındakileri makul bir ısıda tutar. Şöyle yazmış *Güneş Arabası* (*Phaethon*) adlı oyununda: "*Uzaktakileri yakar, yakınındakini ılıtır.*"

14. O halde, hakikat, mantık[1] ve eski bir şairin tanıklığı bunun böyle olduğuna işaret ediyorsa, bu konuda yukarıda yazmış olduğum açıklamalardan daha başka bir düşüncede olmamıza da lüzum yok sanırım.

Jüpiter gezegeni, Mars ile Satürn arasındaki yörüngesini katederek Mars'tan daha uzun, Satürn'den daha kısa bir yol izler. Diğer gezegenlerin de aynı şekilde evrenin çeperinden ne kadar uzaktalarsa ve dünyaya ne kadar yakınlarsa, yollarını daha hızlı katedecekleri açıktır; çünkü bu gezegenlerin daha küçük yörüngeye sahip olanları, kendilerinden daha yüksekte olanların altına girer ve her zaman onları geçer.

---

1 Yaptığımız analiz.

15. Mesela çömlekçilerin kullandığı türden bir tekerin üstüne yedi karınca koyun, bu tekerin merkezinin etrafına da yine aynı sayıda, en içinden en dışına çember çember büyüyen kanallar açın ve teker ters yönde dönerken karıncaların bu kanallarda bir tur dönmeye mecbur olduklarını varsayın. Karıncalar, tekerin yönünün aksi istikametinde hareket etmelerine rağmen, eninde sonunda bu aksi istikametteki devirlerini tamamlayacaklardır: Merkeze en yakın konumdaki karınca devrini daha erken bitirecektir, ama tekerin çemberinin en uç çeperinde dönenen karınca, yörüngesi uzun olduğundan, diğer karınca kadar hızlı hareket ediyor olsa bile, yolunu çok daha geç katedecektir. İşte aynı şekilde gökkubbenin hareketine ters bir istikamette mücadele veren bu gezegenler de kendilerine ait yörüngelerindeki seyirlerini tamamlarlar, her ne kadar evrenin deveranı yüzünden gerisingeri akıp günlük dolanımlarında gecikmeler yaşasalar da.

16. Bu arada bazı yıldızların ılıman, bazılarının kaynar sıcaklıkta, bazılarının da soğuk olmasının nedeni, büyük ihtimalle şöyle: Her ateşin yukarılara yükselen bir alevi vardır. Bu yüzden Güneş, ışınlarıyla üstündeki havayı tutuşturup Mars gezegeninin yolunun geçtiği mıntıkaları kora döndürür; dolayısıyla Mars da Güneşin sıcağıyla ateş gibi olur. Buna karşılık Satürn gezegeni evrenin çeperine çok yakın olduğundan ve gökkubbenin buz kesmiş bölgelerine temas ettiğinden, aşırı soğuktur. Oysa yolu bu ikisinin yörüngeleri arasında bulunan Jüpiter gezegeninin, onların soğukluğunun ve sıcaklığının ortada buluşmasından kaynaklanan ılıman ve çok dengeli bir iklime sahip olacağı açıktır.

İşte böylece öğretmenlerimden edindiğim bilgiler çerçevesinde, on iki takımyıldızdan oluşan kuşağı, birbirinin aksi istikametinde işleyen ve seyreden yedi gezegeni, bunların hangi esaslara ve hesaplara göre kendi yörüngeleri içinde bir takımyıldızdan diğer bir takımyıldıza geçtiklerini açıklamış bulunuyorum. Şimdi, yine büyüklerimizin bize aktardığı bilgiler doğrultusunda, ay ışığının büyümesinden ve küçülmesinden söz edeceğim.

2. Bölüm
Ayın Evreleri

1. Keldanilerin memleketinden ya da daha doğrusu Keldani kavminden çıkıp Keldani öğretisini Asya'ya da yayan Berosos'un iddiası şöyleydi:[1] Ay, yarısı parlak beyaz, yarısı koyu mavi bir toptur (*pila*). Kendi yörüngesinde seyrederken Güneşin tekerinin altına girince, onun ışınlarıyla ve yüksek ateşiyle kıskıvrak yakalanıp güneş ışığının kendine has özelliğinden dolayı parlak yanını bu ışığa döndürür. Ama çekime kapılıp üst kısımları Güneşin tekerine bakarken parlak olmayan alt kısmı, havanın rengini andırdığından, karaymış gibi görünür. Ay, Güneşin ışınlarına böyle dik konumdayken, bütün ışığı üst yüzünde tutulur ve bu haline yeni ay denir.

2. Göğün doğu kesimlerine doğru ilerleyip yol aldığında, Güneşin cenderesinden de sıyrılmaya başlar ve parlak yanının kenarı incecik bir çizgi halinde ışığını dünyaya yollar; böylece ikinci ay adını alır. Deveranı içinde her gün biraz daha serbest kaldıkça, üçüncü ay olur, dördüncü ay olur ve bu şekilde sıralanır. Yedinci günde, Güneş batıdayken, Ay doğuyla batı arasında, göğün orta kesimlerini tutar; Güneşten göğün yarı mesafesi uzakta olduğu için de, parlak yanı dünyaya dönük olur. Ama Güneş ile Ay arasındaki mesafe tüm gök boyu uzandığında ve Ay doğarken, Güneş de tam karşısında batıda batarken, Ay Güneş ışınlarından gitgide uzaklaşıp kurtulunca, on dördüncü günde tam bir teker olup tüm yuvarının ışıltısını yansıtır. Kalan günlerde de, bir kameri ayı tamamlayıncaya kadar her gün biraz daha küçülür; yörüngesinde deveran halindeyken yine Güneşin çekimine girip onun tekerinin ve ışınlarının altına geçer ve bu şekilde bir ay içindeki sayılı günlerini doldurur.

3. Şimdi de Samoslu matematikçi Aristarkhos'un konuyla ilgili öğretisinde nasıl farklı açıklamalarda bulunduğundan söz edeceğim.[2] Ona göre Ayın kendine ait bir ışığı olmadığı açıktır;

---

1 Chaldaei: Astronomi ve astroloji konusunda bilgileriyle tanınmış bir Assyria halkı, Keldaniler; Berosus (Berosos, Berossos): İÖ 3. yüzyılda yaşamış bir rahip, tarihçi ve gökbilimci. Yunanca bir Babil tarihi kaleme almış, ama bu eser günümüze ulaşmamıştır.

2 Yaklaşık İÖ 310-230 yılları arasında yaşamış ünlü gökbilimci.

Ay, bir ayna gibidir ve parlaklığını Güneşin gücünden alır. Yedi gezegen içinde bir tek Ay, yörüngesi dünyaya en yakın, katedecek yolu en kısa olandır. Bu yüzden her ay bir gün, yani Güneşi geçip gitmeden önceki gün, Güneşin tekerinin ve ışınlarının altına gizlenip gözden kaybolur. Güneşle kavuşum konumunda olduğunda da, yeni ay adını alır. Ama ertesi gün, yani ikinci ay sayıldığı gün, Güneşi geçip giderken yuvarının en ince kenarından şöyle bir göz kırpar. Güneşten üç günlük bir mesafeye çekildiğindeyse büyür ve çok daha fazla ışık alır. Böyle günbegün uzaklaşa uzaklaşa yedinci güne ulaştığında, batıdaki Güneşten neredeyse göğün yarısı bir mesafede olduğundan, yarısı ışır; yani Güneşe bakan yanı Güneşten ötürü aydınlanır.

4. On dördüncü günde Ay, tüm gökkubbe boyunca Güneşe taban tabana zıt konumdayken, dolunay halini alır ve Güneş batıda batarken o doğar; çünkü Güneşten tüm gök boyu uzakta olup onun tam karşısında durur ve Güneşin tekerinin tüm parlaklığını olduğu gibi üzerine alır. On yedinci günde Güneş doğarken, Ay batıya doğru meyillenir. Yirmi birinci günde Güneş doğduğunda, Ay göğün ortalarında bir yerlerdedir; Güneşe dönük yanı parlaktır, diğeri karanlıkta kalır. İşte her gün yolculuğuna bu şekilde devam edip yirmi sekizinci güne yaklaşıldığında Güneş ışınlarının altına geçer ve aylık takvimini bu şekilde tamamlar.

3. Bölüm
Güneş ve Takımyıldızlar

1. Şimdi de Güneşin her ay farklı bir takımyıldızdan geçerek günlerin ve saatlerin süresini nasıl uzatıp kısalttığından söz edeceğim: Güneş, Koç burcuna girip bu burcun sekizinci derecesini geçtikten sonra ilkbahar ekinoksunu belirler. Boğa burcunun kuyruğuna ve bu burcun ön kısmının göründüğü Ülker takımyıldızına ilerleyip de kuzeye doğru yol alırken, göğün yarısından daha büyük bir mesafe katetmiş olur. Ülker takımyıldızının yükseldiği sırada Boğa burcundan İkizler burcuna girer ve dünyanın çok üstüne yükselip günlerin süresini uzatır. Sonra İkizlerden, gökkubbede en kısa alanı tutan Yengeç burcuna girip bu burcun sekizinci derecesine ulaşınca yaz gündönümünü belirler; ilerlemesini sürdürüp Aslan burcunun başına ve göğsüne ulaşır, yani hâlâ Yengeç burcunun dahilinde olan kısımlara.

2. Güneş, Aslanın göğsünden ve Yengecin hudutlarından ayrılıp Aslanın kalan bölümünü de geçerek günlerin ve kendi yörüngesinin süresini kısaltır ve İkizlerdeyken izlemiş olduğu yola geri döner. Ardından Aslandan Başak burcuna geçerek Başağın elbisesinin kıvrımına kadar ilerleyip yörüngesini kısaltır ve yolunu Boğada tutmuş olduğu yola eşitler. Başaktan çıkıp Terazi burcunun birinci derecesini oluşturan Başağın elbisesinin kıvrımından ilerleyerek Terazinin sekizinci derecesinde sonbahar ekinoksunu belirler. Bu seyir, Koç burcundayken sahip olduğu döngüye eşittir.

3. Güneş, Ülker takımyıldızı batarken Akrep burcuna girdiğinde güney bölgelerine doğru ilerleyerek günlerin süresini kısaltır. Akrebi geçerek, uyluğundan Yay burcuna girdiğinde, günlük seyrini daha da kısaltır. Böylece Oğlak burcunun bir bölümünü oluşturan Yayın uyluğundan başlayarak Oğlak burcunun sekizinci derecesinde gökteki en kısa sahasından geçer.[1] Günlerin kısalığından ötürü bu günlere kış gündönümü (*bruma*) ve kış günleri (*dies brumales*) adı verilir.[2] Buna karşılık Oğlaktan Kova burcuna geçerken günlerin süresini uzatır ve Yay burcundayken sahip olduğu günlerin uzunluğuna eşitler. Batı rüzgârının esmesiyle birlikte Kovadan Balık burcuna girince, Akrepteki seyrine benzer bir seyir izler. İşte Güneş bu takımyıldızların etrafında bu şekilde dolanarak günlerin ve saatlerin sürelerini belirli zamanlarda uzatır veya kısaltır.

Şimdi de evrenin güney ve kuzey kesimlerinde, burçlar kuşağının sağında ve solunda yer alan ve yıldızların birer figür halinde kümelenmesinden oluşmuş diğer takımyıldızlardan söz edeceğim.

---

1 Gökteki en kısa yörüngesi bu alandadır.

2 Güneş ışınlarının Oğlak dönencesine dik geldiği an; yıl içindeki en kısa gün. Latincede *bruma* (kış gündönümü) kelimesi, *brevissima* (en kısa) sıfatının kısaltması olan *brevima* ve *breuma* kelimelerinin yerine kullanılır.

4. Bölüm[1]
Kuzey Takımyıldızları

1. Kuzey takımyıldızına Yunanlar Arktos (Ayı) veya Helike (Helezon) der; hemen arkasına mevzilenmiş bir Bakıcısı (Custos) vardır. Bakıcıdan çok uzak olmayan mesafede Başak (Virgo) takımyıldızı şekillenir; sağ omzuna bizim Provindemiator (Bağbozumunun Müjdecisi), Yunanların da Protrygetes dediği çok parlak bir yıldız yaslanır. Bunun karşısında, Ayı Bakıcısının (Arcti Custos) dizleri arasında, başka bir parlak yıldız daha bulunur; Arcturus derler adına.[2]

2. Kuzey takımyıldızının başının bulunduğu bölgeden[3] İkizlerin (Gemini) ayaklarına kadar uzanan çapraz hat, Arabacı takımyıldızına (Auriga) ayrılmıştır; Arabacının ayakları Boğanın (Taurus) sol boynuzunun ucunda durur. Arabacı ayrıca sol elinde *Oğlaklar* (Haedi) adı verilen yıldızları, sol omzunda da Dişi Keçiyi (Capra) tutar. Boğanın ve Koçun (Aries) üstünde Perseus yer alır; sağında, ayağının altından geçen Ülker takımyıldızıyla, solunda Koçun başıyla; bu arada sağ eli Arabacının üstündeki Cassiopea figürüne yaslanırken, sol eliyle de Gorgo'nun kafasını tutmaktadır, tam Andromeda'nın ayaklarına savurup da atar halde.[4]

---

1 Vitruvius'un eserinin bu bölümü edisyonlarda ciddi farklılıklar göstermektedir. Metin düzenlemesi için bkz. Schneider (ed.) 1807: 250-251.

2 Septentrio(nes): Kuzey kutbunun yakınlarındaki yedi yıldız; Arctos (ἄρκτος): Büyük Ayı ve Küçük Ayı (Ursa Maior, Ursa Minor) = Septentrio; Custos =Bootes: Ayı Bakıcısı; Provindemiator: Bağbozumundan önce yükselen yıldız (=Vindemiatrix, Vindemiator, Vindemitor); Arcturus (ἀρκτοῦρος): Bootes'teki (Çoban takımyıldızı) en parlak yıldız (doğuşu ve batışı sırasında fırtınalı havaları getirdiğine inanılır).

3 Kuzey bölgesinin tepe noktasının bir bölümü.

4 Gemini: İkizler takımyıldızı =Castor ile Pollux ya da Apollo ile Hercu-

3. Andromeda'nın üstünde, biri Andromeda'nın karnının üzerinde, diğeri de Atın omurgası üzerinde olmak üzere, Balıklar (Pisces) yer alır. Atın karın kısmında yer alan çok parlak bir yıldız, Atın karnını Andromeda'nın başından ayıran bir sınır oluşturur. Andromeda'nın sağ eli Cassiopea figürünün üzerinde, sol eli de Kuzey Balığının üzerindedir. Sucunun başı (Aquarius) Atın başının üzerinde yer alır.[1] Atın toynakları, Sucunun dizlerine değmektedir. Cassiopea ise ortaya yerleştirilmiştir. Oğlak figürünün (Capricornus) epey üstünde Kartal (Aquila) ve Yunus (Delphinus) bulunur. Onların yanında da Ok (Sagitta) vardır. Oktan biraz ötede Kuş (Volucris) yer alır; sağ kanadı Cepheus'un eline ve asasına değmekte, sol kanadı Cassiopea figürüne dayanmaktadır. Atın ayakları da Kuşun kuyruğunun altına uzanmaktadır.[2]

4. Okçu (Sagittarius), Akrep (Scorpio) ve Terazinin (Libra) üzerinde Yılan (Serpens) yer alır; burnunun ucuyla Taca dokunmaktadır. Yılan Tutucuysa (Ophiuchus) Yılanı ortasından tutmuş, sağ ayağıyla da Akrebin kafasının tam ortasına basmaktadır. Yılan Tutucunun baş kısmından biraz ötede Diz Çöken (Ingeniculatus) adıyla anılan takımyıldızın başı yer alır.[3] Bunların başlarının tepeleri rahatça gözlemlenebilir, çünkü görece parlak yıldızlardan oluşmuştur.[4]

---

les; Haedi: Arabacı takımyıldızının elinde yer alan ufak iki yıldız. Cassiopea: Andromeda'nın annesi; Andromeda: Cepheus ile Cassiopea'nın kızı; tanrıların hışmına uğrar ve bir kayaya zincirlenir, ama Perseus onu kurtarır; ölünce, gökte bir takımyıldızına dönüşür; Gorgo: Phorcus'un yılan başlı kızı Medusa; Perseus tarafından öldürülür.

1 Aquarii, Sucunun başı olarak da çevrilebilir.

2 Pisces: 34 yıldızdan oluşan takımyıldız, Balıklar; Equus (At): Pegasus takımyıldızı; Piscis Aquilonaris: Kuzey Balığı takımyıldızı; Aquarius (Sucu): Kova burcu; Capricornus: Oğlak burcu; Aquila: Kartal takımyıldızı; Delphinus: Yunus takımyıldızı; Sagittarius: Ok takımyıldızı; Volucris (Volucer): Kuş takımyıldızı; Cepheus: Etiyopya kralı (Cassiopea'nın kocası, Andromeda'nın babası).

3 Hercules (Herkül) olarak da adlandırılır.

4 Sagittarius: Okçu takımyıldızı (=Architenens); Scorpio: Akrep burcu; Libra: Terazi burcu; Serpens: Yılan takımyıldızı; Corona: Taç takımyıldızı (efsaneye göre Ariadne'nin tacı gökte bir takımyıldıza dönüşmüştür); Ophiuchus: Yılan Tutucu takımyıldızı; Ingeniculatus (Diz çöken)=-Hercules takımyıldızı (Ingeniculus).

5. Diz Çökenin bir ayağı, Kuzeyliler (Septentriones) olarak da adlandırılan Ayıların arasına dolanan Yılanın şakağına dayanır. Yunus, bunların aralarından belli belirsiz kayar gider. Lir (Lyra), Kuşun gagasının önünde yer alır. Taç, Ayı Bakıcısının ve Diz Çökenin omuzları arasına yerleşmiştir.

Kuzey dairesinde, İki Ayı yer alır; sırtları birbirine dönük, göğüsleriyse birbirinin tersi istikamette. Yunanlar bunların küçüğüne *Kynosoura* (Küçük Ayı), büyüğüne *Helike* (Büyük Ayı) der. Başları zıt yönlere bakar haldedir;[1] kuyrukları da ters istikamette, birbirinin yüzüne gelecek şekilde konumlanmıştır; yani her ikisinin kuyruğu da yukarıya kalkıktır ve birbirlerinin tepesine uzanmaktadır.[2]

6. Bunların kuyrukları arasında boylu boyunca başka bir Yılanın uzandığı kaydedilir. Bu Yılandan, Büyük Ayının tam başının yanından Kutup Yıldızı (Polus) adı verilen bir yıldız ışıldar. Yılan (Draco), kendisine en yakın olan Kuzeylinin başının etrafına dolanır; ama bir yandan da kendini halka halka Küçük Ayının başına atıp pençelerinin yanına kadar uzanır. Orada içine dönüp çöreklenir ve doğrulur, sonra tam burnunun ve başının sağ çukurunun olduğu noktada kafasını Küçük Ayının başından Büyük Ayıya doğru çevirir. Küçük Ayının kuyruğunun üzerinde, Cepheus'un ayakları bulunur ve tam bu noktada, en tepede, Koç takımyıldızının üstünde, eşkenar üçgen şeklinde kümelenen yıldızlar yer alır. Bu arada Küçük Ayı ve Cassiopea figürüyle ortak daha nice yıldız söz konusudur.[3]

İşte böylece gökyüzünde Doğunun sağ tarafında ve burçlar kuşağı ile Kuzey arasında yer alan takımyıldızlardan söz etmiş oldum. Şimdi de doğanın, Doğunun sol tarafına ve Güney bölgelerine serpiştirmiş olduğu takımyıldızları açıklayacağım.[4]

---

1 Biri yukarı, diğeri aşağı bakar.

2 Lyra: Lir takımyıldızı; Arcti: Ursa Minor: Küçük Ayı takımyıldızı; Ursa Maior: Büyük Ayı takımyıldızı; Kynosoura: Küçük Ayı (bu kelimenin asıl anlamı köpek kuyruğudur ve Küçük Ayıya verilen bir başka addır); Helike (Helezon): Büyük Ayı (kutbun etrafındaki helezoni deviniminden dolayı bu ad verilmiştir).

3 Polus: Kutup yıldızı.

4 Doğan güneşin sağında ve solunda yer alan takımyıldızlardan söz ediliyor.

Ursa Maior

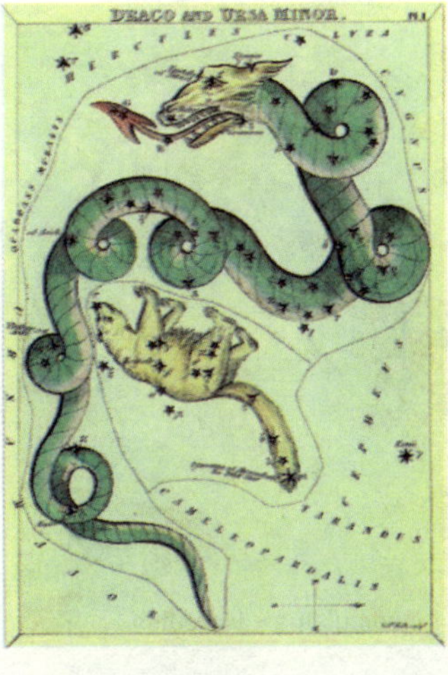

Ursa Minor

Custos

Perseus, Gorgo

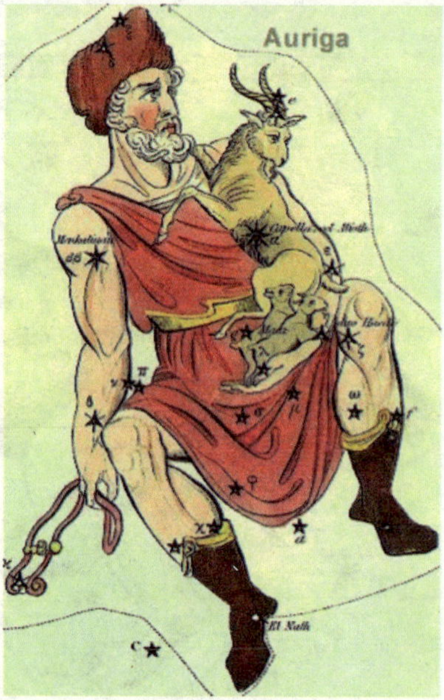

Andromeda

Auriga

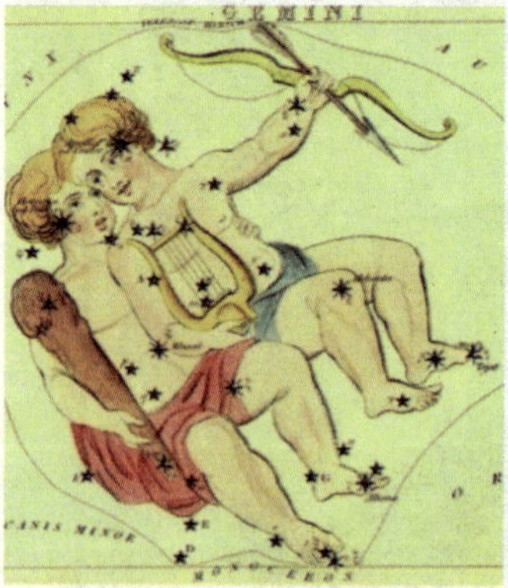

Gemini

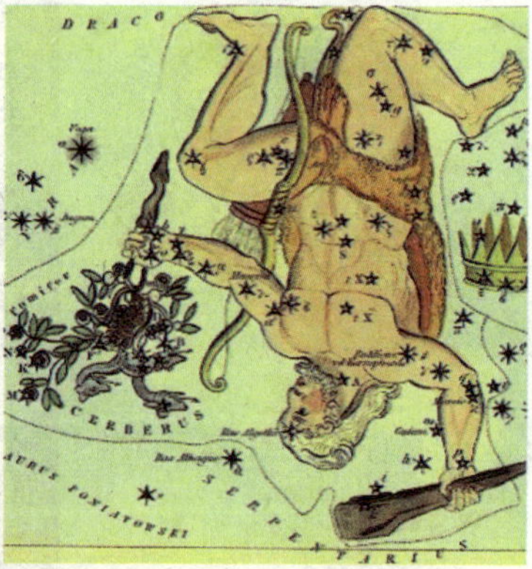

Ingeniculatus = Hercules

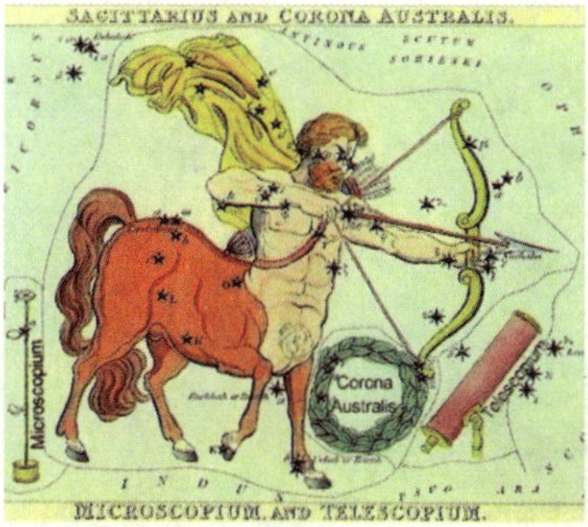

Sagittarius

Ophiuchus

Pisces

Ursa Maior, Ursa Minor

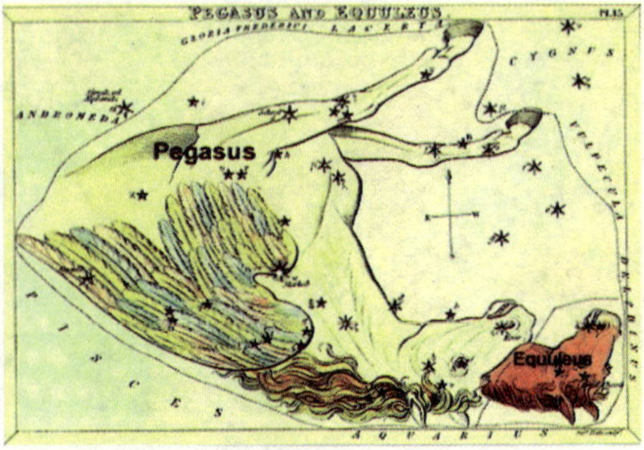

Equus (Pegasus)

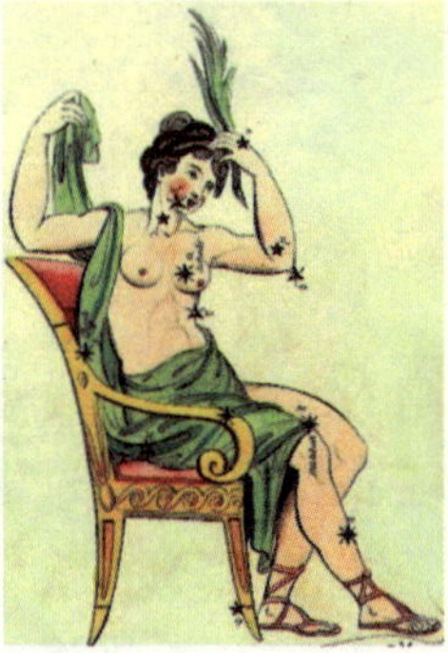

Cassiopea

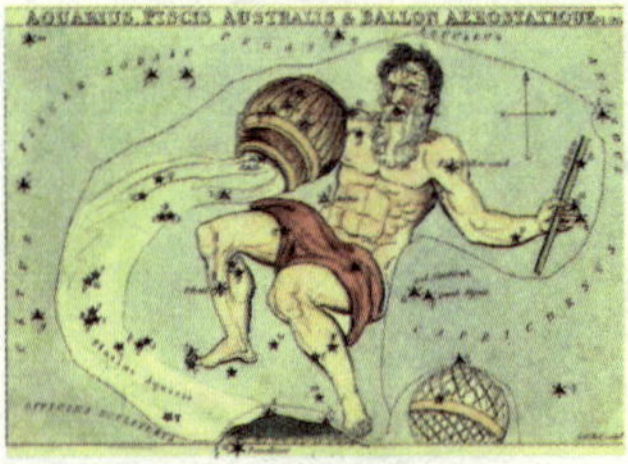

Aquarius

Aquila, Delphinus

Cepheus

5. Bölüm
Güney Takımyıldızları

1. Güney Balığıyla (Piscis Austrinus) işe başlarsak; bu Balık, Balina'nın (Cetus) kuyruğuna dönük halde, Oğlak burcunun altına uzanmıştır. Buradan Okçuya kadar olan alan boştur. Sunak (Tribulum), Akrebin iğnesinin altındadır. Kentauros'un ön kısımları, Terazi (Libra) ve Akrebin hemen yanındadır; elinde yıldızbilimcilerin Kurt (Bestia) olarak adlandırdıkları bir imge bulunur. Su Yılanı (Anguis), Başak, Aslan ve Yengeç boyunca uzanıp kıvrıla kıvrıla bir dizi yıldızı birbirine örerek Yengecin yanında burnunu kaldırır; Aslanın (Leo) yanında yarı gövdesiyle Kâseye (Crater) yaslanıp üzerinde Kuzgunun (Corvus) yer aldığı kuyruğunu Başağın eline doğru kaydırır. Sırtının üzerine yerleşmiş olan yıldızların hepsi aynı derecede parlaktır.[1]

2. Aşağıda, Su Yılanının karnı hizasında, tam kuyruğunun altında Kentauros yer alır. Kâsenin ve Aslanın yanında Argo adlı gemi bulunur; pruvası karanlıkta kalmıştır, ama direği ve dümeninin çevresindeki üst kısımlar görünürdedir; geminin pupasıysa Köpeğin (Canis) Kuyruğunun ucuyla birleşmiştir. Küçük Köpek, Su Yılanının baş kısmında, İkizlerin peşine takılmıştır; Büyük Köpek de, Küçüğünün peşindedir. Orion, çapraz şekilde aşağıda uzanır; Boğanın toynakları altında kalmış,

[1] Piscis Austrinus (Piscis Notius): Güney balığı takımyıldızı; Cetus: Balina takımyıldızı; T(h)uribulum: Sunak (=Ara) (bu kelimenin asıl anlamı buhurdandır); Kentauros (Centaurus): Göğün güneyinde yer alan takımyıldız; Libra: Terazi takımyıldızı; Bestia'nın asıl anlamı "vahşi hayvan"dır, Vitruvius'ta, Kurt takımyıldızı olarak geçer. Cicero bunu *Quadrupes vasta* olarak adlandırmıştır; Anguis: Su yılanı takımyıldızı (=Hydra).

sol eliyle aslan postunu tutmuş, sağ elindeki sopasını İkizlere doğru kaldırmıştır.[1]

3. Ayaklarının dibinde yer alan Köpek, yakın mesafeden Tavşanı (Lepor) takip etmektedir. Balina, Koç ve Balıkların altına yerleşmiştir; tepeliğinden, her iki Balığa doğru muntazaman dizilmiş, Yunanların Harpedonai (Sicimler) dedikleri ince bir yıldız serpintisi mevcuttur. Göğün koca bir alanında, içeriye doğru, birbirine örülü yıldızların oluşturduğu sımsıkı bir düğüm, Balinanın tepeliğinin üst kısmına değmektedir. Eridanus nehri kaynağından çıkıp Orion'un ayaklarına doğru yıldızlar şeklinde akar.[2] Kovadan döküldüğü kaydedilen Su (Aqua) da, Güney Balığının başı ile Balinanın kuyruğu arasından akıp gider.

4. İşte doğa ve tanrısal akıl tarafından gökyüzünde çizilmiş, şekillendirilmiş bu takımyıldızları doğa düşünürü Demokritos'un öğretilerine dayanarak açıklamaya çalıştım; ama sadece doğuşlarını, batışlarını gözlemleyebildiğimiz ve çıplak gözle görebildiklerimizi. Çünkü kuzey kutbunun etrafında dönen Kuzey takımyıldızları gibi, yani hiç batmayan ya da dünyanın altına hiç girmeyen takımyıldızlar gibi yıldızlar varsa, güney kutbunun etrafında da dönen, ama göğün eğiminden dolayı yeryüzünün altında kalan, saklı takımyıldızlar da var; bunların doğup da yeryüzüne çıkacak bir yolları yok. Dolayısıyla yeryüzünün gölgesi altında kaldıklarından, bunların oluşturdukları şekiller bilinmez. Kanıtı, Canopus yıldızıdır. Bu yıldız, bizim çevremizde tanınmaz, ama Mısır'ın en uzak yörelerinde, dünyanın hudutlarındaki en ücra köşelere yakın bölgelerde bulunmuş tacirler, bize böyle bir yıldızın varlığından söz etmekteler.[3]

---

1 Canis: Köpek takımyıldızı; Canis Maior: Büyük Köpek, yirmi takımyıldızdan oluşan ve en parlakları Sirius veya Canicula olan takımyıldız. Bazen sadece Canis olarak da geçer; Canis Minor (=Canis Minusculus): Küçük Köpek (=Antecanis); Orion: Avcı takımyıldızı.

2 Eridanus: Po nehrinin mitolojik ve şiirsel adı; Eridanus takımyıldızı.

3 Canopus (Κάνωπος): Argo takımyıldızının en parlak yıldızı.

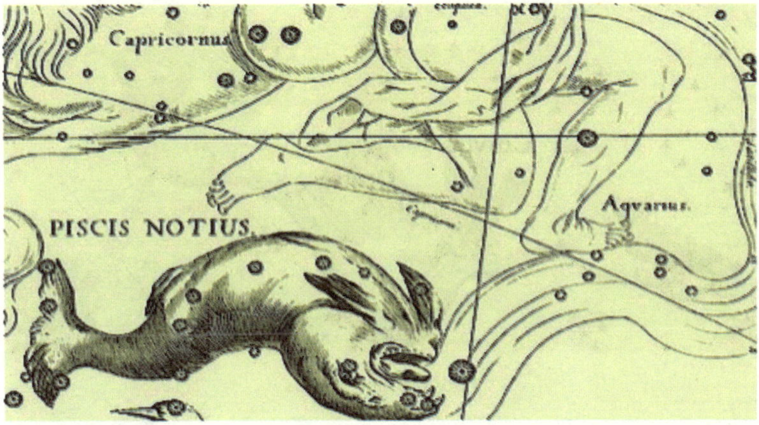

Piscis Austrinus

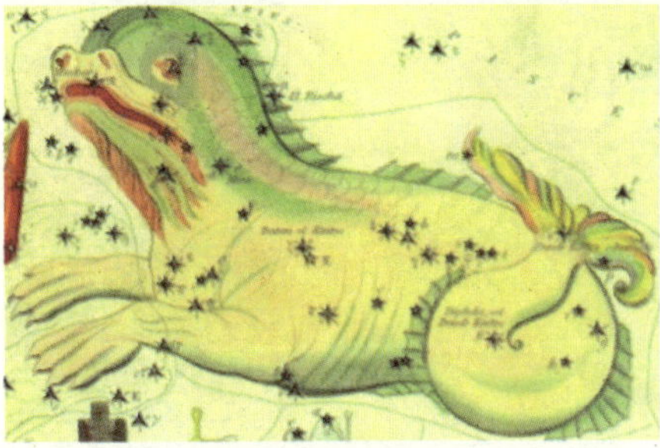

Cetus

Canis Minor

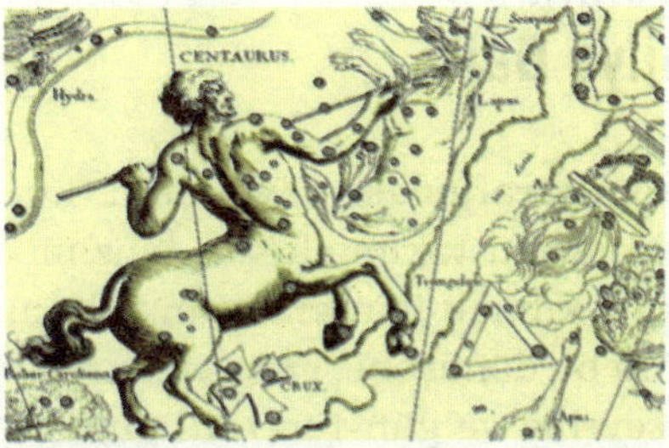

Centaurus

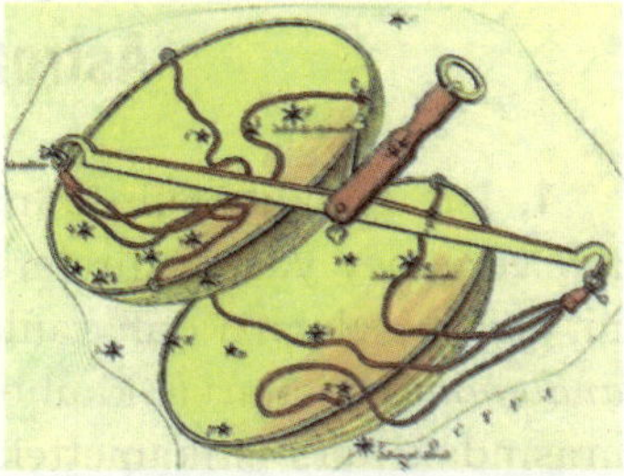

Libra

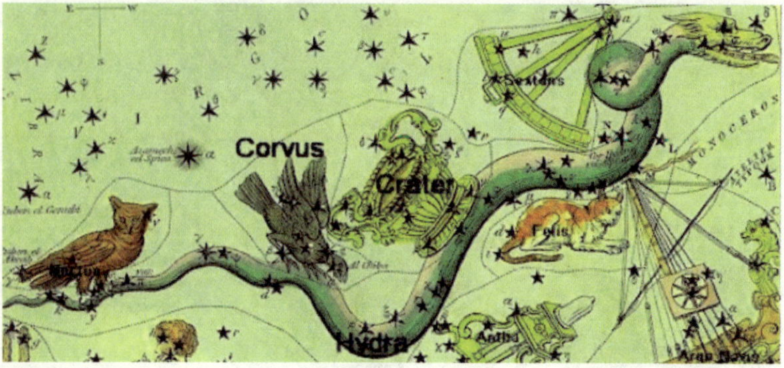

Hydra, Crater, Corvus

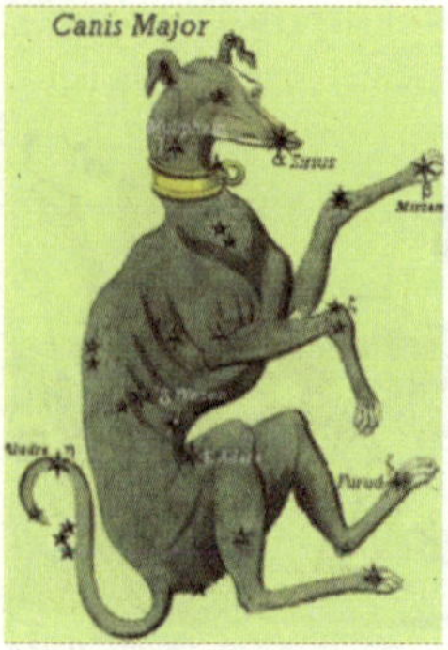

Canis Maior

Scorpio

Orion

6. Bölüm
Astrolojiye Dair

1. İşte gökkubbenin dünyanın etrafındaki devinimini, kuzey ve güney yarım kürelerdeki on iki takımyıldızın tanzimini, asıl meselemizi daha anlaşılır kılmak için anlattım; çünkü *analemma* şemaları gökkubbenin bu dönüşüne, güneşin burçlar arasındaki ters istikametteki seyrine ve gün-tün eşitliğindeki güneş saati ibrelerinin gölgelerine göre çıkarılır.

2. Astrolojinin ilgi alanına giren diğer konular, mesela on iki burcun, beş gezegenin, Güneşin ve Ayın insan yaşamının gidişatını nasıl etkilediği konusu, Keldanilerin hesaplarına kitaplarına bırakılmalı; çünkü yıldız hesaplamalarıyla geçmiş ve gelecek hakkında yorumlarda bulunmalarına olanak tanıyan yıldız haritası çıkarma işi (*genethlialogia*) tamamen onların mesleği.

Keldanilerin bu buluşlarını bize aktaran ve bu konuda üstün bir yetenek ve büyük bir deha sergileyen adamlar, yine bu halkın içinden çıkan adamlardı. En başta da Kos adasındaki Kos şehrine yerleşmiş ve orada bir okul açmış olan Berosos. Berosos'un ardından bayrağı devralan Antipater olmuştur, onun ardından da yıldız haritasını insanın doğum anından öte, ana rahmine düştüğü ana göre çıkarma yöntemini bulup bu konuda açıklayıcı bilgiler bırakan Athenodoros gelir.

3. Doğayla ilgili meseleler üzerine, mesela doğa olaylarının hangi ilkelerle yönetildiği, bunların hangi şartlarda, ne tür etkilerde bulunduğu üzerine kuramlar geliştirip bize aktaranlarsa, Miletli Thales, Klazomenaili Anaksagoras, Samoslu Pythagoras, Kolophonlu Ksenophanes ve Abderalı Demokritos olmuştur. Bu düşünürlerin buluşlarını takip eden Eudoksos, Euktemon, Kallippos, Meton, Philippos, Hipparkhos, Aratos ve diğerleri, astroloji ilmine dayanarak yıldızların doğuşlarından, batışlarından ve mevsimlere özgü emarelerden astrolojik takvim (*parapegma*) çıkarma tekniklerini geliştirip[1] konuyla ilgili gözlemlerini gelecek nesillere aktarmıştır. Bunların bilgileri insanlık açısından takdire şayan; çünkü konuya o kadar hassas yaklaştılar ki, adeta tanrısal bir zekâyla sırada hangi mevsimin olduğunu önceden tahmin edebildiler. Bu yüzden bu adamların titizliği ve gayreti bu takdirimizi fazlasıyla hak etmekte.

---

[1] *Parapegma* (παράπηγμα): Çakılı ya da asılı bir şey anlamına gelen bu terimle, eskilerin genelde pirinçten yaptıkları ve bir sütuna çaktıkları veya astıkları takvimler kastedilir. Gökbilimsel hesaplara dayanan bu takvimler, sabit yıldızların doğuşunu, batışını ve hava tahminlerini gösterir.

7. Bölüm
Analemma Çizimi

1. Ama biz güneş saatlerinin esaslarını bütün bu öğretilerden bağımsız olarak ele alıp günlerin farklı aylardaki kısalması ve uzamasıyla ilgili açıklamalarda bulunacağız. Güneş, gece ile gündüzün eşit olduğu dönemlerde, yani Koçtan veya Teraziden geçerken, mesela güneş saati ibresinin uzunluğu dokuz birimse, bu ibrenin Roma'nın bulunduğu enlemde sekiz birim uzunluğunda bir gölge düşürmesine neden olacaktır.[1] Benzer şekilde Atina'da falanca uzunluktaki bir ibre dört birime ayrılmışsa, gölge uzunluğu bunun üç birimini kapsayacaktır; Rodos'taki oran yediye beş olacaktır; Tarentum'da on bire dokuz, İskenderiye'de de beşe üç olacaktır. Buna göre dünyanın herhangi bir yerinde güneş saati ibresinin gün-tün eşitliğindeki gölgesi doğal olarak diğer yerlerden farklı olacaktır.

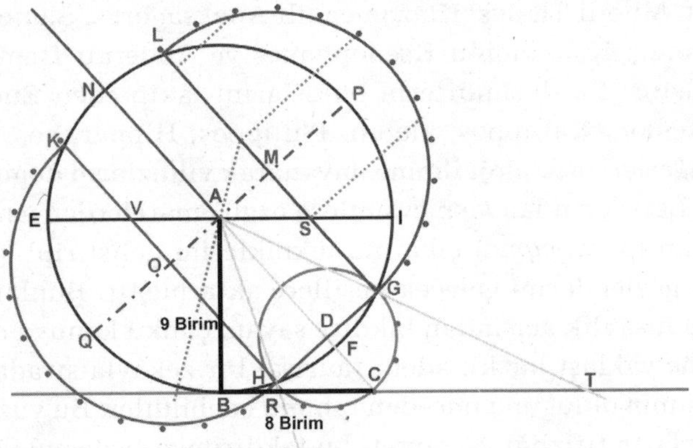

Vitruvius'a göre *analemma* şeması:
A-B. Güneş saati mili, 9 birim;
B-C. Gün-tün eşitliğindeki gölge, 8 birim;
C-A. Gün-tün eşitliğindeki güneş ışını;
E-I. Ufuk;
P-Q. Eksen
(Bkz. Schofield (tr.) 2009: 290.)

[1] İbrenin uzunluğunun dokuzda sekizine eşit bir gölge düşürür.

2. Bu yüzden güneş saati nereye kurulucaksa, önce o yerin gün-tün eşitliğindeki gölgesi belirlenmelidir. Eğer Roma'daki gibi, ibre dokuz birimlikse ve düşürdüğü gölge bunun sekiz birimini kapsıyorsa, o zaman düz bir yüzeye bir çizgi çekin, bunun ortasından gönye yardımıyla ibre (*gnomon*) adı verilen dik bir hat çıkın. Sonra düz yüzeydeki çizgiden başlayarak ibrenin çizgisini pergelle dokuz kısma bölün, dokuzuncu bölümü gösteren noktayı merkez olarak alıp A harfiyle işaretleyin. Ardından pergeli açıp bu merkez noktadan, B harfiyle işaretlenecek düz yüzeydeki çizgiye bir daire çizin. Bu daireye meridyen denir.

3. Daha sonra düz yüzey ile ibrenin merkezi arasındaki dokuz bölümden sekizini alıp düz çizgide C harfiyle işaretlenecek noktaya kadar ayırıp işaretleyin. Burası ibrenin gün-tün eşitliğindeki gölgesi olacaktır. Bu noktadan, yani C harfiyle işaretlenmiş noktadan, A harfiyle işaretlenmiş merkezden geçirerek bir çizgi çekin. Burası gün-tün eşitliğindeki güneş ışınını temsil edecektir. Ardından pergeli merkezden düz yüzeydeki çizgiye açarak birbirine eşit mesafede iki nokta işaretleyin; dairenin iki ucundaki bu noktaların sol tarafta olanı E harfiyle, sağ tarafındaki de I harfiyle belirtilecektir. Merkezden bir çizgi çekip bu daireyi iki eşit yarım daireye ayırın. Bu çizgi matematikçiler tarafından ufuk (*horizon*) olarak adlandırılır.

4. Sonraki iş, toplam daireyi on beş bölüme ayırmak olacaktır: Pergelin merkezinin gün-tün eşitliğindeki ışık çizgisinin çemberi kestiği ve F harfiyle işaretlenecek noktaya yerleştirilmesi ve sağ ve sol tarafın G ve H harfleriyle belirtilmesi gerekir. Ardından (merkezden geçirerek) bu noktalardan, düz yüzeydeki çizgiye T ve R harfleriyle işaretlenecek çizgiler çekilmeli. Bunlar güneş ışınlarını temsil edecektir, biri güneşin kıştaki ışınını, diğeri yazdaki ışınını. Böylece A harfinin çemberi kestiği merkezden geçen çizgide, E harfiyle belirtilen noktanın karşısında I harfiyle belirtilecek nokta olacaktır; G ve H noktasının karşısında L ve K; C, F ve A noktalarının karşısında da N harfiyle belirtilecek nokta olacaktır.

5. Sonra G'den L'ye ve H'den K'ye çaplar çizilecektir. Üstteki yaz kuşağını, alttaki de kış kuşağını oluşturacaktır. Bu çaplar M ve O harfleriyle belirtilecek ortadaki noktalarda iki eşit bölüme ayrılacak ve bunlar merkez kabul edilecektir. Bu iki noktadan ve A merkezinden geçen, P ve Q harfleriyle belirtilecek çemberin uç noktalarına bir çizgi çekilecektir. Bu çizgi gün-tün eşitliğindeki ışına dik olacaktır. Matematikçilerin dilinde bu çizgi eksen olarak geçer. Sonra merkez kabul edilen noktalardan başlayarak[1] pergeli çapların uçlarına kadar açıp biri yazı, diğeri kışı temsil edecek yarım daireler oluşturulacaktır.

6. Daha sonra paralel çizgilerin ufuk adı verilen çizgiyi kestiği yerlerde, sağ taraftaki nokta S harfiyle, sol taraftaki nokta V harfiyle belirtilecektir. G harfinin bulunduğu yarım dairenin ucundan H harfinin bulunduğu soldaki yarım daireye, eksene paralel bir çizgi çekin. Bu paralel çizgiye "ekvatoru kesen çizgi" (*lacotomus*) denir. Ardından pergeli gün-tün eşitliğindeki ışının o çizgiyi kestiği D harfiyle belirtilen noktada sabitleyip yaz ışınının çemberi kestiği H harfiyle işaretlenen noktaya açın. Gün-tün eşitliğindeki merkezden yaz ışınına eşit bir mesafede "aylık döngü" (*menaeus*) adı verilen ayların döngüsel çemberini çizin. İşte *analemma* şeması bu şekilde oluşturulmuş olacaktır.

7. Bu şemayı bu şekilde çizdikten ve kâh kış çizgilerine, kâh yaz çizgilerine, kâh gün-tün eşitliğindeki çizgilere, kâh aylık çizgilere göre belirli bir düzene oturttuktan sonra, *analemma* şekli dikkate alınarak saatlerin sürelerini gösteren çizgileri de ilave etmek gerekir. Bu *analemma*lardan çok çeşitli ve farklı tipte güneş saati tasarlanıp bu teknik sürece uygun olarak kurulur. Ama tüm bu tasarımların, tüm bu tasvirlerin amacı aynıdır: Gün-tün eşitliğinde olsun, kış ve yaz gündönümlerinde olsun, bir günün uzunluğunun on iki eşit kısma ayrılması. Ben bu ayrıntıları da tembel görünürüm korkusuyla atlamadım, ama lafı

[1] M ve O.

fazla uzatıp can sıkıcı olmak da istemediğimden, sadece farklı tasarımlara sahip bu saatlerin kimlerin icadı olduğunu anlatacağım. Ne de olsa yeni bir saat icat edecek değilim, başkalarının icatlarını kendime mal etmek de bana göre değil. Bu nedenle bu saatlerin hangilerinin elimize geçtiğinden ve kimler tarafından icat edildiğinden söz edeceğim.

8. Bölüm
Güneş Saatleri, Su Saatleri ve Mucitleri

1. Kare bir taş bloğa oyulmuş ve ekvatorun ufka olan eğimine göre kesilmiş Yarım Daire şeklindeki güneş saatini (*Hemicyclium*) Keldani kavminden Berosos'un icat ettiği söylenir; Çanak şeklindeki ya da Yarım Küre şeklindeki saati (*Scaphe/ Hemisphaerium*) ve hatta Düz Disk şeklindeki saati de Samoslu Aristarkhos'un. *Arachne*nin (Örümcek Ağı) mucidi gökbilimci Eudoksos'tur, bazılarına göre de Apollonios. Bir örneği Circus Flaminius'ta da bulunan *Plinthium* veya *Lacunar*ın mucidiyse Siraküzalı Scopinas'tır.[1] *Pros ta istoroumena*yı Parmenion icat etti; *Pros pan klima*yı (Her Enleme Uygun) Theodosius ve Andrias; *Pelecinum*u (Çift Başlı Balta)[2] Patrokles; *Conum*u (Koni) Dionysodoros; *Pharetra*yı (Sadak) da Apollonios. İşte bunlar gibi daha nice çeşit saat ya yukarıda söz ettiğimiz kimseler ya da başkaları tarafından icat edilip bize miras olarak bırakıldı; mesela *Conarachne* (Konik Örümcek Ağı), *Conicum Plinthium*, *Antiboreum* (Kuzeye Dönük) gibi. Bunların yanı sıra birçok başka yazar da bize bu tip saatlerin taşınabilir ve asılabilir olanlarının yapımını gösteren bir dolu belge bıraktı. Dileyen, bu yazarların kitaplarında ek bilgiler bulabilir; tabii *analemma* çizimlerinden anlamak kaydıyla.[3]

---

1 *Hemicyclium* (ἡμικύκλιον): Yarım daire şeklindeki güneş saati; *Scaphe* (σκάφη): İçbükey veya çanak şeklindeki güneş saati.

2 Kırlangıçkuyruğu olarak da geçer. Bkz. Rich 1849: 484.

3 Güneş saatlerinin bazılarının Türkçe adlarının verilmemesinin nedeni,

Hemicyclium

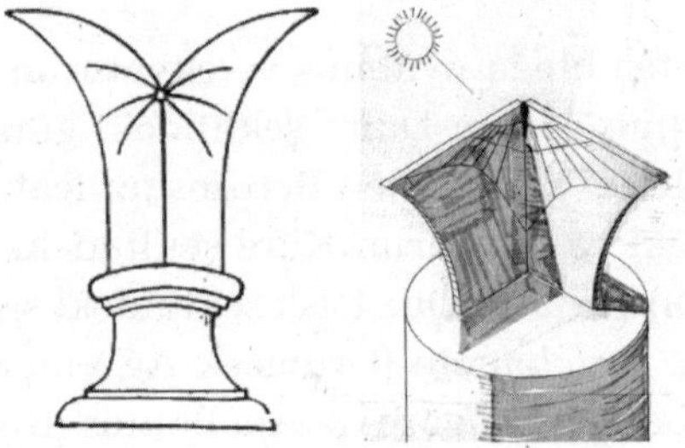

Pelecinum

2. Bahsettiğim bu yazarlar suyla çalışan saatlerin (*horologium ex aqua*) yapım teknikleri üzerine de araştırmalarda bulundular. Bunların başında İskenderiyeli Ktesibios gelir. Ktesibios, aynı zamanda doğal hava basıncını ve hava basıncıyla çalışan aletlerin esaslarını da keşfetti. Bu keşiflerin nasıl yapıldığını öğrenmek, konuya ilgi duyanlar için zahmete değer. Ktesibios berber bir babanın oğlu olarak İskenderiye'de dünyaya geldi. Dehası ve azmiyle çağdaşlarını fersah fersah aşan Ktesibios, teknik konulara düşkünlüğüyle tanındı. Bir keresinde babasının dükkânına, indirilip kaldırılırken gizli bir ipin karşı ağırlığı çektiği türden bir ayna asmak istedi ve şöyle bir düzenek kurdu:[1]

---

bu adlarla tam olarak ne kastedildiğinin günümüzde kesin bir bilgisinin olmamasıdır.

1 Ktesibios: İÖ yak. 285-222 yılları arasında yaşamış İskenderiyeli matematikçi.

3. Tavan kirişinin altına ahşap bir oluk sabitleyip içine makaralar yerleştirdi.[1] İpi kanaldan köşeye kadar uzatıp bu köşeye de küçük borular döşedi. Boruların içini, ipe bağlı kurşun bir bilyenin aşağıya inebileceği şekilde düzenledi. Böylece ağırlık dar borulardan düşerken içerideki havayı sıkıştırdı, hızlı düşüşün sonucunda sıkışıp yoğunlaşan havayı borunun ağzından itti; sıkışan hava, dışarıdaki havayla temas edip çarpışınca da belirli bir ses çıkardı.

4. Ktesibios serbest havayla borudan çıkan sıkışmış havanın temasından böyle sesler, sedalar çıkabileceğini görünce, bu gözlemini hayata geçirip su orglarının yaratıcısı da oldu. Bunun yanı sıra su fıskiyeleri, kendi kendine işleyen makineler gibi, insanların hoşuna gidebilecek nice tasarıya imza attı; bunlara su saatleri için geliştirdiği mekanizmalar da dahildir.[2] Önce altından ya da oyulmuş değerli bir taştan bir delik oluşturmakla işe başladı; çünkü bu tür malzemeler suyla temas edince bozulmaz, kir tutup tıkanmaz.

5. Bu delikten düzgün şekilde akan su, ters çevrilmiş bir çanağı (*scaphium*) yukarı kaldırır; saat ustaları bu çanağa *mantar* ya da *duba* der. Buna, dişleri birbirine tam tamına uyan bir çubuk ve döner disk takılıdır. Bu küçük dişler birbirini ittire ittire ritimli dönüşlere, devinimlere sebep olur. Aynı şekilde aynı diş sistemine sahip başka başka çubuklar, başka başka diskler de belirli bir ritimle dönerek çeşit çeşit devinimler meydana getirir. Bu devinimler sonucunda da heykelcikler hareket etmeye başlar, konik sütunlar döner, çakıl taşları veya yumurtalar düşer, borular çalar ya da benzeri türden envaiçeşit şey olur.

---

1 İçlerinden bir ipin geçeceği.

2 İskenderiyeli Ktesibios, güneş saatlerinden önce icat edilen ve genellikle mahkemelerde konuşmacıların konuşma sürelerini ayarlamak için veya Roma'nın askeri kamplarında nöbet sürelerini belirlemek için kullanılan *clepsydra* (su hırsızı) adı verilen su saatlerini geliştirmiş ve *horologion hydraulikon* (ὡρολόγιον ὑδραυλικὸν) olarak adlandırmıştır. Bu su saati, çarkların suyla döndürüldüğü bir düzenektir. Bu çarkların ritmik hareketiyle iletişim halindeki küçük bir heykel, yavaş yavaş aşağıdan yükselip elinde tuttuğu minik çubuğuyla ya da ibresiyle cihaza bağlı olan sütunun üzerine işaretlenen saatleri gösterir. Karmaşık yapısından dolayı pek yaygın kullanıma sahip olmamış, ancak zengin kimselerin evlerinde yer almıştır.

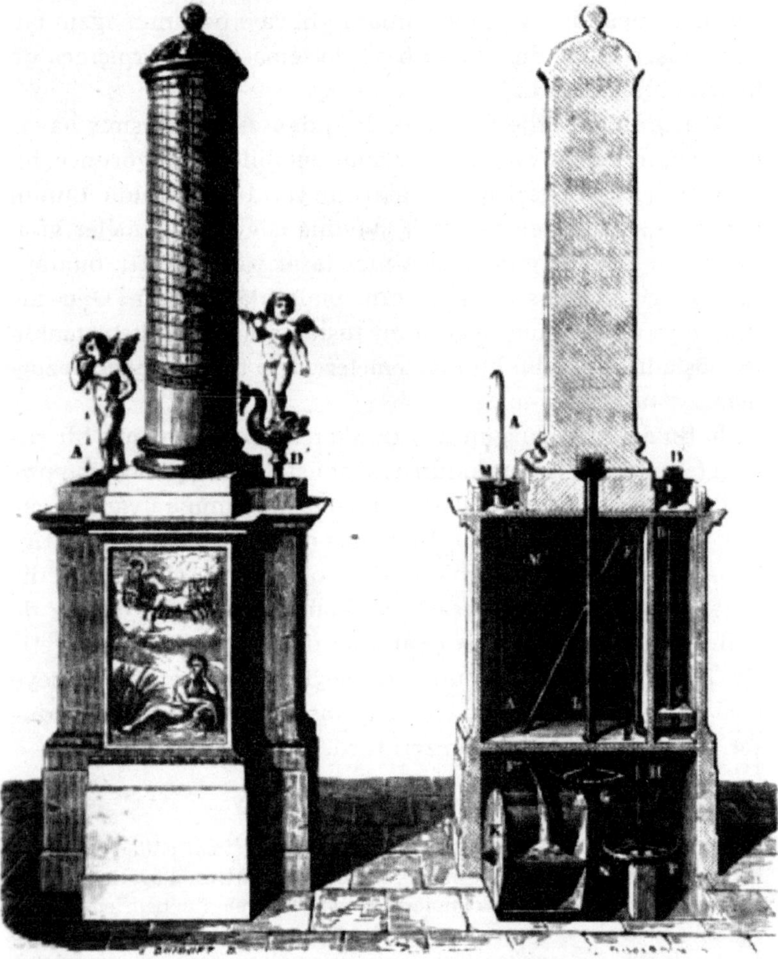

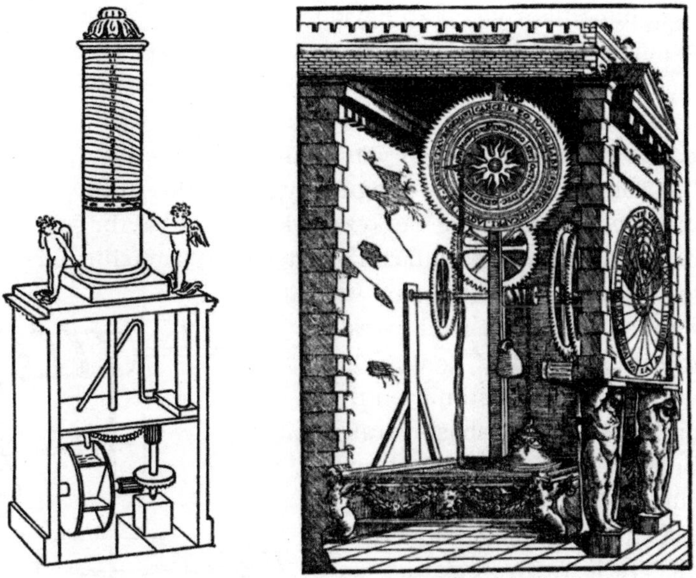

Ktesibios'un su saatine dair çizimler

6. Bu tür cihazlarda saatler bir sütuna ya da direğe işaretlenir ve bir heykelcik aşağıdan yukarıya yükselerek minik çubuğuyla gün boyunca bunları gösterir. Kamaların eklenip çıkartılması bu heykelciğin her ayın her günü, saatlerin süresindeki kısalığı, uzunluğu tasvir etmesini sağlar. Suyun ayarını sağlayan vanalarsa şu şekilde oluşturulmalıdır: Biri dışbükey, diğeri içbükey iki koni yapılsın; öyle ki bunlar birbirinin içine girip iyice oturacak şekilde tornadan geçirilmiş olsun; bu çubuk da bunları gevşetip sıkıştırarak suyun kaba tazyikli veya azar azar akmasını sağlasın. İşte kışın kullanılacak bir su saatinin aksamları bu tekniklerle, bu düzenekle böyle bir araya getirilebilir.[1]

7. Ama çoğu kez hatalı sonuç verdiği için, günlerin kısalığının, uzunluğunun kamalar ekleyip çıkararak halledilmesi uygun bulunmuyorsa, o zaman şöyle yapmak en iyisi: Saatler küçük bir sütuna *analemma* şemasına göre çapraz olarak işaretlenip yine aynı sütuna ayları gösteren çizgiler çizilsin. Döner bir sütun olsun bu; öyle ki heykelcik ve çubuk yönünde, yani

[1] Yani güneşin gölgesinin belli belirsiz olduğu dönemlerde.

aşağıdan yukarıya çıkan heykelciğin saatleri gösterdiği çubuk yönünde sürekli döndükçe aylara göre saatleri kısaltsın, uzatsın.

8. *Anaphorica* (yıldızların yükselişlerine ayarlı) adı verilen başka tür kış saatleri de yapılabilir ve şu esaslara göre kurulur: Saatler *analemma* taslağına uygun şekilde, tunç çubuklarla tasvir edilir, ön yüzde merkezden kenarlara yayılır şekilde. Etraflarına ayların aralıklarını belirten daireler çizilir. Bu çubukların gerisine, gökkubbenin ve burçlar kuşağının çizilip resmedildiği bir disk konur. On iki takımyıldızı betimleyen figürler merkezden başlayarak, biri büyük ölçekte, diğeri küçük ölçekte çizilmelidir. Diskin sırtının ortasına döner bir aks yerleştirilir, etrafına da esnek, tunçtan bir zincir dolandırılır. Zincirin bir ucuna suyla kaldırılan mantar asılır, diğer ucuna da mantarla aynı ağırlıkta kumla dolu bir karşı ağırlık (*sacoma*).[1]

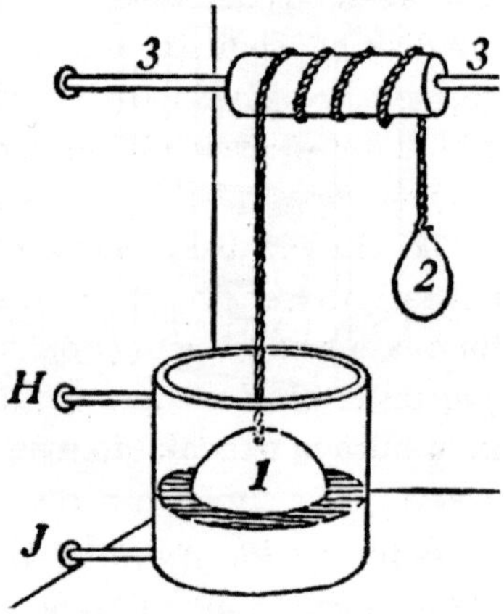

1. Mantar; 2. Kum; 3. Aks ve zincir

9. Böylece mantar suyla yukarı kalktıkça, kumdan karşı ağırlık da o oranda aşağı inip aksı döndürür, aks da diski döndürür. Bu diskin dönüşü, burçlar kuşağının bazen daha büyük bir kesitini, bazen de daha küçük bir kesitini çevirerek kendilerine özgü mevsimlerde olması gereken saat sürelerini göstermelerini sağlar. Çünkü her takımyıldızda, bulunduğu ayın gün sayısı kadar delik bulunur; topuzu da, yani kadranlarda genellikle güneşi temsil etmek için kullanılan topuz da, saat aralıklarına işaret eder. Bu topuz bir delikten diğerine geçerek bu döngüsü içinde bir aylık dönemi tamamlar.

10. Kısacası tıpkı güneşin takımyıldızların sahalarını dolanarak günleri ve saatleri uzatıp kısaltması gibi, saatlerdeki bu topuz da diskin merkezinin deveranına ters bir istikamette bir

1 *Sacoma* (σήκωμα): Karşı ağırlık, dara.

noktadan diğerine girip her gün bazı mevsimlerde daha geniş, bazı mevsimlerde daha dar mesafeler katederek her ayın kendi içindeki saatlerinin ve günlerinin süresini gözümüzde canlandırır.

11. Suyun idaresine, yani suyun cihaza göre nasıl ayarlanacağına gelince; şöyle yapılacak: Saatin içine, kadranın arkasına bir hazne yerleştirin, bir boruyla içine su verin. Haznenin dibinde delik olsun. Buraya delikli, tunç bir disk sabitlensin; böylece hazneden gelen su diske aksın. Diskin içine de küçük bir disk hapsedilsin; bunlar tornadan geçirilmiş erkek ve dişi geçmelerle birbirine öyle birleştirilsin ki, küçük disk bir vana gibi döndürülerek büyüğünün içine sıkıca otursun, ama rahatça da çevrilebilsin.

12. Büyük diskin kenarına eşit aralıklı üç yüz altmış beş nokta işaretlensin, küçük diskin çemberinin kenarına da, ucu bu noktaların hizasına dönük küçük bir dil tutturulsun. Bu küçük diske bir de uygun ölçüde bir delik açılsın; su büyük diskten buraya akacak, dolayısıyla akış hızını ayarlayacaktır. Bu arada gök cisimlerinin resimleri büyük diskin kenarında yer alacağından, bu disk sabit olsun. Tepeye Yengeç burcu çizilsin; bunun altına, tam karşı tarafına Akrep burcu; bakana göre sağ tarafa Terazi, sol tarafa da Koç burcu çizilsin; aralarına da diğer burçlar gökteki görünüşlerine göze dizilsin.

13. Böylece Güneş, Oğlak burcunda olduğunda, küçük diskin dili, büyük diskte Oğlak burcuna ayrılan kesitteki noktaların her gün birine değerek akan suyun güçlü basıncına dik konuma geleceğinden, suyu hızla küçük diskin deliğinden kaba akıtır. Kap suyu alır almaz anında dolar ve bu şekilde günlerin ve saatlerin sürelerini azaltıp gitgide kısaltır. Ama küçük diskin dili, diskin günlük döngüsü içinde, Kova burcunun yer aldığı noktalara girdiğinde, delik dikey konumdan meyleder, dolayısıyla tazyikli akan suyun daha yavaş akmasına neden olur. Dolayısıyla kap tarafından alınan suyun hızını düşürdükçe, saatlerin sürelerini de o oranda artırır.

14. Küçük diskteki delik, Kova ve Balık burçlarının yer aldığı noktalardan, merdivenden çıkar gibi çıkarak Koç burcunun sekizinci derecesini teğet geçtiğinde, suyun ortalama bir hızla akmasıyla birlikte gün-tün eşitliğindeki saatleri gösterir. Koçtan hareketle Boğa ve İkizlerin bulunduğu sahalardan Yengecin sekizinci derecesindeki en yüksek noktalarına doğru diskle birlikte dönüp duran deliğin yükseldikçe gücü azalır; dolayısıyla suyu daha yavaş akıtarak, dura dura araları iyice açarak Yengeç burcundaki yaz gündönümünün saatlerini belirler. Yengeçten aşağıya meyledip Aslan ve Başaktan geçerek Terazinin sekizinci derecesine denk gelen noktada geri dönüp saatlerin sürelerini yavaş yavaş kısarak azaltır ve bu şekilde Terazinin bulunduğu noktalara vararak saatleri yeniden gün-tün eşitliğindeki durumlarına getirir.

15. Sonunda Akrep ve Yayın yer aldığı alanlardan çok daha süratle alçalan delik, kendi yörüngesi içinde Oğlak burcunun sekizinci derecesine geri döndüğünde, suyun tazyikli akışıyla birlikte kış göndönümünün o kısa saatlerini yeniden belirler.

İşte saat tasarımlarının esaslarını ve aksamlarını elimden geldiğince açık bir dille anlattım; maksat, bunları daha kolay kullanabilelim. Artık iş mekanik aletlerin ve bunların esaslarının münazarasına kalıyor. O halde mimarlık üzerine kaleme aldığım bu külliyatın kapsamlı ve eksiksiz olması için, bundan sonraki kitabımı bu konulara ayırarak yazmaya başlayacağım.

X. KİTAP

Makineler

Önsöz

1. Yunanların ünlü ve heybetli şehri Efes'te atalardan kalma eski bir yasanın varlığından söz edilir; şartları ağırdır bu yasanın, ama bir o kadar da adildir: Bir mimar bir kamu binasının inşasını üstlendiğinde, bunun kaça malolacağını önceden beyan eder. Bu yaklaşık rakam yargıca iletilir ve iş bitinceye kadar mimarın malına el konur. İş bitince, mimarın beyanı maliyetle örtüşüyorsa, kademesi artırılır, iltifatlara nail olur. Mimarın verdiği yaklaşık rakama en fazla dörtte bir oranda artı bir rakam eklenecekse, devlet hazinesinden karşılanır, mimar için cezai bir yaptırımı olmaz. Ama söz konusu işte dörtte birlik orandan daha fazla bir harcama yapılmışsa, o zaman bu fazlalık mimarın mal varlığından karşılanır.

2. Ah keşke ölümsüz tanrılar Roma halkına da böyle bir yasa nasip etseymiş, hem de sırf kamu binaları için değil, özel konutlar için de geçerli olacak şekilde! İşte o zaman işinin ehli olmayan kimseler ceza alma korkuları olmadan böyle soygunculuklara kalkışmaz, mimarlık biliminin en ince ayrıntılarına sahip mimarlar da mesleklerini hiçbir şeyden çekinmeden icra ederlerdi. Dahası işverenler ellerindeki mallardan da olmamak adına onca sınırsız, lüzumsuz paralar harcamak zorunda kalmaz, mimarlar ceza almaktan çekindiklerinden maliyet hesaplarında daha titiz davranıp son rakamı ona göre söylerlerdi ki, işverenler kendilerini buna göre hazırlasınlar, olmadı üstüne biraz daha ekleyip binalarına kavuşsunlar. Çünkü mesela bir iş için dört yüz bin gibi bir rakamı gözden çıkarabiliyorsanız, işin biteceğinden eminseniz, üstüne bir yüz daha eklemeye seve seve razı olursunuz, ama maliyetin yarısı ya da daha fazlası bir rakam sırtınıza binerse, ne umudunuz kalır ne de o ana kadar yapılan harcamaların bir değeri; sonunda bitmemiş bir iş ve kırık hayallerle her şeyden vazgeçmek zorunda kalırsınız.

3. Bu sorun sırf kamu binalarıyla da sınırlı kalmaz, devletin yüksek memurlarınca düzenlenen *forum*daki gladyatör oyunlarının ve tiyatro oyunlarının sahnelerinde de yaşanır;[1] üstelik bunlar ne gecikmeye ne de ertelenmeye gelir, işin mutlaka tam zamanında bitirilmesi gerekir; yani seyircilerin oturacağı sıraların, üzerlerine çekilecek gölgeliklerin, yani kısacası halka açık gösteriler için geleneksel sahne düzenine uygun şekilde hazırlanacak tüm mekanik düzenlemelerin. Ama bu işlerde sahiden dikkatli bir göz, iyi eğitimli zihinlerden çıkma tasarımlar şart; çünkü bunların hiçbiri mekanik bilgi, çok yönlü bir okuma ve yaratıcı bir el becerisi olmadan olmaz.

4. Ama mademki düzen böyle gelmiş böyle gider, o zaman bu tür işleri üstlenmeden önce işin gerektirdikleriyle ilgili son derece dikkatli ve titiz bir ön hazırlık yapmak hiç yersiz olmaz. Çünkü sonuçta bize bu böyle olur diyebilecek bir yasamız, yerleşik bir âdetimiz yok ve her yıl gerek valiler, gerekse belediye reisleri halka açık gösteriler için mekanik düzenekler kurmak zorunda. Bu yüzden ben de düşündüm ki, ey yüce Hükümdar, bundan önceki kitaplarımda bina inşasıyla ilgili açıklamalarda bulunduğuma göre, külliyatımın son kitabını oluşturacak bu bölümde makine inşasının temel ilkelerini konunun gerektirdiği düzen içinde açıklamakla maksadımı aşmış olmam.

---

1 Sökülüp takılabilen düzeneklerin olduğu sahnelerden bahsediliyor.

1. Bölüm
Temel Bilgiler

1. Makine, yükleri hareket ettirecek derecede olağanüstü bir kapasiteye sahip, birbiriyle birleşmiş malzemeler (*materia*) bütünüdür.[1] Yunanların *kyklikē kinēsis* dedikleri yapay dairesel hareketlerle çalışır. Bir çeşidi vardır, yukarı çıkmaya yarar;[2] Yunancada buna *akrobatikon* denir.[3] Diğer bir çeşidi vardır, hava basıncıyla iş görür; Yunanlar arasında *pneumatikon* olarak bilinir. Bir üçüncü çeşidi vardır, yükleri çekmeye yarar; Yunanlar buna *baroulkon* der.[4]

Yukarı çıkmaya yarayanlar, yüksekçe dikilen kalaslara enlemesine ya da çapraz bağlanan tali parçalardan oluşan düzeneklerdir; böylece emniyetli şekilde yukarı çıkar, yüksekteki işlerinizi halledersiniz. Basınçla çalışanlar, havanın basınçla dışarı püskürtüldüğü ve bir alet yardımıyla (*organikōs*) ritimlerin, seslerin çıkarıldığı düzeneklerdir. Çekme sistemindeyse, yükler makinelerle çekilir, yukarı kaldırılıp yerine konur.

2. Yukarı çıkmak için kullanılan düzenekler, tekniklerinden ziyade, cüretkâr havalarıyla göz doldurur; bunlar bağlayıcı

---

1 Vitruvius'un bu kitabı günümüzde basit makineler olarak sınıflanan makinelerin tarihi için en önemli belgelerden biridir. Makine tanımını çok genel ve belli belirsiz bir üslupla yapmış olmasına rağmen, Vitruvius'taki *machina* (μηχαναί) terimi, insan elinden çıkma her tür yapay düzeneğe karşılık gelir; bu makinelerle ağırlıklar çekilir, yukarı kaldırılır, sütunlar dikilir, tekneler kıyıya çekilir, gülleler ve oklar atılır. Batı dillerine yapılan bazı çevirilerde buradaki *materia* terimi, sırf ahşap malzeme olarak ele alınmıştır. Ama Vitruvius burada bir makineyi oluşturan tüm parçalardan ve bu parçaların malzemelerinden söz etmektedir. İlerleyen satırlarda tarif ettiği makine parçalarında kullanılan malzemelerden de bu durum açıkça anlaşılacaktır. Bu konuda bkz. Polenus (ed.) 1829: 118, n. 5.

2 Tırmanmaya.

3 Vitruvius açıklayıcı bilgi vermediği için, *akrobatikon* kelimesiyle tam olarak ne kastedildiği bilinmese de, yapı iskelesi olduğu düşünülmektedir.

4 *Scansorius*: Yukarı çıkmaya uygun, tırmanmaya uygun, tırmanma maksadıyla kullanılan (merdiven kastediliyor); *Spirabilis* (*pneumaticus*): Hava basıncıyla ilgili, basınçla ilgili, basınçla çalışan; *Tractorius*: Çekmeye uygun, çekme maksatlı kullanılan.

parçalar (tali kirişler, birbirine örülü halatlar) ile destekleyici parçaların birleşmesinden oluşmuştur. Bunun tam tersi, işletim gücünü hava basıncından alanlar, teknik inceliklerinden ötürü beğeniye hitap eden sonuçlar doğurur. Yükleri çekmeye yarayanlarsa, pratik açıdan çok daha büyük, çok daha önemli işlerin altından kalkabilecek bir kapasiteye sahiptir ve becerikli ellerde son derece marifetlidir.

3. Bunların bazıları mekanik olarak (*mēkhanikōs*), bazıları da bir alet yardımıyla (*organikōs*) çalışır. Makineler (*machinae*) ile aletler (*organa*) arasında şöyle bir fark olduğu açık: Makineler randıman sağlamak için daha çok işçiye, yani daha büyük bir iş gücüne gerek duyar; *ballista*lar, cendere kolları gibi.[1] Aletlerse, yapmaları gereken işi tek bir ustanın maharetli dokunuşuyla hallediverirler; mesela *scorpio*ların, dişli çarkların (*anisocycla*) döndürülmesinde olduğu gibi.[2] Ama sonuçta hem aletler hem de her tür makine, günlük hayatımızın vazgeçilmez unsurları; onlar olmadan bir işin külfetsizce halledilmesi imkânsız.

4. Gerçek şu ki, her makine doğanın bir yaratımıdır; kılavuzu ve öğretmeniyse gökkubbenin devridaimidir.[3] Çünkü her şeyden önce Güneşin, Ayın, hatta şu beş gezegenin yörüngesini düşünecek olursak, onlar doğanın mekanik yasalarına göre öyle bir yörünge izlemiyor olsalardı, bizim ne böyle nöbetleşe değişen ışığımız olurdu ne de böyle olgunlaşan meyvelerimiz.[4]

İşte atalarımız da düzenin böyle işlediğini anladıklarından, örneklerini doğadan aldılar ve tanrısal aklın ışığında bunları taklit edip hayatı kolaylaştırıcı kopyalar çıkardılar. Daha işe yarar hale getirmek için de,[5] bazılarını makineler ve onların döner mekanizmaları, bazılarını aletler şeklinde tasarladılar. Böylece pratik olarak sanatlara, zanaatlara, yerleşik teamüllere

---

1 *Ballista* (λιθοβόλος; λιθοβόλον): Ağır taş gülleler fırlatmak için kullanılan bir tür mancınık.

2 Taş gülle ve ok fırlatmak için kullanılan ve akrep şeklinde olduğu için *scorpio* (akrep) olarak adlandırılan bir savaş aleti.

3 Makinelerin, doğanın mekanik yasaları temelinde kurulduğu belirtiliyor.

4 Gece, gündüz ve mevsim dönüşümlerinden, ayrıca sıcaklıktan söz edilmektedir.

5 Farklı amaçlara hizmet etmeleri için.

yararlı olacağına inandıkları her şeyi, bilimsel bilgilerle adım adım geliştirmeye özen gösterdiler.[1]

5. Önce mecburiyetten doğan şu buluşa, yani giyim kuşama bir bakalım; dokuma tezgâhları sayesinde elimizle çözgüleri atkılara geçirerek dokuduğumuz kumaşların[2] vücudumuzu sadece örtüp korumakla kalmayıp onu süsleyip püsleyerek nasıl da asil bir hava kattığına. Elbette bu kadar bol yiyeceğimiz olmazdı, öküzler için ya da tüm diğer koşum hayvanları için böyle boyunduruklar, sabanlar icat edilmemiş olsa. Cendereler için bocurgat, kaldıraç, manivela tertibatı olmamış olsa, ne zeytinyağının berraklığından kâm alırdık ne de asmanın yemişinden. Nakilleri bile mümkün olmazdı bunların, karada giden iki tekerlekli yük arabaları ya da atlı arabalar için, denizde giden gemiler için gerekli tertibatlar icat edilmemiş olsa.[3]

Serracum (sarracum)

Tela

Plostrum (plaustrum)

6. Kantarların, terazilerin kefeleriyle tartma işini öğrendik de, doğru alışkanlıklar edinip hayatımızı sahtekârlıktan kurtardık. Daha böyle neredeyse sınırsız sayıda mekanik aracımız

[1] Konuyla ilgili daha geniş bilgi ve yorum için bkz. Pasquale 2016: 49-65.

[2] *Tela*: Dokuma tezgâhı; *Çözgü*: Dokumacılıkta atkıların geçirildiği uzunlamasına ipler; *Atkı*: Dokuma tezgâhlarında mekikle enine atılan iplik.

[3] *Plostrum* (*plaustrum*): İki tekerlekli, öküzlerle veya katırlarla çekilen ve ağır yükler taşımada kullanılan yük arabaları.

var, ama hepsinden bahsetmek bana göre gereksiz; çünkü bilinmeyeni yok, hepsi her an elimizin altında; mesela değirmenler, demirci körükleri, dört tekerlekli yolcu arabaları, iki tekerlekli paytonlar, tornalar ve bunlar gibi günlük hayatımızda sıradan ihtiyaçlarımızı karşılayan daha niceleri. O halde biz şimdi her an elimizin altında olmayanlarla işe başlayalım ki, bunları da bir bilelim.

Cisium (payton)

2. Bölüm
Yük Kaldırmaya ve Çekmeye Yarayan Düzenekler

1. Önce tapınakların ve kamu binalarının inşaatlarında önceden hazırlanması gereken makinelerle işe başlayalım. Bunlar şu şekilde kurulur: Yüklerin ağırlığına uygun iki kalas alınır, tepelerinden cıvatayla birleştirilir, alta ayrık vaziyette dikilir;[1] başlarına ve çevrelerine bağlanan halatlarla da öyle dik tutulur. Üst tarafa bazılarının *rechamus* da dediği bir palanga (*troclea*) asılır.[2] Palangada küçük millerinde dönen makaralar (*orbicu-*

[1] Ters V şeklinde.

[2] *Troclea* (*trochlea*): Makaralardan oluşan düzenek, makara düzeneği,

li) bulunur. Üstteki makaradan bir çekme halatı (*ductarius funis*) geçirilir,[1] alta indirilir, palanganın altındaki makaraya alınır, sonra tekrar palanganın üstündeki alt makaraya döndürülür ve yeniden palanganın altındaki makaraya alınıp bunun gözüne bağlanır; halatın diğer ucu da makinenin aşağılarına bırakılır.

2. Kalasların arka yüzlerine, iki yana ayrıldıkları yerlere, yuvalar (*chelonia*) raptedilir; içlerine bocurgatın (*sucula*) uçları sokulur ki, akslar kolay dönsün. Yine bu bocurgatın uçlarında bir yerlere manivelaların (*vectis*) girebileceği ayarda iki delik açılır. Palanganın altına demir bir kıskaç (*forfex*) bağlanır, kıskacın sivri uçları deldiğiniz taşları deliklerinden kavrayacak şekilde ayarlanır. Halatın alt ucu bocurgata bağlanıp manivelarla döndürülmeye başlayınca, halat bocurgata sarılıp gerilir, böylece hem yükleri yukarı kaldırır hem de yapıdaki yerlerine yerleştirir.

3. İşte bu tip bir makineye, üç makarayla manevra kabiliyeti kazandırıldığı için *trispastos* (üç makaralı) adı verilir.[2] Palanganın alt tarafında dönen iki makara, üstündeyse üç makara olduğunda da, *pentaspastos* (beş makaralı) olarak adlandırılır.[3]

Ama çok daha ağır yükler kaldıracak türden makineler kurulacaksa, o zaman daha büyük, daha uzun ve daha kalın kalaslar kullanmak, keza tepedeki cıvataların, altta dönen bo-

---

makara tertibatı, kasnak, palanga (*rechamus*). Vitruvius burada direkler, halatlar ve makaralardan oluşan, maçunayı andıran bir çeşit vinçten söz etmektedir. Bu düzeneğin adı, manevra yapmasını sağlayan makara sayısına göre belirlenir. Üç makaradan oluşan bir düzenekle döndürülüyorsa *trispastos*, beş makaralı bir düzenekle döndürülüyorsa *pentaspastos* olarak anılır. Eğer makara sayısı beşten fazlaysa, *polypastos* adı verilir. Vitruvius *troclea* kelimesini metin boyunca hem palanga hem de makara, makara bloğu vb gibi türlü anlamlarda kullanmıştır.

1 Palanga ya da makara halatı.

2 Vincin sağa sola, öne, arkaya hareket etmesinden söz ediliyor.

3 Palangadaki makara sayısı, bütün makineye adını verir.

curgatların ölçülerini de buna göre ayarlamak gerekir. Bu malzemeleri hazırladıktan sonra, önceden gevşek bırakılan destek halatlarını bağlayın; kontrol halatlarını da makinenin omuzlarına bağlayıp epey bir uzağına aralıklarla sabitleyin; bunları bağlayacağınız bir yer yoksa, yere eğik şekilde kazıklar çakın, kazıkların etrafındaki toprağı tokmakla dövüp iyice sıkıştırın ve halatları bunlara bağlayın.

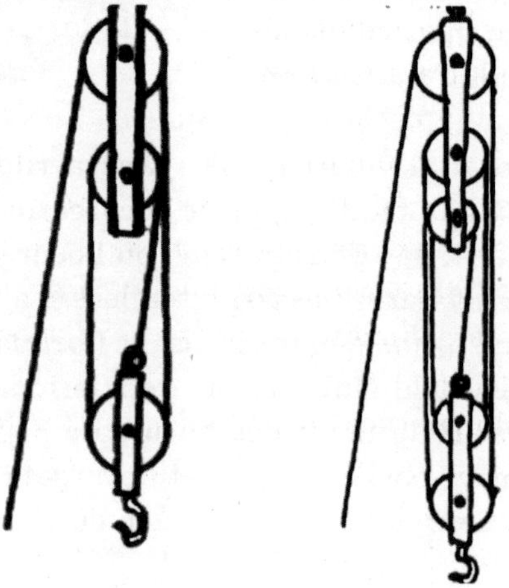

Trispastos *Pentaspastos*

Bkz. Rowland (tr.) 1999: 294.

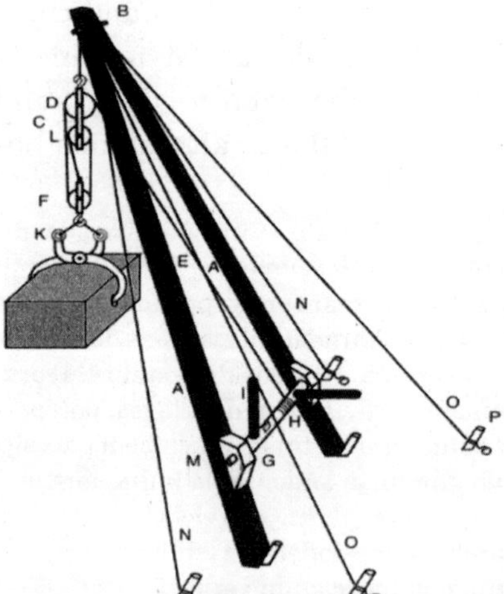

Üç makaralı düzenek (*trispastos*); (bkz. Fleury 1993: 97, fig. 13): **A.** *Tigna* (kalaslar); **B.** *Fibula* (cıvata); **C.** *Troclea superiora* (palanganın üst makaraları ya da üst makara bloğu); **D.** *Orbiculus* (makara); **E.** *Ductarius funis* (makara halatı ya da çekme halatı); **F.** *Troclea inferior* (palanganın alt makarası); **G.** *Chelonium* (bocurgatın uçlarının gireceği yuva); **H.** *Sucula* (bocurgat, çıkrık); **I.** *Vectis* (manivela; *vectes*: manivelalar); **K.** *Ferrei forfices* (demir kıskaçlar); **L.** *Axiculus* (küçük dingil); **N.** *Antarii funes* (destek halatları); **O.** *Retinacula* (kontrol halatları); **P.** *Palus* (kazık)

4. Makinenin tepesine kalın halatlarıyla[1] palangayı asın; buradan bir kazığa, yani alt makaranın bağlı olduğu kazığa bir halat çekin. Halatı bu makaradan geçirip tekrar makinenin tepesine bağlı olan makaraya döndürün. Bu makaradan dolandırıp aşağı indirin ve makinenin aşağısındaki bocurgata getirip buraya bağlayın. Bocurgat manivelalarla dönmeye başlayacak ve makineyi kendi kendine emniyetli şekilde yükseltecektir. İşte bu şekilde çevresine belirli aralıklarla sabitleştirilmiş halatlarla, kazıklara geçirilmiş kontrol halatlarıyla çok daha büyük bir makine kurabilir, makaraları ve çekme halatlarını da yukarıda tarif ettiğimiz şekilde tertipleyebilirsiniz.

5. Ama inşaatta kullanılacak malzemeler de devasa büyüklükte ve ağırlıktaysa, bocurgata güvenmemeli, ortasında kocaman tamburu (*tympanum*) olan bir aksı, tıpkı bocurgatı yuvalarına yerleştirir gibi yerleştirmeliyiz. Bazılarımız bu tambura tekerlek (*rota*) der; Yunanların bazıları *amphiesis,* bazıları da *perithēkion* der.

6 Bu tür makinelerdeki makara tertibatı diğerlerine benzemez, daha farklı olur; çünkü bunlarda altta ve üstte çift sıra makara bulunur. Bu makaralarda çekme halatı palanganın alt sırasındaki halkaya, gerildiğinde iki ucu birbirine eşit uzunlukta olacak şekilde geçirilir ve halatın her iki kısmı, alt makara kasnağının bulunduğu yerde, makaralardan geçirilmiş küçük bir telle sabit tutulur ki, sağa sola oynamasın. Sonra halatın uçları dış taraftan üstteki makara sırasına alınır, bir alttaki makaralardan geçirilip tekrar aşağıya indirilir; sonra iç taraftan palanganın en alttaki makaralarından geçirilip hem sağdan hem soldan tepeye, en üstteki makara sırasına getirilir. Dış taraftan geçirilip aksın ortasındaki tamburun sağına ve soluna alınır, sabit dursunlar diye de buraya sıkıca bağlanır.

7. Bu arada tamburun etrafına sarılı ikinci bir halat bir ırgata (*ergata*) geçirilir; bu döndükçe tamburu ve aksı döndürür, halatlar aksın etrafına sarılıp eşit şekilde gerilir ve böylece yükleri hafif hafif ve emniyetli şekilde yukarı kaldırmaya başlar. Ama ortaya ya da sağ veya sol kenara daha geniş bir tambur yerleştirilecek olursa, işçiler bunu ayaklarıyla çevirir, ırgata falan gerek kalmadan işler çabucak halledilir.

---

1 Yoma, palamar.

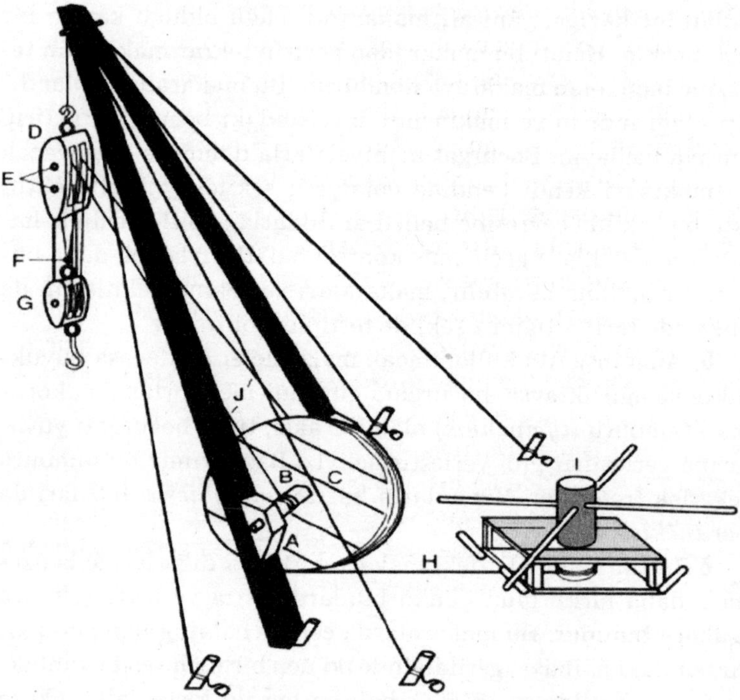

Bkz. Fleury 1993: 105, fig. 14:
A. *Chelonium* (yuva aksamı); B. *Axis* (dingil);
C. *Tymphanum, Rota* (tambur, tekerlek);
D. *Summa troclea* (palanganın üstü);
E. *Ordines orbiculorum* (çift sıra makara tertibatı);
F. *Resticula* (küçük tel, ip);
G. *Infima troclea* (palanganın altı);
H. *Alter funis* (tambura sarılı halat);
I. *Ergata* (ırgat);
J. *Funis ductarius* (çekme halatı)

8. Başka çeşit bir makine daha var, oldukça marifetli ve pratik açıdan çok hızlı. Ama ustası dışında kimse bunu kullanamaz. Yere dikilmiş ve dört noktadan kontrol halatlarıyla gerilmiş tek bir kalastan ibaret. Bu halatların altına iki yuva sabitlenir,[1] bu yuvaların üzerine halatlarıyla birlikte bir palan-

[1] Halatların kalasın tepesine bağlı oldukları yerin altına.

ga asılır.[1] Palanganın altına yaklaşık iki ayak uzunluğunda, altı parmak genişliğinde ve dört parmak kalınlığında bir çubuk sokulur. Palanga yan yana üç sıra makaradan oluşur. Bu şekilde makineye üç çekme halatı da bağlanmış olur. Sonra bu halatlar aşağıdaki makara bloğuna indirilir ve iç taraftan bu bloğun en üstteki makaralarından geçirilir. Sonra yine tepedeki makara bloğuna getirilir ve dışarıdan içe doğru bunun en alt sırasındaki makaralardan geçirilir.

9. Alta indirilir, alttaki ikinci sıra makaralardan içten dışa doğru dolandırılıp tepedeki ikinci sıra makaralara getirilir; bunlardan geçirildikten sonra yeniden alta döndürülür ve alttan yine tepeye getirilir; tepedeki en üst makaralardan geçirildikten sonra da makinenin ayağına indirilir. Makinenin ayağına üçüncü bir makara tertibatı daha yerleştirilir. Yunanlar buna *epagonta*, bizimkiler *artemon* der. Makinenin ayağına bağlı bu makara tertibatında üç makara bulunur, bu makaralardan geçirilen halatları çekme görevi de işçilere düşer. Bu mekanizma sayesinde, üç sıra halinde dizilen ekip, ırgata gerek kalmadan yükleri çabucak tepeye kaldırıverir.

1 Palanganın çekme halatları bu yuvalardan geçirilir.

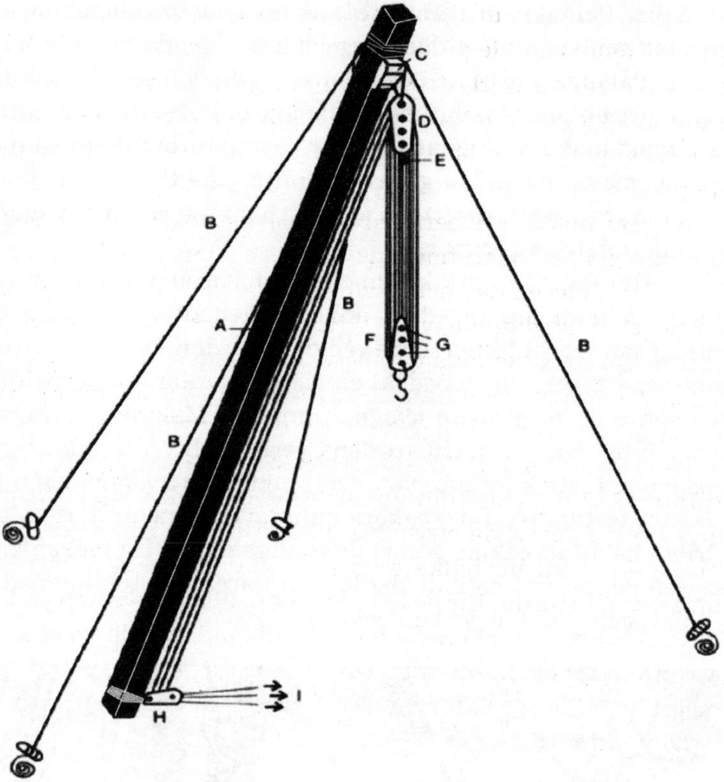

Bkz. Fleury 1993: 109, fig. 15:
A. *Tignum* (kalas);
B. *Retinacula quadfariam* (dört noktaya bağlanan kontrol halatları);
C. *Chelonium* (yuva); D. *Superior troclea* (palanganın üstündeki makara bloğu);
E. *Regula* (çubuk ya da düz bir tahta parçası);
F. *Ima troclea* (palanganın alt makara bloğu);
G. *Terni ordines orbiculorum* (üç sıra halinde dizilmiş makaralar);
Artemon (=*Epagonta*: Kalasın altındaki makara bloğu);
I. *Ad tres ordines hominum*
(Artemon'un halatlarını çekmek üzere yan yana üç sıra halinde dizilmiş ekip)

10. Bu tip bir makineye *polyspastos* (çok makaralı) denir, çünkü çok sayıda döner makarasıyla hem büyük kolaylık sağlar hem de işleri süratle halleder. Böyle tek bir direk dikmenin bir faydası da, bunu eğerek yükünüzü istediğiniz yere bırakabiliyor olmanızdır; yani istediğiniz kadar öne, istediğiniz kadar sağ ya da sol tarafa.

Yukarıda tarif ettiğimiz tüm bu mekanizmalar ilkece sırf bahse konu işlere değil, döner platformlara bazıları dik, bazıları yatay olarak yerleştirildiklerinde, gemileri yüklemeye, boşaltmaya da yararlar. Hatta aynı mantıkla, direk bile dikmeye gerek kalmadan, sırf halat ve makara tertibatıyla gemiler sahile de çekilebilir.

11. Bu noktada Khersiphron'un geliştirdiği ustalık ürünü bir düzenekten bahsetmek de hiç fena olmaz.[1] Khersiphron, sütun gövdelerini taş ocaklarından Efes'teki Diana tapınağına taşımak istediğinde, yükü ağır, köy yolları da yumuşak bir zemine sahip olduğundan, tekerlekleri çamura saplanır korkusuyla yük arabalarına itimat etmeyip şöyle bir yol denedi: Dört tahta parçası aldı; sütun gövdesinin uzunluğunda olan ikisi ile yanlamasına koyduğu ikisini birbirine çatıp bir çerçeve oluşturdu.[2] Sütun gövdesinin uçlarına demir miller sokup kırlangıçkuyruğu geçmeyle birleştirir gibi birleştirip lehimledi, tahta kısma da demir bir halka geçirip bu milleri çepeçevre saracak bir yuva oluşturdu. Bir de bu çerçevenin uçlarına ahşap yanaklıklar koydu. Sonuçta halkalara gömülü miller öyle serbest dönüyordu ki, koşulu bir çift öküz düzeneği çektikçe, sütun gövdeleri bu miller ve halkalar sayesinde döne döne hiç durmadan çevriliyordu.

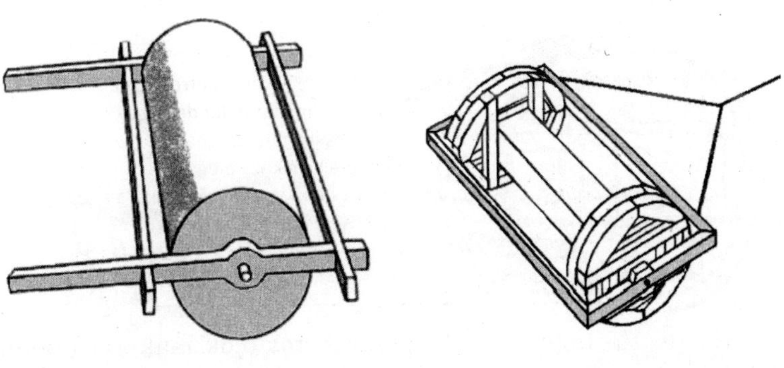

[1] Khersiphron: Oğlu Metagenes'le birlikte Efes'teki Artemis tapınağını tasarlayan Knossoslu ünlü mimar (İÖ yak. 560-550).

[2] Bir tür dikdörtgen şasi.

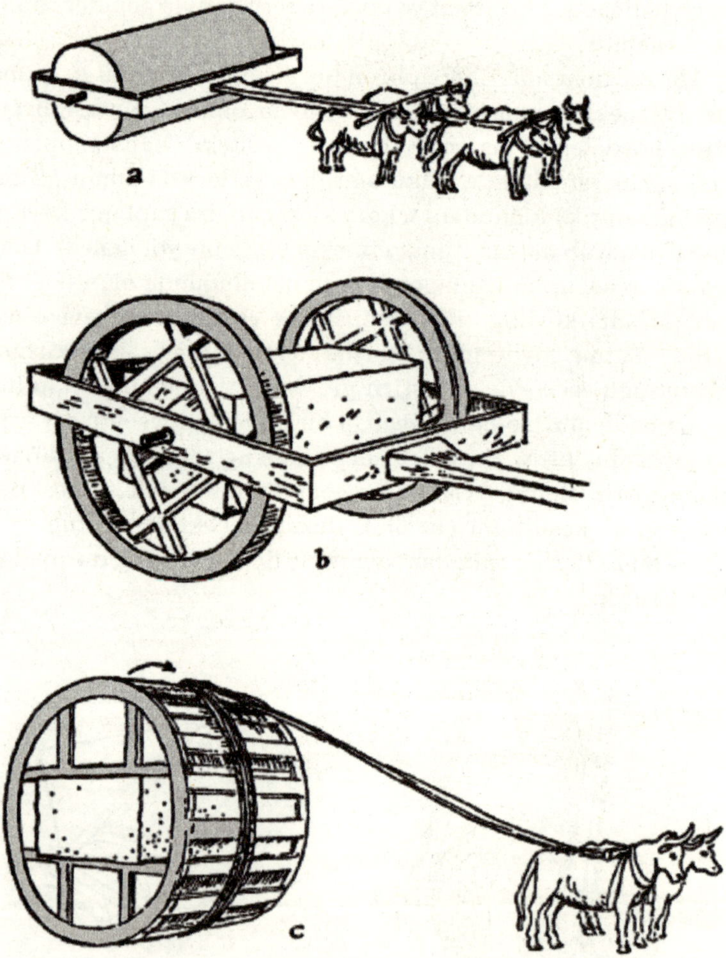

Sütun gövdelerinin, baştabanların ve kaidelerin nakil işlemi (bkz. Landels 1978: 184).

12. Bütün sütun gövdeleri bu şekilde taşındıktan sonra, iş baştaban bloklarının taşınmasına gelince, Khersiphron'un oğlu Metagenes sütun gövdelerinin nakil yöntemini baştabanların nakline uyarladı. Bunun için yaklaşık yirmi ayak çapında tekerlekler yaptı ve baştabanların uçlarını tekerleklerin ortasına soktu; aynı şekilde milleri ve yüzüklerini de bu uçlara geçirdi. Böylece dört parmak kalınlığındaki bu çerçeve öküzler tarafından çekilmeye başlanınca,[1] halkalarına gömülü miller tekerlekleri döndürmeye başladı, sütun gövdelerinde olduğu gibi tekerleklerin arasına yerleştirilmiş, adeta dingil görevi gören baştabanlar da vakitlice inşaat alanına ulaştırıldı. Bu tekniğin bir başka örneği de *palaestra*ların yürüyüş yollarını düzleştirmede kullanılan silindirlerdir.

Gerçi şu da var ki, ilkinde mesafe kısa olmamış olsaydı, böyle bir teknik hiç icat edilmeyebilirdi. İcat edildi, çünkü taş ocakları ile tapınak arasındaki mesafe sekiz milden fazla değildi; hiç tepe falan yoktu, dümdüz bir ova söz konusuydu.[2]

13. Ama hafızalarımızda henüz taze olan şöyle bir olay da var: Apollo Tapınağındaki devasa Apollo heykelinin kaidesi zamanla aşınıp çatlayınca, insanlar heykel düşüp kırılacak diye korktuklarından, gidip şu bahsettiğim taş ocaklarıyla bir kaidelik taş kesimi için sözleşme yapmıştı. Sözleşmeyi şu malum Paconius imzalamıştı. Kaide on iki ayak uzunluğunda, sekiz ayak genişliğinde ve altı ayak yüksekliğindeydi. Paconius kendine olan aşırı güveninden bu kaideyi Metagenes'in taşıdığı gibi taşımadı, bunun yerine ilkece aynı, ama farklı tarzda bir düzenek oluşturmak istedi.

14. Yaklaşık on beş ayak çapında tekerlekler yaptı, taşın uçlarını bu tekerleklere gömdü; sonra taşın etrafına iki parmak kalınlığında, ince çıtalardan bir çerçeve oluşturdu; bir tekerlekten diğerine, çember halinde ve her bir çıtanın arasında ancak bir ayaklık mesafe olacak şekilde. Ardından çıtaların etrafına bir halat dolayıp öküzleri koştu. Öküzler halatı çekmeye başladı. Halat açıldıkça tekerlekleri döndürdü, ama bir türlü düz götüremedi, hep bir tarafa çekti. Dolayısıyla her defasında tekrar geri çekip düzeltmek gerekti. Paconius da bunu bir oraya

1 Bir ayağın üçte bir ölçüsündeki.

2 Uzun mesafelerde bu düzeneğin işe yaramayacağı belirtiliyor.

bir buraya çekmekten en sonunda paralara da suyunu çektirdi, öyle ki an geldi artık harcayacak tek meteliği kalmadı.

15. Şimdi konudan biraz ayrılıp Efes'teki taş ocaklarının nasıl keşfedildiğini açıklayacağım. Piksodaros adında bir çoban vardı, bu yörede yaşıyordu. Efes halkının Diana'ya mermer bir tapınak dikmeyi planlandığı, ama kullanacakları mermeri Paros'tan mı, Prokonnesos'tan mı,[1] Herakleia'dan mı, yoksa Thasos'tan mı getirteceklerine bir türlü karar veremedikleri bir dönemde, Piksodaros koyunlarını gütmüş, sürüsünü tam da malum yerde otlatmaktaydı. İki koç toslaşıp, birbiriyle yarışıp duruyordu ki, bir ara biri o hızla bir kayaya boynuzunu geçiriverdi. Kayadan bembeyaz bir kabuk koptu. Derler ki, Piksodaros koyunlarını dağda bıraktığı gibi elinde o sıra gündemin en sıcak konusuna malzeme olacak o kabukla alelacele koşup Efes'e inmiş. Tabii Efes halkı onu anında onurlandırmış ve adını değiştirmiş. Piksodaros yerine bundan böyle ona Euangelos (Müjdeci) denmiş. İşte o gün bu gündür her ay yüksek bir devlet görevlisi oranın yolunu tutar, Euangelos onuruna kurbanlar keser; kesmezse, para cezasını yer.

3. Bölüm
Makinelerin Hareketi

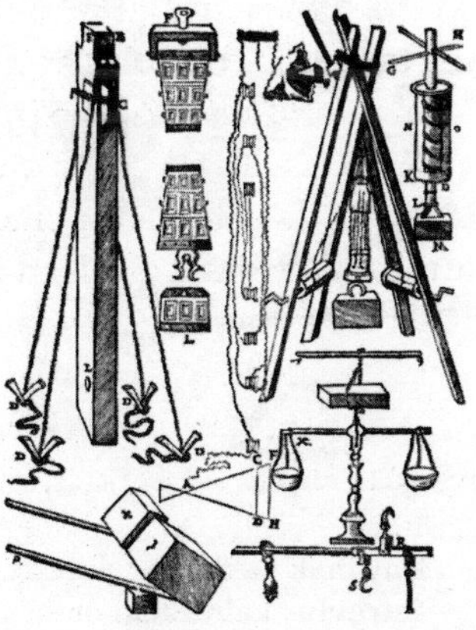

1. İşte yükleri çekmeye yarayan makinelerin esaslarıyla ilgili gerekli gördüğüm bilgileri kısaca aktarmış oldum. Bu makinelerin hareketlerine, etkilerine gelince; bunlarda tıpkı temel unsurlar gibi birlikte işleyen ve istenen sonuçları doğuran iki farklı ve birbirine benzemeyen unsur söz konusudur. Biri Yunanların *eutheia* dedikleri doğrusal hareket, diğeri

[1] Marmara adası.

Yunanların *kyklōtē* dedikleri dairesel hareket. Ama ne var ki ne doğrusal hareket, dairesel hareket olmadan, ne de dairesel hareket, doğrusal hareket olmadan yükleri kaldırmayı başarabilir. Bunu şu şekilde açıklayayım ki, anlaşılsın.

2. Merkez işlevi gören küçük akslar makaralara sokulur, makaralar da palangalara yerleştirilir; makaralardan dolandırılan ve dosdoğru aşağı çekilen, sonra da bir bocurgata bağlanan halat, manivelaların dönmesiyle birlikte yükleri yerden yukarıya doğru hareket ettirir. Bu bocurgatın merkez işlevi gören ve doğrudan yuvalara uzatılan eksenleri ve deliklerine sokulan kolları, bocurgatın uçları bir torna gibi dairesel hareketlerle döndükçe yükleri kaldırır. Aynı şekilde bir dolu adamın kımıldatamadığı bir yüke demir bir kaldıraç uyguladığınızda, eğer kaldıracın altına, Yunanların *hypomokhlion* (kaldıraç altı) dediği merkez işlevi gören bir destek (*pressio*) koyup da[1] kaldıracın dilini (*lingula*) yükün altına sokarsanız, kaldıracın baş tarafı (*caput*) tek bir adamın kuvvetiyle bastırılınca bu yükü kaldırır.[2]

[1] Dayanak ya da destek noktası.

[2] Vitruvius kaldıracın ön ucu, hatta dili (*lingula*) derken, kaldıracı oluşturan çubuğun dayanak noktasına yakın olan öndeki kısa ucunu kasteder. Kaldıraç kolunun başı (*caput*) derken de, bu çubuğun dayanak

3. Kaldırır, çünkü kaldıracın öndeki kısa tarafı bu destekten, yani merkezden yükün altına girer ve merkezden daha uzak olan uzun tarafı, yani baş tarafı aşağıya doğru bastırılır; böylece dairesel bir hareket yaratarak çok büyük bir yükün ağırlığının birkaç adamın uyguladığı basınçla dengelenmesini sağlar. Benzer şekilde demir bir kaldıracın ucundaki dil bir yükün altına sokulup baş tarafı aşağıya bastırılacağı yerde, karşıt bir yönde yukarıya kaldırılacak olursa, kaldıracın dili yere dayanarak bunu yük olarak kabul edecek, mevcut yükün köşesini de dayanak noktası sayacaktır. Böylece aşağıya doğru bastırıldığı zamanki gibi kolay olmasa da, bu karşıt yöndeki hareketle yükün ağırlığı dengelenip yerinden oynatılacaktır.

O halde dayanak noktasının üzerine yerleştirilmiş kaldıracın dili yükün altına daha fazla girdikçe, dolayısıyla baş tarafına uygulanan basınç merkeze daha fazla yaklaştıkça, kaldıraç yükü kaldırmayı başaramayacaktır; yani yukarıda tarif ettiğimiz gibi, kaldıracın uzunluğu ile baş tarafındaki basınç arasında bir denge sağlanamadığı sürece.[1]

4. Bunu *statera* adı verilen kantarlarda da görmek mümkün.[2] Çünkü kantarın sapı kefenin asılı olduğu uca yakın olduğunda ve burası dayanak noktası olarak alındığında,[3] kolun diğer kısmındaki karşı ağırlık bir noktadan diğerine[4] geçe geçe gitgide daha uzağa, hatta en uca çekildiğinde, merkezden uzak-

---

noktasından uzak olan uzun ucunu kasteder. Günümüzde kaldıraçta çubuğun dayandığı noktaya destek noktası, yükün bulunduğu yerden desteğe olan uzaklığa yük kolu, uygulanan kuvvetin desteğe olan uzaklığına da kuvvet kolu denir.

1 Yükün kalkması için kaldıracın uzun tarafının dayanak noktasına olan mesafesinin, dayanak noktasından öndeki kısa uca olan mesafesinden daha büyük olması gerekir.

2 İlk Campania'da kullanıldığı için *trutina campana* olarak da adlandırılan *statera* (kantar), ağırlık birimlerine taksim edilmiş uzun bir çubuğun (*scapus*: kol) bir ucuna ağırlıkların tartıldığı bir kefenin (*lancula*), öteki ucuna da karşı ağırlığın (*aequipondium*: top, topuz veya asılı ağırlık, ağırlık) takılı olduğu bir tartı aletidir. *Ansa* (sap) adı verilen bir çengelle asılır. Kol, kantarın hareket noktası ya da merkezidir (*centrum*) ve kefenin bulunduğu uçtadır. Denge sağlandığı zaman karşı ağırlığın üzerinde durduğu rakam yükün ağırlığını gösterir.

3 Kantarın kolunu oluşturan çubuğun döndüğü merkez.

4 Kantarın kolundaki ağırlık birimlerinden söz ediliyor.

laştıkça kantarın kolunun dengelenmesiyle birlikte oluşan eş dengeyle kefedeki çok büyük bir yükün ağırlığı, çok küçük, çok düşük bir ağırlığa eşitlenir.[1] Böylece küçük ve görece hafif bir karşı ağırlık, kendisinden çok daha ağır bir yükü zorlanmadan hareket ettirir ve yavaşça yerden yukarı kaldırır.

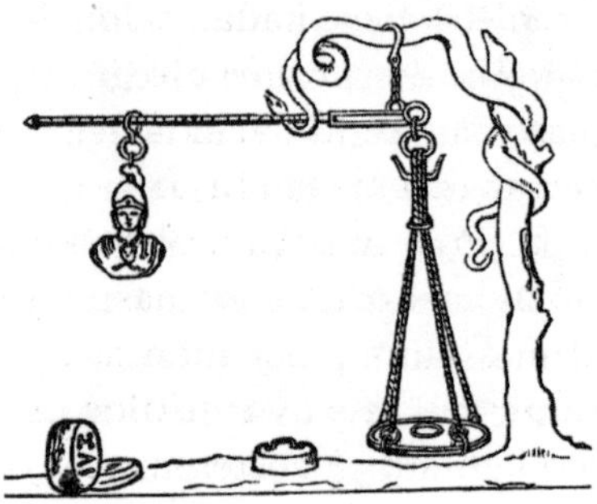

Statera (bkz. Smith (ed.) 1890).

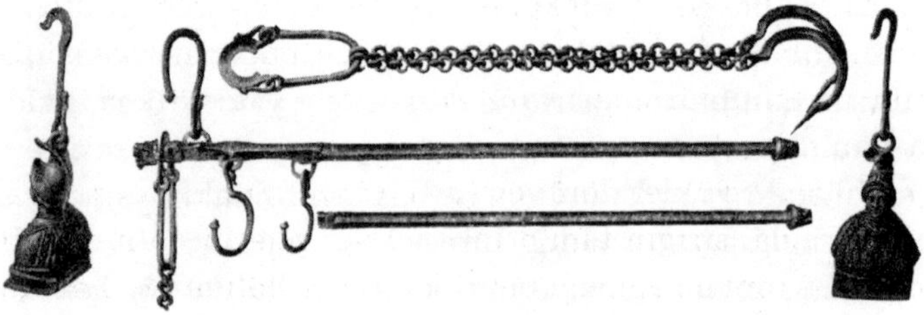

Statera (bkz. https://www.royalcollection.org.uk/collection/911186 /a-roman-steelyard-balance-statera, çevrimiçi: 18.08.2016)

5. Aynı şekilde çok büyük bir yük gemisinin dümencisi, Yunanların *oiaks* dedikleri dümen yekesini kavradığı gibi gerekli basıncı uygulayıp tek elinin kuvvetiyle ekseni etrafında dönmesini sağlayarak geminin yönünü değiştirebilir; hatta bu gemi devasa büyüklükte ve ağırlıkta mallarla, erzaklarla dolu olsa bile. Bunun yanı sıra yelkenler direğin yarısına indirilmişse, bu gemi öyle süratli gitmez. Ancak

Oiaks

[1] Kefedeki yük ne kadar ağır da olsa bu yükü kaldırabilecek kapasiteye ulaşır.

serenler tepeye kadar kaldırıldığında, hız kazanıp ilerler. Çünkü yelkenler rüzgârı direğin topuğuna, yani eksenin bulunduğu yere yakın olduklarında değil, ancak tepeye doğru çıkıp eksenden uzaklaştıkça alırlar.[1]

6. Şöyle düşünün: Bir yükün altına sürdüğünüz kaldıracı ortadan bastırdığınızda nasıl direnç gösterir ve kımıldamaz, ama uzun kolunu yukarıdan aşağı bastırdığınızda yükleri kolayca kaldırırsa, işte aynı şekilde direğin yarısına inmiş yelkenler de gereken etkiyi gösteremezler; ama direğin tepesinde, merkezden bir hayli uzakta olurlarsa, rüzgârın şiddetini artırmasına bile gerek kalmadan, tepedeki basınçtan ötürü geminin daha süratli yol almasını sağlarlar. Hatta kayışlarla ıskarmozlara bağlanmış kürekler, kürekçilerle bir ileri bir geri çekilirken palalarının uçları da köpüklü dalgalarla eksenden geri çekildikçe, geminin burnunun suları yara yara, tam rotasında son sürat yol almasını sağlarlar.

7. Çok ağır yükler dört veya altı hamal tarafından sırıkla taşındıklarında, sırığın tam ortasında dengelerini bulurlar; böylece yükün toplam ağırlığı belirli oranlara bölünmüş, her hamal omzunda eşit ağırlıkta yük taşımış olur. Bunun için dört hamalın kayışlarının bağlı olduğu sırığın ortaları çiviler çakılıp bir sınır içine alınır ki, yükler bir yana kaymasın. Çünkü eksenin sınırından saparlarsa, yanaştıkları noktaya ağırlık bindirirler; kantarın topuzunun tartı esnasında denge noktasından kolun ucuna kaydığındaki gibi.[1]

8. Benzer şekilde yük hayvanları da kayışlarıyla boyunduruğa ortalandıklarında eşit oranda yük taşımış olurlar. Ama bunların kuvveti birbirine denk olmadığı, güçlü olanın diğerini geçip zorladığı durumlarda, daha zayıf olanına yardımcı olmak için kayışın kaydırılıp boyunduruğun bir tarafının uzatılması gerekir. O halde gerek sırıklardaki gerekse boyunduruklardaki kayış ortaya bağlanmayıp bir kenara bağlandığında, merkezden uzaklaştıkça bir tarafı kısaltır, bir tarafı uzatır. Buradan hareketle sırığın ya da boyunduruğun her iki ucu, kayışın kaydırılmış olduğu noktayı yeni merkez kabul edip bu noktanın

---

1 *Gubernaculi ansa*: Gemiyi istenen yöne çevirebilmek için dümenin baş tarafına takılan ağaç veya demir kol.

etrafında döndürüldüğünde, uzun taraf daha büyük bir daire, kısa taraf daha küçük bir daire çizecektir.

9. Küçük tekerleklerin hareketlerinin daha sert ve daha zor olması gibi, sırıklar ve boyunduruklar söz konusu olduğunda da, merkezden uca olan mesafenin az olduğu kısımlar omza daha fazla yük bindirir, ama merkeze olan mesafe uzadıkça hem çekenin hem de taşıyanın yükünü hafifletir. İşte tüm bu örneklerdeki hareket, merkezdeki doğrusal çizgiler ve daireler sayesinde elde edilir; yük arabaları olsun, yolcu arabaları olsun, çarklar, tekerlekler, değirmen taşları, burgular, *scorpio* ve *ballista* tipi mancınıklar, cendereler olsun hepsi, ama hepsi aynı ilkeye dayanarak istenen sonucu verir, yani doğrusal bir eksen etrafında dönerek ya da dairesel bir hareket çizerek.

4. Bölüm
Su Basmaya Yarayan Düzenekler: Tambur, Tekerlek

1. Şimdi su basmak için icat edilmiş değişik tipte aygıtın nasıl yapıldığını anlatacağım. İlk olarak da tamburu (*tympanum*) ele alacağım. Bu tambur, suyu çok yukarılara çıkarmaz, ama seri halde bol su sağlar. Tornada ya da pergelle bir aks hazırlanır, uçları demir kaplanır. Aksın ortasında, tahtaların birbiriyle birleştirilmesinden oluşan bir tambur olur. Aksın iki

Bkz. Cesariano (tr.) 1521.

ucu altta dikmeler üzerine oturtulur; dikmelerin, aksın değdiği kısımları demir levhalarla kaplanır. Tamburun iç kısmındaki oyuğa, eksenden tamburun çeperine değecek şekilde, aralıklı olarak köşeden köşeye sekiz kiriş yerleştirilir. Böylece tamburun oyuğu sekiz eşit bölüme ayrılmış olur.

2. Tamburun çemberinin etrafına da tahtalar çakılır, aralarında da yarım ayaklık boşluk bırakılır ki, su buralardan içeri girsin. Bir de aksın hemen yanında, her bölmenin bir tarafına güvercinlikler gibi ufak ufak delikler açılır. Bir gemiyi ziftle kaplar gibi, ziftle kaplandıktan sonra da, artık insanlar onu ayaklarıyla yuvarlaya yuvarlaya çevirmeye başlayabilir. Böylece çemberinin etrafındaki aralıklardan gelen su, aksın yanındaki deliklerden geçip doğruca bir oluğa bağlı olan teknenin içine akmış olur. İşte bu şekilde hem bahçeleri sulamak hem de tuzlalardaki tuzlu suları damıtmak için bol miktarda su elde edilebilir.

3. Ama suyun daha yükseğe çıkarılması gerekiyorsa, aynı mantıkla şu şekilde bir uygulamaya gidin: Aksın çevresine, suyu istenen yüksekliğe çıkarabilecek çapta büyük bir tekerlek yapın. Bunun da çevresine, zift ve balmumuyla astarladığınız kare şeklinde kovalar takın. Adamlar ayaklarıyla itip de tekerlek çevrildikçe, kovalar suyla dolup yukarıya çıkacak, sonra tekrar aşağıya inip aldıkları suyu kendi kendilerine tekneye boşaltmış olacaklar.

4. Çok daha yüksekteki yerlere su temin etmek gerekiyorsa, o zaman bu tekerleğin aksında dönecek bir galonluk[1] tunç kovaların asılı olduğu çift kat demir bir zincir yerleştirin ve epey bir aşağıya salın.[2] Tekerlek çevrildikçe, zinciri aksın etrafında döndüre döndüre kovaları ta tepeye çıkaracak, kovalar da aksın üzerine geldikleri zaman mecburen içe dönüp yukarı çıkardıkları suyu bir tanka boşaltacaklar.

---

1 *Congius*: Yaklaşık üç buçuk litre.

2 Alttaki suyun yüzeyine değecek şekilde.

5. Bölüm
Su Değirmeni

1. Yukarıda tarif ettiğimiz teknikleri uygulayıp nehirlere de böyle çarklar yapabilirsiniz. Çeperlerine kısa kürekler takarsınız,[1] bunlar akıntının kuvvetiyle harekete geçince tekerlekleri döndürmeye başlar; tekerlekler suyu kovalarına alır, yukarı kaldırır ve bu şekilde insanların ayaklarıyla itip çevirmesine gerek kalmadan, sırf akıntı kuvvetiyle dönerek gereken su ihtiyacınızı karşılar.

2. Su değirmenleri de (*hydraletes*) aynı teknikle döndürülür. Bütün aksamları aynıdır, bir tek bunlarda aksın bir ucuna oturtulmuş dişli bir disk olur. Bu disk aksın kenarına dik olarak yerleştirilmiştir, tekerlekle birlikte döner durur. Buna bitişik daha büyük bir disk daha vardır; yatay olarak oturtulmuştur ve küçük diskle birlikte işleyen dişleri bulunur. Aksa dik olarak oturtulmuş küçük diskin dişleri bu yatay diski harekete geçirir ve değirmen taşının dönmesine sebep olur. Bu düzeneğin üzerine asılı bir huni, değirmen taşına buğdayı döker; o da döne döne bunu öğütüp un haline getirir.

6. Bölüm
Su Burgusu

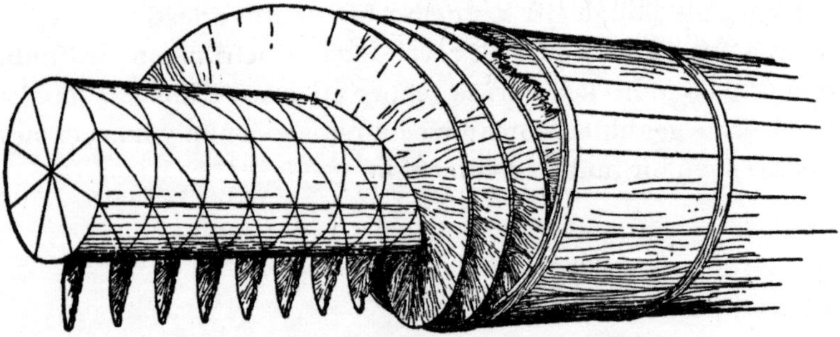

Su burgusu (bkz. Giocondo 1511).

1 Çark kanatları.

1. Bir çeşit su burgusu var, bol bol su basıyor, ama çark gibi bu suyu o kadar yükseğe kaldıramıyor. Bu burgu şu şekilde yapılır: Falanca ayak uzunluğu falanca parmak kalınlığına eşit olan bir kiriş hazırlayın. Tam bir daire şeklinde yuvarlayın. Çemberinin kenarlarını pergel kullanıp önce dörde, sonra sekize ayırarak sekiz dilim elde edin. Bu çizgiler öyle düzgün çizilsin ki, kiriş düz vaziyetteyken, her iki uçtaki çizgiler birbiriyle tam aynı hizada olsun ve kirişin çemberinin sekizde birlik dilimiyle aynı ölçüde, uzunlamasına aralıklar bırakılabilsin. Yine kirişi yatay vaziyete getirip bir ucundan diğerine dümdüz çizgiler çekin. Bu şekilde çizgiler arasındaki aralıklar hem çeper hem de uzunluk boyunca birbirine eşit olacaktır. Sonuçta uzunlamasına çekilen çizgilerin çekildiği yerler dairesel çizgilerle kesişecek ve belirgin kesişme noktaları meydana getirecektir.[1]

2. Bu çizgileri böyle düzgün çektikten sonra, söğütten ya da hayıttan kesilme ince bir şerit alıp sıvı katranla astarladıktan sonra ilk kesişme noktasına bağlayın. Ardından bunu uzunlamasına ve dairesel çizgilerin kesişimleri boyunca verev şekilde götürün. Bu böyle sıra sıra ilerlerken, tek tek her noktayı geçip kirişin etrafında dolanırken her kesişime de oturtulmuş olur, sonra ilk noktadan sekizinci noktaya, yani ilk bağlandığı yere geri çekilerek aynı çizgiye döner ve buraya bağlanır. Bu şekilde çemberin sekiz noktasından verev şekilde ilerlediği mesafeyi, bu sekizinci noktaya kadar bir de uzunlamasına katetmiş olur. İşte uzunlamasına ve dairesel bütün yüzeylerdeki her bir kesişim noktasına bu şeritler bu şekilde verev bağlandıkları takdirde, gövdenin etrafında sekiz helezoni kanal meydana getirmiş ve doğal olarak tam bir salyangoz kabuğu görünümü yaratmış olurlar.

3. Bu gövdeye daha böyle birçok başka şerit, sıvı katranla astarlanıp astarlanıp birbirinin üstüne bağlanır ve toplam kalınlık uzunluğun sekizde biri olana kadar da bu işlem aynen sürdürülür. Sonra bunların üzerine tahtalar geçirilip sımsıkı kapatılır ki, bu helezon baştan sona örtülüp korunsun. Tahtalar suyun basıncıyla dağılmasınlar diye de katrana doyurulur,

---

[1] Arkhimedes'in su burgusundan bahsediliyor.

demir şeritlerle bağlanır. Gövdenin uçları da demirle kaplanır. Burgunun sağına soluna direkler dikilir, biri başında, biri dibinde; bunlar tali kirişlerle burgunun uçlarına çakılır. Bu kirişlerde demir kaplı yuvalar olur bir de, eksenler buraya girer ve böylece adamlar ayaklarıyla ittirdikçe burgu da güç alıp dönmeye başlar.

4. Bu burgu, Pythagoras'ın dik açılı üçgeninde tarif edilen eğime uygun bir eğimle yerleştirilmelidir; yani uzunluğu beş birime ayrılmalı, bunun üç birimi burgunun tepesindeki yüksekliğe verilmelidir. Böylece dikeyden dipteki ağza kadar olan mesafe dört birim olur. Kitabın sonuna, konuyla ilgili yere, bu işlemin nasıl yapılacağını gösteren bir şema çizilmiştir.[1]

İşte bu şekilde daha geniş çevrelerce bilinmesi için su çekmek için tasarlanmış ahşap düzeneklerin hangi tekniklere göre kurulabileceklerini ve devridaimleriyle sayısız işi başarabilmeleri için ne şekilde harekete geçirilebileceklerini mümkün mertebe ayrıntılı ve açık bir şekilde tarif etmiş oldum.

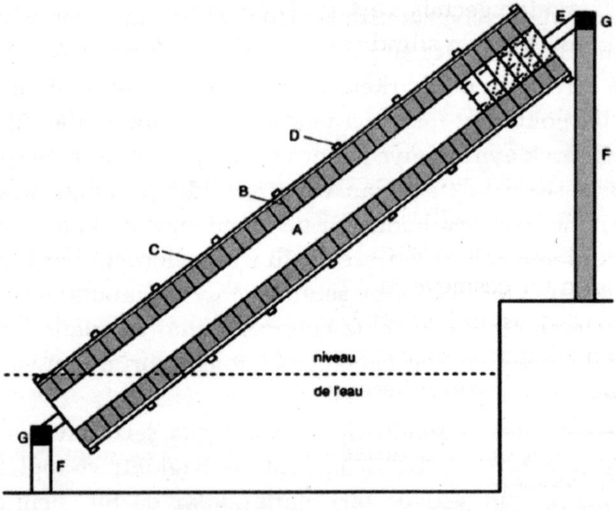

A : *tignum* **D** : *lamina ferrea*
B : *regulae* **E** : *caput tigni ferreum* **G** : *transuersaria*
C : *tabulae* **F** : *dextra ac sinistra cocleam tigna*

Bkz. Fleury 1993: 162, fig. 33.

[1] Bu şema elimize geçmemiştir.

7. Bölüm
Ktesibios'un Tulumbası

1. Şimdi sıra geldi Ktesibios'un suları yükseğe çıkarmaya yarayan makinesini anlatmaya.[1] Bu makine tunçtan yapılır. Dip tarafında çift silindir (*modioli*) olur;[2] aralarında az bir mesafe bulunan ve boruları olan.[3] Bu borular çatalın uçları gibi birbirine yanaşıp ortadaki hazneye girer. Bu haznede boruların üst deliklerine sıkıca oturtulmuş vanalar olur,[4] bunlar boruların ağızlarını kapatarak basınçla hazneye giren suyun geri kaçmasını önler.

2. Haznenin üzerine ters bir huni şeklinde bir kapak oturtulur, içerideki suyun basıncıyla kalkmasın diye de perçinle tutturulur. Kapağın üstüne "borazan" (*tuba*) adı verilen bir boru takılıdır,[5] dik vaziyette. Bir de çift silindirin hazneye giden borularının alttaki çıkışlarına, yani dipteki deliklerinin üzerine yerleştirilmiş vanaları bulunur.[6]

3. Tornadan geçmiş, zeytinyağıyla yağlanmış pistonlar (*emboli masculi*) üstten silindirlerin içine oturtulurlar; piston kollarıyla[7] ve salınım çubuğuyla içeride suyla birlikte bulunan havayı harekete geçirirler ve silindirlerin dibindeki çıkışları kapatan kapakçıklarla birlikte suya önce basınç yapıp sonra bu basıncı yavaş yavaş azaltarak suyun boruların ağızlarından tanka akmasını sağlarlar; böylece huni tanktan suyu alır ve borudan yukarıya kaldırır. İşte yer seviyesinde bulunan bir su tankından bir çeşmeye su bu şekilde aktarılır.

4. Ktesibios'un icat ettiği söylenen bu makine onun tek tasarımı da değildir. Bize sıvıların hava basıncı altındayken pek çok doğal etki yaratabileceğini gösteren daha böyle nice farklı

---

1 Vitruvius, Ktesibios'un tulumbasını sadece *machina* olarak adlandırır.
2 Piston yuvası.
3 İki borudan söz edilir.
4 Çıkış vanaları (*asses*).
5 Besleme borusu.
6 Giriş vanaları.
7 *Regula*: Makinelerde, bir ucu pistona, öbür ucu kaldıraca geçirilmiş, pistonun doğrusal hareketini krankta dairesel harekete çeviren hareketli kol, biyel kolu.

tasarımı var, mesela karatavuk gibi öten hidrolik makineler,[1] yürüyen mekanizmalar,[2] su içiyormuş gibi yapıp kendiliğinden hareket eden kuklalar ve bu türden göze, kulağa hoş gelen başka şeyler.

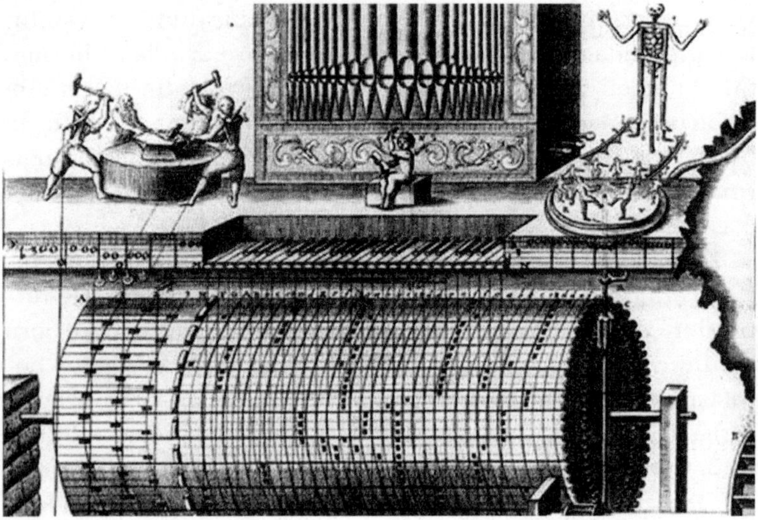

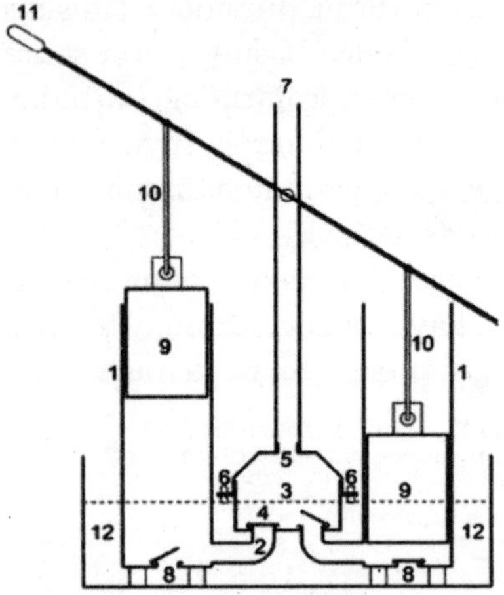

Ktesibios'un Tulumbası: **1.** *Modioli* (silindirler); **2.** *Fistulae* (borular); **3.** *Catinus* (hazne); **4.** *Asses catini* (haznenin boruları); **5.** *Paenula* (ters huni şeklindeki şapka); **6.** *Fibulae* (şapkayı yerinde tutmak için pimler veya geçmeler); **7.** *Tuba* (borazan, boru); **8.** *Valves* (vanalar); **9.** *Emboli masculi* (pistonlar); **10.** *Regulae* (piston kolları); **11.** *Vectes* (salınım çubukları); **12.** *Castellum* (tank). Bkz. Schofield (tr.) 2009: 369

1 *Merula*: Karatavuk gibi ses çıkaran hidrolik bir makine.

2 Vitruvius edisyonlarında *acrobatae* kelimesi tartışmalıdır. Yorum için bkz. Oleson 1984: 124.

5. Ben bu tasarımlardan en işlevsel, en lüzumlu olanlarını seçmeyi tercih ettim ve bir önceki kitabımda saatlerle ilgili, bu kitabımda da su basıncıyla işleyen makinelerle ilgili bilgi vermeyi uygun gördüm. Geri kalanlarının pek bir lüzumu yok zaten, sadece zevkimize hitap ediyorlar, o kadar. Merak edenler bunlarla ilgili ayrıntıları Ktesibios'un kendi yazılarında da bulabilirler.

8. Bölüm
Su Orgu

1. Su orglarına (*hydraulus*) gelince, bunların işleyiş mantığına da değinmeden ve mümkün mertebe kısa ve öz şekilde kaleme almadan geçmek istemem. Ahşap bir taban oluşturduktan sonra, üstüne sunak biçimli tunçtan yapılma bir kutu (*ara*) yerleştirilir. Tabanın üzerinde, hem sağına hem soluna merdiven gibi birbirine tutturulmuş dikmeler bulunur, aralarına tunç silindirler oturtulur. Bu silindirlerin tornadan geçirilip iyice yuvarlatılmış pistonları olur, pistonların da ortalarında pimlerle kaldıraçlara geçirilmiş demir kolları bulunur; ve derilerle, koyun yünleriyle sarılıp sarmalanır. Silindirlerin üst yüzeyinde yaklaşık üç parmak çapında delikler bulunur; bu deliklerin yanına, geçmelerin üzerine, tunçtan yapılma yunuslar monte edilir, ağızlarından sarkan zincirlerle birlikte. Bu zincirlerin ucuna bağlı kastanyet şeklindeki kapakçıklar (*cymbala*) silindirlerin deliklerinden aşağı salınır.

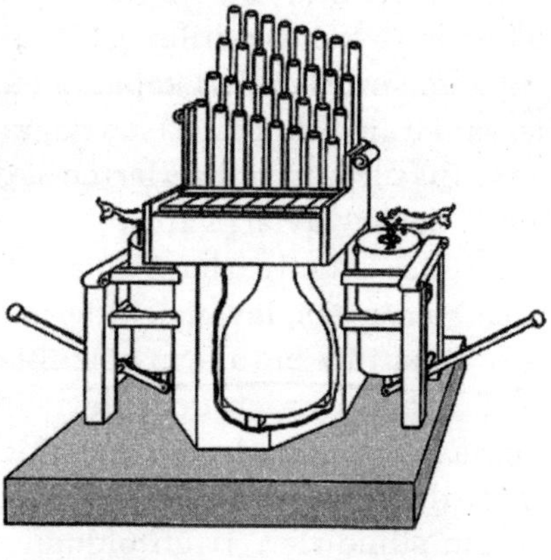

Bkz. Festerbursch (tr.) (1976).

2. Kutunun içinde, suyun depolandığı yerde, ters çevrilmiş huniyi andıran bir düzenleyici bulunur (*pnigeus*),[1] altına yaklaşık üç parmak yüksekliğinde küçük küpler (*taxilli*) oturtulur; bunlar altta, düzenleyicinin ağzı ile kutunun tabanı arasında serbest bir boşluk kalmasını sağlar. Düzenleyicinin boynunun üzerine oturtulmuş küçük bir kutucuk (*arcula*)[2] makinenin kafasına alttan destek olur; Yunancada bu kutucuğa *kanōn mousikos* denir. Bu kutucukta boylu boyunca uzanan kanallar vardır; kanalların sayısı, alet dört vanalıysa dört, altı vanalıysa altı, sekiz vanalıysa sekiz adet olur.

3. Her bir kanalın içinde demir saplı bir musluk bulunur. Bu saplar çevrilince, kutucuktan kanallara giden hava deliklerini açarlar; çünkü kutucukta kanallardan itibaren bir dizi delik bulunur ve bunlar Yunanların *pinaks* dedikleri üstteki tabladaki hava delikleriyle bağlantılıdır. Bu tabla ile kutucuk arasında sürgüler bulunur; bu sürgüler deliklere karşılık gelecek şekilde delinmiş ve kolayca itilip çekilsinler diye de zeytinyağıyla iyice yağlanmıştır. Delikleri kapatan bu sürgülere *plinthides* adı verilir; yani itilip çekildikçe bazı delikleri açar, bazılarını kapatırlar.

4. Bu sürgülerin üzerlerine tutturulmuş ve tuşlarla birleştirilmiş demir yayları vardır. Tuşlara basıldığında, sürgüleri biteviye hareket ettirirler. Tablada bulunan ve kanallardan havanın çıkmasını sağlayan deliklerin üzerlerine halkalar lehimlenir ve orgtaki tüm boruların ağızlıkları bunların içine sokulur. Bu arada silindirlerden düzenleyicinin boynuyla birleştirilmiş ve doğruca kutucuktaki hava deliklerine giden bağlantılı borular da vardır. Bu boruların içinde tornadan geçirilmiş ve tam boruların silindirlere bağlı olduğu yerlere yerleştirilmiş vanalar bulunur. Kutucuk hava alır almaz, bu vanalar delikleri kapatır ve havanın geri kaçmasını önler.

5. Böylece kollar kaldırıldığında, piston kolları pistonları çekebildikleri kadar aşağıya, silindirlere çeker. Geçmelere oturtulmuş yunuslar kastanyet şeklindeki kapakçıkları silindirlere düşürüp içlerini havayla doldurur. Piston kolları silindirlerin içindeki piston gövdelerini bütün şiddetleriyle ve aralıksız sar-

---

1 *Pnigeus*: Bir makinenin hareketini, sıvı, gaz, buhar vb. akışını kontrol eden, ayarlayan, belirli bir kurala göre kumanda eden düzenek, düzenleyici, regülatör.

2 Hava düzenleyicisi.

sa sarsa, gümbürdete gümbürdete dipten yukarı kaldırarak kastanyet şeklindeki kapakçıklarla üstteki delikleri kapatıp silindirlerin içine hapsolan havayı sıkıştırarak doğruca borulara iterler, borulardan düzenleyiciye, düzenleyicinin boynundan da kutucuğa üflerler. Piston kolları çok daha büyük bir basınçla hareket ettirildikleri takdirde, iyice sıkışan hava, muslukların açıklıklarından üfürülüp kanallara dolar.

6. İşte bu şekilde tuşlara elinizle dokunduğunuzda, bunlar sürgüleri sürekli ite çeke, sürgüler de delikleri bir aça, bir kapaya çok değişik ritimlerde, makamına uygun sesler çıkarırlar.

Görüldüğü gibi pek bilinmeyen bir konuyu yazıya dökerek elden geldiğince açık bir şekilde anlatmaya çalıştım. Ama orgun mekanizması kolay bir şey değil ve bu türden aletleri bizzat tecrübe etmiş kimseler dışında bunu kimse öyle kolay anlamaz. Yine de benim açıklamalarımı biraz da olsa anlamış biri, bu aleti bizzat tanıdığında konuyla ilgili tüm detayların hassasiyetle ve incelikli şekilde tarif edilmiş olduğunu kesin fark edecektir.

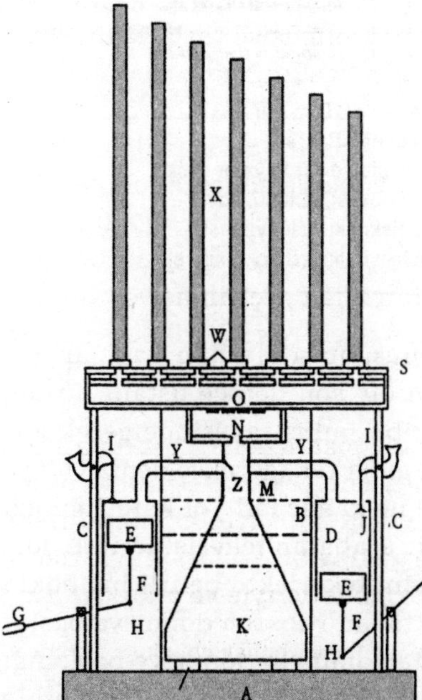

Bkz. Corso & Romano (tr.) 1997: 1388. Su orgu: **A.** *Basis* (taban); **B.** *Ara* (sunak biçimli kutu, taşıyıcı, hazne, tank); **C.** *Regulae* (destekler, direkler, dikmeler); **D.** *Modioli* (silindirler); **E.** *Funduli ambulatiles* (pistonlar); **F.** *Ancones* (piston kolları); **G.** *Vectes* (kollar, kaldıraçlar); **H.** *Vecticulae* (pimler); **I.** *Dolphini* (yunuslar); **J.** *Cymbala* (kastanyet şeklindeki kapakçıklar, vanalar); **K.** *Pnigeus* (düzenleyici, regülatör) ve hemen altındaki küçük küp bloklar (*taxilli*); **N.** *Arcula* (küçük bölme, kutu); **S.** *Tabula, Pinax* (üst tabla, levha); *Regulae, Plinthides* (kaygan çubuklar, sürgüler); *Manubrium* (sap); *Coracia* (demir kanca); *Pinnae* (tuşlar); **W.** *Anuli* (halkalar); **X.** *Organa* (org boruları); **Y.** *Fistulae* (borular); **Z.** *Cervicula* (düzenleyicinin boynu)

9. Bölüm
Yol Ölçer

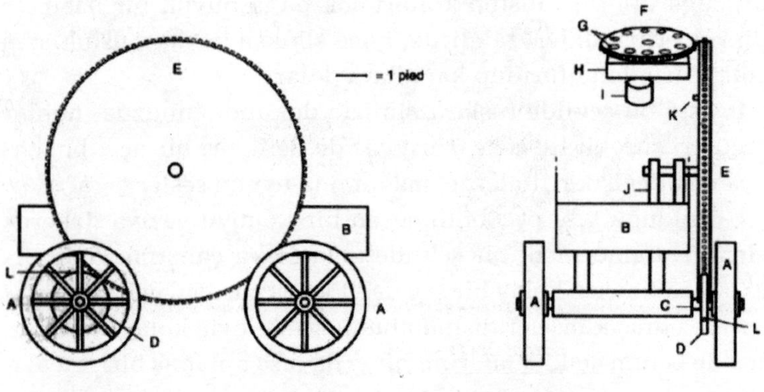

A : *rotae*
B : *capsum raedae*
C : *modiolus*
D : *tympanum habens denticulum unum*
E : *tympanum habens quadringentos denticulos*
F : *tympanum planum*
G : *foramina*
H : *theca tympani plani*
I : *uas aeneum*
J : *loculamentum secundi tympani*
K : *denticulus in secundi tympani latere*
L : *denticulus tympani imi*

Yol ölçer: **A.** Tekerlekler; **B.** Şasi;
C. Tekerleğin göbeği, Poyra;
D. Tek dişli disk; **E.** Dört yüz dişli disk; **F.** yatay disk;
G. Delikler; **H.** Yatay diskin yuvası, kutusu, kovanı;
I. Tunç hazne; **J.** İkinci diskin kutusu, yuvası;
K. İkinci diskin yanındaki dişler; **L.** İkinci diskteki dişler

1. Şimdi incelememizin konusunu atalardan yadigâr, oldukça işlevsel, ama her şeyden öte son derece ustalık ürünü bir buluşa ayıralım; çünkü biz bu buluş sayesinde gerek karada dört tekerlekli arabalarla giderken, gerekse deniz yoluyla yaptığımız seyahatlerimizde ne kadar mil yol katettiğimizi artık bilebiliyoruz. Şöyle ki: Bir arabanın tekerleklerinin dört ayak çapında olduğunu düşünün; tekerlekte belirli bir nokta referans alınıp tekerlek bu noktadan itibaren dönmeye başlayarak yola koyulsa ve yolunu tamamlayıp dönmeye başladığı o noktaya geri dönse, tam on iki buçuk ayağa eşit bir mesafe katetmiş olur.

Raeda: Dört tekerlekli seyahat vasıtası

2. İşte bu çapta tekerlekleri hazırladıktan sonra, çemberinin çeperinden dışa çıkıntı yapan tek dişli bir diski (*tympanum*) tekerleğin göbeğine (*modiolus*) içeriden sıkıca oturtun.[1] Bunun üstüne, kenarında döner bir disk bulunan ve aksın üstüne oturtulan bir kutuyu (*loculamentum*) dört tekerlekli arabanın şasisine (*capsus*) sağlam şekilde bağlayın. Bu diskin çemberinde dört yüz küçük diş olsun; eşit aralıklı ve altındaki diskin küçük dişiyle bağlantılı olacak şekilde. Bunların yanı sıra diğerlerinden daha fazla çıkıntısı olan bir başka küçük dişliyi de yukarıdaki diskin yanına sabitleyin.

3. Bunun üstüne, başka bir kutuya koyacağınız yatay bir disk yerleştirin; dişleri ikinci diskin yanına yerleştirilecek olan dişliye uygun olsun. Bu son diskte delikler olsun, dört tekerlekli bir arabanın bir günde katedeceği mil sayısı kadar; biraz az, biraz çok, hiç farketmez. Bütün bu deliklere yuvarlak çakıl taşları koyun ve bu diskin yuvasında (*theca*) ya da daha doğrusu kutusunda (*loculamentum*) küçük bir boruyla bağlantılı bir delik olsun. Böylece diske yerleştirdiğimiz taşlar deliğe geldiğinde, dört tekerlekli arabanın şasisinin altına sabitleyeceğimiz tunç bir hazneye (*vas aeneum*) bu borudan teker teker düşebilir.

---

[1] *Modiolus*: Bir tekerleğin ortasında parmaklıkların bağlandığı ve dingilin geçirildiği, çevresi delikli parça, poyra.

4. Tekerlek yol aldıkça, kendisiyle birlikte alttaki diski de harekete geçirir ve her dönüşünde küçük diş üstteki diskin dişlerine çarpıp hareketine devam ettirir. Bunun sonucunda, alttaki disk dört yüz kere döndüğünde, üstteki disk bir kere çevrilecek ve yanına sabitlenmiş diş üçüncünün, yani yatay diskin tek küçük dişini ittirecektir. Buna göre üsteki disk alttaki diskin dört yüz kere dönüşüyle bir kere çevrildiğinde, katedilen mesafe beş yüz ayak olacaktır, yani bir mil. Sonuçta her çakıl taşı düştüğünde çıkardığı sesle bize bir mil yol aldığımızı söyleyecek, arabanın altından topladığımız taşlar da o gün kaç mil yol alındığına işaret edecektir.

5. Bu teknik, ufak tefek değişiklerle deniz seyahatlerine de uyarlanabilir. Şöyle: Geminin yanlarına uçları geminin dışına taşan bir dingil geçirilir; bu uçlara dört ayak çapında dört tekerlek takılır; çemberlerinin kenarlarına bağlanmış ve suya değecek şekilde çıkıntılı, kısa kürekleri olan tekerlekler. Sonra geminin ortasına yerleştirilmiş bu dingilin merkezine, çemberinden küçük bir dişin çıktığı bir disk konur. Buraya, dingilin üstüne oturtulan diskin dişiyle uyumlu ve belirli aralıklarla yerleştirilmiş dört yüz dişi olan bir diski muhafaza edecek bir kutu yerleştirilir. Bu diskin bir de yanına sabitlenen ve çemberinin dışına taşan bir dişi olur.

6. Üstüne, ilk kutuya tutturulmuş bir ikinci kutuya yatay bir disk yerleştirilir, dişleri yan tarafındaki diskin kenarına bağlanmış dişle uyumlu; böylece diş, her dönüşünde bu diskin dişlerini döndürecek ve tam bir devir yapmasını sağlayacaktır. Sonra yatay diskte delikler açılır ve içine yuvarlak çakıl taşları konur. Bu diskin kutusunda ya da yuvasında da küçük bir boruya bağlanan bir delik açılır; bir çakıl taşının engelinden kurtulur kurtulmaz içinden geçip tunç bir kaba düşebileceği ve çıkardığı sesle bizi uyarabileceği şekilde olmasına da dikkat edilir.

7. Böylece kürekler çekilip ya da rüzgâr esip de gemi yol aldıkça, tekerleklere bağlı kısa kürekler suya çarpacak ve şiddetle gerip teperek çarkları döndürecektir; çarklar dönerken dingili hareket ettirecek, dingil de diski hareket ettirecektir; diskin dişi her devirde ikincisinin dişlerinden birini itecek ve hafifçe döndürecektir. Böylece kürekler çarkları dört yüz kere döndürünce, sadece tek bir kere devreden büyük disk, yanında sabit dişi olan yatay diskin dişlerini itecektir. Dolayısıyla yatay diskin her deveranı taşlardan birini deliğe getirecek, küçük borudan düşmesini sağlayacaktır. Bunların çıkardıkları sesler ve sayılarının toplamı da bize gemi yolculuğumuzun kaç mil uzunlukta olduğunu gösterecektir.

İşte böylece korkunun kol gezmediği, huzur içinde olduğumuz dönemlerde hem kullanışlı hem de yapmaktan ayrı bir haz alacağımız makinelerin nasıl kurulacağını anlatmış bulunuyorum.

10. Bölüm
Catapulta ya da *Scorpio*[1]

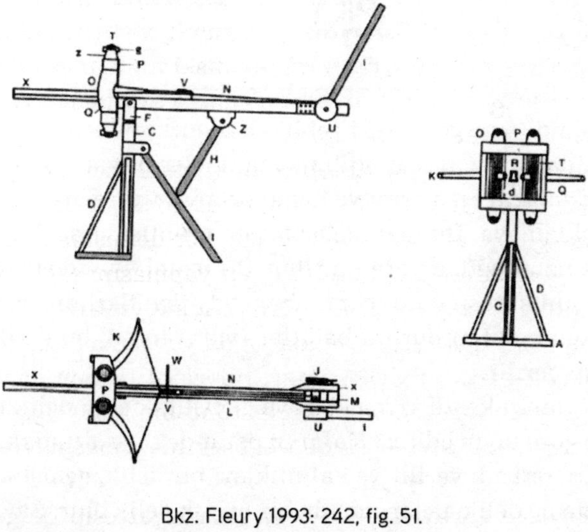

Bkz. Fleury 1993: 242, fig. 51.

[1] Ateşli oklar atmaya yarayan aletleri ifade eden *catapulta* ile *scorpio* kelimeleri aynı manaya gelir; *scorpio*, *catapulta*dan daha küçüktür (Caesar, *De Bello Gallico*, 7.25.2). Bu tür savaş aletlerinin genel adı *tormentum*dur ve mancınık ya da topun atasıdır. *Scorpio*, ayrıca tatar yayına benzetilir.

CATAPVLTA (SCORPIO)

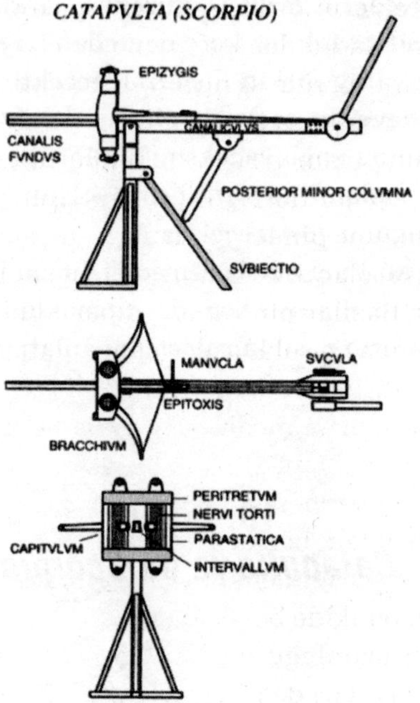

Bkz. Fleury 1993: 228, fig. 49.

1. Şimdi sıra geldi bizi tehlikelerden korumak ve esenliğimizi sağlamak için icat edilmiş makinelerin, yani *scorpio*ların ve *ballista*ların esaslarını ve hangi oranlara göre inşa edildiklerini açıklamaya. Bu makinelerin tüm orantısı, atacakları okun mevcut uzunluğuna göre kurulur. Bu uzunluğun dokuzda biri, makinenin kafasındaki (*capitulum*) yay deliklerinin çapına verilir; kolları tutan burulu halatlar (*nervi torti*)[1] bu deliklerden geçirilip gerilir.

2. Kafanın kendi yüksekliği ve genişliği de bu deliklerin ölçüsüne göre tayin edilir.[2] Kafanın üstündeki ve altındaki tahtalara *peritreti* adı verilir ve kalınlıkları bir delik, genişlikleri bir ve dörtte üç delik, uçlarında da bir buçuk delik olur. Sağdaki ve soldaki kenar direkler, geçmeler hariç, dört delik yüksekliğinde ve bir deliğin sekizde beş kalınlığındadır; geçmelerse yarım

1 Yay kirişleri.

2 Vitruvius burada delik (*foramen*) kelimesini sabit ölçü (modül) olarak kullanır.

deliktir. Bu direklerin birinden deliğe kadarki mesafe, deliğin dörtte biri oranındadır; delikten ortadaki direğe olan mesafe de aynıdır. Ortadaki direğin genişliği, bir delik ve deliğin dörtte üçüne eşittir, kalınlığıysa bir deliktir.

3. Orta direkte okun yerleştirildiği boşluk, bir deliğin dörtte biridir. Çerçevenin dört köşesi, yanlarda ve önlerde demir levhalarla ya da tunç pimler ve çivilerle güçlendirilmelidir. Yunancada (*syrinks*) olarak adlandırılan oluğun uzunluğu on sekiz delik olmalıdır. Bazılarının yanaklık (*buccula*) olarak adlandırdığı, oluğun sağına ve soluna çivilenmiş şeritlerin uzunluğu on dokuz delik, genişliği ve kalınlığıysa bir deliktir. Bunlara üç delik uzunlukta, yarım modül genişlikte iki şerit sabitlenir ve içlerine bir bocurgat yerleştirilir. Bunlara çakılmış ve kırlangıçkuyruğu geçmelerle sağlamlaştırılmış yanaklığın (bazıları buna küçük basamak, bazıları da küçük kutu der) kalınlığı bir delik, yüksekliği yarım deliktir. Çıkrığın uzunluğu dört deliktir, kalınlığıysa on ikide beş oranındadır.

4. Mandalın uzunluğu bir deliğin dörtte üçü, kalınlığı da dörtte biridir; yuvaları da aynı orandadır. Kabza da denilen tetik (*chele*) üç delik uzunluğunda, bir deliğin dörtte bir eninde ve kalınlığındadır. Oluğun dibinin uzunluğu on altı delik, kalınlığı bir deliğin dörtte biri, genişliği de bir deliğin dörtte üçüdür. Sütunun tabanı yer seviyesinde sekiz deliğe eşittir, üzerine oturtulduğu kaide seviyesindeki genişliği bir deliğin dörtte üç oranındadır, kalınlığıysa sekizde beştir. Sütundan geçmeye kadarki uzunluk on iki deliktir, genişlik bir deliğin dörtte üçü, kalınlık da altıda beşidir. Sütunun üç desteği dokuz delik uzunluğunda, yarım delik genişliğinde ve on altıda yedi kalınlıktadır. Geçme, bir buçuk delik uzunluğunda, sütunun tepesiyse iki delik uzunluğundadır; tepedeki kaide, bir deliğin dörtte üçü genişliğinde ve bir delik kalınlığındadır.

5. Yunancada *antibasis* olarak adlandırılan arkadaki daha küçük olan karşı destek, sekiz delik uzunluğundadır; genişliği bir buçuk delik, kalınlığıysa bir deliğin üçte ikisidir. Alttaki destek on iki delik uzunluğundadır; genişliği ve kalınlığı da, şimdi söz ettiğimiz üstteki küçük destekle aynı orandadır. Küçük ayağın üstündeki, yastık (*pulvinus*) olarak da adlandırılan yuva iki buçuk delik uzunluğunda, yarım delik yüksekliğinde ve bir deliğin dörtte üçü genişliğindedir. Bocurgatın sapları, iki ve on ikide yedi delik uzunluğunda, kalınlığı üçte iki, genişliğiyse bir buçuk oranındadır. Tali parçalar, geçmeleriyle birlikte on delik uzunluktadır, genişliği ve derinliğiyse yarım modüldür. Kolun uzunluğu yedi deliktir, tabanındaki kalınlığı bir deliğin on altıda dokuzu, tepede on altıya yedi oranındadır; kavisiyse sekiz deliktir.

6. İşte bu makineler gerektiğinde oranlarına yapılacak eklemeler ve çıkarmalarla bu ölçülere göre kurulur. Ana çerçevenin yüksekliği genişliğinden fazla olduğunda, yani *anatona* (yüksek gerilimli) olarak adlandırıldıkları durumlarda, kollarından bir miktar azaltılır ki, ana çerçevenin yüksekliğine bağlı olarak gerilim azaldıkça, kolların kısalığına bağlı olarak atış hızı artsın. Ama ana çerçevenin yüksekliği genişliğinden daha azsa, yani *catatonum* (düşük gerilimli) olarak adlandırıldıkları durumlarda, yüksek gerilimden ötürü kolların boyu biraz daha uzatılır ki, kolayca geri tepsin. Tıpkı beş ayak uzunluğundaki bir kaldıraçla bir yükü kaldırmak için dört adama ihtiyaç duyulurken, aynı yükü on ayak uzunluğundaki bir kaldıraçla kaldırmak için sadece iki adama ihtiyaç duyulması gibi, bu aygıtların da kolları uzadıkça geri tepmeleri daha kolaylaşır, ama kısaldıkça geri tepmeleri zorlaşır.

İşte mancınıkların düzenleri, onları meydana getiren aksamları ve oranları hakkında benim söyleyeceklerim bu kadar.

11. Bölüm
Ballista[1]

1. *Ballista*lara gelince; bunların mekanizmaları çok çeşitli ve birbirinden farklı olmasına rağmen, sonuçta tek bir hedefe yönelik tasarlanırlar. Bazıları manivelalarla, çıkrıklarla, ba-

---

[1] *Catapulta* ya da *scorpio*yla aynı işi görür, ama *ballista*nın oluğunun arka parçası yere 45 derecelik bir açıda inşa edilir ve diğer bütün parçalarıyla birlikte ötekilerden daha büyük ve güçlüdür. Attığı taşın ya da güllenin ağırlığı, makinenin ebadını belirler.

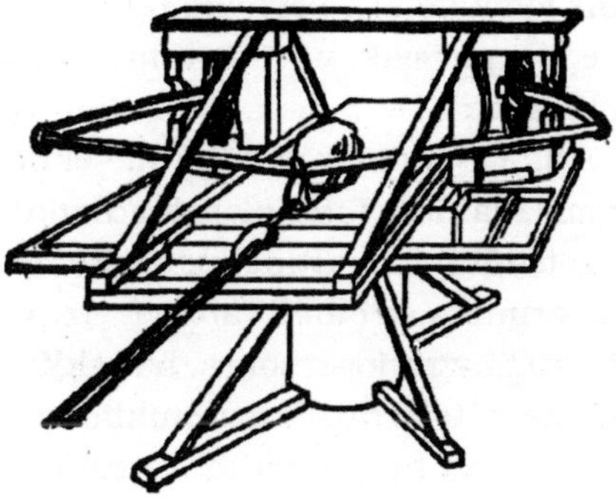

zıları çok sayıda makara tertibatıyla, bazıları ırgatlarla, hatta bazıları da dişli disk sistemiyle gerilimli hale getirilirler. Ama şu da var ki *ballista*ların hiçbiri, bu tür bir aygıtın atmak zorunda olduğu taşın ağırlık ölçüsü dikkate alınmadan kurulmaz. Dolayısıyla bu aygıtların mantığını, sayılar ve katlarını geometrik yöntemlerle hesaplamasını bilenler dışında kimse anlamaz.

2. Çünkü *ballista*ların başlıklarındaki delikler, yani boşluklarından tercihen kadın saçı (*capillus muliebris*) ve sinirlerden yapılmış halatların geçirilip gerildiği delikler, makinenin atacağı taşın ağırlık miktarıyla orantılı olur; oranlar özgül ağırlık ilkesine göre belirlenir; tıpkı *catapulta*lardaki sabit ölçülerin, atacakları okların uzunluklarına göre belirlenmesi gibi. İşte bu yüzden ben bu konuyu hiç geometri bilmeyenlerin bile belirli bir donanıma sahip olabileceği, savaşların en ateşli anlarında böyle hesap kitap işleriyle vakit kaybetmeyecekleri şekilde ele alıp kısmen kendi tecrübelerimden kesin olarak bildiklerimi, kısmen de öğretmenlerimden edinmiş olduğum bilgileri paylaşacağım; ayrıca Yunan ağırlık birimlerinin modüllerle nasıl ilişkilendirildiklerini de göstereceğim; sonuçta belki böyle bir ilişki bizim ağırlıklarımız arasında da kurulabilir.

3. Mesela iki libre ağırlığındaki bir taşı atacak şekilde tasarlanmış bir *ballista*nın kafasında beş parmaklık bir yay deliği olacaktır; dört librelik taş atacaksa, altı parmak; altı librelik atacaksa, yedi parmak; on librelik atacaksa, sekiz parmak; yirmi librelik atacaksa, on parmak; kırk librelik atacaksa, on iki buçuk parmak; altmış librelik atacaksa, on üç ve sekizde bir parmak; seksen librelik atacaksa, on beş parmak; yüz yirmi librelik atacaksa, bir ayak ve bir buçuk parmak; yüz altmış librelik atacaksa, bir ayak ve dört parmak; yüz seksen librelik atacaksa, bir ayak ve beş parmak; iki yüz librelik atacaksa, bir ayak ve altı parmak; iki yüz on librelik atacaksa, bir ayak ve altı parmak; üçyüz altmış librelik atacaksa, bir buçuk ayak olacaktır.

4. Yay deliğinin çapı bu şekilde belirlendikten sonra,[1] Yunancada *peritrētos* olarak adlandırılan, uzunluğu sekiz modül, genişliği iki ve altıda bir modül olan eşkenar dörtgen tablanın tasarımına geçilir. Tablayı çizip ortadan çapraz bir çizgiyle ayırın; ayırdıktan sonra, bu şeklin uçlarını, halatların döndüğü yerde, altıda birlik uzunlukta ve köşelerde dörtte birlik genişlikte verev bir görünüm verene kadar daraltın. Delikler, kavisin olduğu kısma ve köşelerin birbirine yaklaştığı noktalara bakmalı, genişlik içe doğru altıda bir daraltılmalı. Böylece delik, gerdirme cıvatasının kalınlığına bağlı olarak daha oval bir hal alır. Tablayı bu şekilde çizdikten sonra, kenarları çepeçevre yuvarlanır ki, etrafındaki kavis daha yumuşak hatlara sahip olsun.

5. Tablanın kalınlığı bir modül olarak belirlenir. Deliklerin silindirleri iki modül uzunluğunda, bir modül ve on ikide beş genişliğinde, deliğin içine giren kısım hariç bir modülün dörtte üçü kalınlığında ve dış tarafta yarım modül genişliğinde olacaktır. Desteklerin uzunluğu beş artı on altıda üç olacaktır. Bunların içteki yivi yarım modül, kalınlıkları on sekizde on bir olacaktır. Şemada çizilen deliğin kenarına eşit bir oran, ortadaki genişliğe eklenir; şeridin genişliği ve derinliği beş modül, yüksekliğiyse bir modülün dörtte biri oranında artar.

6. Masanın üzerindeki çıtanın uzunluğu sekiz modül, genişliği ve kalınlığıysa yarım modül olacaktır. Geçmelerinin uzunluğu iki modül, kalınlığıysa bir modülün dörtte biri olacaktır. Çıtanın kavisi bir modülün dörtte üçü olmalıdır. Dıştaki çıta, içtekiyle aynı genişlikte ve kalınlıkta olur, ama uzunluğu şemaya çizilen kavisinin bulunduğu noktayla ve kavisin bulunduğu noktadaki desteğin genişliğiyle belirlenir. Üstteki şeritlere gelince; bunlar alttakilerle aynı ebatta olur; masanın enine kirişleri bir modülün dörtte bir oranında olur.

7. Merdivenin gövdeleri on dokuz modül uzunluğunda ve bir modülün dörtte biri genişliğinde olacaktır; ortadaki boşluk bir

[1] Modül olarak alındıktan sonra.

ve çeyrek modül genişliğinde, bir ve sekizde bir yüksekliğinde olur. Merdivenin üst kısmı, yani kollara değen ve masaya bağlanan kısmı, uzunlamasına beş birime ayrılmalıdır; bunların ikisi Yunanların *khelōnion* (çıkrığın yuvası) dedikleri yuvaya verilmelidir. Bunun genişliği bir modül ve on altıda üç, kalınlığı bir modülün dörtte biri, uzunluğuysa on bir ve yarım modüldür. Tetiğin çıkıntısı yarım modül, vananın kalınlığı dörtte bir olacaktır. *Çapraz yüz* adı verilen ve aksa yaslanmış kısım da üç modül olacaktır.

8. İçteki çıtaların genişliği bir modülün on altıda beşi ve kalınlığı on altıda üç oranında olacaktır. Yuvanın oyuğu veya yuvanın kapağı merdivenin gövdesine kırlangıçkuyruğu geçmeyle birleştirilir ve bir modülün dörtte biri genişliğinde, on ikide biri kalınlığında olur. Merdivene bağlanan kare blok, kenarlarında bir modülün dörtte biri eninde olur, yuvarlak dingilin çapı da tetikle aynı seviyede olur, köprülü sürgülerin yüksekliği hariç; bu sürgülerse modülün on altıda yedisi olur.

9. Desteklerin uzunluğu dört buçuk modül, alttaki genişlikleri yarım modül ve tepedeki kalınlıkları on altıda üç modül oranında olacaktır. *Eskhara* dedikleri taban, sekiz modül uzunluğunda, küçük tabansa dört modül uzunluğunda olacaktır; her ikisinin kalınlığı ve genişliği de bir modül olacaktır. Destekler sütunun ortalarına gelecek şekilde kurulur; genişliği ve kalınlığı bir modül olur, yüksekliklerin ölçüsüyse standart ölçüyle değil, şartların gerektirdiği ölçüye göre tayin edilir. Kolun uzunluğuysa altı modül olur, tabandaki kalınlığı sekizde beş, ucundaysa sekizde üç modül olur.

İşte böylece *ballista*lar ve *catapulta*lar için pratikte en uygun olacağını düşündüğüm oranları açıklamış bulunuyorum. Ama bu makinelerin gerilimini sinirlerin ve saçların burulmasıyla oluşan halat yumaklarıyla nasıl ayarlayabileceğimizi de anlatmadan geçmek istemem; tabii bunu yazılı olarak tarif etmek ne kadar mümkünse.

12. Bölüm
Mancınıkların Ayarlanması

1. Çok uzun kirişler hazırlayın, tepelerine yuvalarını çakıp çıkrığın aksını bu yuvalara yerleştirin. Kirişlerin ortalarını oyup yiv açın, mancınıkların (*catapulta*) kafalarını bu yivlere oturtun ve gerilirken hareket etmemeleri için de takozlarla sıkıştırın. Sonra bu kafalara tunç rondelaları[1] oturtup içlerine Yunanların *epizygides* dedikleri demir pimleri yerleştirin.

2 Ardından halatların uçlarını yay deliklerinden geçirin ve kafanın diğer tarafına çekin, çıkrıklara bağlayıp sarın ki, halatlar manivelalarla gerilince, elinizle vurduğunuzda her biri aynı tonda ses versin. Bir de yay deliklerinde kamalarla sıkıştırılsınlar ki, çözülmesinler. Sonra kafanın diğer tarafına geçirilen halatları da, aynı şekilde yine benzer tonda bir ses verene kadar çıkrığı manivelalarıyla çevirip gerin. İşte mancınıklar takozların takviyesiyle gerili tutularak kulağınıza uygun perdeden bir ses gelene kadar böyle ayarlanırlar.

Bu konuyla ilgili söyleyebileceklerim bu kadar. Şimdi geriye kuşatma makineleriyle ilgili açıklanması gereken konular kalıyor; yani askeri liderlerin hangi makinelerle muzaffer olabileceklerine, şehirlerin hangi makinelerle savunulabileceklerine dair konular.

13. Bölüm
Kuşatma Makineleri

1. Tarihi kayıtlara göre kuşatmalarda kullanılan koçbaşı şu şekilde icat edilmiştir: Kartacalılar Gades'i kuşatmak için kamp kurdular.[2] İleri tahkimatı ele geçirir geçirmez de yıkmaya

---

1 *Rondela* (*modioli*): Cıvatalı bağlantılarda vidanın zamanla gevşemesini ve ana gövdenin zedelenmesini önlemek, parçaların düzgün sıkılmasını sağlamak için somunun altına konan, genellikle metalden delikli pul.

2 Gades: Hispania Baetica'da yer alan ünlü bir Fenike kolonisi, Cadiz.

kalktılar.[1] Ama baktılar ki, onu yıkacak demirden silahları yok; bunun üzerine bir kütük alıp ellerinin üstünde yukarı kaldırdılar ve ucunu biteviye duvarın üstüne vura vura taş örgünün ilk katını yıktılar, sonra böyle adım adım, kat kat bütün tahkimatı yerle bir ettiler.

2. Sonradan Pephrasmenos adındaki Tyreli bir usta bu teknikten, bu buluştan esinlenerek bir direk dikip üzerine tıpkı terazi kolu gibi enlemesine başka bir direk astı. Bunu ileri geri sallaya sallaya bütün gücüyle duvara vurdu ve Gadeslilerin duvarını yıktı. Ama ilk Kartacalı Ceras, altında tekerlekleri olan ahşap bir taban yaptı, üstüne dikmelerden, enine kirişlerden koruyucu bir iskelet kurdu. İçine bir koçbaşı astı, öküz deri-

---

1 İstihkâm hattının önündeki tahkimat.

siyle kapladı; maksat, duvara vurmak için makinenin içine konuşlanmış askerler daha iyi korunsunlar. Bu makine ikide bir durup çalıştığı için de ona *Tosbağa Koç* demeye başladı.

3. Bu tür bir makinenin gelişimi için ilk adımlar bu şekilde atıldıktan sonra, Amyntas'ın oğlu Philippos Byzantion'u kuşatırken Tesalyalı Polydios bu makinenin başka başka çeşitlerini ve daha kolay idare edilebilir olanlarını geliştirdi. Ondan ders alanlarsa, İskender'le birlikte aynı orduda görev almış Diades ile Charias oldu.

Diades kendi yazılarında seyyar kulelerin mucidi olduğunu, bunları gerektiğinde söküp orduyla birlikte götürdüğünü belirtti. Ayrıca burguyu ve aynı seviyede bir duvara geçmeyi sağlayan tırmanma aletini, hatta kimilerinin *kuzgun,* kimilerinin *turna* dediği *muhribi* de o bulmuştu.

4. Diades, tekerlekli koçbaşını da kullanmış ve ardında bu makinenin nasıl çalıştığıyla ilgili yazılar bırakmıştı. Bu yazılarında, "En küçük kule en az altmış arşın yükseklikte, on yedi arşın genişlikte olmalı, tepede taban genişliğinin beşte biri oranında daraltılmalı," diyordu; kulelerin dikmeleriyse tabanda bir ayağın dörtte üçü, tepede yarım ayak olmalıydı ona göre. Yine diyordu ki, her yanında penceresi olan böyle bir kule on katlık bir yükseklikte olmalıdır.

5. En büyük kuleyse yüz yirmi arşın yükseklikte ve yirmi üç buçuk arşın genişlikte olmalıdır; diğeri gibi beşte bir oranda inceltilmelidir. Dikmeler altta bir ayak, üstte yarım ayak olmalıdır. Diades büyük kuleyi yirmi katlık bir yükseklikte kurardı, her katın çevresinde üç arşın genişliğinde bir galerisi olurdu. Herhangi bir saldırıdan korumak için de bu kulelerin üstünü ham deriyle kaplardı.

6. *Tosbağa Koç* da aynı şekilde inşa edilirdi. Ama eni otuz arşın, alınlık hariç yüksekliği on üç arşın olurdu; alınlığının yüksekliğiyse taban seviyesinden tepesine kadar on altı arşın. Çatının ortasından yükselen alınlık en az iki arşın yükseklikteydi. Onun üzerinde dört katlı küçük bir kule yükselirdi; *scorpio*lar ve *catapulta*lar da bu kulenin en üst katına mevzilenirdi, alt katlarda da makinenin maruz kalabileceği her tür yangını söndürebilecek kadar bol miktarda su depolanırdı. Yunanların *kriodokhē* dedikleri koçbaşı şeklindeki mekanizma, bunun içinde yer alırdı. Bu mekanizmanın içinde tornadan çıkma bir silindir vardı, koçbaşı bunun üzerine oturtulmuştu ve halatlarla ileri geri çekildiğinde çok etkili sonuçlar doğurabilirdi. Bu da tıpkı kule gibi ham deriyle kaplanmıştı.

7. Diades bunların yanı sıra yazılarında burgusunun nasıl çalışacağını da açıklamıştı.[1] Tıpkı Tosbağadaki gibi bu makinenin de ortasında elli arşın uzunluğunda ve bir arşın yüksekliğinde bir kanalı vardı ve genellikle *catapulta*lar ile *ballista*ların inşasındaki dikmelere benzer dikmelerle destekleniyordu, içine de enlemesine bir çıkrık yerleştirilmişti. Kafasında, sağda ve solda iki makara tertibatı bulunuyordu; bunlar demir uçlu bir kirişi kanal boyunca hareket ettiriyordu. Kirişin altında, kanalın içine çok sayıda silindir yerleştirilmişti; bunlar sayesinde daha seri ve daha güçlü hareket edebiliyordu. Kanal boyunca da makineyi örten ham deriyi desteklesin diye kirişin üstüne yerleştirilmiş, yan yan dizili kemerler bulunuyordu.

8. Diades *kuzgun* hakkında yazmayı gereksiz bulmuştu, çünkü bu makinenin hiçbir tesiri olmadığının farkındaydı. Yunanca *epibathra* (merdiven) adı verilen tırmanma düzeneği ve denizde geminin güvertesine çıkmak için kullanabilecek düzeneklerle ilgili de çok kısa bilgi vermişti. Hatta dikkat ettim de, bu makinelerin işleyiş tekniklerini açıklamaya kesin söz verdiği halde, açıklamamış.

İşte Diades'in makinelerle ve bu makinelerin kurulumlarıyla ilgili verdiği bilgiler böyle. Şimdi öğretmenlerimden öğrendiğim makineleri ve özellikle benim yararlı bulduklarımı anlatayım.

14. Bölüm
Tosbağa

1. Kale hendeklerini doldurmak için tasarlanan ve bu şekilde kale duvarlarına yanaşmayı mümkün kılan Tosbağa (Testudo) şu şekilde kurulur: Dört enine kirişten, kenarları yirmi bir

---

1 *Terebra*: Düşman istihkâmlarını delmek için kullanılan bir savaş aleti.

ayak uzunluğunda, kare bir taban monte edilir; Yunanlar bu tabana *eskhara* (ocak) adını verir. Bu kirişler bir buçuk ayak kalınlığında ve yarım ayak genişliğinde başka iki kirişle tutulur; bu iki kiriş arası üç buçuk ayaktır. Alta, bu aralıklara, demir levhalara gömülü aksları döndürsün diye Yunanların *hamaksopodes* dediği mafsallar (*arbuscula*) yerleştirilir.[1] Bunların tertibatında menteşeler ve rahatça dönmelerini sağlayan manivelaların geçebileceği delikler olur; böylece ileriye geriye, sağa sola döndürmek veya belirli bir açıda yana yatırmak gerektiğinde, bu mafsalların dönüşüyle Tosbağa istenen yöne ayarlanabilir.

2. Bu tabanın üzerine, her iki yandan altı ayak çıkıntı yapacak şekilde iki kiriş yerleştirilir. Bu çıkıntıların etrafına ilkinden yedi ayak fazla çıkıntısı olan, kalınlığı ve genişliği taban için verilen ölçülerde başka iki kiriş daha çakılır. Bu iskeletin üstüne zıvanalı geçmeyle birleştirilmiş direkler dikilir; geçmeleri hariç dokuz ayak yüksekliğinde, her yandan bir ve dörtte bir ayak kalınlığında, ayrıca aralarında bir buçuk ayak mesafe olacak şekilde. Direkler tepede zıvanalı geçme kirişlerle kenetlenir. Kirişlerin üzerine geçmelerle birleştirilmiş, dokuz ayak yüksekliğinde mertekler yerleştirilir. Merteklerin üzerine de, bu mertekleri birbirine bağlayacak olan çaplanmış bir mahya yerleştirilir.

3. Bunun yanı sıra mertekler, aşıklarla da sağlama alınır ve tercihen pırnal meşesinden tahtalarla, yoksa, en işe yarayabilecek başka çeşit tahtalarla kaplanır. Ama çam ya da kızılağaç olmaz; çünkü bunlar kolay kırılır, çabuk tutuşur. Tahta kaplamanın üzeri sepet örgüsü şeklinde birbirine sımsıkı dokunmuş ince ve özellikle yeni kesilmiş dallarla örtülür. Sonra da tüm aygıt, birbirine dikilmiş ve araları deniz yosunuyla ya da sirkede bekletilmiş samanla doldurulmuş çift kat ham deri tabakayla kaplanır. Bu şekilde *ballista*ların darbeleri, ateşli okların saldırıları da püskürtülmüş olur.

---

[1] *Arbusculae* (ἁμαξόποδες): Tosbağa tekerleklerini ana iskelete bağlayan ve bu şekilde makinenin her yöne rahatça dönmesini sağlayan silindirik mafsallar; küçük tekerlekler.

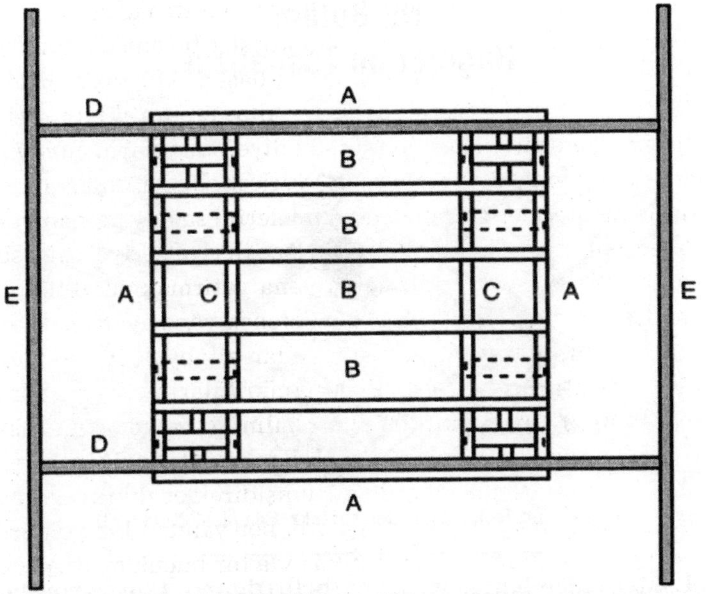

A. *Basis* (taban); B. *Transversarii* (enine kirişler); E. *Tigna* (büyük kirişler)

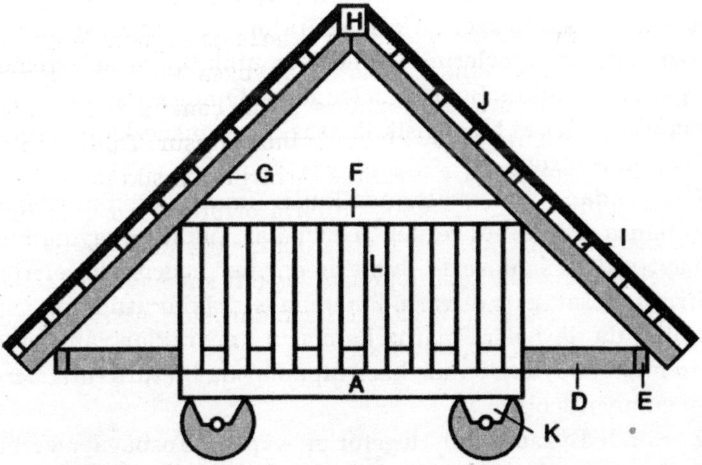

Bkz. Fleury 1993: 303, fig. 74, 75: A. *Intercardinata trabs* (yatay zıvanalı kiriş); G. *Capreoli* (mertekler); H. *Quadratum tignum* (kare mahya, sırt); J., I. *Lateraria* (aşıklar); *Tabulae* (tahtalar); K. *Arbuscula* (silindirik mafsallar)

15. Bölüm
Hegetor'un Tosbağası

Hegetor'un Tosbağasının temsili (bkz. Campbell 2003: 193).

1. Mertekler hariç, yukarıda belirttiğimiz tüm ayrıntılara sahip bir Tosbağa (Testudo) çeşidi daha bulunmakta. Bunun mertekler yerine, çepeçevre tahta bir korkuluğu, mazgallı siperleri (*pinna*) var, üzerinde de aşağıya eğimli saçakları. Üstü tahtalarla, ham derilerle kaplanmış; hepsi yerli yerine sımsıkı sabitlenmiş. Bunun üzerine kılla yoğrulmuş bir kat kil sürülmesi lazım, hem de alevlerin makineye en ufak bir zarar veremeyeceği bir kalınlıkta. Bu makineler gerektiğinde sekiz tekerlekli de olabilir, yeter ki bu değişiklik arazinin yapısı dikkate alınarak yapılmış olsun.

Öte yandan tünel kazılarında kullanılmak üzere tasarlanan ve Yunanca *oryges*[1] adı verilen Tosbağalar, yukarıda saydığımız tüm ayrıntılara sahipse de, bunların ön yüzü üçgenin köşelerini andırır; maksat, kale duvarından buna mızraklar atıldı mı, önü düz olup da darbelere maruz kalmasın,[2] mızraklar yanlardan kayıp gitsin, böylece içinde kazı yapanlar da bu tür tehlikelere karşı emniyette olsun.

2. Şimdi Byzantionlu Hegetor'un yaptığı Tosbağayı ve bu Tosbağayı yaparken hangi ilkeleri göz önünde bulundurduğunu

[1] *Testudo ad fodiendum*: Tünel kazmak için kullanılan tosbağa (*oryges*).
[2] Mızraklar ön yüzde kalmasın.

burada anlatmak da bence fena olmaz. Çünkü onun Tosbağasının taban uzunluğu 63 ayak, genişliği 42 ayaktı. Bu tabanın üzerinde dört tane köşe direği bulunuyordu ve her biri ikişer kerestenin birbirine çatılmasından oluşuyordu; direklerin yüksekliği 36 ayak, kalınlığı bir ve dörtte bir ayak, eni de bir buçuk ayaktı. Tabanda, manevra kabiliyetini sağlayan sekiz tekerlek vardı. Bunların yüksekliği altı ve dörtte üç ayak, kalınlığıysa 3 ayaktı. Üç tahta parçasının dönüşümlü kırlangıçkuyruğu geçmelerle birleştirilip soğuk dövme demir levhalarla bağlanmasından oluşan bu tekerlekler, *arbusculae* ya da *hamaksopodes* adı verilen mafsalların arasında dönüyordu.

3. Tabanın üzerindeki enine kirişlerden oluşan yüzeye, on sekiz ayak yüksekliğinde, bir ayağın dörtte üçü genişliğinde, bir ayağın sekizde beşi kalınlığında, aralarında üç ayaklık mesafe olan direkler dikilmişti. Bunların üzerinde yer alan bir ayak genişliğinde ve bir ayağın dörtte üçü kalınlığındaki kirişler, tüm iskeleti çepeçevre sarıp ayakta tutuyordu. Bunların üzerinde on iki ayak yüksekliğinde mertekler bulunuyordu; merteklerin üzerine çakılmış mahya da bir arada durmalarını sağlıyordu. Merteklerin yandan tutturulan destekleri de vardı; üzerlerinde yer alan döşemeyse bunları çepeçevre sarıp alt kısımları örtmekteydi.

4. Küçük kirişlerin üstünde bir de orta kat (*contabulatio*) vardı, *scorpio* ile *catapulta*lar buraya yerleştirilmişti. Burada birbiriyle birleştirilmiş iki dikme bulunuyordu; kırk beş ayak uzunluğunda, bir buçuk ayak kalınlığında ve iki ayak genişliğinde. Tepelerinde kırlangıçkuyruğu geçmeyle birleştirilmiş enine bir kirişle, ortalarında da gövdeleri arasına zıvanalı geçmeyle birleştirilmiş ve demir levhalarla bağlanmış bir başka kirişle birbirlerine kenetlenmişlerdi. Bunun üstünde, dikmeler ile enine kirişler arasında yer alan ahşap çerçeve, yanaklıklarla ve kenetlerle sımsıkı yerine oturtulmuştu. Bu çerçeveye tornadan çıkma iki küçük dingil yerleştirilmişti. Koçbaşı (*aries*) bu dingillere bağlanan halatlarla mevzide tutuluyordu.

5. Koçbaşının mevzilendiği bu ahşap çerçevenin tepesinde küçük kule görünümlü bir korkuluk yer alıyordu. İki asker burada emniyetli şekilde durabilir, etrafı kolaçan edip düşmanın ne yapıp ettiğini haber verebilirdi. Koçbaşının uzunluğu yüz dört ayaktı, tabandaki genişliği bir ayak ve bir karış, kalınlığıysa bir ayaktı; tepeye doğru inceldiğinden genişliği bir ayağa, kalınlığı da bir ayağın dörtte üçüne düşmekteydi.

6. Koçbaşının bir de erkekdemirden yapılma bir mahmuzu vardı, hani şu savaş gemilerindekinden. Bu mahmuzdan çıkan yaklaşık on beş ayak uzunluğunda dört demir levhayla ahşap çerçeveye tutturulmuştu. Başından gerisine kadar sekiz parmak kalınlığında üç kalın halat gerilmiş, gemilerdeki pruva ve kıç arasındaki direği tutan halatlar gibi sımsıkı bağlanmıştı. Bu halatlara yandan bağlanan ve aralarında bir ayak ve bir karış mesafe bulunan başka halatlar da vardı. Koçbaşının üzeri baştan sona ham deriyle kaplanmıştı; asılı olduğu halatların uçları dört kat demir zincirden yapılmış ve yine ham deriyle sarılıp sarmalanmıştı.

7. Dahası koçbaşının öne doğru uzanan kısmında birbirine çivilenmiş tahtalardan oluşan bir mahfazası (*arca*) vardı, içinde de sımsıkı gerilmiş geniş halatlardan bir ağ. Bu kalın ağın üstüne basıp ayağınız kaymadan kale duvarına çıkabilirdiniz. Bu makine altı yöne hareket edebiliyordu; yani ileriye (geriye), sağa sola dönebiliyor, hatta uzatılıp yukarıya çıkartılabiliyor veya belirli bir eğimle aşağıya indirilebiliyordu. Makine yaklaşık yüz ayaklık bir duvarı yıkabilecek bir yükseklige kaldırılabiliyordu, sağdan sola hareket ederken de en az yüz ayaklık bir alanı kaplıyordu. Dört yüz *talentum*luk, yani dört yüz seksen librelik ağırlığı olan bu makineyi yüz adam yönetiyordu.

16. Bölüm
Savunma Araçları

1. *Scorpio*lar, *catapulta*lar, *ballista*lar, hatta tosbağalar ve kulelerle ilgili çok önemli bulduğum bilgileri, bunların kimlerin icadı olduğunu ve ne şekilde inşa edileceklerini böylece açıklamış oldum. Ama merdivenler, vinçler[1] ve bunlar gibi daha

[1] Vitruvius'ta *carchesium*, vinç anlamına gelir.

basit esaslara dayanan araçları yazmaya gerek görmedim. Askerler genelde böyle şeyleri kendi kendilerine yaparlar. Ayrıca bu makinelerin hepsi dünyanın her yerinde, aynı derecede işe yaramayabilir; çünkü bir istihkâm diğerine benzemediği gibi, halkların cengâverliği de birbirine benzemez. Dolayısıyla gözü pek ve atılganına ayrı, ihtiyatlısına ayrı, korkağına ayrı makineler kurmak gerekir.

2. Ama her kim bu yazdığım talimatları dikkate alırsa ve onca teknik arasından seçimlerini yapıp bunları belirli tip bir makine tasarımına uyarlamak isterse, artık başka bir yerden yardım almasına gerek kalmaz; koşullardan, konumlardan kaynaklanan her türlü zarurete hiç tereddütsüz bir çözüm getirebilir.

Savunma taktiklerine gelince, bunlar öyle kitaplarda açıklanmaz, çünkü düşman kendi savunma silahlarını bizim yazdıklarımıza göre hazırlamaz. Zaten çoğu zaman düşmanın geliştirdiği savunma tertibatı makinelerle değil de, gerektiği anda akıllıca ve hızla geliştirilen taktiklerle ters köşeye yatırılır. Rodosluların bunu çok iyi tecrübe ettikleri söylenir. Şöyle:

3. Diognetos, Rodoslu bir mimardı. Kendisine, mesleğindeki şerefli hizmetlerden ötürü devlet hazinesinden her yıl belirli bir ödenek ayrılmıştı. İşte o dönem Kallias adında Aradoslu bir mimar Rodos'a çıkageldi. Halka açık bir sunum yapıp onlara bir kale duvarı tasarımı gösterdi; duvarın üzerinde döner bir taban üstüne yerleştirilmiş bir vinç duruyordu; surlara yaklaşmakta olan bir kuşatma kulesini (*helepolis*) kıskıvrak yakalamış, duvarın içine sürüyordu. Rodoslular bu tasarımı görünce hayretler içinde kaldılar ve Diognetos'a her yıl ödemeyi kararlaştırdıkları parayı kesip bu ayrıcalığı Kallias'a tanıdılar.[1]

4. Bu arada inatçı mizacından ötürü Poliorketes (Şehirleri abluka altına alan) lakabıyla anılan kral Demetrios, Rodos'a karşı savaş hazırlıkları içindeydi ve ünlü Atinalı mimar Epi-

1 *Helepolis* (ἑλέπολις): Şehir Yıkıcı anlamına gelen bir savaş aygıtı. Bir kule görünümünde olan bu aygıt, dört tekerlek üzerine oturtulmuş ve dokuz kata ayrılmıştı. En alttaki katın tertibatı büyük taşlar atacak şekilde tasarlanmıştı; orta kat mızraklar atmaya uygun mancınıklarla, en üst kat da küçük taşlar atmaya uygun makinelerle donatılmıştı. Bu aygıt iki yüz asker alabilecek kapasiteydi.

makhos'u da maiyetinde getirmişti. Epimakhos büyük paralar harcayıp tam yüz otuz beş ayak yüksekliğinde, altmış ayak genişliğinde, yüksek bir deha ve emek ürünü bir kuşatma kulesi inşa etmişti. Bir *ballista*dan atılan 360 libre ağırlığındaki bir güllenin darbesine mukavemet edebilsin diye de kuleyi çuhalara, ham derilere sarıp sağlama almıştı. Sırf makinenin kendisi 360 bin libre ağırlığındaydı. Rodoslular da bunun üzerine Kallias'tan, bu kuşatma kulesine karşı durabilecek bir makine kurmasını ve vaat ettiği gibi bu kuleyi surların içine sürmesini istediler; ama Kallias bunu yapamayacağını itiraf etti.[1]

Epimakhos'un *helepolisi*

5. Çünkü her makineyi her zaman tek bir yönteme göre kuramazsınız. Bazı makineler vardır, büyük ölçekli modeller üzerine kurulmamış olsalar da, büyük ölçekli modeller üzerine kurulmuş gibi etki ederler;[2] bazıları vardır, örnek alacakları bir modelleri yoktur, kendi kendilerine yaratılırlar; bazıları da vardır, modelinde gerçekçi görünürler, ama ölçeğini büyüttükçe işe yaramaz hale gelirler. Bunu anlamak için şöyle bir örnek verelim: Bir delgiyle yarım parmak çapında, bir parmak çapında, hatta bir buçuk parmak çapında bir delik açabilirsiniz. Ama aynı delgiyle bir karışlık delik açmaya kalksanız, açamazsınız;

---

1 *Cilicium*: Başlangıçta Kilikya keçilerinin kıllarından yapılan, askerlerin ve denizcilerin kullandığı çuha.

2 Büyük ölçekli de olsalar, küçük ölçekli de olsalar hep aynı şekilde randıman alırsınız.

hele yarım ayaklık ya da daha büyük çapta bir deliği hayal bile edemezsiniz.

6. Kısacası modelinde küçük ölçekte kurulmuş bir makine, aynı teknikle daha büyük ölçekte de kurulacakmış gibi gelir. İşte Rodoslular da zaten buna kanıp Diognetos'a çirkince davranmış, hakkını yemişti. Ama sonradan düşmanın kendilerine karşı o inatçı, o hasmane tavrını ve şehirlerini ele geçirmeye programlanmış o makineyi görünce, esaretin getireceği tehlikeleri, darma duman edilecek şehirlerini düşünüp anavatanına yardımını esirgemesin diye yalvar yakar Diognetos'un ayaklarına kapandılar.

7. Diognetos başta olumsuz bir tavır sergiledi. Neden sonra şehrin soylu kızları, delikanlıları rahiplerle birlikte aracı olarak gelip de rica minnet edince, tek bir şartla bu işe razı olacağını söyledi: Makineyi ele geçirirse, kendisinin olacaktı. Şartı kabul edilince, makinenin yanaşacağı yerdeki duvarda bir delik açtı ve herkesten kamuya ya da şahsa ait kaynaklardan ne kadar su, pislik, çamur bulabiliyorlarsa hepsini bu deliğe kadar uzattığı borularla duvarın önüne dökmelerini istedi. Bunun üzerine gece boyu bol bol su, pislik, çamur döküldü durdu. Ertesi gün kuşatma kulesi tam yanaşıyordu ki, daha duvara ulaşmadan gece hazırlanan bu cılk bataklığa gömülüverdi; ne ileri gidebildi ne de geri. Demetrios da, Diognetos'un aklına yenik düştüğünü anlayınca, donanmasıyla birlikte geldiği gibi gitti.

8. Rodoslular Diognetos'un dehası sayesinde bu savaştan kurtulunca, hep birlikte ona teşekkür ettiler, onu payelerle, nişanlarla donattılar. Diognetos ise o kuşatma kulesini alıp şehre götürdü ve herkesin görebileceği bir yere yerleştirip üstüne şöyle yazdı: *Diognetos, savaştan elde edilen bu ganimeti halkına bağışladı.* İşte görüldüğü gibi savunma faaliyetlerinde yalnızca makineler hazırlamak yetmez, taktik geliştirmek çok daha önemlidir.

9. Benzer bir olay Khios'ta da yaşandı: Düşman, gemilerinin üzerine kuşatma köprülerini (*sambucae*) kurunca, Khioslular bütün gece denize, surlarının önüne toprak, kum, taş taşıyıp durdular.[1] Ertesi gün düşman surlara yaklaşmaya kalkıştığın-

---

[1] *Sambuca* (kuşatma köprüsü, yangın merdiveni): Surları yıkmak amacıyla, birbirine bağlı iki geminin üzerine inşa edilen ve aralarında bir köprünün olduğu iki kuleden oluşan bir aygıt.

da da, gemileri suyun altında oluşan bu tümseğe oturuverdi; ne sura yaklaşabildi ne tornistan edebildi, oracıkta ateşten oklarla delik deşik olup alev alev yandı.

Bir keresinde Apollonia da böyle bir kuşatma altındayken ve düşmanları tünel kazıp şüphe uyandırmadan surların içine süzülme planları yaparken, durum keşif ekipleri tarafından Apollonialılara bildirildi. Apollonialılar bu haber karşısında korkudan şaşkına döndüler, herhangi bir savunma planları olmadığı için de tüm cesaretlerini yitirdiler; çünkü düşmanın ne zaman, nereden karşılarına çıkabileceğini hiç kestiremediler.

10. O sırada İskenderiyeli mimar Tryphon da şehirde bulunuyordu. Surların içine bir sürü tünel açmayı plandı; bu şekilde toprağı kaza kaza surların dışına, okların menzilinin ötesine kadar ilerleyip her bir tünele pirinç kaplar astı. Bu tünellerin birine, tam düşmanın açtığı tünelin önündekine astığı pirinç kaplar düşman kazmasını vurdukça tınlamaya başladı. Böylece düşmanın hangi mıntıkada tünel kazıp da içeriye nüfuz etmekte olduğu anlaşılmış oldu. Tryphon saldırı hattını öğrenir öğrenmez, yukarıdan düşmanın kafasına dökmek üzere içinde kaynar sular, katranlar, insan dışkıları ve kor haline gelinceye kadar kızdırılmış kumlar bulunan kaplar hazırlattı. Ardından gece boyu bir dolu delik açıp hiç beklenmedik bir anda bu kapları deliklerden boca etti ve tünellerini kazmakla meşgul düşmanların hepsini katletti.

11. Aynı şekilde Marsilya da kuşatma altındayken ve düşman otuzdan fazla tünel kazmışken, Marsilya halkı kale duvarının önünde bulunan hendeğe güvenmediğinden, bunu daha derin kazıp iyice alçalttı.[1] Böylece tüm tünellerin ağzı bu hendeğe açılmış oldu. Ama surların içinde hendek kazmaya müsait olmayan yerlerde, tam tünellerin kazıldığı mıntıkada, balık havuzuna benzer, enine boyuna koskoca bir çukur açtılar; içini kuyulardan ve limandan taşıdıkları suyla doldurdular. Tünellerin ağızları birden açılınca, sular o hızla içeri dolup destekleri yerle bir etti; tünelin içindekiler de hem sel gibi akan suların hem de çöken tünelin altında kalıp oracığa gömülüverdi.

---

1 İÖ 49 yılındaki Marsilya kuşatmasından söz edilmektedir. Bkz. Caesar, *De Bello Gallico*, 2.1 vd.

12. Bu da yetmedi; düşmanlar onlara karşı surların önüne bir rampa yapıp devirdikleri ağaçları buraya sererek rampayı daha da yükseltiyorlardı ki, Marsilyalılar mancınıklarından fırlattıkları kor kırmızı demir oklarla bütün siperi ateşe verdiler; koçbaşı tosbağa surları dövmek üzere yaklaşmışken, yukarıdan bir kement atıp koçbaşını kıskıvrak yakaladıkları gibi kementi bocurgat takılı bir silindirle döndüre döndüre yukarıya çekip başının duvara çarpmasını önlediler; en sonunda da ateşten oklarla, mancınıktan atılan silahlarla o aygıtı paramparça ettiler. Görüldüğü üzere bu şehirler, savaş makinelerinden ziyade, bu makinelerin tertibatına karşılık mimarların o kıvrak zekâsıyla muzaffer olup özgürlüğüne kavuştu.

13. İşte bu kitapta hem savaş hem de barış dönemlerinde son derece yararlı olacağını düşündüğüm makinelerin kurulum esaslarını elimden geldiğince tarif etmeye çalıştım. İlk dokuz kitabımda her konuyu tek tek, bölüm bölüm ele almıştım. Böylece mimarlığın bütün kollarını bu on kitaplık külliyat içinde açıklamış oldum.

KAYNAKÇA

Adam, J.-P. (1982). "Groma et Chorobate: Exercices de Topographie Antique," *Mélanges de l'Ecole française de Rome: Antiquité*, vol. 94.2, s. 1003-1029.

Adam, J.-P. (2005). *Roman Building: Materials and Techniques*, (tr.) A. Mathews, London: Routledge.

Aicher, P.J. (1995). *Guide to the Aqueducts of Ancient Rome*, Wauconda, Illinois: Bolchazy-Carducci Publishers.

Aldrich, H. (1818). *The Elements of Civil Architecture*, (tr.) P. Smyth, Oxford: W. Baxter.

Alton, E.H. (ed.) (1978). *P. Ovidi Nasonis Fastorum libri sex*, Lipsiae: B.G. Teubner.

Arndt, P. (ed.) (1896-1912). *La Glyptothèque Ny-Carlsberg: Les Monuments Antiques*, München: Bruckman.

Babbitt, F.C. (tr.) (1936). *Plutarch. Moralia*, vol. 5, Loeb Classical Library, Cambridge: Harvard University Press.

Baldi, B. (1612). *De verborum Vitruvianorum significatione. Sive Perpetuus in M. Vitruvium Pollionem commentarius*, Augustae Vindelicorum: Ad Insigne Pinus.

Barbaro, D. (ed.) (1567). *M. Vitruvii Pollionis De Architectura libri decem, cum commentariis*, Venetiis: Apud Franciscum Franciscium Senensem, & Ioan. Crugher Germanum.

Barbaro, D. (ed.) (1567). *I dieci libri dell'architettura di M. Vitruvio tradotti e commentati*, In Venetia: Appresso Francesco de'Franceschi Senese, & Giouanni Chrieger Alemanno compagni.

Benjamin, A. (1814). *The Rudiments of Architecture*, Boston: Munroe & Francis.

Brandon, C. (1996). "Cements, Concrete, and Settling Barges at Sebastos: Comparisons with Other Roman Harbor Examples and the Descriptions of Vitruvius," *Caesarea Maritima. A Retrospective after Two Millennia*, (ed.) A. Raban, K.G. Holum, Leiden: E.J. Brill, s. 25-40.

Brandon, C.J., R.L. Hohlfelder, M.D. Jackson, J.P. Oleson (2014). *Building for Eternity: The History and Technology of Roman Concrete Engineering in the Sea*, (ed.) J.P. Oleson, Oxford: Oxbow Books.

Britton, J. (1838). *A Dictionary of the Architecture and Archeology of the Middle Ages*, London: Longman.

Callebat, L., P. Bouet, Ph. Fleury, M. Zuinghedau (ed.) (1984). *Vitruve. De architectura. Concordance*, Hildesheim: Olms-Weidmann.

Campbell, B. (2004). *Greek and Roman Military Writers: Selected Readings*, London: Routledge.

Campbell, D.B. (2003). *Greek and Roman Artillery 399 BC-AD 363*, Illustrated by B. Delf, Oxford: Osprey Publishing.

Cesariano, C. (tr.) (1521). *Di Lucio Vitruvio Pollione De Architectura libri decem*, Como: G. da Ponte.

Cordingley, R.A. (2015). *Orders of Architecture*, New York: Dover Publications, Inc.

Corso, A., E. Romano (tr.) (1997). *Vitruvio: De Architectura*, 2 vols., (ed.) P. Gros, Torino: Giulio Einaudi.

Curl, J.S., S. Wilson (2015). *The Oxford Dictionary of Architecture*, Oxford: Oxford University Press.

Dahlhaus, C. (1990). *Studies on the Origin of Harmonic Tonality*, (tr.) R.O. Gjerdingen, Oxford: Princeton University Press.

de Aquino, C. (1734). *Vocabularium Architecturae Aedificatoriae*, Romae: Typis Antonii de Rubeis.

Demiriz, Y. (1984). "Acanthus: Türkiye'nin Arkeoloji ve Sanat Tarihi Terminolojisine Yanlış Adla Girmiş Bir Bitki Motifi," *Arkeoloji ve Sanat Tarihi Dergisi*, vol. 3, s. 19-24.

Dinsmoor, W.B. (1950). *The Architecture of Ancient Greece*, London: Batsford.

Elmes, J. (1826). *A General and Bibliographical Dictionary of the Fine Arts*, London: T. Tegg.

Evelyn, J. (1786). *Silva, or a Discourse of Forest-Trees*, vol. 1, York: A. Ward.

Fensterbusch, C. (tr.) (1976). *Vitruv. Zehn Bücher über Architektur*, Darmstadt: Wissenschaftliche Buchgesellschaft.

Ferri, S. (ed.) (1960). *Vitruvius Pollio. Architettura*, Rome: Palombi (Milano: Biblioteca Universale Rizzoli, 2002).

Fleury, P. (1993). *La Mécanique de Vitruve*, Caen: Presses Universitaires.

Fréart, R. (1723). *A Parallel of the Antient Architecture with the Modern*, (tr.) J. Evelyn, London: T. W.

Gessner, C. (ed.) (1604). *Historia Animalium Liber IV*, Francofurti: In Bibliopolio Andreae Cambieri.

Giocondo, G. (1511). *M. Vitruvius per Iocundum solito castigatior factus cum figuris et tabula ut iam legi et intelligi possit*, Venetiis: De Tridino.

Granger, F. (tr.) (1962). *Vitruvius. On Architecture*, Cambridge, Mass.: Harvard University Press.

Gros, P. (ed.) (2015). *Vitruve. De l'architecture*, Paris: Les Belles Lettres.

Gwilt, J. (tr.) (1826). *The Architecture of Marcus Vitruvius Pollio in ten books*, London: Priestley & Weale (London: Lockwood & Co., 1874).

Harlow, M., M.-L. Nosch (ed.) (2014). *Greek and Roman Textiles and Dress: An Interdisciplinary Anthology*, Oxford: Oxbow Books.

Harris, C.M. (ed.) (1977). *Illustrated Dictionary of Historic Architecture*, New York: Dover Publications.

Hasol, D. (2013). *Mimarlık ve Yapı Sözlüğü: Dictionary of Architecture and Building*, 5. Baskı, İstanbul: Yem Yayın.

Hasol, D. (2014). *Ansiklopedik Mimarlık Sözlüğü*, 13. Baskı, İstanbul: Yem Yayın.

Henderson, A. (1824). *The History of Ancient and Modern Wines*, London: Baldwin, Cradock, & Joy.

Hon, G., B.R. Goldstein (2008). *From Summetria to Symmetry: The Making of a Revolutionary Scientific Concept*, Dordrecht: Springer.

Karatağ, M. (2013). *Klasik Arkeoloji Sözlüğü: Yunan-Roma*, Ankara: Midas Kitap.

Krohn, F. (ed.) (1912). *Vitruvii De Architectura libri decem*, Lipsiae: B.G. Teubner.

Landels, J.G. (1978). *Engineering in the Ancient World*, New York: Barnes & Noble Books.

Malacrino, C.G. (2010). *Constructing the Ancient World: Architectural Techniques of the Greeks and Romans*, (tr.) J. Hyams, Los Angeles: The J. Paul Getty Museum.

Marini, L. (ed.) (1836). *Vitruvius. De architectura: Cont. posteriores 5 libros*, Roma: Marinius.

Marinius, A. (ed.) (1836). *Vitruvii De architectura libri decem,* Romae: Marinius.

Mayhoff, K.F.T. (ed.) (1906). *C. Plini Secundi Naturalis Historia libri XXXVI*, Lipsiae: B.G. Teubner.

Mays, L.W. (2010). "A Brief History of Roman Water Technology," *Ancient Water Technologies*, (ed.) L.W. Mays, Dordrecht: Springer, s. 115-138.

McEwen, I.K. (2003). *Vitruvius: Writing The Body of Architecture*, Cambridge, Mass.: The MIT Press.

Mercer, H.C. (1975). *Ancient Carpenters' Tools*, New York: Dover Publications, Inc.

Meyer, R. (2010). "The Conservation of the Frescoes from Boscoreale in the Metropolitan Museum," *Roman Frescoes from Boscoreale: The Villa of Publius Fannius Synistor in Reality and Virtual Reality*, (ed.) B.A. Bergmann, New York: The Metropolitan Museum of Art.

Migotto, L. (tr.) (1990). *Marco Vitruvio Pollione. De Architectura Libri X*, Pordenone: Edizioni Studio Tesi.

Mollett, J.W. (1883). *An Illustrated Dictionary of Words Used in Art and Archeology*, London: Sampson Low.

Morgan, M.H. (tr.) (1914). *Vitruvius. The Ten Books on Architecture*, Cambridge: Harvard University Press.

Nettleship, H. (2010). *Conributions to Latin Lexicography*, Cambridge Library Collection, Cambridge: Cambridge University Press.

Newton, W. (tr.) (1771). *The Architecture of Marcus Vitruvius Pollio*, London: Dodsley.

Oleson, J.P. (1984). *Greek and Roman Mechanical Water-Lifting Devices: The History of a Technology*, Canada: University of Toronto Press.

Oleson, J.P. (ed.) (2008). *The Oxford Handbook of Engineering and Technology in the Classical World*, Oxford: Oxford University Press.

Öyken, E., *Antikçağ Müziği*, İstanbul, Alfa Yayınları.

Palladio, A. (1965). *The Four Books of Architecture*, New York: Dover Publications, Inc.

Pasquale, G. di (2016). "Vitruvius's Image of the Universe: Architecture and Mechanics," *Vitruvianism. Origins and Transformations*, (ed.) P. Sanvito, Berlin: Walter De Gruyter, s. 49-64.

Parcell, S. (2012). *Four Historical Definitions of Architecture*, Canada: McGill-Queen's University Press.

Peck, H.T. (1898). *Harpers Dictionary of Classical Antiquities*, New York: Harper & Brothers.

Perer, M.L.G., A. Rovetta (ed.) (1996). *Cesare Cesariano e il Classicismo di primo Cinquecento*, Milano: Vita e Pensiero.

Perrault, C. (1692). *An Abridgment of the Architecture of Vitruvius*, London: Abel Swall and T. Child.

Perrault, C. (tr.) (1684). *Les Dix Livres d'architecture de Vitruve*, Paris: Jean Baptiste Coignard.

Philandri, G., D. Barbari, C. Salmasii (ed.) (1649). *M. Vitruvius Pollio. De Architectura libri decem*, Amstelodami: apud Ludovicum Elzevirium.

Platner, S.B. (1929). *A Topographical Dictionary of Ancient Rome*, London: Oxford University Press.

Polenus, J. (ed.) (1829). *M. Vitruvii Pollionis Architectura*, Utini: Apud Fratres Mattiuzzi.

Rich, A. (1849). *The Illustrated Companion to the Latin Dictionary, and Greek Lexicon*, London: Longman.

Richardson, L., Jr. (1992). *A New Topographical Dictionary of Ancient Rome*, Baltimore: The Johns Hopkins University Press.

Roller, D.W. (2003). *The World of Juba II and Kleopatra Selene: Royal Scholarship on Rome's African Frontier*, London: Routledge.

Rowland, I.D. (tr.) (1999). *Vitruvius. Ten Books On Architecture*, Commentary and Illustrations by T.N. Howe, Cambridge: Cambridge University Press.

Ryff, W.H. (ed.) (1548). *Marcus Vitruvius Pollio. De architectura libri decem*, Nuremberg: J. Petreius.

Sackur, W. (1925). *Vitruv, Technik und Literatur. Vitruv und die Poliorketiker. Vitruv und die Christliche Antike. Bautechnisches aus der Literatur des Altertums*, Berlin: W. Ernst & Sohn.

Saltuk, S. (1990). *Arkeoloji Sözlüğü*, İstanbul: İnkılâp Kitabevi.

Sanvito, P. (ed.) (2016). *Vitruvianism. Origins and Transformations*, Berlin: Walter De Gruyter.

Schneider, J.G. (ed.) (1807). *Marci Vitruvii Pollionis De Architectura libri decem*, Tomus Primus, Lipsiae: Sumtibus et Litteris G.J. Göschen.

Schofield, R. (tr.) (2009). *Vitruvius. On Architecture*, London: Penguin Books.

Serlio, S. (ed.) (1569). *De Architectura libra quinque*, Venetiis: apud Francircum de Franciscis Senensem, et Joannem Chriegher.

Smith, W. (ed.) (1854). *Dictionary of Greek and Roman Geography*, Boston: Little, Brown, & Company.

Smith, W. (ed.) (1890). *A Dictionary of Greek and Roman Antiquities*, London: Jonh Murray.

Speight, J.G. (2014). *The Chemistry and Technology of Petroleum*, New York: CRC Press.

Stuart, J., N. Revett (1762). *The Antiquities of Athens*, vol. 1, London: John Haberkorn.

Summerson, J. (1963). *The Classical Language of Architecture*, Cambridge, Mass.: The MIT Press.

Tekçam, T. (2007). *Arkeoloji Sözlüğü*, İstanbul: Alfa Basım Yayım.

Ulrich, R.B. (2007). *Roman Woodworking*, New Haven & London: Yale University Press.

Ulrich, R.B., C.K. Quenemoen (ed.) (2013). *A Companion to Roman Architecture*, Chichester: Wiley-Blackwell.

Viollet-le-Duc, E.E. (1875). *Historie de l'habitation humaine*, Paris: J. Hetzel et Cie.

Ware, W.R. (1994). *The American Vignola. A Guide to the Making of Classical Architecture*, New York: Dover Publications, Inc.

Wilkins, W. (1807). *The Antiquities of Magna Graecia*, Cambridge: at the University Press.

Wotton, H. (1624). *The Elements of Architecture*, London: John Brill.

Yegül, F. (2006). *Antikçağda Hamamlar ve Yıkanma*, (tr.) E. Erten, İstanbul: Homer Kitabevi.

DİZİN

A

B

C

Ç

L

Ö

P

Q

R

S

Ş

T

Z